Volker Reinhardt

MONTAIGNE

Volker Reinhardt

MONTAIGNE

Philosophie in Zeiten des Krieges

Eine Biographie

C.H.Beck

Mit 23 Abbildungen und 2 Karten

www.chbeck.de
Satz: Fotosatz Amann, Memmingen
Umschlaggestaltung: Rothfos & Gabler, Hamburg
Umschlagabbildung: Michel de Montaigne, Porträt aus dem 17. Jahrhundert
(Privatsammlung). © Bridgeman Images
Druck und Bindung: Pustet, Regensburg
ISBN 978 3 406 79741 5

myclimate

klimaneutral produziert
www.chbeck.de/nachhaltig

Inhalt

DRITTES KAPITEL

DER EDELMANN ALS SCHRIFTSTELLER

1571–1580

VIERTES KAPITEL

DIE REISE NACH ROM

1580–1581

FÜNFTES KAPITEL

BÜRGERMEISTER VON BORDEAUX
UND EHRLICHER MAKLER

1581–1588

SECHSTES KAPITEL

RUHE UND RESIGNATION – DIE LETZTEN JAHRE

1588–1592

ANHANG

307

EINLEITUNG

Schreiben gegen die Gewalt

Michel de Montaigne (1533–1592) schrieb seine *Essais* ab 1571 in Zeiten des Bürgerkriegs. Ab 1562 kämpften in Frankreich Katholiken und Calvinisten im Namen der Religion um Macht und Einfluss, mit wechselnden Bündnissen, Frontstellungen und Erfolgen, aber stets mit einem Hass und einer Gewalt, die alle Schichten der Bevölkerung verrohen ließ und vor allem im Süden des Königreichs mit Ausbrüchen beispielloser Brutalität verbunden war, nicht nur in «regulären» Schlachten, sondern auch im Alltag, zwischen verfeindeten Dörfern und Familien. Die davon ausgehende Bedrohung ist in Montaignes Werk allgegenwärtig; sie prägt das Lebensgefühl des Schreibenden und seinen Text – jeder Tag am Schreibtisch in seiner Bibliothek konnte der letzte sein. Schutz gegen die anbrandende Gewalt gab es nicht. Umso mehr waren Strategien des Überlebens gefragt. Das Schreiben gehörte dazu. Und eine freundliche Miene zum grausamen Spiel.

«Ich war unterwegs in einer eigentümlich unruhigen Gegend. Plötzlich stürzten, ehe ich es mich versah, drei oder vier Reitergruppen aus verschiedenen Richtungen auf mich zu, um mich gefangen zu nehmen. So wurde ich von fünfzehn oder zwanzig maskierten Edelleuten, denen eine Menge schwer bewaffnete Soldaten folgten, attackiert, festgenommen, in einen nahe gelegenen dichten Wald verschleppt, vom Pferd gerissen und ausgeplündert – meine Gepäckstücke wurden durchwühlt und meine Besitztümer einschließlich der Diener, Pferde und Ausrüstung an neue Besitzer verteilt.»[1] Danach wurde über Lösegeld verhandelt, allerdings ergebnislos, denn der Gefangene war zu keinem Zahlungsversprechen zu bewegen, obwohl er das Schlimmste befürchtete. «Aber dann kam es zu einer plötzlichen und völlig unerwarteten Veränderung: Der Chef der Bande kam mit freundlichen Worten zu mir zurück, ließ meine unter seine Leute zerstreuten Habseligkeiten zusammensammeln und mir zurückgeben, was sich noch auffinden ließ, darunter meine Papiere. Doch das beste Geschenk, das sie mir machten, war meine Freiheit, alles Übrige war kaum von Belang.»[2]

Warum diese plötzliche Wendung? «Der Chef, der seine Maske abnahm und sogar seinen Namen nannte, sagte mir mehrmals, dass ich meine Freilassung meinem Gesicht sowie der Offenheit und Festigkeit meiner Worte verdankte, die zeigten, dass ich ein solches Missgeschick nicht verdient hatte.»[3]

In Zeiten des Bürgerkrieges regierten Zufall und Willkür. So war es besser, von vornherein auf jegliche Gegenwehr zu verzichten: «Vielleicht dient die Leichtigkeit, zu meinem Haus Zutritt zu erlangen, zusammen mit anderen Mitteln dazu, es vor der Gewalt unserer Bürgerkriege zu schützen. Verteidigung zieht den Angriff auf sich, Angst erzeugt Aggression. Ich entkräfte die Pläne der Soldaten dadurch, dass ich ihre Taten des Kitzels des Risikos und jeder Gelegenheit beraube, militärischen Ruhm zu erwerben, was ihnen gewöhnlich als Vorwand und Begründung dient. In einer Zeit wie der unsrigen, in der die Gerechtigkeit abhandengekommen ist, gilt das, was mutig vollbracht wird, auch als ehrenhaft. Gemäß dieser Logik mache ich ihnen die Eroberung meines Hauses feige und heimtückisch, denn es ist niemandem verschlossen, der an seine Tür pocht. Als einzige Vorkehrung ist dort ein Portier im alten Stil platziert, der nicht zur Verteidigung dient, sondern nur dazu da ist, anständig und höflich Eintritt zu gewähren. Ansonsten habe ich außer den Sternen am Himmel keinen Wachtposten und keinen Leibwächter.»[4]

Jede Bande marodierender Söldner konnte das Schloss Montaignes also mühelos einnehmen. Kräfte der öffentlichen Ordnung gab es nicht mehr. Die Heere der rivalisierenden Parteien, auch die des Königs, verwüsteten und plünderten, wie und wo sie nur konnten, ob Freund oder Feind machte keinen Unterschied, ganz abgesehen davon, dass sich die Frontlinien andauernd verschoben. In dieser Situation, in der «jeder gegen jeden» kämpfte, war jeder auf sich allein gestellt.

«Ein gewisser Herr beschloss, mein Haus und mich zu überfallen. Sein Trick bestand darin, allein an der Pforte meines Hauses zu erscheinen und mit etwas zu viel Nachdruck Einlass zu begehren. Ich kannte ihn dem Namen nach und hatte Grund, ihm als einem Nachbarn und wohl auch Parteigänger zu trauen. Ich ließ ihm öffnen, wie ich es jedermann gewähre, und er trat mir ganz erschrocken, mit einem abgehetzten, atemlosen Pferd gegenüber und erzählte mir seine Geschichte: Eine halbe Meile von hier sei er auf einen Feind gestoßen – auch diesen kannte ich, und auch von ihrem Streit hatte ich gehört. Dieser Feind habe ihm mächtig zugesetzt, und da er im ungünstigsten Moment überrascht worden sei und weniger Leute mit sich habe, habe er sich an mein Tor gerettet. Aber er sei in großer Sorge wegen seiner Männer, die sicherlich tot oder gefangen seien. In meiner Gutgläubigkeit spendete ich ihm Trost, beruhigte ihn und ließ ihn Atem schöpfen. Kurz darauf erschienen vier oder fünf seiner Soldaten, die genau wie er abgerissen und erschrocken wirkten. Ihnen folgten immer mehr vom selben Schlag, bestens ausgerüstet und bis an die Zähne bewaffnet, schließlich zwanzig oder dreißig an der Zahl, alle angeblich auf der Flucht vor ihren Feinden. Diese seltsame Geschichte fing an, meinen Verdacht zu erregen, denn ich wusste wohl, in welchem Zeitalter ich lebte und wie viel Neid mein Haus auf sich zog, und hatte mehrere Fälle aus meiner Bekanntschaft vor Augen, denen es dabei übel ergangen war. Mir wurde also klar, dass ich weiterhin gute Miene zu diesem bösen Spiel machen und dieses zu Ende bringen musste; keinesfalls konnte ich es riskieren, mit dem Schein zu brechen. Und so entschied ich mich wie immer für die natürlichste und einfachste Lösung und ordnete an, sie alle einzulassen.»[5]

Sich zum Schein gutgläubig, ja naiv zu stellen, ist in einer Zeit, in der alle Masken tragen, die rettende Strategie: «Und so kamen sie zu Pferd in den Hof meines Schlosses. Ihr Anführer ging mit mir in den Saal; er hatte nicht gewollt, dass seine Pferde in meinen Stallungen versorgt wurden, mit der Begründung, dass er gleich wieder aufbrechen müsse, wenn er Neuigkeiten von seinen Leuten habe. So sah er sich am Ziel seines Unternehmens, das es jetzt nur noch zu Ende zu führen galt.»[6] Das musste heißen: Jetzt waren Mord und Plünderung an der Reihe. Doch es kam anders: «Später hat er oft behauptet – denn er schämte sich der Sache nicht –, dass mein Gesicht und meine Offenheit ihm den Verrat aus der Hand gerissen hätten. Während seine Leute die ganze Zeit die Augen auf ihn gerichtet hatten, um zu sehen, welches Signal er ihnen geben würde, bestieg er wieder sein Pferd, und seine Leute waren verblüfft, ihn abziehen und seinen Vorteil aufgeben zu sehen.»[7] Der Räuber als Gemütsmensch oder: Man muss nur treuherzig blicken, um das härteste Herz zu erweichen. Ob es sich wirklich so abgespielt hat, weiß allein Montaigne. Wahrscheinlicher ist, dass er dasselbe Recht wie der unheimliche Gast für sich in Anspruch nimmt, nämlich zu täuschen, im Unterschied zu diesem allerdings mit den besten Absichten: Am Ende siegen die Güte und das Gute. Je länger die Bürgerkriege dauerten, desto näher rückten die konkreten Gefahren. Vollends unhaltbar wurde die Lage, als wenige Kilometer entfernt die Belagerung einer Festung begann. Jeden Tag musste der ohnmächtige Schlossherr mit Plünderung, Brandschatzung und Mord rechnen; um das Maß des Elends vollzumachen, kam dann auch noch die Pest dazu. Schreiben gegen die Gewalt und gegen die Angst wurde so zur Therapie, zum Lebenselixier, zum stolzen Akt der Selbstbehauptung – Erfahrungen, die im 21. Jahrhundert nichts von ihrer Aktualität verloren haben.

Die Schreckenserfahrungen des jahrzehntelangen Bürgerkriegs sind nicht das einzige Thema der *Essais* – wörtlich: Versuche –, mit denen der neuadelige Schlossherr Michel de Montaigne 1580 eine neue, bis heute intensiv gepflegte Literaturgattung erfand. In seinem – ab der zweiten Auflage von 1588 auf 107 Einzelabhandlungen erweiterten – Werk schreibt er ausgiebig, mit vielen pointierten Anekdoten und verblüffenden (Kehrt-)Wendungen, über alle Fragen der Lebensführung und alles, was das Leben lebenswert macht: über Freundschaft und Ehe, über die Kunst guter Gespräche, über die richtige Erziehung der Kinder, über die Genüsse des Lesens und des Ganz-bei-sich-Seins und am liebsten über sich selbst, seine Neigungen, Spleens und Obsessionen. Doch auch hinter scheinbar heiterer Plauderei und spielerisch anmutender Kommunikation mit dem Leser verbergen sich tiefer Ernst, höchste Anspannung und ein großes Ziel: Montaigne schreibt gegen die Gewalt, die Frankreich seit 1562 verwüstet, gegen die Grausamkeit, die sich in diesen nicht enden wollenden Bürgerkriegen, die sich als «Religionskriege» verkleiden, zu Orgien der Bestialität steigert, gegen die Verrohung sämtlicher Schichten, gegen den Verlust aller Kultur, Humanität und Mitmenschlichkeit. Die so unverbindlich und tiefenentspannt daherkommenden, scheinbar willkürlich von einem Thema zum anderen springenden *Essais* sind in Wirklichkeit ein hoch konzentriertes, hoch politisches und daher äußerst «engagiertes» Buch, das nicht nur die Ursachen der mörderischen Konflikte ergründen, sondern diese auch beheben helfen möchte, das also nicht nur verstehen, sondern auch und vor allem verändern will.

Um diese Ursprünge und Urgründe zu erforschen, müssen die gängigen

Rechtfertigungsmuster der Kriegsparteien, ihre Schlagwörter, Ideologien und Feindbilder, systematisch hinterfragt werden. Doch mit dieser Demaskierung kann es für Montaigne nicht sein Bewenden haben: Was verbirgt sich hinter den wohlfeilen Parolen vom wahren Glauben und der alleinseligmachenden Kirche, die sich die verfeindeten Katholiken und Hugenotten, die Anhänger der reformierten Religion des Genfer Reformators Jean Calvin, gegenseitig um die Ohren schlagen? Wo sind die tiefsten Antriebe für die unbändige Lust des Menschen zu finden, seine Mitmenschen zu quälen und zu töten? Die Suche nach den Gründen für die Selbstzerstörung und Selbstzerfleischung Frankreichs in dreieinhalb Jahrzehnten, für den Verlust aller Ordnung und für die Auflösung aller Werte weitet sich auf diese Weise nahtlos zu einer Erforschung des Menschen insgesamt.

Damit verbunden ist eine kritische Überprüfung aller Philosophie von der Antike bis zur Gegenwart mit ihren unterschiedlichen Deutungsangeboten für Welt und Geschichte, sowie sämtlicher Religionen und ihrer Vorstellungen von Gott und Gerechtigkeit. Da alle diese vermeintlichen Sinnstiftungen unter dem Strich für unbefriedigend und damit für ungenügend befunden werden, muss der Untersuchungsgegenstand nochmals erweitert werden: Wo ist der Platz des Menschen in der Natur, wie ist er auszumessen, was kann er wissen, und welches Wissen ist ihm gesetzmäßig verschlossen? Auf diesem Weg der Forschung gelangt Montaigne zu radikalen, im Kern bitteren Erkenntnissen. Die erschütterndste von ihnen lautet: Der Hang zur Gewalt ist dem Menschen angeboren, das zeigt sich schon in seiner Kindheit.

Die alles beherrschenden Fragen, denen die *Essais* ihre Entstehung verdanken, lauten daher weiter: Wie können Menschen unterschiedlichen Glaubens schiedlich-friedlich miteinander leben? Und wie lässt sich die in ihnen ebenfalls angelegte, wenngleich leider schwächer ausgeprägte Neigung zu Güte und Mitgefühl stärken und in den öffentlichen Angelegenheiten zur Geltung bringen? Damit ist eine weitere Grundfrage aufgeworfen, die die selbsternannten Weisheitslehrer aller Jahrhunderte umtreibt: Wie lassen sich moralische Lektionen nachhaltig und wirkungsvoll vermitteln? Welcher Methoden hat sich ein Autor zu bedienen, der seinen Leserinnen und Lesern nicht nur die Augen über ihre Zeit öffnen, sondern sie zu Friedfertigkeit und Toleranz anleiten möchte? Welche pädagogischen und didaktischen Strategien hat er in seinen Texten zu beherzigen? Doch auch damit noch nicht genug. Wer so fragt, muss auch und vor allem sich selbst befragen: Wo stehe ich in diesem Ozean der Grausamkeit, der Wut und Unduldsamkeit? Wieviel vom Potential der Zerstörung finde ich in mir? Mit welcher Lebenseinstellung kann ich Vorbild sein? Und wie muss ich auftreten, um als Lebenslehrer Erfolg zu haben?

Da Montaignes Werk aus Reflexionen über seine Zeit und deren Unglücksfälle besteht, ja einen Reflex dieser Zeit bildet, lässt es sich ohne profunde Einbettung in diese Zeit nicht verstehen. Ein aus seiner Geschichte herausgelöster Montaigne ist ein geistvoller und amüsanter, aber auch entkernter und unverbindlicher Aphorismen-Spender. Genau das aber wollte er nicht sein. Ihre intellektuelle Brillanz und Schärfe, ihren unwiderstehlichen Zugriff und ganzen Biss entfalten seine *Essais* nur in ihrer polemischen Auseinandersetzung mit dem Geist oder besser: Ungeist seiner Zeit.

Zugleich ist damit der Hauptgrund dafür genannt, dass Montaigne so ausführlich von sich selbst, von seinen ganz persönlichen Neigungen, Vorlieben und Schwächen schreibt. Autobiographien und Memoiren zu verfassen oder, stilvoller, zu diktieren, war eigentlich das Privileg der Mächtigen, eines Kaisers wie Karl IV. oder eines Papstes wie Pius II., die damit vor Augen führen wollten, dass sie von Gott und der Vorsehung zu ihrem Amt berufen sind. Von so hohen Würden war Michel de Montaigne weit entfernt. Seine politische Karriere erreichte ihren Höhepunkt mit zwei zweijährigen Amtszeiten als Bürgermeister von Bordeaux, damals mit etwa 40 000 Einwohnern die fünftgrößte Stadt Frankreichs. Das war in den unruhigen 1580er-Jahren keine unwichtige Position, aber für eine solche Selbstverewigung reichte sie nach herkömmlichen Maßstäben keineswegs aus. Für viele seiner Leser schmeckte seine Selbstdarstellung daher nach eitler Selbstüberschätzung und Selbstüberhebung, wozu der Mensch nach Meinung der führenden Theologen der Zeit durch seine gefallene Natur unweigerlich neigte. Für den neunzig Jahre nach Montaigne geborenen Physiker, Mathematiker und Religionsphilosophen Blaise Pascal waren die *Essais* ein Ausbund an dümmlicher Eitelkeit und zeigten damit die ganze Sündhaftigkeit des Menschen in seinem natürlichen Zustand. Die katholische Kirche teilte kurz darauf diese Meinung, setzte die *Essais* 1676 auf den Index der verbotenen Bücher und erklärte sie damit bis 1965 zu einer für das Seelenheil der Gläubigen schädlichen Lektüre.

Doch auch ein großer Geist wie Pascal kann irren. Montaigne schrieb nicht aus Selbstverliebtheit von sich selbst, sondern um sich in einer aus den Fugen geratenen Zeit zu positionieren und seiner selbst zu vergewissern. Das Bild, das er von sich entwirft, ist ein kunstvoll konzipiertes und sorgsam umgesetztes Konstrukt. Wie viel es mit dem «echten» Montaigne zu tun hat, bleibt in vieler Hinsicht offen. Der Zweck seiner Selbstdarstellung besteht darin, die Botschaften der *Essais* so zu vermitteln, dass sich die Leserinnen und Leser nicht eingeschüchtert oder abgestoßen, sondern zur Nachahmung eingeladen und aufgefordert fühlen. Fenster ins Innere sollen sie nicht öffnen.

Dadurch rückt erneut ein ganz anderer Montaigne ins Blickfeld: der begnadete Fälscher, der virtuose Irreführer seines Publikums. Geht man seine Selbstdarstellung von Anfang bis Ende mit kritischem Spürsinn durch, so zeigt sich: Vieles ist nachweislich verkehrt, manches kann so kaum stimmen, und nicht weniges ist zumindest teilweise ganz anders, als es dargestellt wird. So legte sich Montaigne eine altadelige Abstammung zu, von der nicht nur seine Schlossnachbarn und seine politischen Konkurrenten in Bordeaux wussten, dass sie erfunden war. Warum diese fiktive Identität? Warum das Sich-Spreizen mit einem angemaßten Status, wenn doch alles Pochen auf weltliche Größe und Symbole des äußerlichen Ranges in den *Essais* als kleinliches und lächerliches Gehabe niedriger Seelen abgetan wird? Solche Widersprüche reißen nicht ab; der Text der «Versuche» ist voll davon. Trotzdem präsentiert Montaigne sein Werk seinem Lesepublikum als «ein Buch guten Glaubens». Wie passt das zusammen?

Fast zwei Jahrhunderte nach Montaignes Tod fand man in einer verschlossenen Truhe seines Schlosses ein Manuskript, das seine Reise nach Rom in den Jahren 1580 und 1581 behandelt. Der erste Teil dieses *Journal de Trévoux*, dieses Reisetagebuchs, wie das Manuskript notgetauft wurde, ist in der dritten Person verfasst, handelt also von «Herrn Montaigne» und davon, wie er die Welt sah. Erst im zweiten Teil springt der Text in die Ich-Form über und wechselt abschnittsweise sogar vom Französischen ins Italienische. Wie auch immer dieses merkwürdige – zu allem Überfluss kurz nach der Entdeckung für immer verschwundene, aber glücklicherweise zuvor transkribierte – Manuskript zustande gekommen ist: Hier hat der Leser bis heute einen Montaigne in Aktion, mit seinen Meinungen zu Land und Leuten, mit seinen Vorlieben für gutes Essen und mit seinem Widerwillen gegen unbequeme Betten und unzivilisierte Tischsitten vor Augen. So lässt sich der Text als unterhaltsame, oft augenzwinkernde, aber auch profunde vergleichende Landeskunde und als Anleitung zu einer vertieften Kunst des Reisens lesen, die darin besteht, sich den Lebensbedingungen der bereisten Nationen bis zum regelrechten Eintauchen in deren Lebensgewohnheiten anzupassen.

Aber das ist nicht alles. In Rom sucht und macht der Reisende nach eigenen Worten Bekanntschaft mit den Organen der Inquisition, denen er die erste Ausgabe seiner *Essais* auf dem Silbertablett präsentiert. Das ist ein Schlüsselmoment für sein Leben und Schreiben: Wie weit kann er gehen, ohne dass die Glaubenswächter einschreiten? Die atemlose Spannung dieses Experiments überträgt sich bis heute auf den Leser. Die Grenzen des Sagbaren und damit die Freiräume des Schreibens auszuloten sowie die Techniken der Verschleierung und Entschärfung auszuprobieren, war für Montaigne, den kritischen Menschenforscher, der den politischen und kirchlichen Machthabern so viele unangenehme Wahrheiten mitzuteilen hatte, von höchster Bedeutung. Sich selbst treu zu bleiben und die kurze Zeitspanne des Daseins so ausgeglichen, so leidlos und naturnah wie möglich zu durchmessen – dieses Lebensziel schloss die Neigung zum Martyrium kategorisch aus und ließ sich nur durch gute Vernetzung mit einflussreichen Persönlichkeiten und durch virtuose Techniken der Verschleierung verwirklichen. Inquisitionen zu täuschen, war für Montaigne daher ein moralisch hochstehender Akt.

Das gilt auch für die Täuschung des Lesers, der in den *Essais* weiterhin auf eine Fülle von Widersprüchen im Einzelnen stößt. Montaigne will nicht nur einige große, unumstößlich feststehende Wahrheiten wie das Gebot der Toleranz, das Zerstörungspotential der Religion und die Freiheit der Meinungsäußerung verkünden, sondern, noch sehr viel ehrgeiziger, die Methoden der Wahrheitsfindung selbst aufzeigen. Das aber geht nur durch praktische Übungen anhand des Textes. Leserinnen und Leser müssen aus den Labyrinthen der einzelnen *Essais* selbst herausfinden und selbständig auf die Lösung stoßen, die am Ende offeriert wird – oder auch nicht. Zum selben Zweck ließ Montaigne eklatante Widersprüche zwischen frühen und späten «Versuchen» bewusst stehen. Auch das war ein Aufruf zur Duldsamkeit. Wenn ein einzelner Mensch in einer relativ kurzen Lebensspanne – zwischen den ersten Kapiteln und den letzten Hinzufügungen liegen etwa zwanzig Jahre – so oft und tiefgreifend seine Meinung änderte, wie viel mehr musste man dann abweichende Ansichten eines anderen respektieren.

Vor diesem Hintergrund lösen sich manche Widersprüche in Montaignes Werk auf. Um erfolgreich gegen Fanatismus und Grausamkeit anschreiben zu können, musste er in der Öffentlichkeit als Aristokrat anerkannt werden, sonst durfte er mangels Status nicht auf Gehör hoffen. Zu diesem Zweck musste er die Ursprünge seiner Familie schönen und seine Tätigkeit als Mitglied des *parlement*, des obersten Gerichtshofs von Bordeaux, verschweigen, denn die darin vertretenen Neu-Adeligen wurden von der alten Elite nicht ernst genommen. Im Kampf gegen die Selbstzerstörung seines Landes hat Montaigne zudem mehrmals den Übergang von der Theorie in die Praxis vollzogen und seine Studierstube verlassen, um auf diplomatische Missionen zu ziehen. Da diese Ausflüge in die Politik durchweg ergebnislos blieben, war es ratsam, sie in den *Essais* nicht an die große Glocke zu hängen. Je länger aber die Selbstzerfleischung Frankreichs andauerte, desto teurer war guter Rat, wie man ihr durch bloßes Schreiben entgegentreten konnte. Die Antwort, die Montaigne darauf fand, lautet: Die Menschen lieben die Moralapostel und ihre Predigten nicht, deshalb muss man andere Wege einschlagen, wenn man sie zum Guten anspornen und anleiten will. Die beste Methode besteht darin, sich dem Publikum nicht in überlegener Denkerpose, sondern als Ansprechpartner und Leidensgenosse zu präsentieren. Diese Annäherung ist ihm exemplarisch gelungen, und das bis heute.

Die Erfahrung existenzieller Verunsicherung ist nicht der einzige Aspekt, der Montaignes *Essais* andauernde Aktualität sichert. Von ungebrochenem Interesse ist eine weitere Leitfrage, die sich als roter Faden durch sein Werk zieht: Wie weit darf politisches Engagement reichen? Wie viel Staatsräson, also Abweichung von verbriefter Moral, darf dabei zur Anwendung gelangen? Und wann ist die Grenze zur Servilität und zur Selbstaufgabe überschritten? Alle diese Fragen stellen sich mit unverminderter Dringlichkeit bis heute. Trotzdem sind weder die Fragen noch die darauf gegebenen Antworten von Montaignes Leben und seiner Zeit ablösbar. Denn zu «unserem» Montaigne und zu den von ihm aufgeworfenen Problemen überzeitlicher Natur kommt der «fremde» Montaigne, der in den

Horizonten des 16. Jahrhunderts lebt und webt. Dieser Montaigne schüttelt den Kopf über Kopernikus und seine neumodischen Theorien, glaubt nicht an Naturwissenschaft und Fortschritt und sieht alles politische Heil in illusionslosem Konservatismus.

Ungeachtet solcher Zeitgebundenheit ziehen die *Essais* bis heute in ihren Bann, weil sie den Prozess des Denkens in all seinen Bewegungen, das Ringen um Erkenntnis und Wahrheit in all seinen Mühen und Qualen, aber auch mit seinen Durchbrüchen und Glücksmomenten ganz rein abbilden. Montaigne denkt nicht linear, nicht kühl distanziert auf ein bereits anvisiertes Ergebnis gerichtet; er umkreist seine Themen, umzingelt und belagert sie, bricht ab, setzt von Neuem an, nimmt wieder auf, lässt weg, stückt wieder an. Wie geht man mit existenziellen Ängsten um? Wie fügt man sich dem unvermeidlichen Ende? Was unterscheidet das Ich von den anderen? Solche Fragen werden in den verschiedenen Ausgaben der *Essais* immer wieder angegangen, mit ähnlichen Ergebnissen, aber öfter noch mit offenem Ausgang und kaum je mit abschließenden Ergebnissen, die es auch nicht geben kann. Montaigne war und ist nichts für Dogmatiker und Ideologen.

Das Ziel dieser Biographie ist es, Montaigne erstmals in seiner ganzen Geschichtlichkeit zu beleuchten: Montaigne, unseren Bruder im Geiste; Montaigne, den kunstvollen Fälscher seiner Biographie; Montaigne, den Skeptiker; Montaigne, den Plauderer; Montaigne, den Vermittler; Montaigne, den Mahner; Montaigne, den Gegendenker – und als Summe des Ganzen einen Montaigne, der zwischen Zweifeln und Verzweiflung, Hoffnung und Enttäuschung nach Auswegen aus einer scheinbar ausweglosen Krise sucht und dabei zu Erkenntnissen vorstößt, die bis heute verstören können und gerade dadurch zum selbständigen und vorurteilslosen Denken zwingen.

Die *Essais* sind nicht zuletzt durch ihre Sprache bis heute wirkmächtig. Montaignes kühnes und freies Denken findet in der Farbigkeit, im Bilderreichtum, in strömenden Wortkaskaden und mancherlei neuen Wortschöpfungen und -kombinationen ihren adäquaten Ausdruck. Da sich Substanz und Form, Aussage und Stil nicht voneinander trennen lassen, muss jeder Versuch einer Neuinterpretation mit einer Neuübersetzung der Belegstellen verbunden sein. Das soll die Leistung älterer Übertragungen wie der von Herbert Lüthy und Hans Stilett in keiner Weise abwerten. Besonders wichtige Schlüsselbegriffe werden der Übersetzung im Original angefügt, um eigenständige Recherchen anzuregen.

Ob der historische Montaigne ein Montaigne zum Liebhaben ist, muss jeder und jede selbst entscheiden. Sicher hingegen ist, dass sein Werk das Leben der Lesenden verändern kann.

ERSTES KAPITEL

HERKUNFT UND JUGEND

1533–1548

Selbstbildnis als Aristokrat

In seiner ersten ausführlichen Selbstdarstellung, die er im Alter von etwa vierzig Jahren verfasste, präsentiert sich Montaigne als Mann ohne Erinnerung: «Das Gedächtnis ist ein wunderbares Werkzeug, ohne das die Urteilskraft kaum funktionieren kann – mir aber fehlt es vollständig. Wenn man mir etwas mitteilen will, muss es stückweise geschehen ... Um drei Verse auswendig zu lernen, brauche ich drei Stunden.»[1] Für ein dickleibiges Buch, in dem eine Fülle von Fakten verarbeitet wird, ist das eine merkwürdige Warnung an den Leser. Gänzlich unerwartet kommt sie allerdings nicht, schon im Vorwort stapelt der Verfasser tief: «Leser, dies hier ist ein Buch der Aufrichtigkeit. Es warnt dich gleich am Einstieg, dass ich mir ein rein häusliches und privates Ziel gesteckt habe. Mir geht es in keiner Weise darum, dir zu dienen, und auch nicht um meinen Ruhm. Für so hohe Zwecke reichen meine Kräfte nicht aus.»[2] So stellt sich die Frage, warum man dieses Buch überhaupt lesen soll. Auch davon kann der Autor nur abraten: «So, Leser, bin ich selbst der Gegenstand meines Buches. Und daher gibt es keinen vernünftigen Grund dafür, dass du deine Zeit an einen so nichtigen und flüchtigen Gegenstand verschwenden solltest.»[3] Die nachfolgenden Kapitel sind also ausschließlich für Verwandte und Freunde geschrieben: «Sie sollen darin einige Züge meiner Lebensbedingungen und Lebenseinstellung wiederfinden können, wenn sie mich verloren haben (was sie bald erleben werden).»[4] Die *Essais* stellen sich somit als ein Hausbuch der Erinnerung an den Mann ohne Erinnerung dar.

Aber musste man für rein familiäre Zwecke ein so voluminöses Werk verfassen und dieses dann auch noch drucken lassen? Wer nichts behalten kann, muss sich stets aufs Neue seiner selbst vergewissern, sonst läuft er Gefahr, sich selbst zu vergessen und zu verlieren. Auch dieses Schreckensszenarium beschwört Montaigne ganz konkret herauf: «Meine Diener muss ich mit der Bezeichnung ihrer Aufgaben oder nach dem Dorf ihrer

Herkunft rufen, denn ich habe die größten Probleme damit, mich an ihren Namen zu erinnern. Bestenfalls weiß ich noch, dass er drei Silben hat, hässlich klingt oder mit einem bestimmten Buchstaben beginnt oder endet. Und wenn ich lange leben sollte, so glaube ich, dass ich meinen eigenen Namen vergesse, wie es auch anderen ergangen ist.»[5] Wird hier eine beginnende Demenz diagnostiziert? Aber kann man mit einem solchen Handicap einhundertsieben Kapitel voller gelehrter Zitate schreiben? So spricht vorab alles für eine maßlose Übertreibung der Gedächtnisschwäche. Doch warum kokettiert der Autor mit einem so peinlichen Sachverhalt?

Die nachfolgenden Sätze des Vorworts bieten eine Erklärung: «Wenn ich die Gunst der Welt gesucht hätte, hätte ich mich besser geschmückt und ausgesuchter präsentiert. Aber ich will, dass man mich in meiner ganzen Einfachheit, natürlich und gewöhnlich, ohne Verstellung und Künstlichkeit, sieht. Denn hier male ich mich selbst.»[6] Der Autor und sein Buch bilden eine Einheit, aber das Buch ist zugleich seinem Schöpfer weit überlegen, denn es verzeichnet getreulich, was dieser mangels durchgehender Erinnerungskraft immer nur stückweise zu Papier bringen kann. Vertrauenswürdiger, unprätentiöser, uneitler kann sich ein Autor seinem Publikum nicht vorstellen. Wenn sich der so angesprochene Leser jetzt zum Weiterlesen entschließt, darf er jeden Zweifel an der Aufrichtigkeit des Textes und seines Verfassers getrost fahren lassen. Wer keinen Ehrgeiz hat, verstellt sich nicht. Das sagt der gesunde Menschenverstand, und Montaigne sagt es sogar noch viel eindringlicher: «Darin sind meine Fehler zu lesen und mein ganzes unverstelltes Ich, soweit die Rücksicht auf den öffentlichen Anstand das erlaubt.»[7] Hier hat jemand nichts zu verbergen, weil er von den anderen nichts erwartet: keine Anerkennung, keinen Aufstieg, keinen Lohn. Der Verzicht darauf ist der Preis für ein hohes Gut: Freiheit von der Meinung anderer, Unabhängigkeit vom Zeitgeist. Diese Autonomie erlaubt es ihm, ganz bei sich zu sein und in sich zu ruhen. Dieses Einverständnis mit sich selbst ist nicht zu teuer bezahlt.

Das alles spiegelt aristokratische Haltungen und Werte wider. Die Tiefstapelei vor dem Leser ist zugleich ein Signal der Vornehmheit: Andere schreiben für Gewinn, für Geld oder die Gunst der Mächtigen, sie verkaufen sich und treiben Handel mit ihren vermeintlichen Geistesschätzen. Ein Michel de Montaigne aber hat das nicht nötig. Er betreibt Gelehrsamkeit und Schriftstellerei ausschließlich für sich und seine Standesgenossen, denn diese sind mit den Freunden und Verwandten gemeint. Nur ein Adeliger von echtem Schrot und Korn kann es wagen, seine menschlichen Schwächen so offen einzugestehen, kann über sich selbst den Kopf schütteln und sich so präsentieren, dass andere über ihn lachen dürfen. Diese Ironie ist aristokratisch, weil sie sich ihrer Stärke gewiss ist. Wer so schreibt wie Montaigne in der Anrede an den Leser, ist ein Dilettant im ursprünglichen Wortsinn – er delektiert sich an seinem Tun, er tut es aus Neigung und immer auch mit einem Hauch von souveränem Spott über sich selbst. Trotzdem ist dieses Schreiben ein Spiel, das mit vollem Ernst betrieben wird, denn dabei geht es um die eigene Identität.

Zu diesem Spiel gehört die angebliche Befürchtung, bei zunehmendem Alter den eigenen Namen zu vergessen. Auch das konnte nur ein echter Aristokrat so gelassen niederschreiben – wenn er nicht mehr wusste, wie er hieß, dann wussten es die anderen umso besser. Zum einen hatte er sich selbst einen Namen gemacht, zum anderen hatte die lange Reihe seiner Vorfahren dafür gesorgt, dass dieser Name niemals in Vergessenheit geraten würde. Montaigne, der Mann ohne Gedächtnis, war also – wenn man seiner Selbstdarstellung Glauben schenkte – dreifach vor Erinnerungsverlust geschützt: durch das lebendige Wissen seiner Zeitgenossen, durch die Erinnerung an seine Ahnen, die im Lauf der Jahrhunderte untilgbare Spuren hinterlassen hatten, und durch das getreue Abbild des eigenen Ichs, das er in seinem Buch geschaffen hatte, allerdings, wie vorab mitgeteilt, mit der gebotenen Rücksicht auf die Regeln des Anstands. Das war eine wichtige Einschränkung, wie dem Leser postwendend zu dessen weiterer Verunsicherung erklärt wird: «Wenn ich unter den Nationen lebte, von denen man sagt, dass sie noch unter der süßen Freiheit der ersten Naturgesetze leben, dann, so versichere ich dir, hätte ich mich gerne ganzheitlich geschildert, also ganz nackt.»[8] Welche Nationen damit gemeint sind, lässt sich aus den Überschriften der *Essais* leicht entnehmen – der einunddreißigste des ersten Buches trägt den Titel «Von den Kannibalen».

Schon in seiner Einleitung spielt Montaigne so gekonnt mit seinem Leser, dass diesem schwindelig wird. Er muss sich fragen, was er nun eigentlich geboten bekommt: ein ungekünsteltes oder ein konventionell verfremdetes Porträt des Autors? Was Montaigne mit dem Hinweis auf die verschwundene natürliche Freiheit wirklich sagen wollte, war einsichtigen Zeitgenossen klar: An ihre Stelle waren in seinem Frankreich die Gesetze der kirchlichen Zensur und der Inquisition getreten. Diese hatte seit dem 13. Jahrhundert über die «Reinheit des Glaubens» zu wachen und trat nach einer langen Phase relativer Zurückhaltung ab Mitte der 1530er-Jahre mit vermehrtem Personal, erhöhtem Misstrauen und stark gesteigertem Verfolgungswillen auf den Plan. Die Grenzen des Sagbaren waren dadurch sehr eng gezogen. Das macht auch die Aufgabe des Lesers schwierig. Er muss ständig zwischen den Zeilen lesen, also unterscheiden können, wo sich der Verfasser offen, wo verschlüsselt an ihn wendet. Neben die im Vorwort so treuherzig beschworene Aufrichtigkeit tritt somit von Anfang an die Dimension der Verstellung, der *dissimulation. Disssimuler* gehörte zum selbstverständlichen Handlungsspektrum des Adels, besonders des Höflings. Wer sich in höheren Kreisen behaupten wollte, musste das Auftreten der anderen, die genauso maskiert agierten wie er selbst, durchschauen können, möglichst ohne sich selbst in die Karten blicken zu lassen. Das gilt auch für Montaignes Buch. Damit war dem Leser erklärt, warum dieser angeblich so langweilige Text interessant sein konnte: Der Autor lockt ihn in Labyrinthe, aus denen er allein wieder herausfinden muss. Sich zuerst zu verirren und danach durch selbst gelegte Ariadnefäden wieder die Orientierung und die Herrschaft über den Raum zurückzugewinnen, war damals in kunstvoll angelegten Parks und Gärten ein beliebtes aristokratisches Spiel.

Das ernste Spiel mit der eigenen Identität setzt sich mit den Namen von Familien fort, denen Montaigne den sechsundvierzigsten *Essai* des ersten Buchs gewidmet hat. Was als unverbindliche Plauderei darüber einsetzt, dass der römische Kaiser Geta die Speisen an seiner Tafel nach der Reihenfolge ihrer Anfangsbuchstaben auftischen ließ, gewinnt an Tiefe und Relevanz mit dem Kopfschütteln über die Vorschrift der reformierten Pastoren, in der Taufe nur noch biblische Vornamen zu vergeben. Das hat zur Folge, dass die guten alten Namen Charles, Louis und François verschwinden und so die Erinnerung an fromme Vorfahren getilgt wird. Damit ist das eigentliche Thema angeschnitten: wie sich Adelige nennen, und warum. In diesem Zusammenhang beklagt Montaigne den Brauch, vornehme Standesherren nach ihrer Lehensherrschaft (*seigneurie*), also in seinem Fall als «de Montaigne», zu bezeichnen. Sein Argument lautet: Das Karussell der adeligen Besitzungen dreht sich durch An- und Verkauf so schnell, dass man nie weiß, wem welche dieser *seigneuries* momentan gehört. Damit ist das anvisierte Lesepublikum direkt angesprochen: Ein Adeliger wendet sich an Adelige.

Zwei Absätze weiter folgt dann der Satz, um den es wirklich geht: «Die Wappen sind auch nicht sicherer als die Beinamen. Das Wappen, das ich führe, zeigt goldenen Klee auf azurblauem Grund, darüber eine Löwenpfote mit roten Krallen, von der Seite gesehen. Welchen Vorzug genießt diese Gestaltung, um speziell in meinem Haus so lange vertreten zu bleiben (*demeurer particulièrement*)?»[9] Um dieser Beschreibung willen wurde der *Essai* geschrieben. Das Schlüsselwort ist *demeurer*, «bleiben». Es besagt, dass dieses Wappen seit Menschengedenken dem Geschlecht der Montaigne gehört, das somit seit unvordenklichen Zeiten adelig ist. Um diese Kernaussage unauffälliger zu machen, folgt ein Nachsatz, der melancholisch die Vergänglichkeit alles Irdischen beschwört und danach zur Attacke gegen die *bourgeois gentilhommes*, die reichen Bürger, übergeht, die adeligen Status vortäuschen: «Ein Schwiegersohn wird den Namen in eine andere Familie hinübertragen; ein schäbiger kleiner Parvenü wird daraus sein erstes Wappen fabrizieren.»[10]

Solch billige Nachahmung war in den Augen der echten Aristokraten leicht zu durchschauen. Aber auch verbale Ausfälle gegen Aufsteiger waren für sie ein verlässliches Indiz dafür, dass man es mit Aufsteigern zu tun hatte. Adelige von Geburt verachteten diese und schwiegen. Am sichersten ließen sich Parvenüs durch Überanpassung demaskieren: Möchtegern-Aristokraten ließen keine Gelegenheit aus, ihre angeblich vornehme Abstammung in Wort und Bild hervorzuheben, ja geradezu herauszuschreien. So machte sich Montaigne mit jedem weiteren Satz verdächtiger: «Mein verstorbener Herr Vater, der allein von der Erfahrung und seinem Naturell zu klaren Urteilen angeleitet wurde, sagte mir einmal, dass er gerne dafür gesorgt hätte, in Städten eine Stelle einzurichten, bei der diejenigen, die dringend etwas benötigten, ihren Bedarf von einem Beamten registrieren lassen konnten.»[11] So wäre verdienstvollen Gelehrten geholfen, denen ein widriges Schicksal ihren Lohn schnöde vorenthielt. Das sollte heißen: Ein echter Aristokrat denkt und handelt fürsorglich, uneigennützig und in jeder Hinsicht nachhaltig. Er sorgt nicht nur für die leiblichen Bedürfnisse der ihm Anvertrauten, sondern lässt auch die Chronik seines Hauses weiterführen, weil er weiß, dass er nur ein Glied in einer langen Kette ist: «Er (= Montaignes Vater) befahl seinem Buchhalter, ein Journal anzulegen, in

Klee und Löwenpranke: Das Wappen, das Montaigne auf seiner großen Reise an ausgewählten Gaststätten hinterließ

dem alle wichtigeren Vorkommnisse vermerkt und dadurch die historischen Erinnerungen seines Hauses gesammelt wurden.»[12] Er selbst, so Montaignes Schlusssatz zu diesem Kapitel, sei ein Dummkopf, da er diesen «uralten Brauch» nicht weitergeführt habe. Das stimmt jedoch nicht ganz: Auch er führte ein Hausbuch, allerdings in ungewöhnlicher Form. Zu diesem Zweck bediente er sich der *Ephemeris historica* des zeitgenössischen protestantischen Gelehrten Michael Beuther; das war ein historischer Kalender, der bedeutende Erinnerungstage von der Antike bis zur Gegenwart aufführte, mit Platz für eigene Notizen. Davon machte Montaigne allerdings nur spärlichen Gebrauch.

Anstelle einer solchen Familienchronik – das soll der Leser ergänzen – hinterließ er der Nachwelt einhundertsieben *Essais*. Doch selbst ein so dickleibiges Werk war kein vollgültiger Ersatz für die natürliche Warmherzigkeit und Lebensklugheit seines Vaters, des geborenen Aristokraten. So fällt der Vergleich der Generationen nicht nur in dieser Passage zugunsten des Älteren aus. Als er 1580 zum Bürgermeister von Bordeaux gewählt wird, kommentiert Montaigne diesen politischen Erfolg ganz im Stil des schwächlichen Nachgeborenen: «Dazu hatte sie nur die Erinnerung an meinen Vater veranlasst und die Ehre seines Gedächtnisses.»[13] Im Gegensatz zu diesem gingen ihm – so der verzagte Nachsatz – die Fähigkeiten zur Führung so wichtiger Stadt- und Staatsgeschäfte völlig ab. Sich selbst die Züge eines überkultivierten Spätlings zuzuschreiben, war eine geschickte Strategie, um das hohe Alter der Familie unangreifbar zu machen. Denn so stellt sich die Lebensführung des jüngsten Sprosses als zeitgeistbedingte Abweichung von einer uralten Tradition dar: Die kraftstrotzenden Vorfahren haben gehandelt, ihr verzärtelter Nachfahre reflektiert und schreibt.

Eine solche Selbstdarstellung barg allerdings auch Risiken. Überzeichnen durfte Montaigne sein Porträt als Schreibtischtäter nicht. In Frankreich regierte zu dieser Zeit mit Heinrich III. ein König, den seine immer zahlreicheren Feinde und Kritiker als Inbegriff verweichlichter Dekadenz verhöhnten. Als Gegengewicht zu so viel Gelehrsamkeit und Untauglichkeit zur Politik musste sich Montaigne daher weitere unbezweifelbar aristokratische Merkmale zuschreiben. Diesen Zweck erfüllen die *Essais* fünf, sechs, siebzehn und fünfundvierzig des ersten Buchs, die den Verlauf und Ausgang von Schlachten kommentieren, militärische Strategien analysieren und vom richtigen Verhalten eines Diplomaten handeln. Dasselbe gilt für Ausführungen, in denen die Würden dieser Welt hinterfragt und äußere Rangabzeichen als Requisiten einer großen Komödie abgewertet werden: «Die meisten unserer Aufgaben sind lächerlich … Wir müssen brav unsere Rolle spielen, aber als Rolle einer geliehenen Persönlichkeit.»[14] So abgeklärte Reden über Macht und Ruhm zu halten, ist dem Adeligen vorbehalten, der weiß, dass ihm beides sicher ist. Wer danach streben musste, weil es ihm nicht in die Wiege gelegt war, würde das Ziel seiner Bemühungen nicht so herabsetzen.

Mit den Augen eines echten Standesherrn von Rang gelesen, nehmen sich Montaignes *Essais* also doppeldeutig aus. Die zahlreichen Verweise auf Alter und Vornehmheit der Familie erwecken den Eindruck, der Autor habe genealogische Schwachstellen zu verbergen. Dass er seine schriftstellerischen Bemühungen als Selbstzweck sowie Zerstreuung und Memoriabildung für seine Familie ausgibt, wirkt hingegen überzeugend.

Von Eyquem zu Montaigne

Die nüchterne Wirklichkeit des Stammbaums steht in schroffem Kontrast zu Leben und Werk. Wäre Montaigne, wie die Widmung an den Leser verheißt, mit *bonne foi*, also offen und ehrlich, zu Werke gegangen, hätte es im *Essai* über die Namen heißen müssen: Mein Name ist Michel Eyquem; als Erster meines Geschlechts lasse ich diesen ererbten Namen jedoch weg und nenne mich Montaigne nach einer adeligen Besitzung, die mein Großvater erworben hat. Eine reine Erfindung ist der soziale Rang, der damit beansprucht wird, trotzdem nicht: Montaigne ist 1580, zum Zeitpunkt der Erstveröffentlichung seines *Essais*, unbezweifelbar Kammeredelmann zweier Könige und Mitglied des Ordens vom Heiligen Michael, in den nur Adelige aufgenommen werden konnten. Sein Platz in der Gesellschaft und damit ein wesentlicher Teil seines Selbstverständnisses sind also auf eigentümliche Art und Weise hybrid und bedürfen gerade deshalb der dauernden Bestätigung – sowie der Tarnung und Verhüllung. Besonders von dekadenter Tatenarmut und scheuer Lebensfremdheit kann keine Rede sein: Was sein Großvater mit dem Kauf adeliger Lehen und sein Vater mit dem Militärdienst im Heer König Franz' I. geleistet hat, setzt «Michel de Montaigne», der Erste und der Letzte dieses Namens, mit der Feder fort.

Der Schlüssel zu diesem komplexen Wechselspiel von Schaulaufen und Verbergen findet sich in der Entwicklung der französischen Gesellschaft des 15. und 16. Jahrhunderts, wie sie sich im Mikrokosmos der Stadt Bordeaux widerspiegelt. Aus deren Archiven lässt sich der Aufstieg der Familie Eyquem präzise nachverfolgen. Seit dem Anfang des 14. Jahrhunderts ist sie dort und in der ländlichen Umgebung nachweisbar; schon ein halbes Jahrhundert später ist ein Angehöriger ihres Hauptzweigs, der Eyquem de Blanquefort, als Mitglied der kommunalen Regierung, der *jurade*, bezeugt. Die schnelle politische Karriere entspricht dem wirtschaftlichen Erfolg; wie viele der Familien, die in den nachfolgenden Jahrhunderten die Geschicke von Bordeaux bestimmen sollten, sind die Eyquem durch den Handel mit Wein, Farbstoff (Pastell) und geräucherten Heringen reich geworden. Bis zum Ende des Hundertjährigen Krieges (1337–1453) war die Provinz Guyenne mit ihrem Zentrum Bordeaux ein Lehen der englischen Könige

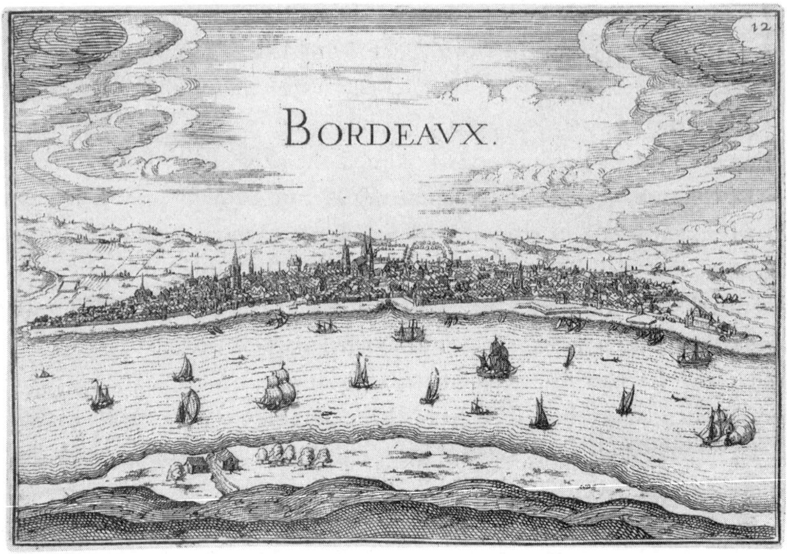

Welthandelsstadt an der Gironde: Ansicht von Bordeaux, Christophe Tassin, 1634

und dadurch dem Zugriff des französischen Monarchen komplett entzogen; durch die Grenzlage zum Gebiet der französischen Krone und zum Königreich Aragon wuchs die Stadt in die Funktion einer kommerziellen Drehscheibe und eines überregionalen Verteilungszentrums hinein. Mit der Eingliederung der Guyenne in das Königreich Frankreich verbesserte sich die wirtschaftliche und politische Lage weiter. Karl VII. und sein Nachfolger Ludwig XI. wussten, wie sie mit frisch angeschlossenen Herrschaftsgebieten umzugehen hatten: Sie gewährten Bordeaux komfortable Steuernachlässe und Handelsprivilegien und richteten dort 1462 ein *parlement* ein, einen obersten Gerichtshof für die gesamte Provinz Guyenne und Umgebung.

Was als Geste des guten Willens und der Integration in das Königreich gedacht war, erwies sich schon nach wenigen Jahrzehnten als zweischneidig, ja kontraproduktiv. Die Ämter in dieser komplexen, streng hierarchisch aufgebauten Institution wurden zu abgestuften Tarifen verkauft und brachten der königlichen Zentrale das für ihre kostspieligen Kriege und ihre üppig dotierten Hofämter dringend benötigte Kapital ein. Dem standen zwei gravierende Nachteile gegenüber. Um den Erwerb solcher Posten attraktiv zu machen und die Preise dafür nach oben zu treiben, durfte der Einsitz im *parlement* zu Lebzeiten oder per Testament an Söhne oder Neffen weitergegeben werden. Auf diese Weise bildete sich innerhalb weniger Generationen eine nahezu unabsetzbare Kaste hoher Richter heraus, die parallel zu ihrem stetig steigenden ständischen Selbstbewusstsein immer weiter reichende politische Forderungen stellten, die schließlich auf eine faktische Kontrolle der königlichen Gesetzgebung für die Provinz hinausliefen.

Durch die Schaffung der *parlements*, von denen es schließlich in ganz Frankreich dreizehn gab, und ähnlicher Einrichtungen war eine Plattform für sozialen Aufstieg geschaffen. Wer das Familienvermögen in ein höheres Amt investierte, bahnte sich und seinen Nachkommen den Weg in den Adel, allerdings mit unterschiedlicher Geschwindigkeit. Wer sich die Position eines «königlichen Rats» im *parlement* leisten konnte, nobilitierte sich und seine Kinder sofort; bei weniger prestigeträchtigen und daher preisgünstigeren Ämtern war dieser Prozess erst nach drei Generationen abgeschlossen. Der damit gewonnene Status blieb auch bei den direkt Geadelten ausbaufähig. Mitglieder der obersten Gerichtshöfe zählten zur *noblesse de robe*, dem Roben- oder Amtsadel, und damit zu einem Segment, das deutlich unter der weitaus angeseheneren *noblesse d'épée*, dem Geburts- oder «Schwertadel», rangierte. Dieser definierte und legitimierte sich durch eine lange, lupenreine aristokratische Abstammung, die Ausübung feudaler Rechte sowie Militärdienst und hatte für die *robins*, die Parvenüs der *parlements* und der obersten Steuerbehörden, die den obersten Gerichten in etwa gleichrangig waren, gemeinhin nur Verachtung übrig. Daran änderte auch der Erwerb adeliger Herrschaften durch die Aufsteiger nichts. Für die alte Geburtselite blieben die *robins* Händler und Wucherer, die ihre schäbigen Ursprünge hinter pelzbesetzten Roben verbargen. Mit dieser Konkurrenz war ein regelrechter Propagandakrieg verbunden. Die *noblesse d'épée* rechtfertigte ihren Vorrang und ihre vielen Privilegien damit, dass sie im Kampf für König und Vaterland ihr Leben einsetzte und in Friedenszeiten die einfachen Leute vor der Ausbeutung durch geldgierige Rechtsverdreher und korrupte Steuereinnehmer schützte. Die Amtsadeligen hielten dagegen, dass sie mit friedlichen Mitteln, durch juristisches Fachwissen und administrative Kompetenz, der Monarchie die weitaus wertvolleren Dienste leisteten.

Bei genauerem Hinsehen erwiesen sich die Ideologien beider Seiten als brüchig. Die tausend Jahre alte Ständeformel, nach der Bauern und Bürger arbeiteten, die Geistlichen beteten und die Adeligen kämpften, entsprach längst nicht mehr der sozialen und wirtschaftlichen Realität. Der *arrière-ban*, mit dem der König seinen Adel zu den Waffen rief, brachte schon lange kein schlagkräftiges Heer mehr zusammen. Den Anforderungen der modernen Kriegsführung waren die meisten Provinzaristokraten, die mit einem alten Klepper und einer verrosteten Lanze anrückten, nicht mehr gewachsen. Auf dem Schlachtfeld gehörten Gegenwart und Zukunft den professionell ausgebildeten Söldnerkontingenten.

Aber auch bei den *robins* klafften Anspruch und Wirklichkeit weit auseinander. Von einem ordnungsgemäßen Studium der Rechte mit obligatem Examen als Voraussetzung für die spätere Berufstätigkeit konnte allzu oft keine Rede sein. Käuflichkeit und Vererbbarkeit der Ämter hatten zur Folge, dass in den höchsten Tribunalen immer mehr junge Männer Einsitz nahmen, die allenfalls oberflächliche Rechtskenntnisse besaßen und in kurzfristig anberaumten Schnellverfahren durchgeschleust wurden, wenn man auf solche Scheinprüfungen nicht sogar ganz verzichtete. Umso enger und exklusiver schlossen sich die Familien zusammen, die den Aufstieg ins *parlement* von Bordeaux geschafft hatten. So bildete sich durch Heirat untereinander und Blockadehaltung gegenüber Neuankömmlingen ab dem zweiten Viertel des 16. Jahrhunderts eine weitgehend geschlossene Gesellschaft heraus, die ihren Einfluss auf die städtische Politik systematisch ausbaute.

Der zunehmend erschwerte Aufstieg über das oberste Gericht war nicht der einzige Weg in den Adel. Der Begründer des Eyquem'schen Familienstatus, Montaignes Urgroßvater Raymon, machte es vor: Nach einer langen, sehr erfolgreichen Tätigkeit als Wein-, Fisch- und Farbenhändler erwarb er im fortgeschrittenen Alter von fünfundsiebzig Jahren am 10. Oktober 1477 von einem gewissen Guillaume Duboys die adeligen Güter Montaigne und Belbeys mit den dazugehörigen Ländereien, Mühlen und Rechten. Diese bestanden vor allem in den Abgaben, die die Bauern als Gebühr für den ihnen zur Nutzung überlassenen Grund und Boden zu entrichten hatten. Nach der Bezahlung des Kaufpreises und der ordnungsgemäßen Registrierung im königlichen Verzeichnis am 30. November folgte der kurze, aber bedeutungsschwere Ritus der Inbesitznahme: Der alte

Großkaufmann betrat das Herrenhaus in Begleitung des ehemaligen Besitzers, der sich dann von der versammelten Nachbarschaft für immer verabschiedete. Danach setzte sich der neue Herr von Montaigne zu Tisch und verzehrte, weiterhin vor Publikum, seine erste Mahlzeit am neuen Wohnort. Raymon Eyquem war damit Herr der adeligen Herrschaft Montaigne. Aber war er dadurch auch adeligen Standes?

Über solche und ähnliche Fragen verfassten hoch spezialisierte Juristen und Genealogen damals ein Handbuch nach dem anderen: Adelte das Land, oder drückte der *roturier* (so die pejorative Bezeichnung für alle Nicht-Aristokraten) dem Land seinen niedrigeren Status auf? Der Standpunkt der alten Geburtselite war eindeutig: Ein *roturier* blieb *roturier*, selbst wenn er sich ein Lehensimperium zusammenkaufte. Die Haltung der Krone war weniger klar. Mit jedem Neu-Adeligen verlor sie Steuern, andererseits war im Zuge des Ausbaus von Räten und Diplomatie der Bedarf an loyalen Funktionären hoch. Bei deren Rekrutierung galt die Faustregel: je abhängiger, desto ergebener. Männer, die ihren neuen Rang erst noch festigen mussten, waren auf die Gunst des Königs angewiesen und daher in der Regel verlässlicher als höhere Adelige, die ihren ererbten Status ins Amt einbrachten.

So zeichnete sich zu Beginn des 16. Jahrhunderts ein Kompromiss ab: Wer nach dem Erwerb adeliger Güter einhundert Jahre lang adelig lebte, hatte es geschafft und war über jede Rang-Anfechtung erhaben. Für die Familie Eyquem war das magische Datum also der 30. November 1577. Dieser Festtag des Apostels Andreas tritt in Montaignes Aufzeichnungen auffallend oft hervor. Am 30. November 1580 trifft er in Rom, dem Ziel seiner Italienreise, ein; genau ein Jahr später kehrt er am Andreastag nach Montaigne zurück. Zufall? Montaignes Reiseetappen waren kurz und genau geplant; eine raschere Hin- und Rückreise wäre problemlos möglich gewesen. Obwohl er selbst durch die Ernennung zum Kammeredelmann des französischen Königs und die Aufnahme in den Orden des heiligen Michael schon einige Jahre zuvor formell nobilitiert worden war, könnte die Wahl dieses Tages eine Huldigung an das so lange herbeigesehnte Ende der familiären Wartezeit sein. In seinen *Essais* bekennt er sich schließlich zu mancherlei harmlosem Aberglauben.

Die Frist der hundert Jahre galt nur, wenn die neuen Eigentümer von Montaigne in dieser Zeit «adelig lebten». Auch für dieses *vivre noblement* stellte Raymon Eyquem, der schon im folgenden Jahr das Zeitliche segnete, die Weichen. Er verschaffte seinen Nachkommen nicht nur die dazu benötigten Besitzungen und Einkünfte, sondern diktierte ihnen auch den dafür obligatorischen Lebensstil, den sie minutiös zu befolgen hatten: keine «niedrige» Erwerbsarbeit mehr, vor allem keinen «schmutzigen» Kommerz, dafür viel ostentative Präsenz auf dem Schloss und seinem Land mit reichlichen Almosen für die Bedürftigen, akkurat organisierte Treibjagden, zu denen die Adeligen der Umgebung geladen werden mussten, opulente Bankette und prächtige Feste, die mit ihrem Aufwand aristokratisches Wirtschaftsverhalten unter Beweis stellen sollten. Geld war nicht dazu da, gehortet zu werden, sondern Mittel zum Zweck: Es sollte ausgegeben werden, um den eigenen Rang zu dokumentieren und der Gesellschaft zu nützen.

Raymon Eyquems großer Coup vom Herbst 1477 hinterließ durch die damit verbundenen Verpflichtungen tiefe Spuren im Leben und Werk seines Urenkels Michel. So waren dessen Anspruch auf konsequent ausgelebte Individualität und Unabhängigkeit von Konventionen von Anfang an Grenzen gezogen. Der Zwang zur aristokratischen Mimikry auf der einen Seite und das Streben nach Selbstbestimmung und uneingeschränkter persönlicher Freiheit auf der anderen Seite bilden daher ein Leitmotiv von Montaignes Werk.

Montaigne war nicht der Einzige, der in diesem Spannungsverhältnis zu leben hatte. Sein früh verstorbener Freund Etienne de la Boétie fasste das Problem in Titel und Ausführungen seiner rebellischen Jugendschrift zusammen: Sie hieß *Discours de la servitude volontaire*, «Abhandlung von der freiwilligen Knechtschaft», und kreiste um die Frage, wie weit man den Ansprüchen von Gesellschaft und Politik nachgeben konnte, ohne sich selbst und seine Ideale preiszugeben. Für De la Boétie war die rote Linie überschritten, wenn durch die äußerliche Akzeptanz fremder Normen die innere Freiheit gefährdet war. Montaigne knüpfte an diese Ideen an und suchte in seinen *Essais* eigenständig nach praktikablen Lösungen, die auf einen Kompromiss hinausliefen: Die Pflichten, die ihm sein Urgroßvater aufgebürdet hatte, erfüllte er lebenslang mustergültig, aber ohne sich im Denken und Schreiben dadurch einschränken zu lassen.

Schon Montaignes Großvater Grimon Eyquem hatte vor demselben Problem gestanden. Er hatte bis 1477 mit dem familienüblichen Sinn für gewinnträchtige Operationen und Transaktionen, den auch sein Enkel erbte, lukrative Handelsgeschäfte betrieben. Mit den daraus gezogenen Erlösen kaufte er weitere Ländereien und Häuser im Gebiet von Montaigne. Umso schwerer tat er sich damit, diese profitablen Aktivitäten aufzugeben. Kommerz und Adel waren in Frankreich – im Gegensatz zum Standeskodex der Führungsschichten in Venedig und Genua – unvereinbar. Wer diese Regel missachtete, wurde mit Schimpf und Schande ausgestoßen.

Das *vivre noblement* schrieb unumstößliche Hierarchien vor. Ganz oben auf der Prestigeskala stand seit unvordenklicher Zeit der Beruf des Offiziers, fast auf der gleichen Stufe eine gehobene Position in der Kirche, als Domherr oder Bischof. Auch eine Verwendung im «zivilen» Dienst des Königs, zum Beispiel als Diplomat, mehrte das Ansehen der Familie. Wer Militär, Kirche und diplomatischen Dienst verschmähte, durfte seine Güter verwalten und notfalls sogar selbst bewirtschaften, ohne an Rang zu gewinnen oder einzubüßen. Zu Montaignes Lebzeiten zeichnete sich allmählich ein weiteres Betätigungsfeld als standesgemäß ab. Je weniger Aussicht auf Selbstverwirklichung die militärische Laufbahn bot und je mehr die kirchliche im Zeichen der Glaubensspaltung und der konfessionellen Streitigkeiten in Verruf geriet, desto attraktiver und reputierlicher wurde es, sich gelehrten Studien und philosophischen Betrachtungen zu widmen, vorausgesetzt, man betrieb sie nicht gewerbsmäßig, also «pedantisch», sondern nur zum eigenen Vergnügen und zur Zerstreuung der Standesgenossen.

Grimon Eyquem vollzog den unumgänglichen Wechsel im Lebensstil und Auftreten ab 1508. Seinen ältesten Sohn Pierre, Montaignes Vater, bestimmte er zum Kriegshandwerk. So zog der Enkel des Großhändlers mit seinem König Franz I. auf dessen Feldzüge nach Italien, und zwar stilvoll in einer Kompanie, die nur Adelige aufnahm. Die zehn Jahre unter Waffen, zuletzt in der heimatlichen Provinz Guyenne, prägten ihn lebenslang. Montaignes jüngster Bruder Pierre sollte diese Traditionen fortsetzen. Das Metier des Offiziers und der Anspruch auf adeligen Rang vertrugen sich problemlos mit einer aktiven Rolle in der städtischen Politik; die sechs Mitglieder der Stadtregierung, die *jurats,* rekrutierten sich zu je einem Drittel aus der führenden Kaufmannschaft, aus dem *parlement* und aus dem lokalen Adel, der wie die Familie Eyquem neben seinen ländlichen Besitzungen auch über eine repräsentative Stadtresidenz verfügte. Mit Michel, seinem Ältesten, hatte Pierre Eyquem senior, wie sich schnell zeigte, andere Pläne.

Den auf Wahrung oder besser noch: Erhöhung des sozialen Ranges ausgerichteten Heiratsstrategien ihrer Schicht entsprechend, hatten Raymon und Grimon Eyquem Töchter aus wohlhabenden Kaufmannsfamilien mit weit gespanntem Netzwerk in Bordeaux und Umgebung geehelicht. Diesen Traditionen gemäß vermählte sich Pierre Eyqem senior im Januar 1529 mit Antoinette de Louppes. Montaignes Mutter (die ihren Sohn um fast anderthalb Jahrzehnte überleben sollte) stammte aus einer reichen Großhändlersippe spanischen Ursprungs, die seit dem 15. Jahrhundert in Toulouse ansässig wurde und mit einem ihrer Zweige erst kürzlich nach Bordeaux übergesiedelt war. In der französischen Form des Namens ist das ursprüngliche «Lopez» noch zu erahnen. Die «de Louppes» besaßen also dieselbe soziale Ausgangsposition wie die Eyquems, doch hatten sie ihren sozialen Aufstieg in die nächsthöhere soziale Schicht zwei Generationen später begonnen als diese, so dass die Strategien bei ihnen sehr viel hastiger und geballter zum Tragen kommen mussten. Nicht nur in den Augen des Adels, sondern auch für die etablierte Kaufmannschaft von Bordeaux gehörten sie zu den «Neuestreichen», deren Versuche, sich vornehmen Status zuzulegen, entsprechend grobschlächtig und leicht durchschaubar ausfielen. Eine der wichtigsten Methoden des Sippenverbands bestand darin, seine Töchter durch verlockend hohe Mitgiften mit Söhnen aus Familien zu verheiraten, die bereits weitere Etappen auf dem Weg in den Adel erfolgreich durchlaufen oder dieses Ziel sogar schon erreicht hatten.

Der materielle Vorteil, den der vierunddreißigjährige Pierre Eyquem aus der Eheschließung mit seiner neunzehn Jahre jüngeren Braut Antoinette de Louppes zog, war beträchtlich. Mit dem von dieser in die Ehe eingebrachten Geld ließ sich weiteres Land kaufen und das Herrenhaus von Montaigne, das zu diesem Zeitpunkt baufällig und in Adelskreisen kaum vorzeigbar war, standesgemäß erneuern und erweitern. Gemessen am sozialen Kapital aber war die Heirat fraglos ein Verlustgeschäft; um Statuseinbußen zu vermeiden, war es für Pierre Eyquem und seinen Sohn Michel daher ratsam, den Namen der Gattin bzw. Mutter so wenig wie möglich zu erwähnen. Montaigne hat sich eisern an diese selbst auferlegte Regel gehalten. Die sparsamen Notizen in seinem «Hausbuch» erlauben tiefe Einblicke in das zugrunde liegende Wertesystem. Zwischen dem ersten Eintrag: «Im Jahr 1495, am 29. September, wurde Pierre de Montaigne, mein Vater, in Montaigne geboren» und der zweiten Notiz: «1534, am 17. Mai, wurde mein Bruder Thomas, Herr von Beauregart und d'Arsac, geboren»,[15] klafft eine auffällige Lücke – in diese minimalistische Familienchronik fanden nur Herren und Damen von Stand Aufnahme, die eigene Mutter gehörte nicht zu diesem erlauchten Kreis. Eine vereinzelte Notiz, die wohl eher von Montaignes Vater als nachträglich von Montaigne selbst stammt, vermerkt: «Heute, am 28. Februar 1533, gegen 11 Uhr vormittags, wurde Michael Montanus als Sohn von Petrus Montanus und Antonina Lopessia, adeliger Eltern, geboren.»[16] In einem privaten Text, den niemand außerhalb der Familie zu lesen bekam, ging eine solche Fälschung an, publik machen konnte man sie nicht.

Die vollständige Absenz der Mutter und des Mütterlichen in den *Essais* kontrastiert scharf mit der hymnischen Präsenz des Vaters und des Väterlichen, die weit über jede soziale Verpflichtung hinausgeht. In dem stets aufs Neue angestimmten Lob auf den besten aller Väter tun sich zweifellos Fenster auf, die hinter aller sorgfältigen Selbstinszenierung eine tiefe Zuneigung durchscheinen lassen. Der Kontrast ist so auffällig, dass er vielfältige Spekulationen aufkommen ließ: Hing die vollständige Aussparung der Erinnerung an die Mutter damit zusammen, dass Montaigne die ersten Lebensmonate bei einer Amme zugebracht hatte? Das war damals ein standesübliches Verfahren, dessen psychologische Folgen man im Abstand eines halben Jahrtausends nicht mehr genau einschätzen kann. Eine weitere Hypothese stützt sich auf die Herkunft der de Louppes bzw. Lopez. Manche der Geschlechter, die zwischen dem 13. und 15. Jahrhundert von der Pyrenäen-Halbinsel nach Südwestfrankreich einwanderten, waren jüdischen Ursprungs und in ihrer neuen Heimat konvertiert. Eine solche Abstammung ist auch für die Familie von Montaignes Mutter angenommen worden. Sichere Belege dafür gibt es jedoch nicht. Das soziale Umfeld der de Louppes in Toulouse und Bordeaux hat mit Sicherheit von solchen Traditionen nichts gewusst. Im heftigen Konkurrenzkampf um Einfluss und Macht in beiden Städten wäre sonst das böse Schimpfwort «Marranen» für zum Christentum übergetretene jüdische Familien und eine entsprechende Replik vonseiten der Beleidigten zu erwarten gewesen. Auch der rasche soziale Aufstieg der Sippe hätte durch die verbreitete judenfeindliche Grundhaltung fraglos Schaden genommen.

Spuren einer jüdischen Abkunft sind in den Texten Montaignes gesucht worden, vor allem im Tagebuch seiner Italien-Reise, wo er Besuche bei der jüdischen Gemeinde anlässlich religiöser Zeremonien ausführlich vermerkt. Doch dasselbe Interesse bringt Montaigne auch den Praktiken anderer Glaubensgemeinschaften entgegen; es erklärt sich aus seiner Passion für empirische Menschenforschung, in der die Religion und das Kultische einen hohen Stellenwert haben. Eine ausgeprägtere Beschäftigung mit jüdischer Theologie und Geschichte schlägt sich in den *Essais* jedenfalls nicht nieder. Im Gegensatz zur überwältigenden Präsenz der griechischen und römischen Antike sind Gestalten und Geschichten des Alten Testaments fast völlig ausgespart; das gilt allerdings auch für die Evangelien und die christliche Überlieferung insgesamt.

Weiterführende Schlüsse zum Bild der Mutter lassen sich ziehen, wenn man die Wahrnehmung der Frau in den Texten Montaignes betrachtet. Sie ist in der Ausgabe der *Essais* von 1580 ganz überwiegend negativ geprägt. Das Weibliche zieht magisch an, der männliche Blick sortiert und klassifiziert nach Schönheit und erotischer Ausstrahlung, doch Tiefe und Dauerhaftigkeit wird den Verbindungen von Mann und Frau kategorisch abgesprochen: Freundschaft und intellektuellen Austausch könne es nur zwischen Männern geben, Frauen seien dafür zu oberflächlich und unbeständig. Das sind typische misogyne Versatzstücke der Zeit, doch bei einem so unabhängigen Denker wie Montaigne, der die gängigen Vorurteile systematisch hinterfragt, eigentlich nicht zu erwarten. In späteren *Essais* werden diese abwertenden Klischees denn auch konsequent zurückgenommen und ins Positive umgedeutet. Vor diesem Hintergrund drängt sich die Vermutung auf, dass über das soziale Gefälle zwischen den Elternteilen hinaus sehr persönliche Motive für die Ausblendung der Mutter aus Leben und Werk ausschlaggebend gewesen sein müssen. Welche das im Einzelnen waren, entzieht sich selbst der Spekulation.

Experimentelle Erziehung

In einem der längsten *Essais* des ersten Buches schreibt Montaigne «Über die Erziehung der Kinder». Der insgesamt recht konventionelle Traktat ist der Gräfin Diane de Foix, einer vornehmen Protektorin, gewidmet. Dieser sozialen Höhenlage entsprechend geht es um die standesgemäße Ausbildung adeligen Nachwuchses und in diesem Zusammenhang vor allem um die Frage, wie viel klassische Bildung diesem zuträglich ist und wie sie ihm vermittelt werden kann. Dabei steht eine Regel von vornherein fest: Man soll im Gegensatz zum Credo der Humanisten die Beherrschung des Lateinischen und des Griechischen nicht überschätzen. Die Priorität guter Pädagogen ist eine andere: «Ich möchte zuerst meine eigene Sprache gut können und die meiner Nachbarn, mit denen ich gewöhnlich Umgang pflege.»[17] Das war ein klares Votum für die lebenden Sprachen: «Das Griechische und Lateinische sind gewiss ein schöner und großartiger Schmuck, aber man erkauft ihn zu teuer»,[18] das heißt: mit jahrelanger Paukerei und Plackerei. Solche Anstrengungen mögen sich für einen professionellen Gelehrten ziemen, der mit der Vermittlung der dadurch erworbenen Kompetenzen seinen Lebensunterhalt bestreitet, nicht jedoch für einen Aristokraten. Für diesen gibt es eine ungewöhnliche Alternative: «Im Folgenden werde ich eine Art und Weise, diese Sprachen billiger als gewöhnlich zu erwerben, darlegen, die an mir selbst ausprobiert wurde. Bediene sich daran, wer mag.»[19]

Sein verstorbener Vater, so Montaigne, habe langwierige Nachforschungen bei Gelehrten und anderen klugen Männern unternommen, um die beste Erziehungsmethode in Erfahrung zu bringen, die das mühsame Erlernen fremder Sprachen zu vermeiden half. Mit diesen oft unüberwindlichen Schwierigkeiten – so die Auskünfte der konsultierten Experten – sei zudem ein gravierender Nachteil verbunden: «Und man sagte ihm, dass diese lange Dauer des Lernens der einzige Grund sei, weshalb wir die Seelengröße und den Kenntnisstand der alten Griechen und Römer nicht mehr zu erreichen vermochten.»[20] Darin spiegelt sich eine humanistische Grundüberzeugung: Mangelhafte Kenntnis der klassischen Sprachen, wie sie zum Beispiel bei den Mönchen anzutreffen ist, hat sittlichen Niedergang zur Folge. Zu diesem naiven Credo hatte Montaigne nur einen lakonischen Satz zu sagen: «Ich glaube nicht, dass das die einzige Ursache dafür ist.»[21] Umgekehrt hieß das, dass man sich durch meisterhafte Beherrschung des Lateinischen und Griechischen, die ein vertieftes Studium der antiken Texte erlaubte, zu einem Ausbund an Tugend emporschwingen konnte. Doch auch davon war Montaigne nicht überzeugt.

Pierre Eyquem aber glaubte es und griff zu einem ungewöhnlichen Mittel: «Was es damit auch auf sich haben mag – die Methode, die mein Vater fand, bestand darin, dass er mich als Säugling und vor meinen ersten Sätzen einem Deutschen zur Erziehung übergab, der später ein sehr berühmter Arzt in Frankreich wurde, zu diesem Zeitpunkt aber kein Wort Französisch konnte, das Lateinische jedoch umso besser beherrschte.»[22] Montaignes Primärsprache war demnach das Lateinische, denn auch die Eltern, ja selbst die Dienstboten hatten sich an die eiserne Regel zu halten, mit dem kleinen Michel nur klassische Konversation zu pflegen. Die Folge: «So aber latinisierten wir uns allesamt, und zwar so sehr, dass das Lateinische bis in unsere Dörfer in der Umgebung überschwappte, wo sich bis heute einige lateinische Bezeichnungen für Handwerker und Werkzeuge erhalten haben.»[23]

Diese Spracherziehung hatte für den Zögling weitreichende Konsequenzen: «Was mich betrifft, so war ich älter als sechs Jahre, bevor ich vom Französischen oder unserem heimischen Périgord-Dialekt mehr verstand als vom Arabischen.»[24] So war der Knabe ein Fremdling im eigenen Land. Allerdings hatte diese seltsame Akkulturation auch ihre Vorteile: «Ohne Studium, ohne Buch, ohne Grammatik und Lektionen, ohne Peitsche und ohne Tränen hatte ich Latein gelernt, so rein, wie mein Lehrer es konnte.»[25] Am Ende meisterte er es nach eigener Aussage sogar besser als der Lehrer selbst. Ja, dieser scheute sich schließlich, seinen Schüler anzusprechen, weil er befürchten musste, ihm nicht Paroli bieten zu können. Übersetzungsübungen – so Montaigne abschließend – habe er nicht, wie andere Schüler, aus dem Lateinischen ins Französische und umgekehrt, sondern aus schlechtem Latein in gutes Latein angefertigt.

Den Sprösslingen ein gewisses Maß an klassischer Bildung zukommen zu lassen, wurde um diese Zeit in aristokratischen Kreisen Mode. Trotzdem drängte sich Lesern aus dieser Schicht die Frage auf, ob Pierre Eyquems Methode standeskonform war oder nicht vielmehr ein typisches

Verhalten des Parvenüs, der alles auf einmal und im Übermaß erreichen wollte. Montaignes Antwort folgt auf dem Fuß: «Buchanan, den ich später im Gefolge des verstorbenen Marschalls de Brissac traf, sagte mir, dass er im Begriff sei, über Kindererziehung zu schreiben, und dass er mich als Beispiel anführen werde, denn er war damals Hauslehrer des Grafen de Brissac, den wir seitdem so mutig und tapfer haben agieren sehen.»[26] Wenn George Buchanan, «der berühmte schottische Dichter», sein Einverständnis erklärte, war Pierre Eyquem gerechtfertigt. Im schlimmsten Fall war die «Latinisierung» des Knaben ein aristokratischer Spleen; gut gemeint aber war sie auf jeden Fall.

Hat es sich gelohnt? Im Alter von sechs Jahren – so Montaigne zu seinem frühen Bildungsgang weiter – habe ihn der liebevolle Vater auf das beste Gymnasium Frankreichs, das *Collège de Guyenne*, geschickt, wo er aufgrund seiner phänomenalen Lateinkenntnisse mühelos Klassen übersprang und schon mit dreizehn Jahren seinen Abschluss machte. Auf dem *Collège* erhielt er durch väterliche Fürsorge Spezialunterricht durch gute Privatlehrer (*précepteurs de chambre*) und, entgegen dem Schulbrauch, weitere Privilegien dieser Art, aber das Resultat war niederschmetternd: «Mein Latein bastardierte auf der Stelle, und danach habe ich durch Entwöhnung jede Übung darin verloren.»[27] Die Schuldzuweisung an die eben noch hoch gelobte Anstalt ist eindeutig: «Eine Schule ist und bleibt eine Schule»,[28] das heißt: eine Ausbildungsstätte von Pedanten für Pedanten. Aus gutem Grund trägt der vorangehende *Essai* den Titel «Du pédantisme». Wer adelige Knaben auf ein *Collège* schickte, musste wie Montaignes Vater unverzüglich Gegenmaßnahmen ergreifen, damit der Zögling nicht nach dem Vorbild seiner Lehrer zum verknöcherten Kleingeist wird.

Eine erstaunliche Geschichte, aber stimmt sie auch? Im Text selbst springen Widersprüche ins Auge. Parallel zur lateinischen Erziehung durch den des Französischen gänzlich unkundigen Hauslehrer habe ihm sein Vater Grundkenntnisse der anderen klassischen Sprache vermittelt, und zwar ebenfalls so unpedantisch wie möglich. Während andere Kinder mit ihren Eltern Fangen oder Schach spielten, habe er mit seinem Vater «Griechisch deklinieren» geübt, nach dem Prinzip «Fang den Fall» - einer wirft dem anderen einen Casus zu, den es dann korrekt zu variieren gilt. Nach Montaignes Schilderung war sein Vater, der tapfere Soldat und liebevolle Erzieher, ein Ausbund an menschlichen Qualitäten, doch klassische Bildung war ihm nie zuteilgeworden. Jetzt aber sollte er als Lehrer einer Sprache brillieren, die nach Montaignes eigenen Worten so viele Schüler zur Verzweiflung trieb?

Noch unwahrscheinlicher klingt die Behauptung, man habe mit dem Knaben Michel nur Latein gesprochen. Wie sollte sich eine solche Sprachabschottung und Gesprächsisolation im Alltag eines ländlichen Schlosses und Dorfes bewerkstelligen lassen? Und warum so viel Aufwand? Adelige Erziehung sollte schließlich das Gegenteil von naseweisen und altklugen Stubenhockern hervorbringen. Stattdessen war – lange bevor Jean-Jacques Rousseau in den 1760er-Jahren solche Methoden pries – in gehobenen Kreisen «naturnaher» Unterricht angesagt: Frühes Reiten- und Fechten-Lernen stand ebenso auf dem Lehrplan wie zeitige Kontaktaufnahme mit der ländlichen Bevölkerung. Ein junger Adeliger musste vornehm und zugleich auf patriarchalische Art und Weise volksnah auftreten können. Das waren im Übrigen soziale Kompetenzen, die Montaigne in seinen *Essais* reichlich für sich in Anspruch nimmt: «Ich verunstalte viel lieber eine schöne Redewendung, um es auf meine Art zu sagen ... Die Ausdrucksweise, die ich liebe, ist einfach und ungekünstelt, auf dem Papier wie mit dem Mund, eine saftige und kräftige Sprache, knapp und gedrängt, nicht verzärtelt und geschminkt, sondern heftig und direkt.»[29] Wenn das Französische diese Kommunikation nicht zu leisten vermochte, half – so Montaigne weiter – das Gascognische, der regionale Dialekt, weiter, und diesen lernte man nicht unter Edelleuten, sondern unter Bauern und Winzern, und zwar von Kindesbeinen an. Auf diese besondere Sprachfertigkeit war Montaigne stolz. Wo sollte er sie erworben haben, wenn nicht in der Umgebung des väterlichen Schlosses?

So steht eine frühe Vermittlung des Lateinischen durch einen Hauslehrer außer Frage, doch sicherlich nicht nach der rigorosen Isolationsmethode. Dass dieser *précepteur* kein Wort Französisch gekonnt haben soll, obwohl er in Frankreich lebte, mutet ebenfalls seltsam an. Auffällig ist zudem, dass er in den namenreichen *Essais* namenlos bleibt. Ein gewisser Horstanus, der zeitweise am *Collège de Guyenne* unterrichtete und von fast allen Montaigne-Biographen mit dessen erstem Lehrer identifiziert wird, kann es nicht gewesen sein, da dieser schriftlich wie mündlich die Landessprache beherrschte. Auch die Angabe, dass sich der geheimnisvolle Anonymus später als Mediziner in Frankreich große Berühmtheit erworben habe, ist nebulös. Wenn das stimmte, hätte man ihm Namen und Gesicht geben können. Die Fragezeichen häufen sich, wie so oft bei Montaigne.

Die Schilderung der eigenen Kindheit als kühnes Erziehungsexperiment bildet einen integralen Bestandteil von Montaignes Selbstporträts. Demnach hatte Pierre Eyquem die Probe aufs Exempel machen wollen: Ging aus dieser Versuchsanordnung ein neuer, höherer Mensch hervor, der es in Sachen Tugend und Edelmut mit den Großen des Altertums aufnehmen konnte? Das musste die Neugier des Lesers wecken, der das Ergebnis in den *Essais* nachlesen konnte. Warum sollte man sonst die umfangreichen Reflexionen und Selbstbeobachtungen eines 1580 noch ziemlich unbekannten Landadeligen aus der Guyenne kaufen und lesen? Die stark überspitzte Kindheitserzählung gehört zu den Anlockungs- und Überzeugungsstrategien des Autors Montaigne: Er spricht als Adeliger zu Adeligen, macht aber zugleich deutlich, dass er ungewöhnliche Erfahrungen und Erkenntnisse mitzuteilen hat, die irritierend, vielleicht sogar verstörend wirken könnten. Konformität und Exzentrizität mussten sich in dieser Selbstdarstellung die Waage halten, sonst wurden die damit verbundenen Botschaften nicht angenommen.

Wie sorgfältig es diese Zutaten zu dosieren galt, zeigen die Abschwächungen und Entschärfungen, die die Erzählung der Ausnahmekindheit umrahmen. Montaigne lässt sich danach ausführlich über sein phlegmatisches Temperament, seine Faulheit und Trägheit, seine völlige Unkenntnis der Wissenschaften und der höfischen Sitten aus. Auf der anderen Seite nimmt er jedoch – im Schatten von so viel Selbstschelte unauffällig – Eigenschaften wie Aufrichtigkeit, Gerechtigkeit und vor allem Freiheitsliebe für sich in Anspruch. Sein adeliger Wunschleser war sich also darüber im Klaren, dass er in den *Essais* keinen neuen Cato oder Cicero vor sich hatte, sondern einen Autor von vertrautem Zuschnitt, aus dessen Feder er auch Unvertrautes glauben durfte.

Auf dem Collège

Das *Collège de Guyenne*, das Montaigne von 1539 an besuchte, war genau wie er sechs Jahre alt. Von einem großen Ruf oder gar Platz eins der Schule unter den französischen Gymnasien konnte keine Rede sein. Neben so vielen älteren Bildungseinrichtungen musste sie sich ihr Ansehen erst noch erwerben. Zu diesem Zweck musste sie sich abgrenzen und markante Alleinstellungsmerkmale vorweisen. Im Falle von Montaignes *Collège* wie der zahlreichen ähnlichen Einrichtungen in ganz Europa war das nicht nur die starke Ausrichtung auf die klassischen Texte des Altertums, sondern auch die dabei angewandte humanistische Pädagogik, die auf «aktives Lernen», also eine Beteiligung der Zöglinge am Prozess der Wissensvermittlung und der moralischen Erziehung, abhob. Zugleich war der Gründungszweck solcher Schulen klar umrissen: Sie sollte ihre Schüler auf das Studium an einer renommierten Universität wie der von Toulouse vorbereiten und ihnen damit den Weg in die höhere Verwaltung, speziell in die Justiz, ebnen. So wurden hier vor allem die Söhne der wohlhabenden Kaufleute ausgebildet, die als nächste Etappe des Aufstiegs in den Adel das *parlement* von Bordeaux im Auge hatten. Raymon, Grimon und Pierre Eyquem wollten dasselbe Ziel auf dem Weg über das *vivre noblement* erreichen. Dass der Letztere seinen Erstgeborenen in das Internat des *Collège* schickte, zeigt, dass er sich durch einen Plan B absichern wollte. Wenn die definitive Anerkennung der Familie als feudaladelig ausbleiben sollte, würde sie so die alternative Route in den Amtsadel einschlagen können. Um diesen Verdacht gar nicht erst aufkommen zu lassen, hebt Montaigne seine Ausnahmestellung am *Collège* mit eigenem Privatlehrer und weiteren Vorrechten gebührend hervor. Vor diesem Hintergrund gewinnt auch die abträgliche Bemerkung über die pedantische Ausrichtung der dort genossenen Ausbildung ihre volle Bedeutung: Trotz aller aristokratischen Gegenmaßnahmen habe er sich ihrer nivellierenden Wirkung nicht völlig entziehen können, wie sich an der systematischen Verwässerung seines zuvor so reinen Lateins zeige.

Die Bilanz, die in den *Essais* zu sieben Jahren auf dem *Collège* gezogen wird, fällt vernichtend aus: Nichts gelernt, was sich im späteren Leben nutzbringend verwenden lässt! Im Kontrast dazu wird nicht nur die Schule, sondern auch ihr Rektor gelobt; in der Ausgabe der *Essais* von 1588 wird er sogar als der größte und nobelste seiner Art in Frankreich gefeiert. Den Widerspruch soll der Leser selbst auflösen: So stupide der Lehrplan des Instituts auch war, so stachen doch einzelne Lehrer hervor, die einem jungen Adeligen mehr zu bieten hatten als Pedanterie. Das galt vor allem für George Buchanan, der nicht nur private Lektionen gab, sondern auch am *Collège* unterrichtete. Buchanan galt seinen Zeitgenossen als notorischer Freidenker. Aus seiner kritischen Haltung gegenüber den Dogmen und Riten der Kirche machte er kein Hehl.

Andere Lehrkräfte standen im Ruf, mit den Ideen der Reformation zu sympathisieren. Beides war nicht ungefährlich. In seinen jahrzehntelangen Kämpfen mit dem Habsburger Karl V. um Mailand und die Hegemonie in Europa paktierte der französische König Franz I. zwar mit den deutschen Protestanten im Reich und sogar mit dem türkischen Sultan, doch im Innern gerierte er sich wie seine Vorgänger ganz als «Allerchristlichster König», und das hieß: als treuer Sohn der römischen Kirche. In dieser Rolle ging er ab 1534 rigoros gegen die Ausbreitung reformierter Strömungen und Gemeinden vor, deren Theologie und Organisationsform ab den 1540er-Jahren immer stärker vom Genfer Reformator Jean Calvin geprägt wurden. Anklang fanden die Missionare, die auf geheimen Pfaden verbotene Lehren und Bücher ins Land schmuggelten, vor allem bei den städtischen Mittelschichten und beim höheren Adel, der die Schwächung seines Einflusses in den Provinzen, die steigende Bedeutung der *robins* und den Machtzuwachs der Monarchie als Verkehrung der legitimen Ordnung empfand und sich in dieser ablehnenden Haltung durch Calvins monarchiekritische Kommentare bestätigt sah. Im peripheren Bordeaux konnte man solche Überzeugungen trotz aller Repression durch die königliche Zentrale vorerst noch relativ offen artikulieren; selbst der Präsident des *parlement* leugnete seine Affinität zu diesen Kreisen nicht. Doch das war die Ruhe vor dem Sturm.

Was Montaigne aus seinen sieben *Collège*-Jahren an Denkanstößen und intellektuellen Prägungen mitnahm, lässt sich mangels näherer Auskünfte von seiner Seite nur indirekt erschließen. Einen gewissen Ersatz dafür bieten die Lehr- und Stundenpläne seiner Schule, die sich in größerem Umfang erhalten haben. Aus der Lektüre dieser Dokumente gewinnt man den Eindruck, dass es dort – anders als an vielen vergleichbaren Instituten mit ihren überfüllten Curricula – relativ entspannt zuging. Das galt für die Anzahl der täglichen Lektionen, das Pensum, das den Zöglingen zugemutet wurde, und die Strafen, mit denen die Lehrer die Disziplin aufrechtzuerhalten suchten. Auf Originalität oder thematische Vielfalt konnte der verordnete Lehrstoff allerdings keinen Anspruch erheben. Nach Vermittlung der Elementartechniken Lesen und Schreiben und der Anfangsgründe im Lateinischen in den ersten – von Montaigne übersprungenen – Klassen schritten die Zöglinge jahrelang von den leichteren Texten Ciceros zu den schwereren fort, um sich schließlich zu den Dichtungen Ovids und Lucans und als Krönung des Curriculums zu Theorie und Praxis der Rhetorik vorzuarbeiten. Zu höheren Weihen oder gar Preisen in diesem Fach hat es der «interne» Schüler Montaigne nicht gebracht, im Gegenteil: Seine lebenslange Abneigung gegen feierliche Prunkreden aller Art dürfte hier ihren Ursprung haben.

Umso höher schätzte Montaigne das Gespräch und die Kunst, dieses zur Förderung der geistigen Freiheit zu führen; ihr hat er unter dem Titel *De l'art de conférer* einen seiner gedankenreichsten *Essais* nach 1580 gewidmet. *Conférer* bedeutet in seinem Wortschatz nicht nur «sich austauschen und sich auseinandersetzen», sondern auch «beitragen», nämlich zur Ausbildung der eigenen wie der fremden Standpunkte: «Die fruchtbarste und natürlichste Übung unseres Geistes ist meiner Ansicht nach die mündliche Auseinandersetzung (*conférence*).»[30] Im Gegensatz zum seelenlosen Monolog laufe er in solchen Debatten zu Hochform auf: «Wenn ich mit einer starken Seele und einem robusten Turnierkämpfer debattiere und er gegen meine ungeschützten Flanken anrennt und mich links und rechts sticht, entflammt seine Einbildung die meine. Eifersucht, Ruhmsucht und Rivalität treiben mich dann an und heben mich über mich selbst hinaus … Bei jedem Widerspruch achtet man nicht darauf, ob er berechtigt ist, sondern strebt, zu Recht oder Unrecht, nur danach, ihn zu entkräften.»[31] Wahre Ritterlichkeit lebt sich nicht zu Pferd mit der Lanze in der Hand, sondern im Streitgespräch aus. Wie in der Turnier-Arena darf es dabei nicht zimperlich zugehen: Kräftige, heftige, zupackende Reden sind erlaubt, und niemand hat das Recht, sich schmollend zurückzuziehen.

Hat das *Collège de Guyenne* Montaigne diese Techniken und die dazugehörige Sprache gelehrt? Drei pädagogische Besonderheiten der Schule stechen ins Auge. Zum einen wurde nach jeder einstündigen Latein-Lektion eine halbe Stunde lang diskutiert, sicherlich nicht frei über selbstgewählte Gegenstände, sondern über das soeben Gelesene, doch bot sich dadurch die Gelegenheit, die eigene Ansicht mit der Meinung der anderen zu vergleichen und sie zu verteidigen. Zweitens gaben die fortgeschritteneren Schüler den Anfängern Unterricht und konnten so die Prozesse des Lernens, seine Hemmungen und Förderungen, aus der Position der Lehrenden beobachten und für das eigene Studium nutzen. Drittens gehörte die Aufführung von Schauspielen zum festen Unterrichtsrepertoire der Schule, die dafür sogar ein eigenes kleines Amphitheater im antiken Stil besaß. Dass Montaigne in einem modernen lateinischen Trauerspiel über den Tod Cäsars als Akteur mitwirkte, ist in den Annalen der Anstalt bezeugt.

So liegt der Schluss nahe, dass vieles, was die *Essais* prägt und auszeichnet, in der Schulzeit angelegt und ausgebildet worden sein könnte. Dazu gehören: eine skeptische Grundhaltung, die Neigung zum Gespräch, das Interesse an den Methoden der Erziehung, die ausgeprägte Fähigkeit, den Leser behutsam auf anspruchsvolle Diskurse mitzunehmen, sowie die Virtuosität der Selbstdarstellung und des Spiels mit dem Ich und seinen Facetten. Sichere Belege für solche Einflüsse gibt es allerdings nicht. Der Montaigne der *Essais* von 1580 tritt gewissermaßen fertig, gewissermaßen in einem Guss hervor. Spätere Entwicklungen können durch die Ergänzungen zu den frühen *Essais* nachverfolgt werden; die Erfahrungen und Eindrücke, die in die Erstausgabe eingingen, lassen sich jedoch selbst durch emsige Spurensuche nur partiell und oft nur rein hypothetisch erfassen.

Als Bürgermeister von Bordeaux hat Montaigne gut drei Jahrzehnte nach seinem Abgang vom *Collège* dessen Lehrpläne und Unterrichtsmethoden im Wesentlichen bestätigt. Zu einer Umgestaltung der Organisation und des Programms sah er offensichtlich keinen Anlass. In dieser bewahrenden Politik drücken sich sein praktischer Konservatismus und seine defensive Grundhaltung gegenüber den umstürzenden Neuerungen des Zeitalters aus, sei es im Bereich der Religion, sei es im Aufsprengen traditioneller Vorstellungen vom Kosmos und der Stellung der Erde im Sonnensystem. Von all diesen erregenden Auf- und Umbrüchen erwartete Montaigne nichts als Zerstörung und Chaos. Gutes war für ihn weder von der Zukunft noch von der Anknüpfung an eine ferne Vergangenheit zu erwarten, wie sie die Reformatoren mit ihrem Bestreben predigten, an die idealisierte Zeit der frühen Kirche anzuknüpfen. In seinen Augen war die mühsame Bewahrung bzw. Wiederherstellung eines halbwegs friedlichen Status quo das Optimum, das seine aus den Fugen geratene Gegenwart erwarten durfte.

Zu diesem skeptischen Konservatismus dürften die Ereignisse im Bordeaux des Jahres 1548 wesentlich beigetragen haben. Im Jahr zuvor war Franz I. gestorben. Sein Sohn und Nachfolger Heinrich II. war bemüht, die Zentralisierungspolitik der letzten Jahrzehnte zu verstärken und dadurch die Einkünfte der Krone zu erhöhen. Mehreinnahmen waren dringend erforderlich, um die vielen außenpolitischen Scharten seines Vorgängers auszuwetzen, vor allem die Niederlagen gegen Kaiser Karl V. im Ringen um Mailand. Zu diesem Zweck dekretierte er eigenmächtig die Aufstockung der Salzsteuer in seiner «guten Stadt Bordeaux» – eine Maßnahme, die die Stadtregierung, das oberste Gericht und die Bürgerschaft gar nicht gut aufnahmen. In seltener Einigkeit organisierten *parlement*, Bürgermeister und Stadtverordnete einen Widerstand, der schnell eskalierte und aus dem Ruder lief. In blutigen Straßenkämpfen schlug der bewaffnete Mob die Truppen des königlichen Militärbefehlshabers zurück, lynchte diesen auf bestialische Weise und füllte den Leichnam zum Zeichen des Hohns und der Verachtung mit Salz ab.

Gleich nach Ausbruch der Unruhen hatte Pierre Eyquem seinen Sohn Michel vorsorglich ins sichere Schloss Montaigne gebracht. Zu diesem Zeitpunkt dürfte dieser nach dem Basisunterricht am *Collège* die dort angebotenen Anschlusskurse besucht haben, die der Auslegung der aristotelischen Philosophie gewidmet waren und zum Universitätsstudium überleiten sollten. Doch solch friedlichen Beschäftigungen standen jetzt die Zeitläufe entgegen. Der neue König Heinrich II. empfand den Aufstand gegen die Salzsteuer als freche Rebellion und statuierte schleunigst ein Exempel. Vor seiner überlegenen Heeresmacht musste die Stadt kapitulieren und sich vollständig der Gnade oder Ungnade des Monarchen anheimgeben. Doch gegen den Zorn des Siegers halfen ihr alle Unterwerfungsgesten nicht: Sie musste – Gipfel der Demütigung – auf eigene Kosten einen Teil ihrer Mauern niederreißen, und die 150 Anführer des Aufruhrs mussten vor ihrer Hinrichtung eigenhändig die sterblichen Überreste des ermordeten Generals ausgraben, um sie danach mit allen Ehren beizusetzen. Zudem verlor Bordeaux alle kommunalen Rechte und wurde der königlichen Zwangsverwaltung unterstellt. Fünfundneunzig Jahre nach dem

Übergang an Frankreich war die vormals so stolze Handelsstadt am historischen Tiefpunkt angelangt. Alle Strategien der folgenden Jahrzehnte mussten darauf ausgerichtet werden, durch unverbrüchliche Loyalität zur Krone schrittweise die städtischen Selbstverwaltungsrechte zurückzugewinnen. Pierre Eyquem und sein Sohn Michel sollten in diesem langwierigen und schwierigen Prozess wichtige Rollen spielen. Letzterer zog aus dem Drama Schlüsse, an denen er sein Leben lang festhielt: Revolutionen brachten die Welt nicht voran, sondern warfen sie in Barbarei zurück. Gegen den Ausbruch der Gewalt, die in allen Menschen schlummerte, hilft nur eine monarchische Herrschaft, die Fürsorge für die Bedürftigen mit Strenge und notfalls auch Härte gegen die Unfriedfertigen zu vereinbaren weiß.

Ob Montaigne den zweijährigen Aristoteles-Kurs, der ihn auf die Fortsetzung seiner Studien an einer Hochschule vorbereiten sollte, abgeschlossen hat, ist nicht bekannt. Dreißig Jahre später fiel sein Urteil über die philosophischen Lehrmeinungen der Antike insgesamt vernichtend aus: «Dieser schöne menschliche Verstand hat mit der ihm eigenen Sicherheit und Klarsicht eine grenzenlose Verwirrung der Meinungen und Lehrsätze auf allen Gebieten geschaffen, in die er sich einmischt. So macht es keinen Unterschied, ob ich die Ideen Platos, die Atome Epikurs, das Volle und das Leere des Leucippus und des Demokrit, das Wasser des Thales, die unendliche Natur Anaximanders, die Luft des Diogenes, die Zahlenlehre des Pythagoras, das Unendliche des Parmenides, das Eine des Musäus, das Wasser und Feuer des Apollodorus, die ähnlichen Teile des Anaxagoras, die Abstoßung und Freundschaft des Empedokles oder das Feuer des Heraklit oder irgendeine andere Meinung von diesen annehme oder der Ansicht des Aristoteles über die Prinzipien der natürlichen Dinge den Vorzug gebe.»[32] In diesem Panorama der Nichtigkeiten schnitt die Lehre des Aristoteles sogar besonders schlecht ab: «Aristoteles gründet seine Prinzipien auf drei Hauptstücke: Materie, Form und Privation (= das Fehlen). Kann man sich etwas Lächerlicheres denken, als aus dem Nichtvorhandensein (*inanité*) die Ursache für die Erzeugung von Dingen zu machen?»[33] Doch wehe dem, der diese Doktrin infrage zu stellen wagt: «Man debattiert darüber nie, um Zweifel anzumelden, sondern um den Urheber dieser Schule gegen Fremdmeinungen zu verteidigen. Seine unangefochtene Autorität – das ist der Endpunkt, über den hinaus man nicht weiter nachforschen darf.»[34]

Solche Sätze hätten 1549 vermutlich den Verweis von der Lehranstalt zur Folge gehabt. Das legt die Frage nahe, ob sich schon der sechzehnjährige Montaigne gegenüber den Aristoteles-Nachbetern in Bordeaux zu viel an Kritik herausnahm und dafür abgestraft wurde. So emotional, wie er die Abrechnung mit den selbsternannten Meisterdenkern und deren kritiklosen Epigonen formuliert, scheint sie ein Nachhall sehr persönlicher Erfahrungen zu sein.

Montaignes Meinung zur Erforschung der Natur, die in der zweiten Hälfte des 16. Jahrhunderts praktisch und theoretisch, durch genauere Beobachtung und verfeinerte Methodik, einen starken Aufschwung erfuhr, stand ebenfalls unerschütterlich fest: «Unsere Lebensbedingungen bringen es mit sich, dass die Kenntnis der Dinge, die wir in Händen halten, so fern und so weit von uns ist wie die der Gestirne.»[35] Selbst mit dem Wissen über den eigenen Himmelskörper und dessen Nachbarn war es nicht weit her: «Ptolemäus, der als großer Mann galt, hatte die Grenzen unserer Welt ein für alle Mal festgelegt … Und jetzt haben wir in unserer Zeit auf einmal eine ungeheure neue Landmasse vor Augen.»[36] Aber nicht nur die Entdeckung eines neuen Kontinents im Westen hat das Weltbild erschüttert, auch was dieser Astronom zu Ausmaß und Aufbau des Kosmos zu sagen hatte, ist jetzt plötzlich infrage gestellt worden, so Montaigne weiter. Sollte man deshalb denjenigen glauben, die die Erde aus dem Mittelpunkt rückten und verkündeten, dass sie sich um die unbewegliche Sonne im Zentrum drehte? Über diese weltbewegende Frage hatten sich ab 1543, nach der Veröffentlichung von Kopernikus' *De revolutionibus orbium celestium*, wo diese revolutionäre These vertreten wurde, zwei Gelehrten-Lager gebildet, die sich immer erbitterter bekämpften und zunehmend die Aufmerksamkeit der Kirche auf sich zogen. Montaigne bezog in diesem Streit auf seine Weise Stellung: «Wäre es nicht eine Dummheit meinerseits, jetzt denen zu vertrauen, die das Gegenteil des Ptolemäus behaupten? Und ist es nicht sehr viel wahrscheinlicher, dass dieser große Körper, den wir Welt nennen, eine ganz andere Sache ist, als wir glauben?»[37]

Mit dieser Position stand Montaigne der katholischen Lehrmeinung, die führende Theologen der Kurie wie Roberto Bellarmin verbindlich fixierten, ausnahmsweise einmal nahe: Auch für Rom konnte der menschliche Verstand die Gesetze der Schöpfung höchstens in Form von Vermutungen und daher nur in vagen Umrissen erfassen. In diesem Punkt durfte der Verfasser der *Essais* also mit beifälligem Kopfnicken der Inquisitoren rechnen, die 1580 deren erste Ausgabe in Rom zu lesen bekamen. Am Aufbruch zur Erforschung der Natur, die sich am Anfang des 17. Jahrhunderts in eine immer exakter begründete und systematischer betriebene Wissenschaft zu verwandeln begann, nahm Montaigne keinen Anteil. Dem standen seine negative Einschätzung der menschlichen Erkenntnisfähigkeiten, seine pessimistische Sicht der Zukunft und sein darauf gegründeter Konservatismus entgegen. Vieles spricht dafür, dass die ablehnende Haltung zu diesen innovativen Entwicklungen auf Eindrücke und Erfahrungen zurückgeht, die er in den Kursen des *Collège de Guyenne* gewonnen hat.

So skeptisch Montaigne diese Aufbrüche betrachtete, so eigenständig und radikal zugleich betrieb er seine Studien auf einem anderen, ebenso neuen und nicht weniger umstrittenen Forschungsfeld: Er untersuchte den Menschen, und zwar nicht wie er sein sollte, sondern wie er wirklich war, und beschritt den Weg ins Innere dieses widersprüchlichen Wesens mit demselben methodischen Rüstzeug wie später Galilei und Newton auf der Suche nach den Gesetzen der Weltmechanik: strikt empirisch, losgelöst von allen älteren Lehrmeinungen und Dogmen, vorurteilslos, im Bewusstsein, keines der vielen Rätsel endgültig zu lösen, und umso mehr von grenzenloser Neugier geleitet.

ZWEITES KAPITEL

KARRIEREHOFFNUNGEN, KARRIEREBRÜCHE

1549–1570

Landleben und natürliche Theologie

Zwischen 1549 und 1556 versiegen die Quellen zum Leben Montaignes fast vollständig. So ist außer einem frühen Aufenthalt in Paris und Rechnungen für den Kauf einiger Bücher über die Zeitspanne zwischen seinem sechzehnten und vierundzwanzigsten Lebensjahr so gut wie nichts bekannt. Er selbst schweigt sich zu dieser Lebensphase nicht nur aus, sondern ist sogar bestrebt, die wenigen hinterlassenen Spuren so weit wie möglich zu verwischen, zum Beispiel durch bewusst verfälschte Datierungen prägender Jugendeindrücke. Je weniger zu diesem Lebensabschnitt überliefert ist, desto heftiger sind die Vermutungen mancher Biographen ins Kraut geschossen. Hat der Erstgeborene eines ehrgeizigen Vaters die Rechte studiert, um sich gemäß dem alternativen Aufstiegsplan des Hauses für eine Karriere im *parlement* von Bordeaux zu qualifizieren? Dafür hätte sich die renommierte Universität von Toulouse mit ihrer einflussreichen Juristenfakultät angeboten. Belege für eine solche Einschreibung fehlen allerdings, ebenso zu einer anderweitigen Ausbildung in Paris. Die einigermaßen zuverlässig bezeugte Reise in die Hauptstadt dürfte im Zusammenhang mit den Bemühungen stehen, Bordeaux nach der brutalen Strafaktion von 1548 aus der Kuratel königlicher Militärbefehlshaber herauszulösen. Doch völlig gesichert ist dieser Zweck nicht.

Nach Sichtung der dürftigen Quellenlage scheint festzustehen, dass Montaigne weder in Jura noch in irgendeinem anderen Fach akademische Studien betrieben hat, also nach den Kriterien des alternativen Aufstiegsplans der Familie Eyquem diese wichtigen Jahre seines Lebens schlicht vergeudete. Betrachtet man sie aus altadeligem Blickwinkel, nimmt sich das Fazit schon anders aus: Nach der Schule musste ein junger Aristokrat nicht noch mehr totes Wissen anhäufen, sondern praktische Lebenserfahrungen sammeln. Genauso beschreibt es Montaigne in seinem *Essai* über die Erziehung der Kinder: «Philosophie heißt, leben zu lernen, und Lehrzeit ist in der Kindheit genauso wie in späteren Lebensphasen – warum bringt man den Kindern dann keine Philosophie bei?»[1] Der richtige Zeitpunkt für solche Lektionen gehe nur allzu rasch vorüber, und dann laute die deprimierende Schlussfolgerung: «Man lehrt uns leben, wenn das Leben vorbei ist.»[2] Mit Philosophie sind nicht Nachtwachen über unverständlichen Büchern selbsternannter Weltweiser, sondern praktische Lektionen gemeint: «Ich denke wie Plutarch, dass Aristoteles seinen großen Schüler Alexander nicht mit der Kunst fesselte, komplizierte Syllogismen aufzustellen, oder mit den Prinzipien der Geometrie, sondern stattdessen mit guten Ratschlägen, die ihn Tapferkeit, Heldentum, Großherzigkeit, Mäßigung und Furchtlosigkeit lehrten.»[3]

Eine solche Erziehung darf selbstverständlich nicht in Arbeit ausarten: «Ich will seinen Geist nicht dadurch verderben, dass man ihn wie die anderen zur Plackerei anhält, vierzehn oder fünfzehn Stunden am Tag, wie einen Lastträger.»[4] Genau das aber ist an den gängigen Bildungseinrichtungen der Fall: «Ich habe von verständigen Leuten gehört, dass diese *Collèges*, auf die man sie schickt und von denen es zu viele gibt, unsere Kinder abstumpfen.»[5] Eine neue, bessere Pädagogik musste im Einzelnen erst noch erfunden werden. Über ihre Umrisse aber ist sich Montaigne schon jetzt im Klaren: «So wie uns die Schritte in einer Galerie, die wir zu unserem Vergnügen tun, selbst dann nicht ermüden, wenn es dreimal so viele wie die auf einem vorgezeichneten Weg sind, so wird eine Lektion, wenn sie wie eine zufällige Begegnung, ohne Verpflichtung zu Zeit und Ort, daherkommt und sich unserem Tun nahtlos anpasst, gleichsam unbemerkt ablaufen.»[6]

Das Ideal ist ein Lernen fürs Leben, aus eigenem Antrieb, ohne Mühe und Mühsal, ja ohne es überhaupt zu bemerken, weil es einfach Spaß macht. Doch wie soll das gehen? «Sogar die Spiele und körperliche Übungen werden ein guter Teil dieses Studiums sein: Läufe, Kämpfe, Musik, Tanz, Jagd, die Beherrschung der Pferde und der Waffen. Ich will, dass der äußere Anstand, angenehmes Auftreten und gefälliges Benehmen genauso ausgebildet werden wie die Seele. Denn man bildet keine Seele und keinen Körper, sondern einen Menschen aus.»[7] Bündiger ließen sich die Grundsätze und Ziele adeliger Erziehung nicht formulieren.

Hat Montaigne dieses Ideal in den langen «Zwischenjahren» nach der öden Schulzeit und vor der ersten und einzigen Berufstätigkeit seines Lebens für sich selbst verwirklicht? Zumindest zwei der oben empfohlenen Fertigkeiten hat er stolz für sich in Anspruch genommen: geschickt und unermüdlich im Sattel zu sitzen und mit anderen, speziell niedriger Gestellten, leutseligen Kontakt zu pflegen. Die Freundlichkeit im Umgang mit jedermann, sorgfältig abgestimmt auf Rang und Stand, machte er sogar zu seinem Markenzeichen. So spricht alles dafür, dass die Jahre nach dem Haus- und Schulunterricht dem Erwerb sozialer Kompetenzen gewidmet waren.

Aber auch in dieser Feld-, Wald- und Wiesenzeit fehlte es Montaigne nicht an intellektuellen Herausforderungen. In den frühen 1550er-Jahren übersetzte er die *Theologia naturalis* des 1436 verstorbenen Theologen Raymond Sebond (auch: Raymon de Sabonde und ähnlich, latinisiert Raimundus Sabundus) aus dem scholastischen Latein mit seinen vielen theologischen Fachausdrücken ins Umgangsfranzösische. Mit dieser harmlos anmutenden Übertragung eines fremden Textes wurde der junge Nichttheologe langfristig in Debatten der Gottesgelehrten verwickelt, die durch die fortschreitende Spaltung der Konfessionen und Kirchen stetig an Erbitterung zunahmen.

Wie zu allen wichtigen Stationen seines Lebens, betrieb Montaigne auch um diese erste literarische Arbeit, die er nach langem Zögern 1569 veröffentlichte, ein sorgfältig ersonnenes Verwirrspiel. Folgt man der Erzählung in der Einleitung seines bei Weitem längsten *Essais*, der *Apologie de Raymond Sebond*, so hatte alles Jahrzehnte zuvor begonnen: «Mein Haus steht seit langer Zeit den Männern von Bildung offen und ist auch berühmt dafür, denn mein Vater, der ihm fünfzig Jahre und mehr vorstand, war von der neuen Leidenschaft ergriffen, mit der König Franz I. die Wissenschaften liebte, förderte und zu Ansehen brachte, und suchte daher mit großer Anstrengung und mit ebensolchem Aufwand die Bekanntschaft der Gelehrten, die er gleichsam für Heilige hielt und von denen er glaubte, dass sie von besonderer göttlicher Weisheit inspiriert seien. So nahm er ihre Sentenzen wie Orakelsprüche auf und brachte ihnen eine geradezu religiöse Ehrfurcht entgegen, da er selbst darüber gar nicht urteilen konnte, denn er selbst hatte wie auch seine Vorfahren keinerlei Kenntnis der Wissenschaften.»[8] Die naive Bewunderung des Vaters für die stets nach lukrativen Beschäftigungen gierenden Stubengelehrten ist verzeihlich, weil der aufrechte Adelige von altem Schrot und Korn damit ja nur seinem König nacheifert.

Vierzig Jahre später darf die nächste Generation darüber jedoch mit milder Ironie schmunzeln: «Ich mag die Gelehrten, aber anhimmeln tue ich sie nicht.»[9] Treffender konnte man die Distanz des Aristokraten zum «Pedanten» nicht auf den Punkt bringen.

Bei einem der Besuche dieser Hungerleider und Schnorrer, den die Forschung auf das Jahr 1542 datiert, wurde Pierre Eyquem – so der Fortgang der Erzählung – als Gastgeschenk die besagte *Theologia naturalis* überreicht, und zwar mit weitreichenden Absichten. Zum einen konnten dieses Buch auch ungebildete Krieger wie Montaignes Vater verstehen. Zum anderen wurde es mehr als hundert Jahre nach seiner Entstehung plötzlich hochaktuell: «Es war der Zeit, in der es geschenkt wurde, angemessen, denn damals gewannen die Neuheiten Luthers an Ansehen und begannen an vielen Orten unseren alten Glauben zu erschüttern.»[10] Die Lektüre des Sabundus sollte also gegen die Verunsicherungen schützen, die von der Lehre der Reformatoren ausgingen, und den Leser in seinem Festhalten an der angestammten Religion bestärken. Solche Gegenmaßnahmen seien dringend erforderlich, denn der Pöbel falle mit blindem Fanatismus und aus purer Zerstörungslust vom alten Glauben ab und drohe im Atheismus zu versinken – so weiter, laut Montaigne, der Kommentar des Schenkenden zu seinem Geschenk. Das war nicht gerade ein Kompliment an den Beschenkten, der damit ebenfalls zu den potentiell Schwankenden und Gefährdeten gerechnet wurde.

So war es nur allzu verständlich, dass das Buch für zweieinhalb Jahrzehnte in den hinteren Regalen der Schlossbibliothek verschwand – um danach unerwartet, aber nicht unwillkommen wieder aufzutauchen: «So befahl mir mein Vater einige Tage vor seinem Tod, ihm das Buch, das er zufällig unter einem Haufen Papiere gefunden hatte, ins Französische zu übertragen.»[11] Den ungewohnten Auftrag, so Montaigne weiter, habe er übernommen, «da ich zufällig gerade Zeit dafür hatte und dem Wunsch des besten Vaters, den es jemals gegeben hat, nichts abschlagen konnte. Und so führte ich ihn so gut aus, wie ich konnte. Darüber freute er sich ganz außerordentlich und gab die Anweisung, das Buch zu drucken, was dann nach seinem Tod auch geschah.»[12]

Die ganze Erzählung kommt einer systematischen Irreführung des Lesers gleich. Nach diesen Angaben hätte der blutige Laie Montaigne einen theologischen Fachtraktat gleichsam über Nacht übersetzt – auf jeden Fall rechtzeitig, um dem bereits bei Auftragserteilung moribunden Vater noch zu dessen Lebzeiten das Resultat zu überreichen, das dieser dann sogar noch beifällig zur Kenntnis genommen habe, also gelesen haben muss. So kann es nicht gewesen sein, doch wozu sollte diese Verschleierung dienen? Eine Erklärung liegt – hier trifft der Bericht ausnahmsweise ins Schwarze – im gewandelten Klima der Zeit. Lange war die Abhandlung des katalanischen Gottesgelehrten gleichgültig bis billigend aufgenommen worden, was sich aus der geringen Prominenz des Verfassers und dem generellen Desinteresse der Aufsichtsorgane an solchen Publikationen erklären lässt. Für die obersten Glaubenswächter der Kirche war mit der Überwindung des Konziliarismus, der die Hoheit über die Kirche den allgemeinen Kirchenversammlungen übertrug, und des Schismas ein Zeitalter des theologischen Friedens angebrochen; mit bedrohlichen Ketzereien war – so die allzu optimistische Einschätzung – nicht mehr zu rechnen. Mit der Abspaltung der reformierten Kirchen, der Einrichtung der römischen Zentralinquisition im Sommer 1542 und der immer schärferen Abgrenzung katholischer Rechtgläubigkeit von allen Richtungen und Strömungen, die mit dem Protestantismus zu sympathisieren oder ihm durch verdächtige Texte Vorschub zu leisten schienen, geriet auch die «natürliche Theologie», der sich Sabundus verschrieben hatte, ins Visier der Rechtgläubigkeitskontrolleure. Vor diesem Hintergrund darf man die Erzählung, wie das plötzlich suspekte Buch in den Besitz der Familie Eyquem gelangte, getrost als Erfindung Montaignes betrachten, der damit seine guten Absichten und die über jeden Zweifel erhabene Katholizität seines Vaters unter Beweis stellen wollte.

Der Ansatz des katalanischen Magisters war einfach und auch für Laien einleuchtend: Gott, der gütige Weltenschöpfer, hatte in der Natur, seiner Schöpfung, allenthalben die Spuren seines Wirkens hinterlassen, um alle Menschen guten Willens sicher zum Glauben und damit zum Heil zu führen. Die Natur war ein zweites heiliges Buch, gleichberechtigt neben der Bibel und vollgültig erst durch sie erklärt, doch sehr viel leichter zu lesen als die Heilige Schrift. Für diese Lektüre genügte es, mit offenen Augen und reinem Herzen in Gottes Garten zu lustwandeln und in der Schönheit alles Seienden den Abdruck des Allerhöchsten zu finden. Allerdings warf diese natürliche Offenbarung gravierende Fragen auf. Wenn man sie radikaler als von Sabundus beabsichtigt zu Ende dachte, fielen Glauben und Sehen so weit zusammen, dass die Gläubigen keine komplizierten Erklärungen der Geistlichkeit mehr benötigten, um zu Gott und ins Paradies zu gelangen. Das widersprach dem Grundprinzip der christlichen Lehre, wonach die Natur durch die Erbsünde entstellt und das Wesen des Menschen dadurch so schwer beschädigt war, dass er mit seinen natürlichen Trieben unweigerlich zum Bösen neigte. So drohte eine von Laien missverstandene oder missbrauchte «natürliche Theologie» die Lehrhoheit des Papsttums, seine Dogmen und moralischen Anweisungen, ja die Kirche insgesamt überflüssig zu machen.

In der durch den Streit der Konfessionen vergifteten Atmosphäre nach 1550 nahm sich das Werk des katalanischen Magisters vollends erratisch, wie aus der Zeit gefallen aus. Während die führenden Theologen aller Richtungen die Sündhaftigkeit des Menschen, seine Erlösungsbedürftigkeit und damit die rigorose Disziplinierungsfunktion ihrer Kirchen betonten und im Protestantismus das Dogma der Prädestination, der Vorherbestimmung des Menschen durch Gott ohne Ansehen der Verdienste, gelehrt wurde, konnte man aus Montaignes Übersetzung bei oberflächlicher Lektüre den Schluss ziehen, dass man zur Erkenntnis der höchsten Wahrheiten nur über eine blühende Wiese im Frühling zu schreiten brauchte.

Montaignes Übersetzung erschien 1569, das ließ sich nicht mehr rückgängig machen. Umso dringlicher war es elf Jahre später, seine Veröffentlichung mit dem rührendsten aller Motive, der Liebe des Sohns zum sterbenden Vater, von allem Verdacht reinzuwaschen und die nicht minder lobenswerte Absicht hinzuzufügen, damit Luthers Irrlehren bekämpfen zu wollen. Um ganz sicherzugehen, fügte Montaigne in der ersten Ausgabe der *Essais* noch eine weitere Entschärfung hinzu: «Ich fand die Einbildungen des Autors, den Aufbau seines Werks gut strukturiert und seine Absicht sehr erbaulich … Sein Zweck ist kühn und mutig, denn er wagt es, mit rein menschlichen und natürlichen Gründen alle Artikel der christlichen Religion gegen die Atheisten zu behaupten und zu belegen.»[13] Ein Schuft, wer jetzt noch an Montaignes gutem Willen zweifelte. Im Übrigen schreibe er als Aristokrat und nicht als Fachgelehrter: «Besser hätte diese Aufgabe einem versierten Theologen als mir zu Gesicht gestanden, der ich nichts davon verstehe.»[14] Das alles sollte aufrichtig, ja naiv klingen: Hier war ein Verteidiger des Glaubens am Werk, dem man selbst dann nichts übelnehmen konnte, wenn er irrte, denn dann irrte er guten Glaubens.

Die Einleitung seines umfangreichsten *Essais*, der *Apologie de Raymond Sebond*, ist ein Meisterstück der Verstellung. Sie soll nicht nur eine harmlose Erklärung für die Übersetzung und Veröffentlichung des verdächtigen Traktats liefern, sondern auch davon ablenken, dass die nachfolgenden Ausführungen die Argumentation des Raimundus Sabundus ins Gegenteil verkehren und statt der natürlichen Gotteserkenntnis die Theorie eines umfassenden Skeptizismus begründen. Die Strategie war ein voller Erfolg, denn diese argumentative Kehrtwendung ist den Theologen von der römischen Indexkongregation verborgen geblieben. Wie Montaigne das Werk des frommen Magisters zum Zeitpunkt seiner Übersetzung, also ein gutes Vierteljahrhundert zuvor, beurteilte, lässt sich mangels Quellen nicht belegen. Die plausibelste Annahme ist, dass er die Ansichten, die er 1580 niederschrieb, bereits während der Arbeit an der Übertragung entwickelt hatte. Da Montaigne in seinen *Essais* die Etappen seiner Ideenentwicklung einschließlich der dadurch klaffenden Widersprüche so sorgfältig, ja lustvoll dokumentierte, wäre anderenfalls mit einem ausführlichen Kommentar zu diesem Meinungswechsel zu rechnen gewesen. Dass er sie anderthalb Jahrzehnte nach deren Fertigstellung publizierte, dürfte auch ein Versuch sein, einer seit Jahren blockierten Karriere neuen Schwung zu verleihen – ungeachtet aller Risiken, die einer solchen Veröffentlichung innewohnen mussten.

Jurist wider Willen

Ab dem 1. August 1553 amtierte Pierre Eyquem für zwei Jahre als Bürgermeister von Bordeaux. Kurz zuvor hatte Heinrich II., stets auf der Suche nach zusätzlichen Einkünften, beschlossen, einen obersten Steuergerichtshof (*Cour des Aides*) für die Provinz Guyenne einzurichten. Diese Neugründung versprach der Krone mehrfachen Nutzen. Zum einen ließen sich die neu geschaffenen Ämter teuer verkaufen, zum anderen durfte man dadurch einen effizienteren Einzug der Abgaben im chronisch widerspenstigen Südwesten des Königreichs erwarten. Noch wichtiger als die finanziellen Aspekte war der politische Schachzug: Das 1548 so aufsässige *parlement* von Bordeaux verlor dadurch Kompetenzen und Prestige und wurde unter Druck gesetzt. Betrieb es weiterhin Obstruktion, musste es zusätzliche Zuständigkeiten abtreten; legte es hingegen Wohlverhalten an den Tag, war sogar eine Aufhebung der neu geschaffenen Institution denkbar.

Die *Cour des Aides*, die als oberste regionale Instanz alle mit der komplizierten und stets kontroversen Steuermaterie verbundenen zivil- und strafrechtlichen Fälle zu entscheiden hatte, wurde 1554 in der Stadt Périgueux eingerichtet, die nach einer regelrechten Versteigerung das günstigste Gebot abgegeben hatte: Sie zahlte der Krone die stolze Pauschalsumme von 150 000 livres und erhielt dafür das Recht, die Ämter des neuen Gerichts an die Meistbietenden zu verkaufen. Für Pierre Eyquem, das frisch ernannte Stadtoberhaupt von Bordeaux, war das eine günstige Gelegenheit, um den nach einem Dreivierteljahrhundert immer noch nicht endgültig gewonnenen adeligen Status der Familie zusätzlich abzusichern; ein weiterer Hauptzweck der jetzt eingefädelten «Operation Ämterkauf» bestand zweifellos darin, seinen mittlerweile allzu lange «privatisierenden» Erstgeborenen Michel endlich in die generationenübergreifenden Strategien der Eyquem einzubinden.

Die Abwicklung gestaltete sich kompliziert, da Montaigne mit gerade einmal einundzwanzig Lenzen vier Jahre zu jung für einen Steuerrichter-Posten war. Doch hier schuf das dicht gewobene Beziehungsnetz der Familie schnelle Abhilfe. Ein gleichnamiger jüngerer Bruder seines Vaters sprang als Strohmann ein und fungierte pro forma anderthalb Jahre lang als *général-conseiller* (Generalrat) an der *Cour des Aides* von Périgueux, und zwar zusätzlich zu seinem Posten im *parlement* von Bordeaux. Die gleichzeitige Ausübung zweier Ämter war nach den Statuten zwar nicht erlaubt, aber da es in diesem eng verflochtenen Milieu viele so machten, drückten alle ein Auge zu. Schon 1556 trat der Onkel das neue Amt dann an seinen Neffen ab, obwohl dieser das erforderliche Mindestalter immer noch nicht erreicht hatte, von der für ein so hohes Gericht eigentlich unabdingbaren juristischen Qualifikation ganz zu schweigen. Über die finanzielle Dimension und Abwicklung der Operation ist nichts bekannt, doch ist davon auszugehen, dass Montaignes Vater von Anfang an für den Kaufpreis einstand. Den ansehnlichen Betrag konnte er wahrscheinlich aus Barreserven zahlen, denn Veräußerungen von Immobilien oder anderen Vermögenswerten sind nicht überliefert. Um die wirtschaftlichen Verhältnisse der Familie muss es also weiterhin glänzend bestellt gewesen sein. Das sollte bis zum Tod Montaignes so bleiben – der seit Generationen tief verinnerlichte Kaufmannsgeist, der auf Überschüsse und Sparen abzielte, behauptete sich zäh gegen die alternative Wirtschaftsethik des Adels. Ein echter Aristokrat richtete seine Ausgaben nicht wie der knauserige Bürger nach den Einnahmen, sondern kehrte diese Priorität um: Geld war ein reines Mittel zum Zweck; es diente dazu, durch gezielten Aufwand den Status der Familie zu veranschaulichen und zu erhöhen, auch zum Preis der Verschuldung. Wie sehr Montaigne den bürgerlichen Prinzipien verpflichtet blieb, zeigt sich auf amüsante Art und Weise im verschwiegensten Abschnitt seines Reisejournals, wo er von zähen Verhandlungen über Mietpreise für eine Ferienwohnung berichtet und minutiös weitere Aufenthaltskosten auflistet.

Das *parlement* von Bordeaux wollte sich nicht mit dem neuen Gerichtshof abfinden, der seine Einkünfte und sein Ansehen schmälerte, sondern veröffentlichte eine Protestnote nach der anderen. Für seine wütende Opposition erhielt es postwendend die Quittung: Die *Cour des Aides* von Périgueux wurde nicht, wie kategorisch verlangt, wieder aufgelöst, sondern der erzürnten Körperschaft im Mai 1557 eingegliedert. Für das juristische Establishment der Metropole Bordeaux war das, rein funktional betrachtet, zwar besser als das Fortbestehen der Konkurrenzinstitution, doch unter den Gesichtspunkten von Prestige und Einkommen war es die schlechteste Lösung überhaupt. In den nostalgisch verklärten Anfangszeiten kurz nach der Mitte des 15. Jahrhunderts hatte das *parlement* 25 Mitglieder gezählt, 1533 waren es bereits 36, durch den erzwungenen Zuzug aus Périgueux stieg die Zahl auf über sechzig an. Nach der simplen Rechnung: mehr Richter, weniger gewinnträchtige Fälle und verringertes Ansehen des Einzelnen, fühlten sich die alteingesessenen *robin*-Familien als Verlierer und reagierten, bis aufs Blut gereizt, mit geharnischten Gegenmaßnahmen: Die unerwünschten Neuankömmlinge aus der Provinz wurden benachteiligt, wie und wo es nur ging. Die Künste des Diskriminierens und Korrumpierens waren in den Kreisen des *parlement* seit Jahrzehnten gepflegt und verfeinert worden, wie sich an einigen jüngeren Prozessen eindrucksvoll gezeigt hatte.

Besonderes Aufsehen erregte ein eher unauffälliger Fall aus dem Jahr 1559. Dabei ging es um die unerlaubte Einfuhr von Wein in die Stadt, unter Umgehung der lizensierten Quais und privilegierten Adressen und somit zum Nachteil der niedergelassenen Kaufmannschaft. In dieses Verfahren –

so eine Protestnote der vielen geschädigten Firmen – waren nicht weniger als einundfünfzig durch Verwandtschaft und Verschwägerung eng miteinander verzahnte Mitglieder des *parlement* involviert, die ihre eigenen kommerziellen Interessen gegen die der Kaufleute verfolgten und deshalb nach den üblichen Befangenheitskriterien in den Ausstand hätten treten müssen. Doch dazu kam es weder jetzt noch später. So reflexartig sich die Familien der hohen Amtsträger bei einer solchen Bedrohung von außen zur Phalanx zusammenschlossen, so tief waren sie untereinander in rivalisierende Netzwerke gespalten und durch zahlreiche Hierarchien innerhalb der Institution voneinander abgehoben. Wer innerhalb dieses komplexen Organismus aufsteigen wollte, musste eine starke Koalition aus einflussreichen Mitgliedern zusammenbringen, sonst fiel er bei den periodischen Wahlen für höhere Positionen und Aufgaben durch. Das konnte unliebsamen Anwärtern sogar bei der vorgeschriebenen Aufnahmeprüfung passieren, die im Normalfall als lästige Formalität abgetan wurde. Dabei ging es nicht einmal um juristisches Fachwissen, sondern um den Nachweis elementarer Lateinkenntnisse und rhetorischer Basisfertigkeiten; entsprechend groß war der Spielraum für die Bewertung durch die Jury, die Kandidaten mit besonders einflussreichen Fürsprechern dieses Examen ganz zu erlassen pflegte. Erstaunlicherweise ersparte man es auch den dreizehn neuen Mitgliedern aus Périgueux; in ihrem Fall war das jedoch kein Zeichen der Gunst, sondern Ausdruck der Missbilligung und Verachtung.

Seine Berufslaufbahn als ungeprüfter Jurist begann Montaigne somit unter denkbar ungünstigem Vorzeichen. Offenbar hatte sein lebenskluger und gut vernetzter Vater dieses Handicap unter- und seinen Einfluss überschätzt. Trotz des schlechten Starts war ein Zugewinn für den Sohn nicht von der Hand zu weisen: Durch das vom Vater gekaufte und vom Onkel überlassene Amt besaß er bereits 1556, im Alter von dreiundzwanzig Jahren, den adeligen Status, auf dessen endgültige Anerkennung die übrige Familie noch bis 1577 warten musste. Aber es war ein Status als Amtsadeliger, also zweiter Klasse und damit nicht der Rang, den die Eyquem seit nunmehr vier Generationen anstrebten.

Zu den Strategien der etablierten *parlement*-Mitglieder gehörte es, die unerwünschten neuen Kollegen aus Périgueux so weit wie möglich herabzustufen. Diejenigen, die sich dort mit dem Titel eines *président* geschmückt hatten, wurden jetzt zu einfachen *conseillers* (Räten) degradiert; die *conseil-*

lers, deren Titel man nicht weiter schmälern konnte, wurden in die *chambres d'enquêtes* abgeschoben, wo sie wenig mehr als Praktikanten galten. Die Mitglieder dieser «Untersuchungskammern» wurden mit Recherchen betraut, die Material für die Prozesse in der weitaus prestigeträchtigeren *grand-chambre,* der großen Kammer, lieferten, oder mit Bagatellfällen abgefunden. So war es nur logisch, dass diese Kaltgestellten in die höheren Positionen aufzurücken versuchten. Dafür war jedoch eine Mehrheit derjenigen vonnöten, die bereits oben angekommen waren und ihre Privilegien mit Zähnen und Klauen verteidigten. Daher waren diese Stimmen nur schwer zusammenzubringen.

Die unerwünschten Neulinge mussten sich selbst die untergeordnete Tätigkeit als «Untersuchungsrichter» mühsam erkämpfen. So ist der Einsitz Montaignes in der zweiten *chambre d'enquête* erst ab 1561 bezeugt, die selbständige Bearbeitung von Dossiers zögerte sich um weitere zwei Jahre hinaus. Bei solchen Nadelstichen ließen es die einflussreichen Kreise des Gerichts nicht bewenden; ihren schroffen Obstruktionskurs verfolgten sie

Die Spuren der Zeit, der Macht und der Staatsräson in zwei Porträts: Catherine de Médicis als Gattin eines Königs und anderthalb Jahrzehnte später als verwitwete «Übermutter», Herrscherin im Namen eines schwachen Sohnes. Gemälde von Cristofano dell'Altissimo, um 1550, und François Clouet, um 1565

unverändert weiter: mit Beschwerden über die fachliche Inkompetenz der «Kollegen» aus Périgueux, mit Affronts bei offiziellen Anlässen, wo diese ins letzte Glied und an Katzentische verbannt wurden, und mit systematischer Benachteiligung bei der Aufteilung der Sporteln. Die Gedemütigten durften sich zwar sagen, dass alle diese Schläge letztlich nicht ihnen, sondern dem König galten und eine Revanche für die Abstrafung von Kommune und *parlement* im Jahr 1548 waren, doch war das ein bescheidener Trost. In ihrer Politik der Konfrontation mit der Krone begnügten sich die wütenden Richter nicht mit immer neuen Schlägen für die Prügelknaben in ihren eigenen Reihen, sondern gingen sogar zu politischer Opposition im großen Stil über. So weigerten sie sich, Dekrete des königlichen Rates nach vorangehender Prüfung und eventuellen Einwänden zu «registrieren» und damit in Kraft zu setzen, und streuten damit Sand ins Getriebe der Gesetzgebung.

Dabei kam ihnen ein Unglücksfall zu Hilfe, der die Machtverhältnisse im ganzen Land dramatisch verschieben sollte. Am 30. Juni 1559 feierte

Heinrich II. den Abschluss des Friedensvertrages mit dem Haus Habsburg und die Hochzeit seiner Tochter Elisabeth mit König Philipp II. von Spanien. Zu den aufwendigen Feierlichkeiten gehörte ein prunkvolles Ritterturnier im alten Stil, an dem der König, ganz Ritter ohne Fehl und Tadel, trotz Warnungen selbst zu Ross und mit der Lanze in der Hand teilnahm. Bei einem dieser rituellen Waffengänge fuhr ihm ein Holzsplitter durchs Auge ins Gehirn, was nach zehn qualvollen Tagen zu seinem Tod und damit zum Thronwechsel führte. Der neue König Franz II. war ein chronisch kranker fünfzehnjähriger Knabe, der nach knapp anderthalb Jahren unter der Vormundschaft seiner Mutter Catherine de Médicis das Zeitliche segnete und seinem sechs Jahre jüngeren Bruder Karl IX. Platz machte. Faktische Herrscherin war weiterhin «Madame Catherine», die als geborene Florentinerin verdächtigt wurde, gelehrige Schülerin ihres Landsmanns Machiavelli zu sein und durch eine Politik skrupelloser Staatsräson das harmonische Gefüge der französischen Gesellschaft unter einem fürsorglichen Monarchen aufzubrechen. Von einer solchen Eintracht der Stände konnte zwar längst keine Rede mehr sein, doch hatten sich die Risse zwischen *parlements*, Adel und Krone unter einem starken König wie Heinrich II. noch überdecken lassen. Von nun an aber ging es mit der Autorität der Zentrale und ihrer Durchsetzungskraft stetig bergab.

Dabei wäre eine solche Autorität zu keinem Zeitpunkt nötiger gewesen als jetzt. Denn der Widerstand gegen die Monarchie, die seit einem halben Jahrhundert versuchte, immer mehr Kompetenzen an sich zu ziehen, verquickte sich mit der religiösen und kirchlichen Spaltung zwischen Katholiken und Calvinisten, die vor allem im Süden des Landes mit seinen weit zurückreichenden häretischen Traditionen der Katharer und Waldenser unaufhaltsam voranschritt – bis in die Reihen des *parlement* von Bordeaux. Vor allem dessen erster Präsident Benoît Lagebaston machte aus seinen Sympathien für die Lehre des Genfer Reformators kein Hehl. So zeichneten sich auch in dieser Körperschaft zu Beginn der 1560er-Jahre Parteibildungen, Konfrontationen und Konflikte ab, die sich auf allen Ebenen und in allen Teilen des Landes während der nachfolgenden dreieinhalb Jahrzehnte zu blutigem Bürgerkrieg, Verwüstungen und Auflösung der inneren Ordnung steigern sollten.

In diesem Ringen um Vormacht und den wahren Glauben bildete die Minderheitspartei der Reformierten, spöttisch «Hugenotten» genannt, unter der Führung des Admirals de Coligny und später des jungen Königs Heinrich von Navarra einen relativ geschlossenen Block, während sich das katholische Lager ab 1576 in eine gemäßigte Gruppierung unter Führung der Krone und eine radikale Strömung unter der Leitung des lothringischen Hochadelsgeschlechts Guise, die sogenannte Heilige Liga, spaltete. Strittig war vor allem die Stellung, die die «Neugläubigen» in Gesellschaft und Staat Frankreichs innehaben sollten: gleichberechtigt, partiell geduldet oder als Häretiker verboten und verfolgt.

1561 gab es noch berechtigte Hoffnungen auf eine friedliche Beilegung der Konflikte. Im September dieses Jahres setzte die Königinmutter Catherine de Médicis ein «ökumenisches» Treffen an, auf dem sechsundvierzig Prälaten der katholischen Kirche und zwölf führende reformierte Geistliche einvernehmliche Lösungen für die Zukunft ausarbeiten sollten. Die Leitung dieses «Religionsgesprächs von Poissy» hatte der französische Kanzler Michel de L'Hospital inne, der die Teilnehmer mit bewegten Worten dazu drängte, die Belange des Königreichs und seiner Menschen über den Zwist um komplizierte Dogmen zu stellen. Vergeblich: Assistiert von mehr als drei Dutzend theologischen Fachberatern verwickelten sich die Kontrahenten in verbissene Debatten über das Wesen der Eucharistie und der Prädestination und verloren darüber völlig die übergeordneten politischen Gesichtspunkte aus den Augen, die sie eigentlich in den Vordergrund stellen sollten. Catherine und ihr Kanzler zogen aus dem Scheitern die Konsequenz und trennten Religion und Politik auf ihre Weise: Im «Januaredikt» des Jahres 1562 billigten sie den Hugenotten zwar Gewissensfreiheit zu, doch dieses minimale Zugeständnis blieb toter Buchstabe, denn gleichzeitig entzogen sie ihnen die politischen Rechte und verboten ihnen, in Städten Gottesdienste abzuhalten. Die repressiven Maßnahmen waren das Signal zu einer Reihe von Kriegen, deren Ende Montaigne nicht mehr erleben sollte.

Jeder, der in dieser angespannten Situation ein höheres Amt bekleidete, musste jetzt Farbe bekennen, so auch Montaigne. Er machte daraus sogar ein öffentliches Gelöbnis und suchte sich dafür einen besonders feierlichen Rahmen aus, nämlich das *parlement* von Paris, den obersten Gerichtshof des Königreichs: «An diesem Tag (= dem 12. Juni 1562) machte Maître Michel de Montaigne, Rat im *parlement* von Bordeaux, dem Gerichtshof seine Aufwartung und ersuchte darum, dass man ihm Gelegenheit gebe, ein

Glaubensbekenntnis abzulegen, wie es nach seinen Informationen durch einen Erlass dieses Gerichts vom sechsten dieses Monats vorgeschrieben worden war.»[15] Diese Verpflichtung galt jedoch nur für Mitglieder des Pariser *parlement,* nicht für die Räte aus Bordeaux. Daher muss das Staunen in der Hauptstadt groß gewesen sein: Was trieb diesen obskuren Provinzler zu seinem vorauseilenden Gehorsam an? Aus heutiger Sicht waren zwei ineinander verschränkte Motive ausschlaggebend: Montaigne wollte seine unerschütterliche Rechtgläubigkeit und seine nicht minder unverbrüchliche Ergebenheit gegenüber der Krone unter Beweis stellen. Dieses doppelte Loyalitätsbekenntnis war zugleich eine Absage an die eigene Institution in Bordeaux, deren Mehrheit ihre Opposition gegen die Politik des Königs weiter zuspitzte und für äußerste Härte gegenüber den Hugenotten plädierte. Für die meisten seiner Kollegen war jedes noch so kleine Zugeständnis an die Ketzer von Übel, stattdessen sollten diese rigoros verfolgt

Zwei Porträts, vierzig Jahre Abstand, eine Jahrhundert-Karriere: Der sechzehnjährige Prinz Heinrich von Navarra, gezeichnet von François Clouet (links), wurde nach eigenen Worten «mit dem Hintern im Sattel und dem Schwert in der Hand» König Heinrich IV., Gemälde von Frans Pourbus d.J., 1610

und wenn nötig vertrieben werden. Auch Montaigne war zu diesem Zeitpunkt davon überzeugt, dass zwei Konfessionen und Kirchen nicht auf Dauer in einem Königreich koexistieren konnten, doch setzte er auf friedliche Mittel, um die verlorene Einheit im Glauben wieder herzustellen.

Kurz nach seinem Auftritt in Paris ließ Montaigne im heimatlichen Bordeaux eine zweite Provokation folgen, die in den Protokollen des dortigen *parlement* ausführlich festgehalten ist. Am 25. Juli 1562 drang der königliche Militärstatthalter der Provinz Guyenne, François de Peyrusse d'Escars, mit einer Schar Bewaffneter in die Sitzung des obersten Gerichtshofs ein und verlangte von dessen Mitgliedern Rechenschaft über ihre Haltung zu Krone und Religion sowie Nachweise ihrer unparteiischen Rechtsprechung. Das war ganz direkt gegen den Vorsitzenden Lagebaston gerichtet, dessen Sympathien für die Reformierten ein offenes Geheimnis waren. Beim nachfolgenden Austausch von Beschimpfungen und Drohungen gab dieser Ehrenerklärungen für eine Reihe von *conseillers* ab, nahm andere, darunter Montaigne, jedoch ausdrücklich davon aus. Daraufhin verließ dieser mit allen Anzeichen der Empörung ohne Erlaubnis den Saal, wurde nach diesem Verstoß gegen die Statuten zurück- und zur Ordnung gerufen – und gab im Anschluss daran eine Stellungnahme ab, die es in sich hatte: «Als Michel de Montaigne das Wort erteilt wurde, äußerte er sich mit der ganzen Lebhaftigkeit seines Charakters: Niemand sollte einfach so ausgeschlossen werden können, wenn der Präsident selbst als befangen gelte. Dann ging er abermals hinaus und erklärte den gesamten Gerichtshof für befangen.»[16] Aufgefordert, zu erklären, was er mit dieser pauschalen Beschuldigung sagen wolle, ließ «der besagte Eyquem», wie er jetzt sehr viel kühler tituliert wurde, jede Zurückhaltung fahren und die Maske der Kollegialität fallen: «Er sehe, dass von der Justiz schlechter Gebrauch gemacht werde, dass der Würfel gefallen sei und gegen die Beschlüsse des Gerichts Anklagen zugelassen würden.»[17]

Offenbar über seine eigene Aggressivität erschrocken, ließ der aufmüpfige *conseiller* danach zwar höfliche Worte über den Präsidenten folgen, dem er sich freundschaftlich verbunden fühle, aber der Würfel war, genau wie er gesagt hatte, gefallen, und zwar gleich dreifach. Erstens distanzierte er sich von der Rechtsprechungspraxis seiner eigenen Korporation – *esprit de corps* und Zusammenhalt unter Kollegen sahen anders aus. Gravierender noch als diese Absage an die selbstverständlich vorausgesetzte und eingeforderte Gruppensolidarität war die unterschwellig damit verknüpfte Aussage, dass in diesem Tribunal Korruption, genauer: Vetternwirtschaft vorherrsche. Zweitens bekannte sich Montaigne zur uneingeschränkten Hoheit der Monarchie, und drittens gab er sich als Parteigänger der entschiedenen Katholiken zu erkennen. Das war, wie sich bald zeigen sollte, kein Bekenntnis zu einer gewaltsamen Politik der Verdrängung oder Zwangsbekehrung der Reformierten, wohl aber ein Votum für eine starke, die öffentliche Ordnung garantierende Zentralgewalt.

Die knappe Notiz im Sitzungsbericht zeigt schlaglichtartig auf, wie Montaigne von seinen Kollegen gesehen wurde. Die «Lebhaftigkeit des Charakters», die ihm darin attestiert wurde, klingt nach Sympathie für einen jungen Heißsporn, dürfte aber kaum freundlich gemeint gewesen sein. Ein Mitglied eines so hohen Gerichts musste sich stets unter Kontrolle haben, gravitätisch auftreten, seine Entscheidungen von Emotionen freihalten und vor allem die Ehre der Institution wahren. Selbst innerhalb seines Familienverbands dürfte er sich mit der Beschuldigung, dass die Urteile des *parlement* von Eigennutz diktiert würden, nicht beliebt gemacht haben; schließlich gehörten die Eyquem und ihre Gefolgschaft zu dessen am dichtesten vernetzten Interessengruppen. Damit ist zugleich eine Erklärung dafür gefunden, warum Montaigne trotz so vieler potentieller Unterstützer aus Verwandtschaft und Verschwägerung in vierzehn Jahren keinerlei Beförderung erfuhr. Notorischen Spielverderbern wurde der Zugang zur großen Kammer versperrt, in deren Prozessen die Interessen der rivalisierenden Familien- und Konfessionsparteien noch viel hemmungsloser ins Spiel gebracht wurden als in den Bagatellfällen der Untersuchungskammern. Diesen negativen Eindruck konnten auch die nachfolgenden Zurücknahmen und Entschuldigungen nicht auslöschen.

Freundschaft mit Etienne de la Boétie

Montaigne fand unter seinen Kollegen zwar keine nützlichen Freunde, dafür aber den Freund seines Lebens. Der achtundzwanzigste *Essai* des ersten Buchs ist ein Hohelied der Freundschaft: «So begann diese Freundschaft, die wir gepflegt haben, solange es Gott gefiel, so innig, so ganz und perfekt, dass man kaum von ähnlichen Freundschaften liest und sich unter uns Menschen nichts Vergleichbares finden lässt.»[18] Diese Freundschaft genügt sich selbst und erfüllt sich in sich selbst, «denn sie ist rein geistig und die Seele verfeinert sich durch sie».[19] So steht sie weit über allen Beziehungen zwischen Mann und Frau: «Beide Leidenschaften ergriffen mich gleichzeitig, aber vergleichen ließen sie sich nie und nimmer: Die erste setzte ihren hohen erhabenen Flug fort und blickte verächtlich auf die andere herab, die selbst an ihren höchsten Punkten weit unter ihr blieb.»[20] Die andere Leidenschaft: Das sind die flüchtigen Liebesverhältnisse mit diversen Damen. Die erste: Das ist die Freundschaft, die Montaigne mit Etienne de la Boétie verband, der schon 1563, gerade einmal dreiunddreißig Jahre alt, verstarb.

Bei der Schilderung dieser Freundschaft ringt der überlebende Freund mit den Worten, die es nicht geben kann, weil es eine solche Freundschaft noch nie gab: «In der Freundschaft, von der ich spreche, verquicken sich die Seelen und verschmelzen miteinander, und zwar in einer so umfassenden Mischung, dass sie die Naht, die sie zusammengefügt hat, auslöschen und verschwinden lassen. Wenn man von mir zu sagen verlangt, warum ich ihn liebte, fühle ich, dass sich das nur so ausdrücken lässt: Weil er es war und weil ich es war.»[21] Das klang für den zeitgenössischen Leser nach der hohen Minne höfischer Dichtung: Ich bin dein, und du bist mein, so wie Tristan und Isolde einander gehörten. Dass in seiner Beschreibung doppeldeutige Töne mitschwingen, war Montaigne bewusst: «Diese andere griechische Ausschweifung wird von unseren Sitten zu Recht verabscheut. Nach ihren eigenen Worten setzte sie zudem Ungleichheit im Alter und unterschiedlichen Rang voraus und entsprach daher nicht der vollendeten Union und Gleichgestimmtheit, von der ich hier ausgehe.»[22] Wahre Freundschaft unter Männern hat für Montaigne nichts mit Homosexualität zu tun, sondern ist durch vollkommene Gleichheit und das Fehlen geschlechtlicher Begierde sogar das schiere Gegenteil davon. Nach dieser Klarstellung muss sich Montaigne keinen Zwang mehr auferlegen und bedient sich hemmungslos der erotischen Metaphern und Klischees der zeitgenössischen Liebesdichtung: «Jenseits des Sagbaren gibt es eine unnennbare und unerklärbare Macht des Schicksals, die unsere Union herbeigeführt hat.»[23] Ganz so unsagbar ist die Macht, die diese Liebe herbeigeführt hat, jedoch schon wenige Zeilen weiter nicht: «So glaube ich, dass es eine Fügung des Himmels war.»[24] Dazu kommt eine kräftige Dosis platonische Liebesphilosophie: «Wir suchten uns, bevor wir uns gesehen haben.»[25] Da jeder den anderen ergänzte und vervollkommnete, konnte es gar nicht anders sein: «Und bei unserem ersten Treffen, das zufällig bei einem großen, viel besuchten Stadtfest stattfand, fanden wir uns so ergriffen, so bekannt und einander verpflichtet, dass uns von da an nichts so nah war wie der jeweils andere.»[26]

Diese Darstellung im Lichte beider Lebensgeschichten kritisch zu hinterfragen, heißt nicht, die Tiefe der Freundschaft infrage zu stellen oder gar Montaigne der Lüge zu zeihen. Vollständig ausgeblendet wird in diesem *Essai* und in allen anderen, die auf das Thema zurückkommen, dass die beiden Freunde zugleich Kollegen in derselben Körperschaft, dem *parlement* von Bordeaux, waren und sogar einige Fälle gemeinsam bearbeiteten. Zudem haben beide zuvor das *Collège de Guyenne* besucht, in unterschiedlichen

Jahrgangsstufen, gewiss, doch hätten sich zwei Sprösslinge aus so ähnlichem Milieu nicht trotzdem treffen und zumindest eine oberflächliche Bekanntschaft schließen müssen? So liegt der Verdacht nahe, dass Montaigne die alltägliche Schulkameradschaft verschweigt, um die einzigartige Freundschaft sehr viel effektvoller mit einem parallelen «Blitzschlag» aufflammen zu lassen. Verschwiegen wird weiter, dass zwischen den beiden keine Gleichrangigkeit bestand: Obwohl nur drei Jahre älter als Montaigne und damit innerhalb der Körperschaft ebenfalls noch jung, galt De la Boétie als aufsteigender Stern am Juristenhimmel, dessen Gutachten und Urteile durch Scharfsinn und sprachlichen Glanz Vorbildcharakter hatten. Diese Begabungen hatte er schon während seiner juristischen Studien an den Tag gelegt, die er im Unterschied zu Montaigne nicht nur absolviert, sondern sogar mit einem Prädikatsexamen abgeschlossen hatte. Mit solchen Befähigungsnachweisen und optimalen Familienverbindungen nahm er selbstverständlich Einsitz in der Großen Kammer, der Montaigne als bloßer «Berichterstatter» nur zuarbeiten durfte. Nicht erwähnt wird ferner, dass die Familien De la Boétie und Montaigne mehrfach miteinander verschwägert und in nützlichen Koalitionen zusammengeschlossen waren. Ausgespart bleibt außerdem, dass die beiden Unzertrennlichen unterschiedliche politische Positionen vertraten: De la Boétie war das eloquente Sprachrohr der Mehrheit seiner Kollegen, die die Funktion der *parlements* als Zwischengewalt zum Schutz der Untertanen gegenüber einer immer mächtigeren Monarchie stärken und diese dadurch an der Entartung zur Tyrannei hindern wollten. Einig waren sich beide hingegen darin, dass allein durch das Festhalten an der Religion ihrer Väter der Absturz des Landes in endlosen Hader und Selbstzerfleischung vermieden werden konnte.

Alle diese Weglassungen verfolgen denselben Zweck: Montaigne enthält dem Leser der *Essais* sein gesamtes «Berufsleben» als Jurist und damit einen langen und wichtigen Abschnitt seiner Lebensgeschichte vor. Sein literarisches Selbstporträt umfasst einige kunstvoll arrangierte Reminiszenzen wie die angeblich rein lateinisch geprägte Kindheit und setzt dann erst wieder nach einer Ausblendung von zwei Jahrzehnten ein. Die Freundschaft zu De la Boétie wird zu diesem Zweck ihrer nützlichen Dimensionen beraubt und als reine Fügung des Schicksals ausgegeben. Zusammen mit seinem Vorleben als *robin* verschweigt Montaigne die meisten Hinweise auf seine soziale Vernetzung in Interessengruppen aller Art – und trennt damit, was für seine Zeit- und Amtsgenossen selbstverständlich zusammengehören konnte: Freundschaft als Gefühl und Freundschaft als strategischer Zusammenschluss zwecks einträchtig zu verfolgender Interessen. Für Montaigne waren das unüberwindliche Gegensätze: Wenn beides zusammenfiel, löschte das schnöde Streben nach handfesten Vorteilen die edleren Empfindungen aus, zum Beispiel in Ehen, die ursprünglich aus Neigung geschlossen worden waren und dann zu reinen Zweckbündnissen absanken. Klienteläre Beziehungen – um den Fachausdruck der Sozialgeschichte zu benutzen – waren für Montaigne moralisch minderwertig, weil sie die «Kreatur» durch ihre Abhängigkeit vom «Patron» erniedrigten und moralisch verdarben; der untergeordnete Part in einer auf gemeinsamen Nutzen ausgerichteten Interessengruppe nahm durch Speichelleckerei unheilbaren Schaden an seinem Charakter. Die große Kunst bestand somit darin, einem Höheren wie dem König loyal zu dienen, ohne sich in seinem innersten Wesen zu verbiegen.

Diese gemeinsame Überzeugung bildete das ideologische Fundament der Freundschaft zwischen Montaigne und De la Boétie, und deshalb musste deren berufliche und funktionale Säule verschwiegen werden, damit kein Schatten schnöder Interessen auf diesen reinen Gleichklang zweier Seelen fiel. Bevor er De la Boétie *in persona* traf, kannte er – so Montaigne in der Einleitung zu seinem Freundschafts-*Essai* – dessen Werk, das damals bereits in aller Munde war: «Es ist eine Abhandlung, der er den Namen *La servitude volontaire* (Die freiwillige Knechtschaft) gab; jedoch haben diejenigen, die ihn gar nicht gekannt haben, diese später nicht unpassend *Le Contre un* (etwa: Die Schrift gegen den Einen) getauft. Er verfasste diesen Text in Form eines Versuchs (*essay*) in seiner frühen Jugend, und zwar zur Ehre der Freiheit gegen die Tyrannen.»[27] Dieses Frühwerk genieße zurzeit unter verständigen Männern die Anerkennung, die es in reichem Maße verdiene, denn es ist «edel und voller Gehalt».[28] Trotzdem ist und bleibt es ein Erstlingstext, dem bessere Werke gefolgt wären, wenn das Schicksal nicht so grausam zugeschlagen hätte, denn an natürlichen Gaben kam niemand De la Boétie gleich.

Da dem älteren Freund die Vollendung versagt blieb, ist diese Aufgabe auf den jüngeren übergegangen, der sie, weitaus weniger talentiert als der Verewigte, nicht angemessen erfüllen kann: «Und wenn er in fortgeschrittenerem Alter denselben Entschluss gefasst hätte wie ich, nämlich seine

Einfälle (*fantasies*) zu Papier zu bringen, so würden wir jetzt viele kostbare Dinge vor Augen haben, die den besten Hervorbringungen der Antike nahekommen.»[29] Damit wird die Freundschaft der beiden eine lebenslange Verpflichtung, ja ein Gelöbnis, das um jeden Preis erfüllt werden muss. Nach eigenen Worten schreibt Montaigne in seinen *Essais*, die mit ihrem Titel an den *essay* des Freundes anknüpfen, das unvollkommen nieder, was der Freund mit seiner überlegenen Begabung vollendet verfasst hätte, wäre ihm nur ein längeres Leben beschieden gewesen. Da beide eine geistige Einheit bildeten, wird er zu einer Art Ghostwriter, der in bescheidene Worte fasst, was der andere allgemeingültig zu sagen gehabt hätte. Damit ist eine weitere verwirrende Kehrtwendung vollzogen: Der Autor der *Essais* nimmt ungeachtet seiner unablässigen Bescheidenheits-, ja Demutsbeteuerungen für seine eigenen Texte das Renommee des Freundes in Anspruch – und konstruiert damit eine klienteläre Beziehung der ganz besonderen Art.

Was De la Boétie anstelle Montaignes geschrieben hätte, ist natürlich pure Spekulation. Ein motivischer Gleichklang zwischen seinen ungeschriebenen Texten und Montaignes Werk kann aber angenommen werden: Auch in dessen *Essais* ist das Problem der «freiwilligen Knechtschaft» allgegenwärtig, das sein Freund in seinem *Discours de la servitude volontaire* thematisierte. Für den zornigen jungen Mann aus Sarlat-la-Canéda im Périgord war die gewalttätige Unterdrückung nur die eine, letztlich weniger schandbare Seite der Tyrannei. Erfolg haben konnte diese nur, weil ihr die meisten Menschen durch vorauseilende Unterwürfigkeit in die Hände spielten. Ja, im Laufe der Geschichte waren die Völker so tief gesunken, dass sie sich heutzutage geradezu nach einer despotischen Herrschaft sehnten. Damit war nicht nur der Nährboden für gewalttätige Machtausübung, sondern auch für den Triumph der korrupten Seilschaften geschaffen – niedrige Seelen verkauften sich, um die Gunst der Mächtigen zu gewinnen, und zwar durch alle Schichten hindurch, vom Adel bis zu den einfachen Leuten. Umso dringlicher stellte sich die Frage, wie man die längst erloschene Liebe zur Freiheit wieder anfachen konnte. Bewaffneten Widerstand gegen einen Tyrannen schloss De la Boétie kategorisch aus, er würde nur einer neuen Unrechtsherrschaft den Boden bereiten. Stattdessen komme es auf die innere Einstellung des Einzelnen an. Wahre Freiheit hänge nicht von äußeren Umständen ab, sondern sei eine Frage des Charakters. Auflehnung gegen Tyrannei sei ein moralischer Akt der Verweigerung: Im Gefühl stolzer Unabhängigkeit nein zu sagen, wenn ein Ja das Absinken in Servilität zur Folge hätte.

Dieses trutzige Bekenntnis war so allgemein gehalten, dass es sich vielfältig umdeuten und umfunktionieren ließ. Diejenigen, die laut Montaigne den Verfasser der Schrift gar nicht gekannt hatten, aber deren Titel in *Le Contre un* (auch: *Contr'un*) abgewandelt hatten, waren die Führer der Hugenotten-Partei, die darin nach dem blutigen Massaker der Bartholomäusnacht vom August 1572 die Rechtfertigung für ihren Kampf gegen eine Monarchie sahen, die zur Tyrannei degeneriert war. Für einen Verfechter des moderat katholischen Standpunkts wie Montaigne war diese Inanspruchnahme durch die Gegenseite mit Risiken verbunden, die wie so oft in diesen wirren Zeiten Entschärfungsstrategien nötig machten. Sie bestanden darin, den umstrittenen Text des Freundes als ein typisches Jugendwerk auszugeben: von hoher Gesinnung und edler Leidenschaft durchpulst, doch keineswegs das letzte Wort zu diesem schwierigen und komplexen Thema. Die zweite Maßnahme, mit der Montaigne das Andenken De la Boéties und sich als dessen Alter Ego und Nachlassverwalter zu schützen versuchte, bestand darin, die umstrittene Abhandlung nicht in die Ausgabe der Schriften des toten Freundes aufzunehmen, die er 1571 in Paris publizierte.

Der Band enthält stattdessen neunundzwanzig Sonette aus De la Boéties Feder, in denen ein unglücklicher Liebhaber schmachtende Verse an Amor und die hartherzige Geliebte richtet, sowie einen politischen Traktat aus dem Jahr 1562, in dem als Lösung für die gerade einsetzenden Konflikte zwischen den Religionsparteien eine zeitlich befristete Duldung der reformierten Minderheitskonfession vorgeschlagen wird. Der für das Verhältnis der beiden Freunde aufschlussreichste Text aber ist der *Discours sur la mort du dit Seigneur De La Boétie par M. de Montaigne*. Dieser «Bericht über den Tod des Herrn De la Boétie von Herrn Montaigne» wird auf dem Titelblatt angekündigt, doch auf der ersten Seite des Texts steht als Überschrift «Auszug aus einem Brief, den der Herr Parlamentsrat Montaigne an den edlen Herrn Montaigne, seinen Vater, über die besonderen Umstände geschrieben hat, die er während der Krankheit und beim Tod des Herrn De la Boétie bemerkt hat.» Der erste Titel lässt keine Rückschlüsse auf den Zeitpunkt der Entstehung zu, der zweite hingegen behauptet, der Verfasser sei beim Sterben des Freundes, das sich im August 1563 über zehn qualvolle Tage hinzog, zugegen gewesen.

Vieles deutet darauf hin, dass diese Abfassungszeit eine literarische Fiktion ist und der Bericht kurz vor der Veröffentlichung der Gedenk-Edition von 1571 entstand. Dafür spricht die eigentümliche Tonlage, die nicht die Emotionen widerspiegelt, die beim Tod des besten Freundes aufkommen, sondern von kühler, klinisch distanzierter Beobachtung geprägt ist, ja geradezu Protokollcharakter hat. Obwohl die wohlgesetzten Worte des Kranken und schließlich Sterbenden Seite um Seite füllen, geht es dabei vorrangig um dessen «anderes Ich», um Montaigne und dessen Interessen. Der Bericht über den vorbildlichen Tod des einen dient der Legitimation und Aufwertung des anderen. Das erklärt sich aus dem Wesen dieser einzigartigen Freundschaft: Der Überlebende hat von jetzt an für den Verstorbenen mitzuleben und seinen eigenen Ruhm zu mehren, damit die Erinnerung an den Toten verklärt wird. Diese unauflösliche Zusammengehörigkeit über den Tod hinaus wird bereits zu einem Zeitpunkt beschworen, als das fatale Ende der Krankheit noch keineswegs sicher ist, aber die daraus hervorgehende Lastenverteilung bereits angedeutet wird: «Für Euch wäre der Tod die ewige Seligkeit, sagte ich (= Montaigne), der Verlust hingegen wäre ganz auf meiner Seite, denn ich würde die Gesellschaft eines so großen, weisen und verlässlichen Freundes verlieren, wie ich ihn niemals wiederfinden werde.»[30]

Damit ist mehr gemeint als die Traurigkeit des Überlebenden und sein Bedürfnis nach Trost, denn der Tod des einen Freundes ist zugleich ein Verlust an Prestige für den anderen. Deshalb gestaltet Montaigne die letzten Tage des Moribunden zu einer öffentlichen Ruhmes-Inszenierung aus: «Aber zwei oder drei Stunden danach sorgte ich – im Bestreben, seinen Todesmut weiter zu stärken, und aus meinem lebenslang gehegten Eifer für seinen Ruhm und seine Ehre – dafür, dass sich eine größere Zahl von Personen in seinem Zimmer aufhielt, denn ich wollte, dass mehr Zeugen so zahlreicher und großartiger Proben der Seelengröße anwesend sein sollten … Und ich sagte ihm, dass ich bisher geglaubt hatte, dass uns Gott, anders als ich es manchmal bei Historikern gelesen hatte, keinen großen Nutzen mehr aus dem Unglück anderer ziehen lasse, dass ich aber Gott jetzt dafür lobe, eine solche Größe in einer Person vor Augen zu haben, von der ich so geliebt werde und die ich so innig liebe. Das alles würde mir als Vorbild dienen, um meinerseits dieselbe Rolle zu spielen.»[31] Auch diese weihevolle Ansprache lässt sich konventionell auslegen – der gute Tod des einen lehrt den anderen, ihm nachzueifern, wenn seine letzte Stunde geschlagen hat.

Doch der Stab, der hier übergeben wird, ist zu einem anderen Staffellauf bestimmt, wie De la Boétie in seiner Antwort unmissverständlich darlegt: «Er unterbrach mich und bat mich, es so zu halten und für alle sichtbar zu machen, dass alle die Gespräche, die wir bei guter Gesundheit geführt hatten, nicht nur leere Worte, sondern Werte geworden waren, die in unser Herz und in unsere Seele eingeschrieben waren, um bei den ersten Gelegenheiten, die sich uns boten, in Taten umgesetztt zu werden, und er fügte hinzu, dass das der wahre Zweck unserer Studien und unseres Philosophierens sei.»[32] Die damit angesprochenen Unterredungen hatten in stolzen Bekenntnissen zu heroischer Standhaftigkeit und Todesverachtung und im Lob antiker Tugendhelden wie Seneca gegipfelt, der während seines vom Tyrannen Nero erzwungenen Selbstmords seine verzweifelten Schüler mit erhabenen Lebens- und Sterbenslehren tröstete. Dass diese hochgemuten Diskurse keine hohlen Phrasen waren, beweist De la Boétie laut Montaignes Darstellung im Laufe seines langen Sterbens: Solange es irgend geht, verheimlicht er seinen aussichtslosen Zustand vor den Seinen und spiegelt eine Besserung vor, von der er weiß, dass sie ihm versagt ist. Und er fügt dem heidnischen Stoizismus die christliche Komponente hinzu: Er bekennt sich zum Glauben seiner Väter und verleiht seiner Gewissheit Ausdruck, trotz seiner zahllosen Sünden einen gnädigen Gott und einen Platz bei den Erlösten zu finden. Dazu kommt als ein weiteres frommes Element die Beschreibung der Agonie und damit der *miseria humana*. Zwischen seinen langen, gedankentiefen Monologen zollt der Moribunde immer wieder auch der Macht der Krankheit zum Tode seinen Tribut. Er spricht von Phasen tiefer Verwirrung, taucht aber aus diesen Abgründen des Ichverlusts wieder auf, vergewissert sich, dass er nicht deliriert – und schwingt sich zu Reden voller Eleganz, Kraft und Schönheit auf, wie er sie zu Zeiten der Gesundheit nicht glanzvoller gehalten hat.

So liest sich Montaignes Bericht über dieses heroische Abscheiden wie eine Anleitung zum Sterben für humanistisch gebildete Intellektuelle. Doch diese Einkleidung als *Ars moriendi* ist im Wesentlichen fromme Tarnung. Worum es wirklich geht, macht die Anfangspassage deutlich, die ohne jede Einleitung sofort zur Sache kommt: «Was seine letzten Worte betrifft, so bin ohne Zweifel ich der Mann, der darüber Rechenschaft abzulegen hat, zum einen, weil er während seiner ganzen Krankheit mit niemandem so gerne gesprochen hat wie mit mir, zum anderen, weil ich wegen der einzigartigen und brüderlichen Freundschaft, die wir uns entgegengebracht haben, zu seinen Lebzeiten seine Absichten, seine Urteile und seinen Willen so gut gekannt habe, wie sie ein Mensch nur von einem anderen wissen kann.»[33] De la Boétie gehört Montaigne, er lebt in ihm fort – dezidierter und exklusiver konnte man diesen Anspruch nicht erheben.

Die letzten Worte des Sterbenden gelten denn auch nicht dem Onkel oder der Gattin, sondern dem Freund. De la Boétie stammelt: «Mein Bruder, mein Freund, wollte Gott, dass die Einbildungen (*imaginations*), die ich gerade hatte, Wirklichkeit werden!»[34] Auf Montaignes Bitte, ihm diese Visionen doch mitzuteilen, beschreibt er sie entrückt als «groß, groß, wunderbar, unendlich, unaussprechlich».[35] Ist das schon die vorweggenommene Schau des Paradieses? Darauf gibt es keine Antwort mehr. Ganz zum Schluss dann noch eine angstvoll beklommene Frage: «Mein Bruder, mein Bruder, warum verweigert ihr mir einen Platz?»[36] Auf die hilflose Antwort, dass er sich immer noch im irdischen Leben und in seinem Schloss befinde, erfolgt eine letzte Entgegnung: «Gewiss, gewiss, ich habe einen Platz, doch das ist nicht der, den ich brauche. Wenn alles gesagt ist, habe ich kein Sein mehr.»[37] Dann ist es vollbracht.

So rätselhaft, ja fast schon jenseitig diese Abschiedsworte auch klingen mögen, für Montaigne sind sie ein lebenslanges Mandat: Er hat dem Freund einen würdigen Platz im Gedächtnis der Nachwelt zu verschaffen. Dieser Auftrag ist jedoch nur ausführbar, wenn er sich selbst zu einer Höhe aufschwingt, die dieser Erinnerung würdig ist. Der Bericht über den Tod De la Boéties nimmt also die Grundgedanken des *Essais* über die Freundschaft vorweg, ja er ist gewissermaßen sein Rohmaterial. Das Vorbild des Freundes ist nicht nur Verpflichtung zu schreiben, sondern auch, wie er zu sterben. Als Montaigne neunundzwanzig Jahre nach der beschriebenen Szene selbst auf dem Totenbett liegt, äußert er denselben letzten Wunsch: seine letzten Gedanken mitteilen zu können.

Die Mehrung des Ruhmes für den Toten und den Lebenden ist jedoch kein Selbstzweck. Das höchste Ziel der vereinten Bestrebungen ist es, das religiös und politisch zerrissene Frankreich zu Einsicht und Frieden zurückzuführen. Auch diese Botschaft hat der Todkranke auf eindringliche Art und Weise zu Gehör gebracht. Mit ihr wendet sich De la Boétie an Montaignes jüngeren Bruder Thomas, der vom konfessionellen Kurs der Familie abgewichen ist: «Ich habe niemals jemanden gefunden, der sich mit besserem Eifer, innigerer, reinerer und aufrichtigerer Neigung als Ihr denen angeschlossen hat, die eine Reformation der Kirche ersehnen. Und ich will gerne glauben, dass Euch allein die Laster unserer Kirchenfürsten, die ohne Frage einer großen Korrektur bedürfen, und weitere Missstände, die mit dem Lauf der Zeit in unsere Kirche Eingang gefunden haben, dazu angestachelt haben. Und ich will Euch in dieser Stunde davon auch gar nicht abbringen, denn ich mag niemanden bitten, gegen sein Gewissen zu handeln, worum es dabei auch immer gehen mag.»[38] Damit verkündet De la Boétie im Angesicht des Todes ein erhabenes Prinzip, mit dem er seiner Zeit weit voraus ist: Gute Menschen können in Glaubenssachen irren, ihr Gewissen bleibt trotz dieses Irrtums rein. Ein Irrtum ist der Übertritt zur «angeblich reformierten Religion» aus Gründen, die nichts mit den Wahrheiten des Glaubens zu tun haben: Thomas, der sich als Zweitgeborener mit dem Titel eines Herrn von Beauregart und Arsac schmückt, schadet dem Ruf, «den Euer Haus durch immerwährende Eintracht gewonnen hat, eines Hauses, das ich lieber habe als jedes andere auf der Welt, eines Hauses, aus dem immer nur vorbildliches Handeln hervorgegangen ist».[39] Denn der Abweichler spaltet nicht nur seine Familie, sondern auch sein Land: «Ihr seht, wie viel Elend diese Zwistigkeiten über dieses Königreich gebracht haben, und ich sage Euch, es wird noch sehr viel schlimmer kommen.»[40] Die Reaktion auf diese feierliche Rede fiel enttäuschend aus, der Ermahnte rang sich nach Montaignes Worten nur einen kargen Satz ab: «Mein Bruder dankte ihm sehr.»[41] Natürlich blieb er bei seiner Überzeugung. So einfach konnte man den Jahrhundertkonflikt nicht beilegen, und doch spricht De la Boétie hier als Montaigne. Die düstere Vorhersage, dass das Schreckliche gerade erst begonnen hat, ist seine eigene Erfahrung, die dem Sterbenden erspart bleibt. Insofern war dieser grausame Tod am Ende gnädig.

Montaigne legt dem Freund nicht nur das Lob der edlen Familie Montaigne, deren prosaische Ursprünge dieser wie kaum ein Zweiter kannte, sondern auch seine eigene Lebensaufgabe in den Mund: ein irregehendes

Zeitalter zur Vernunft und zur Versöhnung zu bringen. Die *Essais* werden diesen Auftrag ausführen, aber dabei ganz neue Akzente setzen. Die edlen Motive, die De la Boétie dem Herrn von Beauregart zubilligt, wird dessen Bruder allen Bürgerkriegsparteien je länger desto entschiedener absprechen.

Das Geschäft der Ehe

Mit seiner aufsehenerregenden Protestaktion und dem Tod De la Boéties im Jahr darauf waren Montaignes ohnehin schon geringe Chancen, im *parlement* endlich aufzurücken, weiter gesunken. Aufzugeben kam für ihn und seinen Vater trotzdem nicht infrage. Am besten ließ sich sein lädierter Ruf durch öffentliche Akte der Loyalitätsbezeugung gegenüber den Kollegen und dem Milieu der *robins* insgesamt wiederherstellen. Eine solche Solidaritätsbekundung war die Ehe, die er am 23. September 1565 mit Françoise de la Chassaigne schloss. Arrangiert wurde sie, wie in diesen Kreisen üblich, von den Vätern der Brautleute. Beide verfolgten damit dasselbe Interesse, nämlich die Position ihrer Familie zu festigen und auszubauen, jedoch mit unterschiedlichen Ausgangspunkten. Der Vater der Braut war *conseiller* im *parlement* von Bordeaux und in dessen Rangordnung deutlich über seinem Schwiegersohn platziert; der Großvater der frischgebackenen Madame Montaigne hatte es dort sogar zum Präsidenten gebracht. Damit gehörte die Familie De la Chassaigne zum solide etablierten Amtsadel, aber von der Stellung angesehener Landedelleute, die die Eyquem anstrebten, war sie weit entfernt. Gemessen an diesen Ambitionen war Montaignes Heirat fast schon eine Mésalliance. Attraktiver wurde sie zweifellos dadurch, dass Françoise die ansehnliche Mitgift von 7000 livres in die Ehe einbrachte – zumindest theoretisch, denn ausbezahlt wurde diese Summe aus unbekannten Gründen nie. Auch finanziell rentierte sich die Verbindung für die Familie Eyquem also nicht.

Ihren bei Weitem wichtigsten Zweck, Namen und Rang der «de Montaigne» in die nächste Generation zu übertragen, erfüllte die Ehe nach aristokratischen Maßstäben ebenfalls nicht: Françoise de Montaigne brachte sechs Mädchen zur Welt, von denen nur eines namens Léonore das Erwachsenenalter erreichte, aber keinen Stammhalter. Alle Bemühungen um dauerhaften sozialen Aufstieg erwiesen sich daher als vergeblich – der Status, das Schloss, die in Jahrzehnten aufgekauften Immobilien, alles ging, wie im *Essai* über die Nichtigkeit der Namen melancholisch beschworen, an einen Schwiegersohn über. Diese Enttäuschung saß tief; ob Montaigne sie seiner Frau anlastete, ist nicht bekannt.

Der Erwähnung wert findet Montaigne seine Frau in seinen dürren Familienaufzeichnungen anlässlich der Heirat, bei der Geburt der sechs Töchter und ein einziges Mal im Reisetagebuch, als er in Loreto eine Erinnerungstafel für seinen Besuch in diesem Pilgerzentrum anbringen lässt, das ihn, Françoise und Léonore zu Füßen der Jungfrau Maria zeigt. Eine solche Darstellung als einträchtige, fromme Familie gebot der gute Ton. In den *Essais*, seinem eigentlichen Denkmal für die Nachwelt, aber wird seine Ehefrau kein einziges Mal direkt genannt. Indirekt anwesend ist sie trotzdem, und zwar über weite Strecken auf denkbar unfreundliche Art: «Was die Ehe angeht, so ist sie zum einen ein Geschäft, das nur bei dessen Abschluss frei ist, dessen Dauer unfreiwillig und erzwungen ist und zudem nicht von unserem persönlichen Wollen abhängt. Zudem ist sie ein Handel, der gewöhnlich zu ganz anderen Zwecken (= als Liebe) abgeschlossen wird und in den sich tausend andere Verwicklungen mischen, die ausreichen, um den Faden einer lebhaften Neigung reißen zu lassen und den weiteren Verlauf zu stören.»[42] Um Gefühle geht es bei einer Heirat grundsätzlich nicht – die «anderen Zwecke», zu deren Erfüllung sie geschlossen wird, sind Rang, Mitgift und legitime männliche Nachkommenschaft, also all das, was sie Montaigne nicht einbrachte. Bei einem Zweckbündnis, das sich erst beim Tod eines der Vertragspartner auflöst, sollte eine so kurzlebige, schwankende, gefährliche und zudem ganz und gar physisch bedingte Emotion wie die Liebe seiner Meinung nach am besten überhaupt nicht ins Spiel kommen: «Vergleicht man mit der Freundschaft die Neigung, die uns zu den Frauen hinzieht, so gehört sie nicht in diese Kategorie, obwohl sie ja auch unserer Wahl zu entspringen scheint. Ihr Feuer – ich gebe es zu – ist heftiger, brennender, versengender. Aber es ist ein loderndes und flackerndes Feuer, wild ausschlagend und unbeständig, ein Fieber-Feuer mit wütenden Anfällen und Rückschlägen, das uns zudem nur einseitig erfasst ... Was noch schwerer wiegt, in der Liebe herrscht ein ungestümes Begehren nach dem, was sich uns entzieht … Ist sie einmal genossen, geht sie verloren, als ob sie einen rein körperlichen Zweck habe und der Sättigung unterliege.»[43]

Bleibt, oder besser: bliebe die Freundschaft zwischen den Geschlechtern. Diese hohe und seltene Gleichgestimmtheit zweier Seelen kann in einer Ehe jedoch nicht aufkommen. Das liegt am Wesen des schönen Geschlechts: «Um die Wahrheit zu sagen, das geistige Vermögen der Frauen ist einem solchen Austausch und einem solchen Miteinander, dem Nährboden einer so heiligen Verbindung, nicht gewachsen; ihre Seele scheint nicht fest genug, um eine so eng geknüpfte Verbindung dauerhaft auszuhalten.»[44] Wäre es um Intelligenz und Charakter der Frauen – so der anschließende Stoßseufzer – besser bestellt, könnte sich auch zwischen den Geschlechtern eine Beziehung auf der Grundlage von Seele und Körper entwickeln, «in welcher der Mensch ganz aufginge»,[45] also einer Seligkeit auf Erden nahekäme. «Aber dieses Geschlecht hat so weit noch nie gelangen können. Und es ist nach einhelliger Meinung der antiken Philosophenschulen auch daraus verbannt.»[46] Der erste Satz dieses abschätzigen Frauenbildes steht in der Erstausgabe der *Essais* von 1580; dass die Meisterdenker der Antike den Frauen die Ebenbürtigkeit generell absprachen, hat Montaigne erst nach 1588 hinzugefügt.

Aus diesen späten Jahren stammen Reflexionen zum selben Thema mit völlig anderen Gewichtungen und Urteilen, die das andere Geschlecht radikal aufwerten. Unverändert bleibt dabei jedoch das Verhältnis von Liebe und Ehe: «Ich sehe keine Ehen, die sich schneller eintrüben und scheitern als die, die durch Schönheit und amouröses Begehren angebahnt wurden. Dafür braucht es solidere und dauerhaftere Fundamente, und man muss wachsamer vorgehen; überschäumende Lebenslust taugt dafür überhaupt nicht.»[47] So stellt sich die Frage, ob es diese bessere Alternative gibt; wie sie aussehen müsste, steht jedenfalls fest: «Wenn es eine gute Ehe gibt, dann lehnt sie die Gesellschaft und die Bedingungen der Liebe konsequent ab. Stattdessen versucht sie, die Gesellschaft und die Bedingungen der Freundschaft darzustellen (*représenter*).»[48] Das ist eine sibyllinische Formulierung – soll man in der Ehe Freundschaft nachahmen, spielen und nach außen vortäuschen, oder kann man sie wirklich empfinden? «Dass man so wenig gute Ehen findet, ist ein Zeichen ihres Preises und Wertes.»[49] Es gibt sie also, die glücklichen Paarbeziehungen, man muss sie nur an der richtigen Stelle suchen: «Man findet sie heutzutage eher bei einfachen Gemütern und im Volk, wo sie von Genüssen, Neugier und Müßiggang weniger gestört werden.»[50]

Das Fazit in Sachen der eigenen Ehe, das danach ausführlich gezogen wird, fällt 1588 etwas milder aus als in der acht Jahre älteren Ausgabe der *Essais*: «Wäre es nach mir gegangen, hätte ich nicht einmal die Weisheit selbst geheiratet, selbst wenn sie mich gewollt hätte. Aber wir haben gut reden, Gewohnheit und Brauch des gewöhnlichen Lebens sind stärker als unser Wollen. Die meisten meiner Handlungen sind durch die Beispiele der anderen bestimmt, nicht durch meine Wahl.»[51] Diese Aussage steht im Widerspruch zu vielen anderen *Essais*, in denen Montaigne für sich in Anspruch nimmt, ein exemplarisch selbstbestimmtes Leben zu führen. Der Widerspruch lässt sich nur so auflösen, dass der Zwang der Konventionen die Äußerlichkeiten des Lebens bestimmt, zu denen also auch die Ehe gerechnet wird. Mit dieser Anpassung an die herrschenden Sitten, so Montaigne weiter, sei er insgesamt passabel durchs Leben gekommen: «Es ist Verrat zu heiraten, ohne sich miteinander zu verbinden.»[52] Und diesen Verrat – das soll der Leser ergänzen – habe er auch nicht begangen. Dieser späte Zusatz nach 1588 ist weiterhin keine Liebeserklärung an die Gattin, doch ein halbwegs versöhnliches Resümee: Es hätte schlimmer kommen können. Beide Seiten haben sich zusammengerauft und den einmal geschlossenen Vertrag eingehalten, zu seinem eigenen Erstaunen auch Montaigne. Im Fall Madame Montaignes ist diese Aussage allerdings mit einem Fragezeichen zu versehen. Doch dazu später.

Viel radikaler als die Bewertung von Heirat und Ehe hat sich 1588, wie bereits angedeutet, das Urteil über die Frauen insgesamt gewandelt. In den vor 1580 verfassten Passagen des *Essais* über die Freundschaft wurde mehrfach darauf angespielt, dass Männer außerhalb der Ehe das suchen und finden dürfen, was ihnen im Rahmen dieses Zweckbündnisses zum Vorteil beider Seiten verwehrt werden soll, nämlich Leidenschaft und sinnlichen Genuss. Von einem gleichen Recht der Frauen war hingegen keine Rede. Das hat sich jetzt geändert. Ja, Montaigne sinniert sogar darüber nach, ob eine «offene Ehe» mit dem Recht auf sexuelle Freizügigkeit für beide Seiten nicht eine Lösung für die nahezu allenthalben herrschende Misere der Zweisamkeit wäre: «Eine Frau kann es mit einem Typen treiben, den sie keineswegs heiraten möchte.»[53] Auch ihm, so Montaigne, würde eine neue Leidenschaft, mit der er seiner Frau nichts wegnähme, guttun, doch sei er inzwischen zu alt und zu träge dazu. Zugute käme eine solche Befreiung des Liebeslebens von sozialen Konventionen und Zwängen aber vor allem den Frauen, deren Begierden auf diesem Gebiet viel heftiger und leidenschaftlicher seien.

Überhaupt ist das Verhältnis der Geschlechter in allen Belangen ungerecht: «Die Frauen haben keineswegs unrecht, wenn sie sich gegen die in der Welt herrschenden Lebensregeln wehren, umso mehr, als diese von Männern gemacht sind. So herrscht unvermeidlich Streit und Zwietracht zwischen ihnen und uns, und selbst das Maximum an Einvernehmen, das wir mit ihnen erreichen, ist immer noch wildbewegt und stürmisch.»[54] Diesen zermürbenden Krieg der Geschlechter haben die Männer zu verantworten, er ist das Resultat patriarchalischer Vorherrschaft. Das kann man als partielles Schuldbekenntnis in Sachen der eigenen, mäßig erfolgreichen Ehe verstehen. Dass Montaigne sich mit seinem Votum für den Umsturz der Geschlechterverhältnisse, die von der Kirche als gottgewollt und von fast allen Philosophen als natürlich ausgegeben wurden, sehr weit vorwagte, war ihm bewusst. Wie so oft in solchen Fällen gab er in der Schlusswendung zu diesem Thema die eigenen Ausführungen der Lächerlichkeit preis und entschärfte sie damit: «Um diesen denkwürdigen Kommentar zu beschließen, der mir in einem teilweise allzu heftigen und schädlichen Anfall von Geschwätzigkeit entströmt ist, sage ich, dass Männchen und Weibchen aus dem gleichen Stoff gemacht sind; sieht man von Erziehung und sozialen Konventionen ab, ist kein großer Unterschied zwischen ihnen.»[55] Der verbleibende kleine Unterschied besteht weder in Intelligenz noch in Moral, sondern nur in der Kunst, die Widrigkeiten des Lebens zu ertragen. Diese Kunst beherrschen die Frauen eindeutig besser.

Der König und die Kannibalen

Das Jahr 1565 bot den Einwohnern von Bordeaux zwei aufregende Spektakel: Der König kam, und mit ihm kamen die Menschenfresser. Es war uralter Brauch, dass ein neuer Monarch einen Umritt durch sein Königreich abhielt, um sich seinen Untertanen vorzustellen, ihre Sorgen, Wünsche und Beschwerden anzuhören, um Streitigkeiten schiedsrichterlich beizulegen und auf diese Weise seine Autorität zu zelebrieren und sicherzustellen. Für die einflussreichen Kreise der Stadt war damit die Verpflichtung verbunden, einen feierlichen Empfang zu organisieren; zudem mussten sie sich politisch positionieren. So war es kein Wunder, dass das *parlement* ein Vierteljahr vor dem angekündigten Termin über die angemessene Art und Weise des Besuchsablaufs debattierte. In diesem Zusammenhang meldete sich auch Montaigne zu Wort, wie im Protokoll der Sitzung ausführlich festgehalten ist: «Der besagte d'Eyquem sagte, dass man bei der Ansprache an den König diesem eindringlich vermitteln müsse, dass es einem guten König wohl anstehe, seine Länder oft zu besuchen, und wie viele Vorteile das den Angelegenheiten seines Staates bringt; dass der schlechte Ruf und die Unordnung der Justiz mit der viel zu großen Zahl der Amtsträger zusammenhängen, die man dort platziert, ebenso mit der schlechten Auswahl dieser Amtsträger und damit, dass alle Dinge käuflich sind.»[56] Außerdem müsse man dafür sorgen, dass die Einnahmen, die die Richter aus ihren Prozessen ziehen, vermindert würden. Das hieß im Klartext: Liebe Kollegen, ihr seid korrupt. Das war mehr als Nestbeschmutzung, das war ein Frontalangriff auf die eigene Institution. Montaigne wusste, dass einige jüngere *conseillers* in seinem Umfeld diese Kritik teilten. Und er setzte seine Hoffnungen darauf, dass der junge König Karl IX. diesen Appell aufnehmen und die *parlements* grundlegend reformieren würde. Blieben solche Veränderungen aus, musste er mit wütenden Gegenreaktionen seiner Untertanen rechnen.

Zum Schaugepränge, mit dem Karl IX. in Bordeaux Einzug hielt, gehörte ein Umzug, den die Stadtverordneten und die Mitglieder des *parlement*, darunter Montaigne, hoch zu Ross anführten. Als besondere Attraktion ließen die Festveranstalter zusätzlich dreihundert Gefangene aus zwölf Nationen aufmarschieren: «Griechen, Türken, Araber, Ägypter, Taptobanianer, Indianer, Kanarianer, Mohren, Äthiopier, Wilde, Amerikaner und Brasilianer; deren Anführer hielten vor dem König eine Rede, die ein Dolmetscher seiner Majestät übersetzte.»[57] Welche Völkerschaften mit diesen damals noch neuen und vagen Bezeichnungen gemeint waren, ist nicht immer sicher. Fest steht hingegen, dass die Taptobanianer und Brasilianer dem staunenden Publikum als Kannibalen präsentiert wurden. Einen solchen Auftritt hatte es schon fünfzehn Jahre zuvor in Rouen gegeben, als

Spielball seiner Berater und seiner Mutter: Karl IX., der König, der dem Mord an führenden Hugenotten in der Bartholomäusnacht seinen Segen gab. Porträt von François Clouet, um 1569

Heinrich II. zusammen mit seiner Gattin Catherine de Médicis dort seinen feierlichen Einzug hielt. Damals hatte man zu Ehren des Königspaares sogar einen aufwendig inszenierten Schaukampf zwischen «guten» und «bösen» Menschenfressern veranstaltet, an dem echte Ureinwohner Südamerikas und als «Wilde» verkleidete französische Matrosen beteiligt waren. Von einem solchen Schauspiel nahm man in Bordeaux zwar Abstand, doch ganz verzichten wollte man auf das exotische Element, das einem fünfzehnjährigen König sicher gefallen würde, auch nicht.

Menschenfresser beim Festmahl, wie sie sich die Phantasie Europas schaudernd und sensationslüstern ausmalte. Zeichnung zur Geschichte Amerikas *von Theodor de Bry, nach 1590. Montaigne fand das Feuer, mit dem Ketzer und Hexen verbrannt wurden, barbarischer als die Flammen unter dem Kannibalen-Grill.*

Von diesem – aus heutiger Sicht entwürdigenden – Spektakel war Montaigne zugleich fasziniert und abgestoßen; so verfasste er darüber einen Text, der den Zurschaugestellten ihre ganze Würde und einiges mehr zurückgab. Sein *Essai Des cannibales* beginnt mit der Überheblichkeit der Griechen, die alle anderen Völkerschaften, darunter die Römer, von denen sie später besiegt wurden, als Barbaren bezeichneten: «So zeigt sich, dass man sich davor hüten muss, vulgären Meinungen anzuhängen, und dass man diese nicht nach der allgemeinen Ansicht, sondern auf dem Weg der Vernunft beurteilen muss.»[58] Dieser Grundsatz gilt in noch höherem Maße für die Bewertung der Menschen aus der «neuen Welt», die zur Überraschung aller – speziell der Gelehrten, die ihr Vorhandensein für ausgeschlossen erklärt hatten – kürzlich entdeckt und ganz überwiegend als barbarisch abgewertet worden war. Die eingeforderte Beurteilung durch die kritische Vernunft hat eine Ehrenrettung zur Folge, die pauschal und fundamental ausfällt: «So finde ich, um auf meinen Ausgangspunkt zurückzukommen, dass in dieser Nation, so wie man mir berichtet hat, nichts Barbarisches und nichts Wildes ist.»[59] Die negative Abstempelung dieser Gegenwelt durch die Europäer erklärt sich daraus, dass die Menschen die Bräuche ihres Landes zum Maß aller Dinge erheben und alles, was davon abweicht, ablehnen. Wer sich über solche Vorurteile erheben will, muss einen höheren Standpunkt beziehen, seine Perspektiven erweitern und vor allem tiefer blicken. Das ist der Anspruch dieses *Essais*: ein Kulturvergleich auf der Grundlage unparteiischer Kriterien, und das heißt vor allem: ohne die Kriterien der Religion.

Der wichtigste der dabei angelegten Maßstäbe ist historisch: In welchem geschichtlichen Entwicklungsstadium befinden sich die verschiedenen menschlichen Gesellschaften in Europa und in der Neuen Welt? Eine erste, sehr allgemeine Gegenüberstellung arbeitet eine weitreichende Differenz heraus. In Brasilien leben die Menschen «noch sehr nahe ihrer ursprünglichen Unverbildetheit (*naiveté*). Die natürlichen Gesetze bestimmen weiterhin ihr Leben, und zwar noch kaum verdorben durch unsere Sitten.»[60] Damit verkehren sich die herkömmlichen Bewertungen und Bezeichnungen ins Gegenteil: «Sie sind wild so, wie wir die Früchte wild nennen, die die Natur von sich aus, ohne menschliches Zutun, hervorgebracht hat; in Wahrheit müssten wir eher die Früchte wild nennen, die wir künstlich aus der natürlichen Ordnung herausgelöst haben.»[61] Barbarisch sind also nicht die natürlichen Sitten und Gebräuche der indigenen Völker, sondern die ihnen von den Europäern aufgezwungenen Gesetze und die unheilvollen Vermischungen, die sich daraus ergeben. Das ist ein erstes Fazit und zugleich eine sehr persönliche Stellungnahme. In seinem an den Leser gerichteten Vorwort der *Essais* hatte Montaigne betont, dass er sehr viel offener über sich schreiben würde, wenn er unter den Nationen leben würde, für die noch «die süße Freiheit der ersten Naturgesetze» bestimmend seien. Damit ist ein weiterer fundamentaler Unterschied zwischen Europa und Amerika benannt: In den «ursprünglichen» Gesellschaften jenseits des Atlantiks herrscht Offenheit statt Verhüllung, Transparenz statt Verstellung. Das Fehlen von Verschleierung zeigt sich am elementarsten in der körperlichen Nacktheit, die von den meisten Europäern als Beleg für rohe Triebhaftigkeit, ja Bestialität verdammt wurde. Diese als abträglich verstandene Nähe zum Natürlichen und Kreatürlichen wertet Montaigne hier und am ausführlichsten in der *Apologie de Raymond Sebond* positiv um.

Die naturnahe Lebensordnung der indigenen Völkerschaften erlaubt es, gegenbildlich dazu den Weg nachzuvollziehen, den Europa in mehr als zwei Jahrtausenden durchmessen hat. Dabei schlagen fundamentale Differenzen zu Buche; vor allem sticht hervor, was auf der anderen Seite des Atlantiks alles fehlt, nämlich Handel, Wissenschaften und Amtsträger aller Art, speziell Juristen. Daher gibt es in diesen «natürlichen» Gesellschaften auch keine Macht und keine Unterordnung, keine Dienste, keinen Reichtum, keine Armut, keine sozialen Gegensätze, keine Erbfolgen oder -teilungen, keinen Müßiggang, keinen Ackerbau, keine Metallverarbeitung, keinen Gebrauch von Wein und Brot. Als Folge dieses Fehlens sind Lüge, Verrat, Verstellung, Geiz, Habsucht, Neid und Verleumdung nicht einmal dem Namen nach bekannt. Auch die Hochschätzung der Abstammung, also die Vorstellung von Adel im europäischen Verständnis, ist «dieser Nation» völlig fremd. Das hängt mit ihrem Sexualverhalten zusammen, das Montaigne, den kritischen Kommentator der Ehe, ganz besonders fasziniert: «Die Männer haben dort mehrere Frauen, und zwar umso mehr, je höher der Ruf der Tapferkeit ist, den sie genießen.»[62] Stammbäume nach europäischem Muster, Stolz und Nachweis jedes Edelmanns, kann es so nicht geben. Diese lockere Polygamie macht die Frauen nicht eifersüchtig, sondern stolz: «Da ihnen die Ehre ihrer Männer mehr als alles andere am Herzen liegt, stacheln sie diese an, sich so viele Gefährtinnen wie nur irgend möglich zuzulegen, da das ein Zeugnis der Tatkraft ihrer Männer ist.»[63] Für Montaigne ist das «eine bemerkenswerte Schönheit ihrer Heiratsbräuche».[64] Er findet sie bereits im Alten Testament, in dem die Gattinnen der Patriarchen ihren Männern ihre schönen Dienerinnen zuführen; Livia, die kluge Gemahlin des Kaisers Augustus, hielt es ähnlich und verschaffte diesem reizvolle Gespielinnen.

Adel kann man also nicht erben, sondern nur erwerben, und zwar ausschließlich im Krieg. Auf Krieg ist das ganze Leben der «Kannibalen» ausgerichtet, auch das Minimum an Religion, das sie kennen. Diese Religion hat nur zwei Themen: Die Priester predigen die Liebe zwischen Mann und Frau und die Standhaftigkeit im Kampf gegen die Feinde – beides mit Erfolg, speziell die kriegerische Tugend. Diese seelische Abhärtung ist wichtig, denn das Schicksal von Kriegsgefangenen ist grausam. Sie werden gehegt, gepflegt und gemästet, während ihnen die Sieger die grässlichen Qualen ausmalen, die sie demnächst erwarten: Nach ausgesuchter Folter und Abtrennung der Gliedmaßen werden sie bei einem großen Festmahl verspeist werden. Aber alle diese Ankündigungen stimmen die Todgeweihten nur heiter. Bis zum letzten Atemzug verhöhnen sie ihre Peiniger, spucken ihnen voller Verachtung ins Gesicht – und machen die Menschenfresser zu Ahnenfressern: «Diese Muskeln, sagte er, dieses Fleisch und diese Ahnen, all das ist eures, ihr armen Verrückten, ihr erkennt nicht, dass daran die Substanz der Glieder eurer Ahnen haftet – lasst sie euch schmecken, ihr werdet darin den Geschmack eures eigenen Fleisches finden.»[65] Der tapfere Wilde, dessen Rede Montaigne hier wiederzugeben behauptet, will damit sagen: Wir haben eure Väter verzehrt, unser Fleisch ist von ihrem Fleisch genährt, das ihr durch euer Siegesmahl wieder zu euch nehmt. So schändet ihre eure eigenen Vorfahren.

Die Erzählung von zweierlei bzw. einerlei Fleisch ist eine Anspielung auf das katholische Verständnis der Eucharistie, bei der die Gläubigen das Fleisch ihres Erlösers essen. Die Analogie wird durch das Wort «Substanz» deutlich; nach der katholischen Transsubstantiationslehre verwandelt sich das Brot während der Messe mit seiner unsichtbaren Substanz, nicht aber mit seiner fühlbaren und schmeckbaren Form in das Fleisch Christi. Die Kannibalen haben kein Brot und brauchen es für ihre «Kommunion» mit den besiegten Feinden auch nicht. Noch viel weniger brauchen sie eine komplizierte Theologie.

So wird nach all diesen Vergleichen nochmals die Frage gestellt, wer denn nun die Barbaren sind: «Entweder sind wir die Wilden oder sie, denn zwischen ihrer Form und der unseren liegt ein erstaunlicher Abstand.»[66] Mit «Form» ist das zweite Schlüsselwort zum christlichen Abendmahl gefallen – und die Antwort auf die Frage vorgegeben: Beide, die Kannibalen wie die Europäer, sind Wilde und Barbaren. Allerdings gibt es eine Abstufung der Barbarei zwischen ihnen: «Ich bin einverstanden damit, das Schreckliche des Kannibalismus zu bemerken; allerdings sind wir in Sachen eigener Fehler blind: Ich finde es schlimmer, einen Menschen lebendig zu verzehren, als ihn tot zu verspeisen.»[67] Mit «lebendig verzehren» ist gemeint, Menschen «aus Frömmigkeit und Religion» zu verbrennen, wie es fast überall in Europa an der Tagesordnung ist. Die Kannibalen töten und essen ihre Feinde aus purer Lust an der Rache, die Christen töten sie wegen theologischer Spitzfindigkeiten, ohne sie zu essen.

Das erlaubt eine Diagnose zum Menschen insgesamt: Die Neigung zur Grausamkeit gehört zu seinem Wesen. Der Prozess der Zivilisation hat sie ihm nicht ausgetrieben, sondern nur ihre Form zum Schlimmeren verändert. Die «Wilden» haben außer ihren Predigern noch Propheten, die im Namen höherer Eingebung entweder zum Krieg oder zu dessen Verschiebung raten. Liegen sie mit ihrer Einschätzung falsch, werden sie lebendig zerrissen. Die Schlussfolgerung wird nicht ausgesprochen, aber nahegelegt: So sollten die Europäer mit Geistlichen, die zum Krieg aufrufen, auch verfahren.

Der *Essai* über die Kannibalen beantwortet auch die Frage, die sich Montaigne sein Leben lang selbst stellen musste und die sich dem Leser der *Essais* förmlich aufdrängt: Warum spielte er einen aristokratischen Rang vor, von dem er genau wusste, dass er ihn ebenso wenig besaß wie seine Vorfahren? Die in diesem *Essai* gegebene Antwort lautet: Adel durch Abstammung gehört nicht zur menschlichen Natur, wie sich an den Ureinwohnern Brasiliens zeigt. Hoher Rang kann daher immer nur individuell, durch persönliche Verdienste und für ein einziges Leben, aber nicht für mehrere Generationen gewonnen werden. Status durch Geburt ist also das Produkt einer historischen Entwicklung, die den Menschen grausamer, unglücklicher und ungesunder als im Naturzustand macht – die «Wilden» kennen so gut wie keine Krankheiten, also auch kein Nierensteinleiden, an dem Montaigne seit Jahren laboriert. Fasst der Leser das an ihn gerichtete Vorwort und diesen *Essai* als Einheit auf, dann weiß er, dass Montaigne sich bewusst war, nur wegen der gesellschaftlichen Konventionen eine herausgehobene soziale Position in Anspruch zu nehmen, die das Ergebnis einer unnatürlichen, den Menschen verformenden Entwicklung ist.

Mit ihrem anderen, vorurteilslosen Blick stellen «die Wilden» noch viel mehr infrage als die ständische Ordnung der französischen Gesellschaft. Auf die Frage, was sie an Frankreich am bewundernswertesten fänden, antworteten drei von ihnen, die ihre Heimat zu ihrem Nachteil verlassen hatten, ganz anders, als von ihnen erwartet wurde: «Sie sagten, dass sie es vor allem sehr seltsam fanden, dass so viele große, starke, bärtige und bewaffnete Männer (= wahrscheinlich die Schweizer, die den König umgaben) sich so weit erniedrigten, dass sie einem Kind gehorchten (= dem fünfzehnjährigen Karl IX.), und nicht stattdessen einem von diesen Männern die Befehlsgewalt übertrugen.»[68] Mit dieser scharfsinnigen Beobachtung führen sie die Herrschaftsform der Erbmonarchie ad absurdum, denn natürlich war es nicht vernünftig, einem unreifen Knaben die Hoheit im Staat einzuräumen. Die zweite Bemerkung deckte ebenso knapp wie erbarmungslos die Widersinnigkeit der sozialen und ökonomischen Ordnung Europas auf: «Zweitens hätten sie festgestellt, dass es unter uns Menschen gebe, die Fülle und Überfluss an allen Gütern besäßen, während die andere Hälfte der Menschheit an deren Pforten bettelte und vor Hunger und Armut vom Fleische fiele. Und sie fänden es befremdlich, dass diese so bedürftige Hälfte eine solche Ungerechtigkeit ertrage und nicht den Reichen an die Gurgel ginge oder deren Häuser niederbrenne.»[69]

Das Staunen des «Kannibalen» über die Absurdität dieser Verhältnisse ist das Staunen Montaignes. Lebenslange Gewöhnung trübt den Blick, lässt das Widersinnige notwendig und vernünftig erscheinen. Wie fragwürdig die eigenen Verhältnisse tatsächlich sind, deckt erst der Blick der anderen auf. Ihn muss man sich deshalb zu eigen machen. Darin besteht der methodische Ansatz der *Essais*: alles wie von außen, wie mit fremden Augen anzusehen und so die anderen, aber auch sich selbst als rätselhafte Mischwesen aus ein wenig Vernunft, vielen unüberprüften Vorurteilen und übermächtigen Emotionen zu erkennen. So werden die «Kannibalen» mit dem kritischen Blick zu Brüdern im Geiste Montaignes. Mit diesem Blick sollte er 1580 seine große Reise durch Süddeutschland, die Schweiz und Österreich nach Italien antreten: als systematischer Menschenforscher, der sich in die Mentalität und Lebenswelt fremder Völkerschaften dadurch einfühlt, dass er sich ihrer Lebensform anpasst.

Der Austritt aus dem parlement

Der Auftritt des Königs und der Kannibalen war eine willkommene Unterbrechung eines immer graueren Berufsalltags. Montaigne waltete weiterhin seines Amtes als *rapporteur,* und zwar, wie die 350 von ihm als «Berichterstatter» bearbeiteten Fälle belegen, mit Sorgfalt, Menschlichkeit und Geschick. Allerdings musste er sich fragen, wie lange man ihn in dieser subalternen Position noch ausharren lassen wollte. Beförderungen zum *conseiller* einer der vier großen Kammern und zu einem ihrer Präsidenten wurden im Prinzip nach Dienstalter vorgenommen. Dienstjahre hatte Montaigne 1565, nach neun Jahren an der *Cour des Aides* von Périgueux und am *parlement* in Bordeaux, längst genug vorzuweisen, sein Aufstieg in die nächsthöhere Kategorie durfte also nur noch eine Frage der Zeit sein. Doch die Zeiten der Normalität waren vorbei. Im Innern des Gerichts tobten immer heftigere und verschlungenere Grabenkämpfe. Hier wie im ganzen Land spitzten sich die konfessionellen Gegensätze zu, in Bordeaux zum Nachteil der Reformierten. Die Mehrheit der Richter schloss sich der ultrakatholischen Richtung an und versuchte, ihre andersgläubigen Kollegen aus dem Amt zu drängen; 1569 hatten sie mit dem Ausschluss von sechs *conseillers* erstmals Erfolg. Obwohl er gewaltsame Maßnahmen missbilligte, hatte Montaigne zu Beginn seiner juristischen Tätigkeit mit den Verfechtern einer harten Linie sympathisiert. Von dieser Position rückte er nach 1565 zunehmend ab. Die bewaffneten Auseinandersetzungen hatten mit ihrem wechselhaften Ausgang gezeigt, dass die zweite Glaubensrichtung mit militärischen Mitteln nicht unterdrückt werden konnte. Die einzige Lösung bestand für ihn von nun an darin, einen Modus zu finden, der ein friedliches Miteinander zweier Religionen in einem Königreich gewährleisten würde. Die Suche nach einem solchen Kompromiss sollte schon bald das beherrschende Motiv der *Essais* und der Reise nach Italien ausmachen.

Mit dieser Einstellung wurde Montaigne, der bereits durch seine bedingungslose Loyalität zur Krone unangenehm aufgefallen war, unter seinen Kollegen noch mehr zum Außenseiter. Mit Misstrauen wurde zudem vermerkt, dass er trotz seines Bekenntnisses zum Katholizismus freundschaftliche Beziehungen zu «Neugläubigen» in der Umgebung seines Schlosses unterhielt. Damit machte er deutlich, dass ihm menschliche Qualitäten und gedeihliche soziale Beziehungen wichtiger waren als die Meinungsverschiedenheiten der Theologen. Zu einer weiteren Entfremdung von Amt und Berufstätigkeit trug eine einschneidende Veränderung seiner Lebensverhältnisse bei. Am 18. Juni 1568 starb «Pierre de Montaigne im Alter von 73 Jahren und drei Monaten, nachdem er lange von einem Stein in der Blase gepeinigt worden war. Er hinterließ fünf Söhne und drei Töchter und wurde in der Grabstätte seiner Ahnen bestattet.»[70] Sein Tod hatte zur Folge, dass Montaigne als Erstgeborener in die Position des Sippenoberhaupts und Schlossherrn aufrückte. Damit zeichnete sich eine alternative Lebensform ab, die im Vergleich mit den andauernden Querelen im *parlement* unleugbare Vorzüge aufwies. Sein Vater hatte ihn zur juristischen Karriere bestimmt, und er hatte gehorcht. Er konnte also mit Fug und Recht schlussfolgern, dass die daraus entspringenden Verpflichtungen mit dem Tode Pierre Eyquems erloschen waren. Trotzdem war er noch nicht bereit, kampflos aufzugeben, sondern meldete seine Kandidatur für die im November 1569 anstehenden Wahlen zu den großen Kammern des Gerichts an.

Was in den entscheidenden Beratungen vor und hinter den Kulissen geschah, ist in den «Geheimen Registern» des Gerichtshofs genau verzeichnet: Nach zahlreichen Intrigen und verschlungenen Manövern fiel der Kandidat Montaigne durch. Die Begründung dafür lautete, es gebe in der von ihm anvisierten Kammer bereits zu viele mit ihm verwandte und verschwägerte Mitglieder. Das war die Rache für seinen Auftritt vor Karl IX. vier Jahre zuvor. Bei dieser Gelegenheit hatte er die umfassende Korruption des Gerichts angeprangert, im Namen der Korruptionsbekämpfung wurde ihm jetzt die Beförderung verweigert. Das Argument selbst war läppisch. Legte man solche Maßstäbe zugrunde, hätte die große Mehrheit der Richter sofort zurücktreten müssen. Montaigne musste daher zu dem Schluss kommen, dass sich an der Obstruktionshaltung gegen ihn auch in Zukunft nichts ändern würde.

Einen weiteren Anstoß dazu, seine Lebensform gründlich zu überdenken, gab ein Unfall, der ihn um ein Haar das Leben gekostet hätte. Mit seiner üblichen Nonchalance für Datierungen legt Montaigne dieses Schlüsselerlebnis in «unsere dritten oder zweiten Unruhen (*troubles*)», das heißt in die «Religionskriege» von 1567 bis 1568 oder 1568 bis 1570. Trotz des

Risikos, im Epizentrum dieser immer heftigeren Erschütterungen zu leben, habe er für einen einfachen Besorgungsritt in der Nähe seines Schlosses ein kleines, unerfahrenes Pferd gewählt, so dass er für den nachfolgenden Zusammenstoß denkbar schlecht gerüstet war: «Einer meiner Leute, ein großer, bärenstarker Kerl, vor Saft und Kraft nur so strotzend, auf einem riesigen Hengst mit bedrohlichem Maul reitend, wollte seinen Kumpanen imponieren, galoppierte mit verhängtem Zügel mitten in mich hinein, prallte wie ein Koloss auf mich kleinen Mann auf meinem kleinen Pferd und schleuderte uns beide mit ungeheurer Wucht, Füße und Hufe zum Himmel gestreckt, zu Boden. So lag mein Pferd betäubt hingeworfen, ich selbst zehn oder zwölf Schritte davon entfernt, wie tot, auf dem Bauch, das Gesicht übel zerschrammt und zerschunden.»[71]

Die nachfolgende Ohnmacht – so Montaigne weiter – dauerte zwei Stunden, während derer ihn seine Diener für tot hielten. Zu ihrer Überraschung begann er danach, große Mengen Blut zu spucken, das sich in seinem Magen angesammelt hatte; so langsam, wie sich der Körper seiner elementaren Funktionen besann, so zögerlich meldeten sich auch die Lebensgeister wieder. Das Erstaunliche daran war, dass sie alles andere als willkommen waren: «Es schien mir, als ob mein Leben mich nur noch am Rande meiner Lippen festhielte. Ich machte die Augen zu, um es abzuschütteln, und ließ mich wonnevoll in die Erschlaffung fallen und davontreiben. Diese Empfindung zog nur ganz schwach durch meine Seele, so zart und verschwommen wie der ganze Rest, aber nicht nur frei von jedem Unbehagen, sondern voll der Süße, die diejenigen empfinden, die sich in den Schlaf hineingleiten lassen.»[72]

Nicht weniger angenehm als das Schweben zwischen Sein und Nichtsein war die philosophische Auswertung dieses Nahtoderlebnisses: «Ich glaube, dass das derselbe Zustand ist, in dem sich diejenigen befinden, die Todesschwäche und Agonie erleben, und ich glaube, dass wir sie grundlos beklagen.»[73] Das völlig unchristliche Fazit lautet also: Tod, wo ist dein Stachel, wenn der Übergang so leicht, ja wohlig vonstattengeht? Hieß es in der Version von 1580 noch: «Den Tod können wir nur einmal erfahren. Wir sind alle Lehrlinge, wenn es einmal so weit ist»,[74] so wird diese herbe Schlussfolgerung in der posthum veröffentlichten Ausgabe mit Montaignes Notizen letzter Hand zurückgenommen: Es gibt ein Anlernen zum Sterben, und dieser Lehrmeister ist weder Christus noch Seneca: «Auf den ersten Blick könnte es unnütz, ja unnatürlich scheinen, dass uns die Macht des Schlafs aller Handlungen und Gefühle beraubt. Doch der Sinn besteht darin, dass uns die Natur dadurch zeigt, dass sie uns gleichermaßen zum Leben und zum Sterben geschaffen hat und uns so zu Lebzeiten den ewigen Zustand vor Augen führt, den sie uns für die Zeit danach reserviert hat, um uns an diesen zu gewöhnen und uns die Furcht davor zu nehmen.»[75] Das war im Sinne eines Lukrez gedacht: Der Tod ist ein ewiger Schlaf und hat daher nichts Schreckliches. Die Auferstehung am Jüngsten Tag und Furcht und Zittern vor dem Jüngsten Gericht sind keiner Erwähnung wert. Die Natur hat den Menschen mit allem ausgestattet, was er zum Leben und Sterben braucht. Die Philosophie gehört nicht dazu. Gedanklich gegen den Tod aufzurüsten, sich mit trutzigen Maximen gegen ihn zu wappnen und ihm mit stoischer Ruhe ins Gesicht zu sehen, ist intellektuelle Eitelkeit, ja Imponiergehabe. Die einfachen Leute machen stattdessen vor, wie es geht. Für sie ist das Sterben keine große Sache.

Der lebensgefährliche Reitunfall zeigte drastisch, wie schnell es mit dem Leben ein Ende haben konnte, auch ohne Einwirkung der Bürgerkriege, die das halbbetäubte Opfer reflexartig für die Ursache des Zusammenstoßes hielt. Hatte nicht ein Arkebusenschuss das Pferd des Domestiken kopfscheu gemacht? Dieser Verdacht bestätigte sich zwar nicht, doch Blei lag trotzdem in der Luft. Wenn Montaigne, der Jurist wider Willen, noch etwas aus seinem Leben machen wollte, dann war der Moment jetzt oder nie gekommen: Am 10. April 1570 verkaufte er sein Amt als *conseiller* im *parlement* von Bordeaux an Florimond de Raemond für 8400 livres. Im vorangehenden Jahr hatte ihm das Amt etwa 400 livres Ertrag eingebracht, was in etwa dem Mittelwert des Jahrzehnts entsprach. Bezogen auf den Verkaufspreis bedeutete das eine Verzinsung von knapp fünf Prozent, guter Durchschnitt für die Zeit. Ein weiterer Vorfall dürfte diesen Entschluss zur Reife gebracht haben.

Ein knappes Jahr zuvor hatte sich in Schloss Montaigne eine merkwürdige Begebenheit abgespielt, die ein herbeigerufener Notar folgendermaßen protokollierte: «Heute, am 23. Mai 1569, ist in Schloss Montaigne im Périgord der Adelige Michel de Montaigne, der Herr dieses Ortes, erschienen und hat mit Frau Antoinette de Louppes, seiner Mutter, folgende Unterredung geführt: Er hat ihr erklärt, dass er in den Truhen seiner Frau eine Goldkette gefunden habe, die sein verstorbener Bruder Arnaud de

Montaigne, Herr von Saint-Martin, dort zurückgelassen habe. Daraufhin erklärte die genannte Frau de Louppes, dass diese Kette ihr gehöre und dass sie diese zurückhaben wolle.»[76] Danach – so der Schluss des Dokuments – habe Herr Montaigne diese Kette in Gegenwart und mit Zustimmung seiner Brüder Thomas und Pierre seiner Mutter zurückgegeben. Das Dokument wirft ein eigentümliches Licht auf das Familienleben der Eyquem. Warum sollte Montaignes Bruder eine Kette ihrer Mutter in das Schmuckkästchen seiner Schwägerin legen? Höchstwahrscheinlich hatte sich Folgendes abgespielt: Bei der Inventarisierung der Habseligkeiten seines kurz zuvor verstorbenen jüngeren Bruders fiel Montaigne auf, dass dessen Goldkette fehlte. Daraufhin wurde er misstrauisch, wühlte in den Schatullen seiner Gattin – und wurde fündig. Offenbar hatte ihr sein Bruder die Kette als Geschenk verehrt. Diese Entdeckung hatte fast dieselbe Beweiskraft wie ein Antreffen des Paares in flagranti. Bevor sich die peinliche Geschichte herumsprach, musste sie nach außen entschärft werden. So kam die Mutter ihrem Erstgeborenen zu Hilfe und behauptete vor Notar und Zeugen, Besitzerin des zu Unrecht verdächtigten Schmuckstücks zu sein, das durch Zufall in den Besitz der anderen Madame Montaigne gelangt sei. Ob Ehebruch innerhalb der Familie oder nicht – die Schlussfolgerung, in Zukunft mehr Zeit auf seinem Schloss zu verbringen, statt sich über seine fanatischen und bornierten Kollegen im *parlement* zu ärgern, lag für Montaigne nahe.

Die hauseigene Halsbandaffäre von 1569 gab Montaigne noch länger zu denken. Das Thema der ehelichen Treue oder Untreue ist, wie bereits erörtert, in den *Essais* aller Ausgaben eigentümlich präsent. In die erweiterte Version von 1588 nahm Montaigne eine Geschichte auf, die für dieses Problem eine ebenso radikale wie skandalöse Lösung offerierte: «Das Beispiel eines Edelmanns, den manche noch gekannt haben – hat es nicht philosophischen Charme? Nachdem er als fröhlicher Geselle mit losem Mundwerk und als großer Spaßmacher seine Jugend verbracht hatte, heiratete er erst in recht fortgeschrittenem Alter. In bester Erinnerung daran, wie oft er sich darüber mokiert hatte, wie anderen Hörner aufgesetzt wurden, legte er seine Karten auf den Tisch und ehelichte eine Frau aus einem Haus, wo jeder sie für Geld haben konnte. So begründete er dieses Bündnis mit der gegenseitigen Begrüßung: Guten Morgen, Hure, guten Morgen, Hahnrei. Und über nichts unterhielt er sich mit den Nächstbesten lieber und offener als über diesen Plan. Dadurch unterband er das heimliche Gerede der Spötter und nahm dem Vorwurf die Spitze.»[77] Was man nicht verhindern kann, muss man auch nicht verbergen – der Reiz dieser Methode besteht darin, dass sie jegliche Heuchelei im Keim erstickt.

Heuchelei zu hinterfragen und aufzudecken, ist auch das Ziel der *Essais*; daher ist der ungenannte Edelmann, der mit unsinnigen Konventionen im Namen der Natur bricht, Montaignes Bruder im Geiste, auch wenn ein echter Adeliger vor einer solchen Beschmutzung seines Stammbaums zurückschrecken musste. Die Konsequenz, die er in einem späten Zusatz zu seinem frühen *Essai* über den Ruhm zog, war unauffälliger, lief aber auf dasselbe hinaus: «Jede Person von Ehre muss lieber ihre Ehre als ihr Gewissen verlieren.»[78] In seinen Überlegungen zur Ehe war er zum selben Ergebnis gekommen: Warum sollte man nicht beiden Seiten sexuelle Freiheiten einräumen? Auf jeden Fall machte man von diesen körperlichen Leidenschaften viel zu viel Aufhebens.

Abrechnung mit der Justiz

Montaignes Abgang aus dem *parlement* von Bordeaux im April 1570 kam einer Absage an den juristischen Beruf und an die Justiz, so wie sie praktiziert wurde, gleich. Kein Wunder also, dass der Jurist in den *Essais* zum Prototyp des bornierten und selbstverliebten Pedanten wird. Um sich von der Krankheit der Ruhmsucht und der Eitelkeit zu heilen, ist nichts nützlicher, als sich das Auftreten solcher Rechtsverdreher zu vergegenwärtigen: «Führt euch zur Abschreckung das Beispiel eines *conseiller* aus meiner Bekanntschaft vor Augen: Nachdem er einen Schwall von Paragraphen ausgespuckt hatte, und zwar gleichermaßen eingebildet wie töricht, und sich danach aus der Kammer in Richtung Pissoir zurückgezogen hatte, hörte man ihn zwischen seinen Zähnen ganz ernsthaft auf Lateinisch murmeln: Nicht uns, nicht uns, Herr gib den Ruhm, sondern allein Deinem Namen!»[79] Die lakonische Schlussfolgerung lautet: «Echtes Ansehen prostituiert sich nicht zu einem so niedrigen Preis.»[80] Der Hieb saß, allerdings musste sich der Leser fragen, wie Montaigne Ohrenzeuge der grotesken

Selbstverherrlichung auf der Toilette geworden war – etwa als Kollege? Oder wurde hier ein Stück eigene Vergangenheit verschwiegen?

Zur Lächerlichkeit des juristischen Metiers kam seine Schädlichkeit: «Wie oft haben wir entdeckt, dass Unschuldige bestraft worden sind, und zwar ohne Schuld der Richter. Und wie viele solcher Fälle gibt es, die wir nicht entdeckt haben?»[81] Die Schuld an diesen beklagenswerten Zuständen liegt nicht beim Einzelnen, sondern im System, dem sich der Einzelne willig unterordnet und das nicht auf Gerechtigkeit, sondern auf die Wahrung der kollektiven Ehre abzielt. Insofern sind die Richter doch die Schuldigen, wie ein besonders empörendes Beispiel zeigt: Mehrere Personen werden eines Mordes angeklagt, die Beweise scheinen schlüssig, das Urteil ist geschrieben, aber noch nicht endgültig verkündet. Da gestehen in einem benachbarten Gericht niederen Ranges einige Häftlinge, dieses Verbrechen begangen zu haben. Doch anstatt die zu Unrecht Verdächtigten auf der Stelle freizulassen, beschließen die Richter des Obertribunals, diese trotzdem hinrichten zu lassen – eine Aufhebung des falschen Urteils würde dem Eingeständnis gleichkommen, dass die Justiz irren kann, und das würde die Autorität des Staates und seiner Rechtsprechung schmälern. Das Volk muss in der Furcht der Richter und der Gesetze leben.

Die Gesetze sind noch schrecklicher als die schrecklichen Juristen: «Denn die Gesetze bewahren ihre Glaubwürdigkeit nicht, weil sie gerecht sind, sondern weil sie Gesetze sind. Darin besteht die mystische Grundlage ihrer Autorität, ein anderes Fundament haben sie nicht. Und das sieht man ihnen an. Oft werden sie von Dummköpfen gemacht, noch häufiger von Leuten, die sich durch ihren Hass auf die Gleichheit der Menschen an der Rechtmäßigkeit vergehen … Nichts ist so grob und auf umfassende Weise falsch wie die Gesetze, und nichts ist so häufig falsch. Wer ihnen gehorcht, weil er sie für gerecht hält, gehorcht ihnen nicht so, wie er es soll. Unsere französischen Gesetze leisten durch ihre Widersprüchlichkeit und Unförmigkeit in idealer Weise der Unordnung und der Korruption Vorschub, die man bei ihrer Anwendung und Ausführung vor Augen hat.»[82] Damit zog Montaigne 1588 dasselbe Fazit, das er 1565 im *parlement* von Bordeaux seinem König vorgetragen hatte, allerdings um tiefere Einsichten und kühnere Schlussfolgerungen erweitert. Die wichtigste dieser Erkenntnisse besagt, dass die wahre Justiz den sozialen Frieden durch Zusammenhalt und Eintracht der Schichten wahren und verstärken muss. Stattdessen produziert das durch die Käuflichkeit der Ämter zustande gekommene Kastensystem Unrechtsurteile am laufenden Band. Mit dieser Bestandsaufnahme nahm Montaigne die Kritik, die Voltaire in den 1760er-Jahren bei der Anprangerung des Justizmordes an Jean Calas aus Toulouse in ganz Europa publik machte, in vieler Hinsicht vorweg. Dass sich die Argumente ähneln, ist kein Zufall – in zweihundert Jahren hatte sich an dieser mörderischen Maschinerie der Justiz kaum etwas verändert. Für Montaigne lautete die Konsequenz: Persönliche Integrität und eine Tätigkeit als Richter passen nicht zusammen.

Faul ist das ganze System. Die Gesetze sind nicht nur uneinheitlich und häufig widersprüchlich, sondern auch viel zu zahlreich. Ihr Hauptzweck besteht darin, den korrupten Richtern opulente Einnahmen zu verschaffen und das einfache Volk zu unterdrücken und auszuplündern. Doch die Zweifel an dieser Rechtsprechung und ihren Methoden reichen noch tiefer. Montaignes Denken steht im Zeichen des systematischen Zweifels. Wer über andere richtet, muss jedoch Gewissheit haben, sonst gilt der edle Grundsatz der Antike: *in dubio pro reo*, im Zweifel für den Angeklagten. Lassen sich solche Zweifel überhaupt jemals ausräumen? Montaigne macht diesen Grundsatz an einem der berühmtesten Fälle der europäischen Rechtsgeschichte fest: «In meiner Kindheit habe ich einen Prozess erlebt, den Coras, *conseiller* im *parlement* von Toulouse, durch den Druck bekannt gemacht hat. Dabei ging es um ein seltsames Ereignis: Zwei Männer gaben sich jeweils für den anderen aus. Ich erinnere mich daran (und das ist fast die einzige Erinnerung in diesem Zusammenhang), dass Coras die Betrügerei desjenigen, den er schuldig sprach, als so übernatürlich, unsere Kenntnisse sowie sein Wissen als Richter so weit übersteigend darstellte, dass ich seine Entscheidung, diesen zum Tod am Galgen zu verurteilen, überaus gewagt fand.»[83] Das «seltsame Ereignis» war das Verschwinden des Martin Guerre, seine vorgetäuschte Wiederkehr und sein tatsächliches Wiederauftauchen – so zumindest wurde es im Bericht des gefeierten Juristen Jean de Coras zur Rechtfertigung seines Urteils dargestellt. Dass Montaigne daran im Gegensatz zur damaligen Öffentlichkeit Zweifel hegte, ist bemerkenswert.

Nach damaligem Kenntnisstand hatte sich Folgendes zugetragen: 1548 verließ der Bauer Martin Guerre plötzlich sein Pyrenäendorf Artigat und seine Ehefrau Bertrande. Acht Jahre später tauchte ein Mann auf, der behauptete, Martin Guerre zu sein, was von Bertrande und zahlreichen anderen Dorfbewohnern bestätigt wurde. Dafür sprach nicht nur die Ähnlichkeit im Aussehen, sondern auch die Fülle detaillierter Kenntnisse, auch sehr intimer Art, die der angeblich Zurückgekehrte vorweisen konnte. Als Martin Guerre beanspruchte er jetzt Vermögenswerte, die mittlerweile vom Onkel des Verschwundenen eingezogen worden waren, und löste damit eine Prozesslawine aus, in der es immer mehr um seine – wahre oder angenommene – Identität und daher für ihn um Leben und Tod ging. Nach wechselvollen Gerichtsurteilen stand der angebliche Martin Guerre unmittelbar vor Freispruch und Anerkennung, als plötzlich ein Mann vor dem Tribunal erschien, der sich ebenfalls als Martin Guerre ausgab. Mit seiner Erzählung, in spanischen Kriegsdiensten ein Bein verloren zu haben, überzeugte er Coras und schließlich auch Bertrande. Ihr vorübergehender Lebensgefährte sollte in Wirklichkeit der übel beleumdete Arnaud du Tilh aus einem Nachbardorf gewesen sein; als solcher wurde er zum Tode verurteilt und hingerichtet, hielt aber bis zum Schluss an seinem Anspruch fest, der wahre Martin Guerre zu sein, womit er den anderen zum Betrüger abstempelte. Diese doppelte Beschuldigung gibt Montaigne in seiner Schilderung korrekt wieder – beide bezichtigten sich gegenseitig des Identitätsdiebstahls.

Für den selbstgewissen Juristen Coras war der Fall geklärt, auch was die Täuschungsmanöver des angeblichen Fälschers betraf. Seine Schlussfolgerung lautete: Ein tumber Landmann kann nicht so virtuos betrügen, hier kam Magie, also der Teufel ins Spiel! Darin bestand für Montaigne der Sündenfall der Justiz: Übernatürliches darf nie in eine Urteilsbegründung eingehen, weil es sich der Kenntnis des Menschen vollständig entzieht; und auch wer in Wirklichkeit wer war, ist nicht definitiv bewiesen worden. Damit ist Montaigne skeptischer als die heutige Geschichtswissenschaft, die den Fall, natürlich ohne die Erklärung höllischer Einwirkung, im Sinne Coras' für geklärt hält. Bei Montaigne aber bleiben Restzweifel – die ganze Affäre ist undurchsichtig, materielle Interessen und Emotionen kommen so vielfältig ins Spiel, dass der Prozess einen anderen Ausgang hätte nehmen müssen: «Stattdessen hätten wir ein anderes Urteil fällen müssen, nämlich: Der Gerichtshof versteht von dieser Angelegenheit nichts, und das hätten wir offener und unverhohlener noch als die Areopagiten eingestehen müssen, die angesichts eines Falls, den sie nicht klären konnten, den streitenden Parteien befahlen, in hundert Jahren wiederzukommen.»[84] Für eine unwiderrufliche Entscheidung wie ein Todesurteil ist eine so absolute Gewissheit nötig, wie sie der Mensch mit seinem beschränkten Erkenntnisvermögen nie und nimmer gewinnen kann. Richter, die anders verfahren, sind Mörder im Namen der Justiz. Wahre Gerechtigkeitspflege tötet nicht, sondern schlichtet friedlich und einvernehmlich, und das kann ein guter Schlossherr besser als alle Richter der Welt zusammen. Auch das war ein Motiv für den Berufswechsel.

Montaignes Bericht kommt ebenfalls nicht ganz ohne Fälschung aus. Er hat den Sensationsprozess nicht, wie behauptet, in seiner Kindheit verfolgt, sondern 1560, also im Alter von siebenundzwanzig Jahren und am Beginn seiner eigenen juristischen Tätigkeit. Da er diese der Nachwelt insgesamt verschweigt, muss er das Erlebnis vordatieren. Dass diese Täuschung Erfolg hatte, erscheint zweifelhaft, dafür war die Geschichte des Martin Guerre zu bekannt.

DRITTES KAPITEL

DER EDELMANN ALS SCHRIFTSTELLER

1571–1580

Schlossherr im Bürgerkrieg

Die erste Aktivität, der sich der Ex-*conseiller* hingebungsvoll widmete, war standesgemäß: Er verschönerte sein Schloss. Da die Bürgerkriege immer heftiger tobten, wären zusätzliche Festungswerke angebracht gewesen, doch Montaigne setzte andere Akzente. Einen Turm der Schlossummauerung ließ er nicht mit Schießscharten ausstatten, sondern zur Bibliothek umbauen: «Zuhause zerstreue ich mich häufiger in meiner Bibliothek, von der aus ich meinen ganzen Haushalt in einem Stück überblicken kann … Dort blättere ich zuerst in einem Buch, dann in einem anderen, ohne Ordnung und ohne Plan, ganz durcheinander. Manchmal döse ich vor mich hin, manchmal notiere ich etwas, gehe auf und ab und diktiere dabei meine Träumereien, wie sie hier nachzulesen sind. Meine Bibliothek ist im dritten Stock eines Turms. Im ersten Stock ist meine Kapelle, im zweiten eine Zimmerflucht, in der ich mich oft schlafen lege, um allein zu sein. Darüber befindet sich eine große Garderobe … Daneben liegt ein recht hübscher Raum, lichtdurchlässig, gut zum Heizen im Winter.»[1] Die Bibliothek – so die anmutige Beschreibung – misst sechzehn Schritte im Durchmesser, bietet schöne Ausblicke ins Umland, und an den Wänden türmen sich die Bücher auf fünf Regalen: «Das ist mein Platz. Ich versuche, ihn ganz alleine zu beherrschen und diese eine Ecke der ehelichen, töchterlichen und öffentlichen Gemeinschaft zu entziehen. Überall sonst besteht meine Autorität nur aus leeren Worten. Wer bei sich zu Hause keinen Platz hat, an dem er ganz er selbst sein kann, ist arm dran.»[2]

Das war aristokratische Ironie in eigener Sache, denn natürlich hatte der Schlossherr Montaigne, wie zuvor ausdrücklich betont, alles, auch seine Familie, unter Kontrolle. Als aristokratisch mussten auch der Umgang mit Büchern und die Produktion der eigenen Texte dargestellt werden: «Ohne Ordnung und ohne Plan» zu lesen und zu schreiben, hieß, solche stets der Pedanterie verdächtigen Tätigkeiten nur zum eigenen Ver-

Was nach einem Brand im 19. Jahrhundert von Schloss Montaigne übrig blieb: der Turm mit Kapelle und Bibliothek

gnügen zu entfalten, wie es sich für einen adeligen Dilettanten gebührte. Diese Beteuerung hätte genügt, doch Montaigne legte nach und schoss damit übers Ziel hinaus: «Wenn mir jemand sagt, dass ich die Musen herabwürdige, wenn ich mich ihrer nur als Spielzeug und zum Zeitvertreib bediene, weiß er im Gegensatz zu mir nicht, wie viel das Vergnügen, das Spiel und der Zeitvertreib wert sind.»[3] Jetzt hatte es auch der letzte Leser begriffen.

Nach dem Ausbau der Bibliothek kam deren stilvolle Ausstattung an die Reihe. Möbliert wurde sie sparsam mit einem Tisch und einem Sessel. Umso reicher wurden die Querbalken der Decke verziert; hier wurden zwischen 1571 und 1576 nicht weniger als siebenundfünfzig griechische und lateinische Sentenzen aufgetragen. Die wichtigsten dieser Sinnsprüche wurden dem Werk des Sextus Empiricus, der sich im 2. Jahrhundert nach

Christus durch seine Polemik gegen das vermeintlich sichere Wissen der Philosophenschulen einen Namen gemacht hatte, und dem Buch des Predigers Salomo mit seinen zumeist pessimistischen Lebensweisheiten entnommen – die einzigen Bibelzitate von Belang im gesamten Werk Montaignes. Zusammen ergeben die Sprüche ein Kompendium einer zutiefst skeptischen Anschauung des Menschen und der Welt; hier nur eine Auswahl: «Gott hat dem Menschen den Drang nach Erkenntnis gegeben, um ihn zu quälen.» – «Alles unter der Sonne hat ein Schicksal und ein Gesetz.» –«Denn ich sehe, dass wir so, wie wir sind, nicht mehr sind als Phantome oder ein leichter Schatten.» – «So kann es sein, aber auch anders.» – «Kein Mensch weiß etwas sicher oder wird jemals etwas sicher wissen.» – «Genieße die Gegenwart, alles andere hat nichts mit dir zu tun.» – «Nichts ist sicherer als die Unsicherheit.» – «Gott hat den Menschen dem Schatten gleich geschaffen – wer wird über ihn urteilen, wenn der Schatten mit der Sonne untergegangen ist?»[4] Den Schluss bilden die kürzesten und lakonischsten dieser Kernsätze: «Ich entscheide nichts.» – «Ich verstehe nichts.» – «Ich halte mein Urteil in der Schwebe.» – «Ich prüfe.» – «Weder zur einen noch zur anderen Seite.»[5]

Staunend und zweifelnd genau beobachten, aber nichts als gesichert annehmen und erst recht keine vorschnellen Urteile fällen – das war das Programm der *Essais*, die von jetzt an in diesem Raum unter den so beschrifteten Balken entstanden. Obwohl auch einige Exzerpte aus Briefen des Apostels Paulus darunter sind, ist in dieser philosophischen Anleitung nichts von christlichem Geist zu spüren – im Gegenteil: In ihrer illusionslosen Sicht des Menschen und des Lebens stimmen der Prediger Salomo und der gleichfalls mit einigen Sentenzen vertretene materialistische Philosoph Lukrez völlig überein: «Alles unter der Sonne hat ein Schicksal und ein Gesetz»,[6] so der jüdische Weisheitslehrer. Welches Schicksal und welches Gesetz gemeint sind, kann man im selben Buch nachlesen: Es geht dem Menschen wie dem Vieh, wie dieses stirbt, so stirbt er auch. «In welchen Finsternissen des Lebens und in welch großen Gefahren verrinnt das bisschen Zeit, das uns gegeben ist»[7] – so beschreibt der Römer im Geiste Epikurs die *condition humaine*.

Die großen Gefahren wurden in der Umgebung Montaignes ab 1571 immer akuter. Niemand wusste jetzt noch sicher, wer Freund und wer Feind war, denn die Spaltung der Konfessionen trennte Verwandte, Familien und

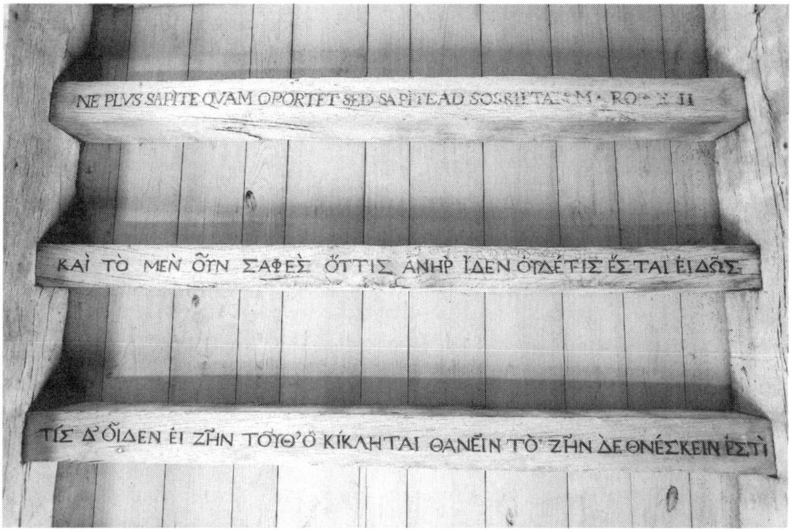

Skeptische Philosophie zum Anschauen und Nachlesen: die Inschriften in den Deckenbalken von Montaignes Bibliothek

Nachbarn und setzte ein erschreckendes Potential an Gewalt frei. Von diesem Lebensgefühl der allgegenwärtigen Bedrohung sind die *Essais* tief geprägt. Sie sind nur aus dieser existenziellen Verunsicherung heraus zu verstehen, denn sie werden als ein Akt der Selbstvergewisserung und Selbsthilfe gegen das immer beklemmendere Gefühl der Unsicherheit und des Ordnungsverlusts verfasst. Die unaufhaltsam um sich greifende Verrohung und Verwüstung zu beschreiben und zu analysieren, bannte Angst und Schrecken nicht, stärkte aber die mentalen Widerstandskräfte und die Fähigkeit zur Selbstbehauptung: «Als ich mit meinem Bruder, dem Herrn de la Brousse, während unserer Bürgerkriege eine Reise unternahm, trafen wir einen Edelmann von angenehmer Wesensart. Er gehörte der gegnerischen Partei an, doch wusste ich das zu diesem Zeitpunkt nicht, denn er täuschte das Gegenteil vor. Und das ist das Schlimmste an diesen Kriegen, dass die Karten so vermischt sind und dass sich euer Feind durch kein sichtbares Zeichen von euch unterscheidet, weder durch die Sprache noch durch sein Auftreten. Denn er ist von denselben Gesetzen und Sitten, ja von derselben Luft genährt.»[8] Das alles beherrschende Misstrauen hat zur

Folge, dass man sich selbst im eigenen Lager nicht sicher fühlen darf, wenn dort niemand für einen bürgt – man könnte ja ein Spion sein und als solcher übel enden.

Die Frage, wie man unter diesem Damoklesschwert leben kann, wird im fünfzehnten *Essai* des zweiten Buches ausführlich erörtert. Sein Titel «Wie unsere Begierde durch Hindernisse gesteigert wird» enthält bereits den Kern der Antwort, denn mit den Begierden sind auch Gewaltbereitschaft und Mordlust gemeint. Wer sich um jeden Preis zu schützen versucht, wo es keinen Schutz gibt, stürzt sehenden Auges ins Verderben. Diese psychologisch fundierte Schlussfolgerung mündet in die Entscheidung, auf die Anstellung von Schutztruppen für das eigene Schloss zu verzichten: «Ein Edelmann begeht einen Fehler, wenn er eine Wehrhaftigkeit vortäuscht, die er nicht besitzt.»[9]

Statt Türmen und Lanzenträgern war List gefragt. Wie eine solche Strategie aussehen konnte,, zeigt der Titel eines 1588 veröffentlichten *Essais* aus dem dritten Buch; er ist «Von der Physiognomie» überschrieben. In einer kurzen Vorrede und in der nachfolgenden Geschichte von beklemmender Spannung legt Montaigne dar, wie Mienenspiel und Gewalt zusammengehören. Die Vorrede lautet: «Es ist mir oft passiert, dass mir Personen, die mich überhaupt nicht kannten, in ihren eigenen Angelegenheiten wie in den meinigen großes Vertrauen schenkten, und zwar einfach durch die positive Ausstrahlung meiner Gestalt und meiner Physiognomie; daraus habe ich in der Fremde seltene, ja einzigartige Vorteile gezogen.»[10] Darauf folgt die in der Einleitung wiedergegebene Erzählung vom Nachbarn, der sich mit einer erfundenen Verfolgung Einlass verschafft, seine Leute nachkommen lässt, Herr des Schlosses wird, aber unverrichteter Plünder-Dinge von dannen zieht.

Sonderlich glaubwürdig klingt der Ausgang der Geschichte im Gegensatz zu ihrem Anfang nicht, obwohl Montaigne im selben *Essai* eine ähnliche Begebenheit aus einer späteren Lebensphase anfügt, in der die Gefahr noch größer gewesen und das gute Ende aus denselben Gründen herbeigeführt worden sei. Zudem widerspricht der zwischengeschaltete Kommentar der Erzählung, die er angeblich erklärt. Schließlich hatte Montaigne nach eigenen Worten bereits Verdacht geschöpft, glaubte also keineswegs an die guten Absichten seines «Besuchers». Dass die Moral der Geschichte im Gegensatz zu ihrer Handlung steht, ist ein geistreiches Spiel mit dem

Leser. Die Moral ist der Sieg der natürlichen Güte in einer bösen Welt. Dass die Verhältnisse nicht so sind und die angebliche Natürlichkeit kunstvoll inszeniert ist, muss der Leser selbst herausfinden.

Vier Widmungen, ein Ziel

Eine weitere Aufgabe, der sich Montaigne in seiner neuen Rolle als Schlossherr zwischen April und September 1570 widmete, war die Herausgabe der Schriften seines verstorbenen Freundes Etienne de la Boétie. Eine solche Edition bot beste Chancen, mit einflussreichen Persönlichkeiten in der Provinz und sogar am Hof in nähere Beziehungen zu treten. Zu diesem Zweck musste man das Werk mit einem schmeichelhaften und dadurch verpflichtenden Widmungsschreiben versehen. Die Kunst, stilvoll Beziehungen zu knüpfen, beherrschte Montaigne perfekt, wie seine Zueignung an Louis de Lusignan de Saint-Gelais, Herr von Lansac, «Ritter des königlichen Ordens, Rat des Königs in seinem privaten Rat, Oberaufseher der Finanzen, Hauptmann über hundert Edelleute des königlichen Hauses»[11] zeigt.

Das Schreiben beschwört eingangs in eindringlichen Worten, wie sehr Lansac De la Boétie geschätzt habe. Dabei war diese Sympathie, so die kühne Wendung, nur ein schwacher Abglanz der Liebe und Bewunderung, die der allzu früh Dahingeschiedene verdient hätte: «Denn Sie haben ihn nur durch die öffentlichen Zeugnisse, die er von sich abgelegt hatte, gekannt. Ich aber muss Ihnen sagen, dass er unendlich viel mehr vermochte, so dass Sie weit davon entfernt sind, ihn ganz gekannt zu haben. Mir hat er zu Lebzeiten die Ehre erwiesen, mit mir ein so enges und unauflösliches Freundschaftsbündnis zu schließen, dass es keine Regung oder Bewegung oder Empfindung in seiner Seele gab, die ich nicht betrachten und beurteilen konnte, mag mein Blick darauf auch manchmal verkürzt gewesen sein, und diese Ehre zähle ich zu den größten Glücksfällen meines Lebens. Und so war er, ohne dass ich hier lüge, insgesamt so nah am Wunderbaren, dass ich mir – will ich nicht durch Schilderungen, die die Grenzen des Wahrscheinlichen sprengen und dadurch als völlig unglaubwürdig gelten –

beim Sprechen über ihn Beschränkungen und Zwänge auferlegen muss, so dass ich weniger sage, als ich weiß.»[12] Gewundene Prunkrhetorik wie in diesem Schreiben war eigentlich nicht Montaignes Sache, doch hier war sie angebracht, um den Adressaten von der nachfolgenden Schlussfolgerung zu überzeugen: Die Einzigartigkeit seines Freundes erlegt Verpflichtungen auf, Verpflichtungen der Lebenden gegenüber dem Toten, aber auch Verpflichtungen unter den Lebenden selbst.

Als hoher Diener des Königs ist Lansac der Wahrheit verpflichtet und schuldet der Öffentlichkeit daher das Bekenntnis, dass unter den Amtsträgern der Provinz Guyenne kein Besserer als De la Boétie zu finden gewesen sei: «In der Hoffnung, dass Sie ihm diese Ehre erweisen, die ihm zu Recht geschuldet wird, und um Ihr Gedächtnis aufzufrischen, schenke ich Ihnen dieses Buch.»[13] Der pietätvollen Erinnerung an den Freund war damit Genüge geleistet, von nun an geht es um Montaigne, seinen Bruder im Geiste: «Dieses Buch wird Ihnen in einem Guss von meiner Seite mitteilen, dass ich – ungeachtet meiner geringen Talente – Ihnen auch etwas von mir bieten möchte, und zwar als Ihnen geschuldeter Dank für die Gunst und Freundschaft, die Sie seit jeher den Mitgliedern meines Hauses entgegengebracht haben. Und da ich in keiner besseren Währung zahlen kann, offeriere ich Ihnen meinen festen Willen, Ihnen untertänig zu Diensten zu sein.»[14]

Das war eine Bewerbung wie aus dem Lehrbuch: Nach den Regeln der Zeit ersuchte Montaigne formvollendet darum, in die Klientel Lansacs aufgenommen zu werden, mit allen Pflichten und Rechten, die aus dem Eintritt in diese Gefolgschaft entsprangen. So hatte er den Ruhm des Patrons zu mehren, dessen Ehre zu verteidigen, ihn in seinen politischen und geschäftlichen Unternehmungen zu unterstützen und in allen Positionen, die er durch dessen Fürsprache bekleiden würde, zu dessen Vorteil zu wirken. Für all diese Zwecke hatte er sich stets zur Verfügung zu halten und daher Aufrufen, sich im Schloss seines Protektors einzustellen, prompt Folge zu leisten. Als Gegenleistung durfte er darauf zählen, dass Lansac als sein Fürsprecher bei Hofe auftreten, ihn in seiner politischen Laufbahn fördern und ihm und seiner Familie in diesen wildbewegten Zeiten so viel Rückendeckung wie möglich bieten würde.

Politische Ambitionen hatte Montaigne bislang nicht erkennen lassen; allerdings gehörte es für einen solide etablierten Landedelmann zum guten

Ton, eine solche Tätigkeit im Dienst der Krone anzustreben – was nicht war, konnte ja noch werden. Vor dem Hintergrund der sich auflösenden Ordnung und der stets drohenden Gefahr, dass der nächste Plünderungsversuch sich nicht durch Freundlichkeit und Offenheit abwenden ließ, ging es vor allem um elementaren Schutz. Auch ein einflussreicher Aristokrat wie Lansac war keine Garantie gegen entfesselte Mordbrenner, wie sie jetzt immer häufiger die Gegend unsicher machten, doch würden Hasardeure, die noch etwas zu verlieren und sich einen Rest strategischer Vernunft bewahrt hatten, davor zurückschrecken, sich an Schützlingen mächtiger Minister und Truppenführer zu vergreifen. Mit Attacken gegen Leib und Leben der «Kreatur» beschädigten sie die Ehre des Patrons und mussten daher mit harschen Gegenmaßnahmen rechnen. Unter solchen Gesichtspunkten war Lansac eine ausgezeichnete Wahl. Er hatte sich nicht nur als Militär und Verwalter der öffentlichen Finanzen, sondern auch als Diplomat bewährt, also auf einem Gebiet, das für Montaigne nach seinem Schiffbruch im *parlement* interessante Perspektiven eröffnen konnte. Eine Tätigkeit als Vermittler entsprach voll und ganz seiner Selbsteinschätzung und Selbstdarstellung in den *Essais*, die ihn als Mann des überlegten Wortes schildern, der Vertrauen einzuflößen und dadurch Konflikte zu schlichten vermag.

So bot es sich an, aus der Edition der Werke De la Boéties so viel soziales Kapital wie möglich zu schlagen und die Widmungen breit zu streuen. Der nächste in der Reihe der Empfänger war «Monsieur de Mesmes, Seigneur de Roissy et de Mal-Assize, Rat des Königs in seinem privaten Rat».[15] Auch dieses Schreiben an einen weiteren vertrauten Ratgeber des Königs ist sorgfältig konzipiert und formuliert. Es beginnt mit Kritik an Schaumschlägern und Profilneurotikern, die mit überzogenen Thesen und Meinungen um jeden Preis Aufsehen zu erregen versuchen, geht dann über zum Lob der Bescheidenheit und des Ganz-bei-sich-Seins, wie er, Montaigne, es vorziehe, und mündet schließlich nach einem Seitenhieb gegen übertriebenes Streben nach ruhmvollem Nachleben in die Lobrede auf De la Boétie, die gegenüber dem Schreiben an Lansac nochmals gesteigert wird: «Da ich den verstorbenen Herrn De la Boétie, nach meiner Einschätzung den größten Mann unseres Jahrhunderts, mehr als alles andere geliebt habe, glaubte ich, meine Pflicht eklatant zu vernachlässigen, wenn ich sehenden Auges einen so kostbaren Namen und dazu ein so lobenswertes

Gedächtnis dem Vergessen anheimfallen ließe und wenn ich nicht mit diesen Schriften versuchte, diesen Namen wiederauferstehen und ins Leben zurücktreten zu lassen.»[16] Das Werk des Freundes der Nachwelt bekannt zu machen, wird so zu einem nahezu religiösen Akt. Um ihm dieses «zweite Leben» zu schenken, das dem Ewigen Leben im Paradies vorausgeht, muss es Männern von Ehre wie Mesmes zur Pflicht gemacht werden, den Ruhm des Verstorbenen zu verbreiten. Dabei ist er auf die Hilfe Montaignes angewiesen. So schließt auch diese Zueignung mit einem konkreten Angebot: «Auf jeden Fall wird mir immer alles eine Ehre sein, was Ihnen und den Ihren zum Vergnügen gereicht – fühle ich mich doch verpflichtet, Ihnen zu dienen.»[17] Mit beiden Schreiben bezog Montaigne Position im seit acht Jahren tobenden Bürgerkrieg. Sowohl Lansac als auch Mesmes hatten sich für eine relativ kompromissbereite Politik gegenüber den Reformierten starkgemacht. Durch seine Widmungsschreiben erklärte sich Montaigne bereit, dafür im Auftrag der beiden tätig zu werden.

Eine dritte Zueignung wird Paul de Foix zuteil, auch er «Rat des Königs in seinem privaten Rat» und darüber hinaus «Botschafter Seiner Majestät bei der Regierung von Venedig».[18] Die De Foix gehörten mit ihren verschiedenen Zweigen zu den führenden Geschlechtern Südwestfrankreichs. Aus diesem Rang ergaben sich laut Montaigne Verpflichtungen, die er bei allem Respekt vor der hohen Stellung seines Adressaten offen anspricht: «Genau das ist jetzt Eure Aufgabe. Ihr habt den Rang des ersten Hauses der Guyenne von Euren Ahnen geerbt und habt selbst den persönlichen ersten Rang durch Eure Tüchtigkeit hinzugefügt. Daher habt Ihr jetzt mit der Autorität Eures Zeugnisses dafür zu sorgen, dass es so nicht weitergeht.»[19] Es müsse ein Ende haben mit der Abstempelung der «Gascogner» – so der abträglich gemeinte Sammelname für die Franzosen zwischen Pyrenäen und Gironde – als rauf- und trunksüchtige Hinterwäldler. «Auch wenn das praktische Handeln uns Gascognern natürlicher ist als das elegante Parlieren, so können wir uns doch manchmal genauso gut wie mit den Waffen des Arms mit den Waffen des Geistes und des Herzens rüsten.»[20] Zu diesen Starken im Geiste und im Gemüt zählt Montaigne sich fraglos selbst. Um das Selbstlob abzuschwächen, erklärt er sich in Sachen Sprachschönheit für unzuständig. Kompetente Gutachter haben jedoch die Verse des verstorbenen Freundes, deren Ausgabe Paul de Foix gewidmet wird, mit ihrer exquisiten Thematik, dem Wohllaut ihres Ausdrucks und dem Reichtum ihrer Erfindung zu Gipfelwerken der französischen Literatur erklärt.

Von diesem Glanz fallen auch Strahlen auf die Tätigkeit des Herausgebers Montaigne: «Nachdem ich emsig gesammelt habe, was ich an Skizzen und Papieren da und dort verstreut gefunden habe, gleichsam als Spielzeug des Windes und seiner Studien, schien es mir angebracht, das alles so weit wie möglich zusammenzustellen und zu Einheiten zusammenzufügen, um auf diese Weise die Erinnerung an ihn so vielen Leuten wie möglich ans Herz zu legen und unter diesen die prominentesten und würdigsten in meinem Bekanntenkreis auszuwählen, deren Zeugnis ihm am meisten zur Ehre gereichen kann.»[21] Auch dieses Schreiben endet mit dem Anerbieten, dem Widmungsträger zu dienen. Wie die beiden vorangehenden Dienstverhältnisse wäre auch dieses auf gegenseitige Verpflichtungen gegründet. Alle einflussreichen Persönlichkeiten, an die sich Montaigne wendet, müssten den Ruhm des Freundes mehren; dafür würde ihnen Montaigne dann Gegenleistungen schulden, aber nur so weit, wie es die Ehre des verstorbenen Freundes zulässt, der die Grenzen einer solchen Gefolgschaft in seiner Abhandlung über die freiwillige Knechtschaft eng gezogen hat.

Würdevoller, auf die eigene Unabhängigkeit bedachter und damit «unklientelärer», um nicht zu sagen: «antiklientelärer» konnte man ein Klientelverhältnis nicht definieren. Die Patronage der Großen, die mithilfe devoter Kreaturen zum Schaden der Öffentlichkeit ihre eigennützigen Interessen durchsetzten, hatte bei politischen Moralisten seit der Antike einen denkbar schlechten Ruf. Schließlich war die römische Republik, das ruhmvollste politische Gebilde der Geschichte, durch die Rivalitäten mächtiger Warlords zugrunde gegangen, die aus ihren Anhängern Privatarmeen bildeten, um den Staat zu ihrer Privatsache herabzudrücken. Unter den nachfolgenden Kaisern triumphierten vollends Unterwürfigkeit und Hörigkeit. Die Verdammung einer solchen Parteibildung als Spaltpilz der Republik spitzte der florentinische Staatstheoretiker Niccolò Machiavelli, dessen Werke Montaigne intensiv zur Kenntnis nahm, mit seinen «Diskursen über Titus Livius» (*Discorsi sopra la prima deca di Tito Livio*) weiter zu. Diese Ablehnung klientelärer Parteibildungen findet bei De la Boétie starken Widerhall, der die Käuflichkeit der willfährigen Handlanger mit denselben Argumenten aufs Schärfste verdammt: Nur niedrige Naturen suhlen sich in Speichelleckerei und Liebedienerei für die Mächtigen.

Der *Discours de la servitude volontaire* gehörte jedoch nicht zu den von Montaigne herausgegebenen Werken De la Boéties. Wahrscheinlich wäre es Montaigne wie ein Verrat an seinem Freund erschienen, dessen Abhandlung, die jede Form von Abhängigkeit mit so starken Worten verdammte, einflussreichen Aristokraten zu widmen und damit Klientelverhältnisse anzubahnen. Aus diesem Grund war Montaigne bemüht, seinen Annäherungsversuchen einen weihevollen Anstrich zu verleihen – schließlich bot er seine Dienste zusammen mit den Werken eines Verstorbenen an, der über den Verdacht der Servilität erhaben war. Zugleich gründete er das künftige Abhängigkeitsverhältnis, sollte es denn zustande kommen, auf eine hohe Gleichgestimmtheit der Geister und nahm diesem dadurch von vornherein jede Anstößigkeit. Dass er aus den Verdiensten des verewigten Freundes soziales Kapital in eigener Sache zu schlagen versuchte, erhielt so eine spirituelle Note. Folge man seiner Darstellung, so waren er und De la Boétie, rein geistig betrachtet, ein und dieselbe Person.

Noch eindeutiger positionierte sich Montaigne in den Konflikten seiner Zeit mit der vierten und letzten Widmung von De la Boéties Schriften an «Monsieur de l'Hospital, Chancellier de France».[22] Dieser Titel war zutreffend und irreführend zugleich. Der mit der Zueignung Geehrte hatte ab 1560 acht Jahre lang als Kanzler von Frankreich gewirkt und als solcher die oberste Aufsicht über die Justiz des Landes innegehabt. In der Wahrnehmung dieses zweithöchsten Hofamtes, das auf der Würdenskala gleich nach dem militärischen Oberbefehl des *Connétable* platziert war, hatte er versucht, den Wildwuchs der Gerichte einzudämmen, eine gerechtere Justiz zu schaffen und einen Ausgleich zwischen den verfeindeten Konfessionen herzustellen. Dieselbe noble Überparteilichkeit bewog ihn 1568 zum Rücktritt – die immer machiavellistischere Politik der Königinmutter Catherine de Médicis wollte der strenge Moralist De l'Hospital nicht mehr mitverantworten. Sein Titel blieb ihm allerdings auch nach seiner Demissionierung erhalten, so dass Montaignes Anrede formell richtig ist.

Diesem hoch angesehenen Staatsmann außer Diensten, der selbst immer mehr zwischen die verhärteten Fronten der Bürgerkriegsparteien geriet, legte der pietätvolle Nachlassverwalter Montaigne die Schriften seines Freundes mit einer Begründung ans Herz, als sei der Angeschriebene immer noch in Amt und Würden. Sein Schreiben beginnt zur Ehre De l'Hospitals mit dem Lob des Aufstiegs durch Verdienst: Wohl dem Gemeinwesen, in dem jeder den Posten bekleidet, den er durch Tüchtigkeit und Tugend verdient! Doch die Verhältnisse sind nicht so, am wenigsten in jüngster Zeit: «So sehen wir, dass keine öffentliche Einrichtung so gut begründet ist, dass wir darin im Hinblick auf Zuordnung und Wahl nicht Mängel entdecken. Und wenn in Institutionen, die von Unwissenheit, Bösartigkeit, Verstellung, Korruption, Intrigen und Gewalt beherrscht sind, eine Wahl ordnungsgemäß und nach Verdienst vollzogen wird, so verdanken wir das fraglos dem reinen Zufall.»[23]

Das war eine düstere Gegenwartsdiagnose. Ein wesentlicher Grund für diese Misere war laut Montaigne, dass es die Besseren nicht in die Politik drängte. So hatte Herr De la Boétie, «einer der geeignetsten Männer für die höchsten Ämter Frankreichs und einer, den das Land am nötigsten hatte»,[24] sein Leben in bewusster Selbstbeschränkung glücklich und zufrieden an seinem «heimischen Herd» verbracht. Das war einerseits lobenswerte Bescheidenheit und andererseits ein unersetzlicher Verlust für das Gemeinwohl: «Denn es ist nicht vernünftig, dass derjenige einfacher Soldat bleibt, der das Zeug zu einem fähigen Hauptmann hat, und diejenigen mittelmäßige Posten bekleiden, die für die höchsten Stellen geeignet sind.»[25] Die wichtigste Ursache dafür, dass in der Politik die Schlechten nach oben kommen, bestehe jedoch darin, dass «Tugend und Ehrgeiz leider kaum je zusammenwohnen»[26] – eine Regel, die De l'Hospital als Ausnahme bestätigt.

Gegen alle diese Missstände soll die Erinnerung an den verstorbenen Freund, die durch die Herausgabe seiner Schriften am Leben gehalten wird, ein Heilmittel sein, speziell gegen «diesen schmutzigen Handel, der sich hinter dem ehrenhaften Titel der Justiz»[27] verbirgt. Gegen die korrupte Rechtsprechung hatte der honorige Exkanzler ebenso heroisch wie vergeblich gekämpft; De la Boétie und sein Alter Ego Montaigne, die mit anderen, bescheideneren Mitteln für denselben edlen Zweck gestritten haben, werden so zu dessen Gesinnungs- und Kampfgenossen im Geiste: «Dadurch, dass Ihr sein Gedächtnis ehrt, werdet Ihr ihm die hohe Meinung erwidern, die er von Euch hegte, und so werdet Ihr vollenden, was er sich zu Lebzeiten so sehr gewünscht hatte.»[28] Das Widmungsschreiben sollte also einen auf Tugend gegründeten Bund zwischen einem Lebenden und einem Toten begründen, dem sich Montaigne anschließen will: «Ich weise darauf hin, dass in keiner Philosophenschule wahrheitsgemäßer über die Rechte und Pflichten der heiligen Freundschaft geschrieben wurde, als er und ich es zusammen praktiziert haben.»[29] Wer De la Boétie wollte, musste auch Montaigne nehmen, so hatte es das Schicksal entschieden: «Im Übrigen, mein Herr, soll dieses kleine Geschenk – um zwei Fliegen mit einer Klappe zu schlagen – auch dazu dienen, die Ehre und Ehrfurcht zu belegen, die ich Euren Fähigkeiten und einzigartigen Qualitäten entgegenbringe.»[30] Wer wie Montaigne nach den Grundsätzen De la Boéties dienen wollte, konnte seine Dienste problemlos vier Herren anbieten, denn damit diente er der Sache des Friedens.

Mit seinen vier Widmungen hatte Montaigne ein für alle Mal Stellung bezogen. Von jetzt an gehörte er zu einer ebenso kleinen wie elitären Partei über den Parteien, die die Zeitgenossen «Politiker» (*politiques*) oder auch «Vermittler» nannten. Ähnliche Ziele verfolgte der Historiker und Politiktheoretiker Jean Bodin (ca. 1528–1596). In seinem Hauptwerk, den *Six livres de la république (Sechs Bücher über den Staat)*, definierte er als Erster den Begriff der Souveränität, der in der Folgezeit die politischen Debatten beherrschen sollte. In einem funktionsfähigen Staatswesen musste diese für Bodin ganzheitlich sein, also ungeteilt entweder beim Monarchen, bei der herrschenden Aristokratie oder beim Volk liegen. Jede Aufspaltung dieser legislativen und exekutiven Hoheit in einer Monarchie hatte innere Auflösung und Chaos zur Folge. Genau das aber war für Bodin im Laufe der Bürgerkriege eingetreten. Auf der anderen Seite waren dieser heilsamen Souveränität eines Königs auch Grenzen gezogen, die ihn am Absturz in Tyrannei hindern sollten. So durfte er ohne Genehmigung der Stände (Geistlichkeit, Adel und Stadtbürgertum) keine neuen Steuern erheben und musste zudem ältere Verträge respektieren. Die «Politiker» und «Vermittler» verstanden sich vor allem als Brückenbauer, denn ihre Mitglieder, überwiegend gemäßigte Katholiken, gewichteten das Gemeinsame, das Katholiken und Reformierte trotz aller dogmatischen Differenzen verband, viel höher als das Trennende. Was ging es Staat und Gesellschaft an, wenn die einen davon überzeugt waren, dass sie beim Abendmahl den Leib Christi realpräsent verzehrten, während die anderen von einer rein symbolischen Anwesenheit des Herrn ausgingen? Beide glaubten schließlich an denselben Erlöser, und dessen moralische Regeln sollten für alle Christen gelten. Wegen einiger Spitzfindigkeiten, die außer den Theologen, die sie erfanden, niemand verstand, die soziale und politische Ordnung des

Königreichs aufzulösen, war für die *politiques* nicht nur eine fatale Verkehrung der Prioritäten, sondern auch ein eklatanter Verstoß gegen die Lehren des Evangeliums, das Frieden und Eintracht predigte.

Der Ritter mit der goldenen Kette

Über direkte Reaktionen der vier Widmungsträger ist nichts bekannt. Fest steht aber, dass die Zueignungen ihre Wirkung hatten. Am 18. Oktober 1571 unterschrieb König Karl IX. von Frankreich einen Sendbrief, dessen Wortlaut der Empfänger eine Woche später lesen konnte: «Herr von Montaigne, wegen Ihrer Tugenden und Verdienste habe ich Sie zu einem der Ritter meines Ordens erwählt und auserkoren, damit Ihr künftig zu diesen gehören sollt. Zum Eintrag (= in das Ordensregister) und zur Verleihung der Kette habe ich kürzlich an meinen Cousin, den Marquis de Trans, geschrieben, zu dem Ihr Euch begeben werdet, um die Kette des besagten Ordens zu empfangen, die er Euch in meinem Namen verleihen wird. Und das geschieht, um die Wertschätzung und das Wohlwollen, das ich Euch entgegenbringe, stetig weiter zu erhöhen und um Euch Gelegenheit zu geben, in Eurer Ergebenheit, mir zu dienen, fortzufahren.»[31]

Sechs Jahre vor Ablauf der Hundert-Jahre-Frist, in der sich die Familie Eyquem durch ihren Lebensstil als adelig zu beweisen und zu bewähren hatte, war es vollbracht: Michel de Montaigne war durch die Aufnahme in den königlichen «Ordre de Saint-Michel» formell nobilitiert. Wem er diese Aufnahme in die Ränge der mittleren Provinzaristokratie zu verdanken und künftig dafür zu dienen hatte, sagte das Verleihungsschreiben mit aller wünschenswerten Deutlichkeit: Gaston de Foix, Marquis de Trans und Graf von Gurson und Fleix, der seine Hauptresidenz unweit von Montaignes Schloss hatte und mit Paul de Foix, einem der Widmungsträger von De la Boéties Schriften, verwandt war. Die vom König gewählte Bezeichnung «mon cousin» bezeichnete keine Verwandtschaft mit der regierenden Dynastie, sondern den Respekt, den der Monarch diesem hohen Adeligen entgegenbrachte. Durch die Vermittlung des Marquis war Montaigne jetzt zweifach klientelär ein- und angebunden: an die Familie de Foix und durch

Das einzige zu Lebzeiten entstandene Porträt Montaignes, bereits mit der Kette des Ordens vom heiligen Michael. Die Brüder Cosme und Pierre Dumonstier, denen es abwechselnd zugeschrieben wird, haben als Zeichner und Maler von Bildnissen Besseres geleistet. Es handelt sich hier also wohl allenfalls um eine Schülerarbeit.

sie an den König, zu dem er sich schon als Mitglied des *parlement* von Bordeaux mit unerschütterlicher Loyalität bekannt hatte.

Gaston de Foix dürfte Montaignes mutiges Auftreten gegen die Korruption der Justiz geschätzt haben; durch das Widmungsschreiben zur Edition der Werke De la Boéties muss sich sein Eindruck bestätigt haben, dass der Herausgeber ein Gesinnungsgenosse und zugleich ein nützliches Werkzeug seiner Interessen war. In der entscheidenden Frage, welchen Status die «Neugläubigen» in Frankreich besitzen sollten, war der 1511 geborene Marquis anfangs für ein hartes Vorgehen gewesen, bezog aber seit dem Ende der 1560er-Jahre eine sehr viel gemäßigtere Position; damit vollzog er in etwa dieselbe Entwicklung wie Montaigne selbst. Auch die Monarchie strebte zu diesem Zeitpunkt eine gütliche Einigung mit den Hugenotten an, Montaignes Aufnahme in den königlichen Orden war Teil dieser Strategie.

Als Ritter des heiligen Michael ging Montaigne eine Reihe von Verpflichtungen gegenüber dem König ein. So musste er fortan bei jedem Auftreten in der Öffentlichkeit die goldene Ordenskette tragen, auf Reisen reichte eine einfache Medaille aus; alles spricht dafür, dass das für ihn keine

Last, sondern eine Lust war. Auch der an die Verleihung geknüpfte Eid, dem König lebenslange Treue zu bewahren, fiel ihm nicht schwer, da er seiner politischen Ausrichtung seit jeher entsprach. Dasselbe galt für den gleichfalls rigoros eingeforderten Nachweis der Rechtgläubigkeit, der durch häufige Anwesenheit bei der Heiligen Messe erbracht werden sollte; dafür stand im neu eingerichteten Schlossturm sogar eine eigene Privatkapelle zur Verfügung. Stärker in die von Montaigne so hoch geschätzte persönliche Freiheit schnitt das Gebot ein, dass jedes Ordensmitglied für den Dienst des Königs jederzeit präsent zu sein hatte; so musste für jede Reise ins Ausland ein Gesuch um Urlaub eingereicht werden. Vollends problematisch war der «Heerbann», den die Michaels-Ritter ihrem König zu leisten hatten, wenn dieser sie zu den Waffen rief. Montaigne hasste das Töten von Lebewesen, Menschen wie Tieren, und verabscheute daher den Krieg. Zu seinem Glück war die Kriegstechnik so weit vorangeschritten, dass der König auf die bescheidenen Militärdienste der meisten seiner Landadeligen dankend verzichten konnte.

Die Rangerhöhung von 1571 hat Montaigne mehrfach kommentiert: knapp und nüchtern in seinen Hausbuchaufzeichnungen, sehr viel ausführlicher in seinem *Essai* «Über ehrenhafte Auszeichnungen»: «Es ist ein wirklich guter und nützlicher Brauch, Mittel und Wege zu finden, um die Leistungen und den Wert herausragender und vortrefflicher Männer so auszeichnen und belohnen zu können, dass es das öffentliche Budget nicht belastet und den König nichts kostet.»[32] Hochgesinnte Menschen streben allein nach Ehre; jede Art von materiellem Lohn ist für sie eine Beleidigung: «Wenn man diesem Lohn, der allein aus der Ehre besteht, andere Vergünstigungen wie etwa Reichtümer hinzufügt, so drückt eine solche Vermischung die Wertschätzung herab, anstatt sie zu erhöhen.»[33] Unter diesem Gesichtspunkt war die Auszeichnung, die Montaigne 1571 zuteilwurde, über jeden Verdacht erhaben: «Der Orden des Heiligen Michael, der seit so langer Zeit in höchstem Ansehen bei uns stand, brachte keine anderen Vorteile mit sich als den einen, keine anderen Vorteile nach sich zu ziehen. Das hatte zur Folge, dass es kein Amt und keinen Stand gab, nach dem der Adel so sehnsüchtig und begierig strebte wie nach diesem Orden, und es gab keinen Rang, der mehr Respekt und Größe einbrachte als dieser. Denn die Tugend begehrt und wünscht sich nichts lieber als eine Belohnung, die ihr allein gilt und ruhmvoll, aber nicht nützlich ist.»[34]

Auch er habe seinen Ehrgeiz auf das hohe Ziel gerichtet, in den Orden aufgenommen zu werden – so Montaigne in der *Apologie de Raymond Sebond* –, und zwar zu Recht, denn zum Zeitpunkt seiner Aufnahme war dieser noch eine elitäre Gemeinschaft. Das aber – so der *Essai* über «Ehrenhafte Auszeichnungen» – habe sich wie so vieles in jüngster Zeit zum Schlechteren gewandelt. Die Zahl der Mitglieder sei inflationär vermehrt worden, so dass es mit dem Prestige der Institution rapide bergab gegangen sei: «Kein Mensch, der sich seines Wertes bewusst ist, will sich mit etwas Vorteil verschaffen, was er mit vielen anderen teilen muss. Und diejenigen, die heute diese Erhöhung weniger verdient haben, geben vor, diese zu verachten, um sich dadurch über diejenigen zu erheben, die sie wirklich verdient haben und denen man durch diese unwürdige Vermehrung und Herabsetzung schweres Unrecht getan hat.»[35]

Zu den Würdigen, denen durch die Aufnahme der Unwürdigen Schaden an ihrem Prestige zugefügt wurde, zählt sich Montaigne mit nonchalanter Selbstverständlichkeit selbst, obwohl er die Fakten bewusst verfälscht. Richtig ist, dass der *Ordre de Saint-Michel* in der ersten Hälfte des 16. Jahrhunderts noch eine relativ exklusive Gesellschaft bildete, da die Zugehörigkeit zu ihm auf hundert verdiente Aristokraten, überwiegend auf dem Schlachtfeld bewährte Haudegen, beschränkt war. Die Vermehrung hielt sich bis 1559 mit zwanzig bis dreißig Neumitgliedschaften pro Jahr anfangs in Grenzen, um danach sogar wieder leicht zurückzugehen. Ab 1569 aber war kein Halten mehr – in diesem Jahr wurden nicht weniger als 151 neue Ordensritter erhoben, im Jahr darauf 71 und 1571 sogar 103, darunter Montaigne, der also erst durch die von ihm angeprangerte «Inflation» zum Zuge kam. Den frischgebackenen *chevaliers* war der Spott der Etablierten und Arrivierten sicher, wie der süffisante Kommentar des Herrn Pierre de Bourdeille belegt, nach seinem Lehen Brantôme genannt, seines Zeichens Adeliger von altem Schrot und Korn und Autor erotischer und satirischer Schriften: «Wir haben gesehen, wie Räte die Gerichtshöfe der *parlements* verlassen haben, die Robe und das viereckige Barrett abgelegt und begonnen haben, einen Degen hinter sich herzuziehen und sich eine Kette umzulegen, ohne jemals im Feld gestanden zu haben. So machte es auch der Herr von Montaigne, dessen Metier darin bestehen sollte, mit seiner Feder weiter an seinen *Essais* zu schreiben, anstatt diese Feder mit einem Degen zu tauschen, der ihm gar nicht stand.»[36]

Solch beißender Spott glitt an Montaigne völlig ab. Er spielte die Rolle des alteingesessenen Edelmanns von jetzt an nur noch hingebungsvoller. In einem seiner ersten *Essais*, die ab 1571 in rascher Folge entstanden, baut er diese Selbstdarstellung zu einem regelrechten Ständevergleich aus, in dem die *robins*, denen er eben noch angehört hat, mit den Ausdrücken abgrundtiefer Verachtung bedacht werden. In dieser Hasstirade klingt zuerst sein Lieblingsthema der käuflich gewordenen Justiz an, das danach zu einer Klage über die verfallenen Sitten Frankreichs allgemein erweitert wird. So tief seien die Missstände im Lande eingerissen, «dass sich im Staat ein vierter Stand gebildet hat aus Leuten, die die Prozesse handhaben, und der sich so an die Stelle der drei alten Stände der Kirche, des Adels und des Volkes stellt».[37] So kommt es dazu, «dass es doppelte Gesetze gibt, die der Ehre und die der Justiz.»[38] Diese Konkurrenz hat zur Folge, dass die würdelosen Juristen den echten Adeligen, die ihre Heimat mit der Waffe in der Hand verteidigen, die Ehre absprechen. Klarer konnte man im Streit von Schwert- und Amtsadel nicht Stellung beziehen.

Damit nahm Montaigne ein weiteres Mal eine soziale Identität an, die ihm kein echter Adeliger abnahm. Warum diese *dissimulazione*? Die Frage stellt sich in den verschiedenen Lebensstationen Montaignes immer wieder und ist je nach den Zeitumständen unterschiedlich zu beantworten. Dass er damit einen Familienauftrag und speziell den Willen seines Vaters erfüllte, dem er sich in besonderer Weise verpflichtet fühlte, steht außer Frage, ebenso, dass er damit seiner zur Versöhnung mahnenden Stimme in den großen Debatten der Zeit Gehör verschaffen wollte. Dadurch fielen seine Interessen mit denen der einflussreichen *politiques* zusammen, wie die Vermittlung der Ordensmitgliedschaft durch die Foix-Sippe belegt. Die Protagonisten dieser Gruppierung suchten in den immer heftigeren Konflikten nach Verbündeten, wo immer sie diese finden konnten und wie schwach deren Kräfte auch sein mochten. Denn was sollten diese einflussreichen Herren schon von einem knapp vierzigjährigen Ex-*conseiller* im *parlement* von Bordeaux erwarten, der es dort nicht einmal zur Mitgliedschaft in der Großen Kammer gebracht hatte und jetzt zu einem kleinen Landjunker ohne politische oder militärische Ressourcen mutiert war? Dass dieser Spross einer Kaufmannssippe, der bisher offenbar nicht recht wusste, was er mit seinem Leben anfangen sollte, zum wortmächtigsten Zeitkritiker und moralischen Lebenslehrer seines Landes aufsteigen würde, konnte niemand ahnen, dafür reichten die bis 1580 vorliegenden Textnachweise keineswegs aus.

Was hatten die Förderer Montaignes in den 1570er-Jahren also mit ihm vor, und was plante er selbst für seine Zukunft? Zu diesen Fragen liegt seit den Forschungen Philippe Desans eine präzise Antwort vor: Montaigne drängte es demnach in die Politik und speziell in die Diplomatie. Alles, was er von jetzt an unternahm, sei von dieser Zielvorstellung geleitet, also auch die um 1571 einsetzende Arbeit am Lebenswerk der *Essais* und vor allem die Reise nach Rom in den Jahren 1580 und 1581. Die vier Widmungen seiner De-la-Boétie-Edition sollten demnach als Eintrittskarte in die Welt der großen Politik dienen. Doch für die Umdeutung Montaignes vom zurückgezogen, ganz für sich lebenden und schreibenden *homme de lettres*, der nichts mehr verteidigte als seine Unabhängigkeit, zum handlungsorientierten und ehrgeizigen Politiker fehlen die schlüssigen Belege. Dass er führenden Persönlichkeiten der «Vermittlerpartei» seine Dienste anbot, scheint auf den ersten Blick für diese These zu sprechen. Allerdings zeigen die Widmungsbriefe zu den Werken De la Boéties, dass er darunter nicht bedingungslose Gefolgschaft und uneingeschränkte Dienstbereitschaft, sondern einen uneigennützigen Dienst an der Sache der Vernunft, der Verständigung und des Friedens verstand, sich also das Urteil über die moralische Vertretbarkeit seines Einsatzes vorbehalten wollte. Das musste seine Verwendbarkeit als nützliches Instrument wesentlich einschränken, wie er selbst in seinem *Essai* «Über die Erziehung der Kinder» mit aller wünschenswerten Deutlichkeit klarstellte. Diesen «Versuch» widmete er der Gräfin Diane de Foix, also einer «Patronin», an deren Heirat er als Vermittler Anteil gehabt habe: «So habe ich ein Recht und ein Interesse an Größe und Wohlergehen Eures Hauses, jetzt und in Zukunft, ganz abgesehen davon, dass der alte Anspruch, den ihr auf meine Dienste (*servitude*) habt, mich dazu verpflichtet, bei allem, was Sie betrifft, nur das Allerbeste zu wünschen.»[39]

Das Maximum an «Dienst», das die Gräfin erwarten durfte, waren also gute Wünsche und eine kluge Abhandlung über die Erziehung ihres Sprösslings, weiter reichte diese «Unterwerfung» nicht – Etienne de la Boétie sollte stolz auf seinen Freund Montaigne sein. Eine ähnlich enge Grenze seiner Verfügbarkeit zog er einige Seiten weiter im selben *Essai*: «Ein Höfling (*courtisan*) kann nur ein Gesetz und einen Willen haben, und zwar günstig über seinen Herrn zu reden und zu denken, der ihn unter tausend anderen Kreaturen mit seiner Hand aufpäppelt und emporbringt. Diese Gunst aber korrumpiert seine Aufrichtigkeit und blendet ihn beträchtlich. Und sogar die Sprache dieser Leute nimmt sich häufig ganz anders aus als die Redeweise anderer Stände – man kann ihr in dieser Sache nicht trauen.»[40] *Courtisan* war die französische Übersetzung des italienischen *cortegiano*. Das war der Titel des berühmten Traktats von Baldassare Castiglione über den Hofmann, eine Lieblingslektüre europäischer Monarchen, weil sie darin ein Handbuch zur Heranbildung gefügiger Werkzeuge sahen. Montaignes Missbilligung dieses Höflingswesens ist ohne Wenn und Aber.

Stimmen Theorie und Praxis in seinem Fall überein? Die Probe aufs Exempel lässt sich unschwer machen: Wie, wo und für wen ist Montaigne in den Jahren nach 1571 aktiv? Bis 1580 schlägt nicht viel zu Buche: einige Reisen, die man im weitesten Sinne als «politisch» einstufen kann, und eine zusätzliche Titelverleihung – für ein geprüftes und für nützlich befundenes Instrument in den Händen der Mächtigen ist das nicht eben viel.

Vermittlungsarbeit zu Pferd und am Schreibtisch

Der perfekte Klient wahrte und mehrte die Ehre seines Patrons und mied Kritik an ihm wie die soziale Todsünde schlechthin. Das hieß auch, zu verschweigen, worüber man nicht schreiben konnte, ohne gegen dieses Gebot zu verstoßen. Als Ritter vom Orden des Heiligen Michael war Montaigne diese Verpflichtung gegenüber König Karl IX. eingegangen. Hat er sie erfüllt? Rein formell betrachtet, lautet die Antwort ja, denn die blutigen Ereignisse der Nacht vom 23. auf den 24. August 1572 werden in den *Essais* nicht offen angesprochen.

In diesen dunklen Stunden zerbrach das seit einem Jahrzehnt fragile System des Ausgleichs zwischen Katholiken und Reformierten, geplant und unkontrolliert zugleich. Catherine de Médicis beobachtete seit zwei Jahren mit steigender Besorgnis, wie ihr unselbständiger Sohn unter den Einfluss des Hugenottenführers Gaspard de Coligny geriet. Dieser betrieb eine konsequente Ausweitung des konfessionellen Konflikts über die Landesgrenzen hinaus, zum Beispiel durch die Unterstützung Wilhelms von Nassau-Oranien, der den Aufstand der Niederlande gegen Spanien anführte und von französischer Seite Hilfstruppen erhielt. Gegen diese antikatholische Ausrichtung der Politik und gegen die Dominanz Colignys im königlichen Rat bildete sich unter der Führung der Königinmutter seit dem Frühjahr 1572 eine Opposition, die sich wie die Gegenseite zum Einsatz extremer Mittel berechtigt fühlte.

Ein letzter Versöhnungsversuch bestand darin, den achtzehnjährigen König Heinrich von Navarra mit Catherines Tochter Marguerite zu verheiraten. Doch die Hochzeit eines calvinistischen Fürsten mit einer katholischen Prinzessin bewirkte das Gegenteil; sie zeigte, dass die Gegensätze unüberwindlich geworden waren, und setzte Gewalt in einem nie gesehenen Ausmaß frei. Schon die Zeremonien der Eheschließung am 18. August machten unübersehbar deutlich, dass beide Seiten nicht mehr zusammenkommen konnten – während des katholischen Hochzeitsritus wartete der Bräutigam als Zeichen des religiösen Dissenses ohne seine Braut vor den Toren der Kathedrale Notre-Dame. Danach standen sich die verfeindeten Parteien misstrauischer denn je gegenüber. In dieser aufgeheizten Atmosphäre wurde vier Tage später ein Attentat auf Coligny unternommen, bei dem der Hugenottenführer schwer, aber nicht tödlich verwundet wurde. Der Anschlag war mit an Sicherheit grenzender Wahrscheinlichkeit von Catherine de Médicis in Auftrag gegeben worden. Zu einem gewaltsamen Vorgehen sah sie sich gleich doppelt autorisiert: durch die Theologen im Namen des wahren Glaubens und durch ihren Landsmann Niccolò Machiavelli im Namen des Staates, der seine Interessen und Bedürfnisse mit allen Mitteln, auch den unmoralischsten, durchsetzen durfte.

So wurde das blutige Unternehmen am frühen Morgen des 24. August, des Bartholomäustages, zu Ende geführt: Coligny und weitere führende Hugenotten wurden bestialisch abgeschlachtet. Ob es weitergehende Pläne oder sogar konkrete Anweisungen gab, darüber hinaus sämtliche Anhänger der «angeblich reformierten» Religion in Paris zu ermorden, ist bis heute umstritten, manches spricht dagegen. So lautet die plausibelste Erklärung, dass die Ereignisse nach der «chirurgischen» Operation gegen die reformierten Führungszirkel eine nicht mehr kontrollierbare Eigendynamik entwickelten und aus dem Ruder liefen, zuerst in der Hauptstadt und dann

Der Tag der langen Messer: Das Massaker an den Hugenotten nach der Bartholomäusnacht im August 1572. Gemälde von François Dubois

auch in der Provinz. Der durch Predigten aufgehetzte Mob lynchte Tausende der «Ketzer». In Bordeaux kam es Anfang Oktober nach Mordaufrufen der Geistlichkeit zu blutigen Ausschreitungen. Unter Führung des königlichen Militärkommandanten, der den Massakern zur religiösen Weihe auch noch die politische Rechtfertigung verlieh, wurden etwa 250 Menschen getötet. Bezeichnenderweise waren unter den Mördern wie unter den Ermordeten Mitglieder des *parlement* – der Riss zwischen den Konfessionsparteien zog sich tiefer denn je durch Korporationen und Familien. Während dieser Gewaltausbrüche hielt sich Montaigne in seinem Schloss auf, vierzig Kilometer von den blutigen Vorkommnissen entfernt und damit außer Gefahr, die ihm als Anhänger der «Versöhner-Partei» in der Stadt gedroht hätte.

Trotz aller klientelären Gehorsams- und Stillhaltegebote hat Montaigne nicht geschwiegen. Die höchste Verpflichtung, die alle Bindungen an die Krone und an seine Protektoren hinfällig machte, bestand für ihn darin, die tiefsten Ursachen der mörderischen Konflikte zu ergründen; dieses Bemühen zieht sich als Leitmotiv durch die von jetzt an entstehenden *Essais*, am bohrendsten und ergiebigsten im umfangreichsten von allen, der

Apologie de Raymond Sebond. In diesem Schlüsselkapitel zu seinem ganzen Werk betreibt Montaigne Grundlagenforschung zum Thema Gewalt, die die Abgründe der menschlichen Grausamkeit und Zerstörungslust auslotet: «Und wir finden es merkwürdig, wenn wir in den Kriegen, die gegenwärtig unseren Staat erschüttern, die Ereignisse von der einen Seite auf die andere überwechseln und sich ganz und gar gewöhnlich entwickeln sehen. Das liegt daran, dass wir in diese Kriege nichts als unsere Interessen und Leidenschaften einbringen. Die Gerechtigkeit, die die eine oder andere Partei für sich beansprucht, ist nichts als Fassade und Verschleierung. Sie wird im Munde geführt, aber nicht angenommen und nicht verinnerlicht. Sie ist gleichsam im Munde des Advokaten, aber nicht im Herzen und nicht im Gemüt der Rechtsuchenden. Gott schuldet seine außerordentliche Unterstützung dem Glauben und der Religion, aber nicht unseren Leidenschaften. Aber die Menschen bedienen sich der Religion für ihre Zwecke. Dabei müsste es genau umgekehrt sein.»[41]

Im umgekehrten Fall würde die Religion die Menschen besser machen. Doch das Gegenteil beweist sich jeden Tag aufs Neue: «Unsere Religion ist dafür gemacht, um die Laster auszumerzen; doch sie verdeckt und nährt sie und reizt zu ihnen an.»[42] Diese niederschmetternde Zusammenfassung ist ein Zusatz nach 1588. Warum die christliche Religion, die katholische wie die reformierte, das Böse im Menschen verstärkt, wird jedoch schon in der Erstausgabe von 1580 klipp und klar gesagt: «Wir sind in ein Land hineingeboren worden, in dem diese Religion in Gebrauch ist; oder wir sehen ihr Alter und die Autorität derjenigen, die sie verkünden; oder wir fürchten die Drohungen, die sie gegen die Andersgläubigen ausstößt; oder wir folgen ihren Verheißungen. Alle diese Faktoren dürfen durchaus zu unserem Glauben beitragen, aber nur als zweitrangige Gründe, denn das sind rein menschliche Erwägungen. Eine andere Religion, andere Zeugen, dieselben Versprechen und Drohungen könnten uns ohne Weiteres den gegenteiligen Glauben aufdrücken.»[43]

So lauten also die Erkenntnisse, die Montaigne aus der Analyse der Massaker des Jahres 1572 gewann: Alle Religionen sind darin einander gleich, dass sie die im Menschen verankerte Brutalität und Destruktivität verstärken. Das gilt für die marodierenden Söldner, für den König, der die Gewalt gegen die Hugenotten ohne Einschränkung rechtfertigte, für die Juristen des *parlement,* die in ihren Amtsgenossen von der anderen Konfession plötzlich nur noch Kreaturen des Teufels sahen, und für Papst Gregor XIII., der wahrheitswidrig sogar die Urheberschaft der Massenmorde für sich beanspruchte und diese in einer Medaille als Ruhmestat feierte. Auch wenn diese beiden gekrönten Massenmörder von Montaigne namentlich nicht genannt werden, ist der Pflicht zur Wahrheitsfindung damit Genüge getan.

Für die überlebenden Hugenotten war Karl IX. nach der Bartholomäusnacht vom rechtmäßigen König zum Tyrannen abgesunken, dem kein Gehorsam mehr geschuldet wurde. Ihre Vordenker und Wortführer Théodore de Bèze, François Hotman und Philippe Duplessis-Mornay zogen daraus radikale Schlüsse: Die untergeordneten politischen Institutionen wie Provinzstände und *parlements* hatten jetzt die Pflicht, Widerstand zu leisten. Sie hatten über den pflichtvergessenen Herrscher zu Gericht zu sitzen, ihn als vertragsbrüchig zu verurteilen und danach für abgesetzt zu erklären. In ihren Augen war ein legitimer Monarch an den Pakt mit seiner Nation gebunden, die ihm die ausführende Gewalt im Staat übertrug, solange er sich an die Gesetze hielt. Brach er sie wie Karl IX., wurde er im Namen der Volkssouveränität entthront und ein besserer König an seine Stelle gesetzt. So weit wie diese «Monarchomachen» (wörtlich: Königsbekämpfer) ging Montaigne nicht. Eine solche Absetzungsprozedur musste das Königreich in noch schlimmeres Chaos stürzen, da kein Herrscher freiwillig seine Macht abtrat. Zwei Schritte waren seiner Ansicht nach nötig, um Frankreich aus der Krise zu führen. Zuerst mussten die Gründe für die Konflikte mit schonungsloser Härte aufgedeckt werden; das war seine Aufgabe. Dann mussten die Einsichtigen im Umkreis der Mächtigen dafür sorgen, dass diese Erkenntnisse in praktische Politik umgesetzt wurden. Auch dabei konnte er unter günstigen Voraussetzungen eine Rolle als Vermittler spielen.

Allerdings blieben Montaignes Versuche, auf den Verlauf der Ereignisse einzuwirken, in den folgenden Jahren ganz überwiegend auf die Theorie beschränkt. In der politischen Praxis sind nur sehr wenige Auftritte von ihm bezeugt. Im Wesentlichen bestanden sie aus Botengängen, auch wenn der Bote sie großartiger schildert: «11. Mai. Im Jahr 1574 schickte mich Herr Montpensier in Sachen seiner dortigen Angelegenheiten aus dem Lager von Sainte-Hermine nach Bordeaux, um dem dortigen *parlement* Nachrichten zu überbringen. Und dieses gewährte mir eine Audienz

Eben noch König von Polen, jetzt König von Frankreich und 1574 Staatsgast in Venedig, dem Zentrum der eleganten Lebensart: Empfang Heinrichs III. in der Lagunenstadt. Gemälde von Andrea Vicentino, 1593, Venedig, Dogenpalast

in seiner Großen Kammer, und ich saß unter der Geschäftsführung und über den Räten.»[44] Die Genugtuung, als Abgesandter des königlichen Befehlshabers der Vendée, dem er kurz zuvor Botschaften seines Kollegen aus der Guyenne überbracht hatte, in der Korporation aufzutreten, die ihm

Hochgebildet, mit bizarren Vorlieben, dekadentem Lebensstil und einer übermächtigen Mutter: Heinrich III., König zwischen allen Stühlen und Fronten. Porträt von François Quesnel, um 1581

jahrelang die kalte Schulter gezeigt hatte, zittert selbst in dieser kurzen Hausbuchnotiz nach. In Wirklichkeit verlief Montaignes dortiges Erscheinen sehr unauffällig, wie der Eintrag im geheimen Register des *parlement* belegt: «Der Herr Montaigne, Ritter des königlichen Ordens und einst Rat dieses Gerichtshofs, erschien im Verhandlungssaal und ersuchte darum, mit dem Gericht zu sprechen. Und es wurde beschlossen, dass er zwischen den übrigen Räten zu sitzen habe. Und so kam der Herr Montaigne herein, las die Briefe des Herrn Montpensier vor und hielt danach eine lange Rede.»[45] Worum es dabei ging, war dem Protokoll keinerlei Erwähnung wert; von ehrenvoller Sonderbehandlung konnte somit keine Rede sein. Stattdessen wollten die ehemaligen Kollegen dem Aus- und Aufsteiger seine Grenzen und ihre Verachtung dokumentieren. Darüber hinaus ist nur noch eine einzige weitere «Mission» dieser Art bezeugt; allerdings ist nicht bekannt, was Montaigne in wessen Auftrag 1575 in Poitiers auszuhandeln hatte. Um Haupt- und Staatsaktionen ging es jedenfalls nicht.

Drei Wochen nach Montaignes Auftritt in Bordeaux, am 30. Mai 1574, starb Karl IX., noch nicht einmal dreiundzwanzig Jahre alt. In knapp anderthalb Jahrzehnten waren damit drei Könige von Frankreich dahingeschieden; für deren Untertanen war das ein schlechtes Zeichen, offenbar war der Himmel der regierenden Dynastie nicht wohlgesinnt. Für die Hugenotten war der Fall klar: Gott hatte den Auftraggeber des Massenmords mit dem Tode bestraft. So kam jetzt der dritte der vier Söhne Catherine de Médicis', Heinrich III., an die Reihe. Unmittelbar verfügbar war er allerdings nicht, denn seine umtriebige und einflussreiche Mutter hatte im Jahr zuvor seine Wahl zum König der Adelsrepublik Polen durchgesetzt. So hatte der neue Souverän bis zum Herrschaftsantritt eine lange Reise vor sich, die er durch einen glanzvoll inszenierten Aufenthalt in Venedig künstlich verlängerte. Heinrich III. galt als der Intellektuelle der Familie Valois, war humanistisch gebildet und an Literatur, Philosophie und Alchemie sehr interessiert; allerdings eilte ihm der Ruf voraus, bei der Auswahl seiner Günstlinge, bei der Gestaltung seiner Feste und bei der Inszenierung seiner Auftritte einen sehr dekadenten Geschmack an den Tag zu legen. Für Montaigne war der Herrschaftswechsel fraglos ein Gewinn; von einem solchen Herrscher konnte man die Lektüre anspruchsvoller Texte erwarten und sogar positive Reaktionen darauf erhoffen.

Für die Partei der Reformierten war der Tod des «Bartholomäus-Nacht-Tyrannen» auch deshalb ein freudiges Ereignis, weil nach dem Salischen Erbfolgegesetz jetzt nur noch zwei junge Männer von fragiler Gesundheit zwischen dem Thron und ihrem Wunschkandidaten, dem zwanzigjährigen König Heinrich von Navarra, standen. Dieser war katholisch getauft, danach unter dem Einfluss seiner calvinistischen Mutter Jeanne d'Albret im reformierten Glauben erzogen worden, nach der Bartholomäusnacht in Geiselhaft zum Katholizismus übergetreten, um sein Leben zu retten, nach mehr als drei Jahren aus seinem Gefängnis im Louvre geflohen und in Freiheit wieder zum Calvinismus zurückgekehrt. Nach so vielen fremd- und selbstbestimmten Konfessionswechseln durfte man von ihm eine Politik erhoffen, die nicht nur auf die Stärkung der von ihm angeführten Partei, sondern auch auf Versöhnung im Zeichen gemeinsamer christlicher Werte ausgerichtet war.

Bald nach seiner Rückkehr in die Sicherheit seines kleinen Pyrenäen-Reichs nahm der Führer der Calvinisten Kontakt mit Montaigne auf: «29. November 1577, Henry de Bourbon, König von Navarra, stellte mir ohne mein Wissen und in meiner Abwesenheit in Leitoure die öffentlichen Briefe (*lettres patentes*) als Edelmann seiner Kammer aus.»[46] Das offizielle Dokument war ausführlicher und schmeichelhafter als der kurze Hausbucheintrag: «Wegen der guten und löblichen Berichte, die uns über die Person unseres lieben und hoch geschätzten (*bien aimé*) Michel de Montaigne, Ritter des königlichen Ordens, über seine Klugheit, seine große Bildung, seine Tugend, Tapferkeit und lobenswerten Verdienste zugegangen sind, haben wir diesen aus diesen Gründen und weiteren Erwägungen in den Stand und in das Amt eines ordentlichen Edelmanns unserer Kammer erhoben.»[47] Damit war Montaigne Kammeredelmann zweier Könige, denn das erste Amt war mit dem Tod Karls IX. nicht erloschen. Nun musste er sich fragen, ob er mit der Aufrichtigkeit und Rechtschaffenheit, die er lebenslang für sich in Anspruch nahm, zwei Herren dienen konnte, ohne einen von ihnen oder sogar beide zu verraten.

Auch dieses Amt verdankte Montaigne höchstwahrscheinlich der Empfehlung des Marquis de Trans. Die Herausgabe der Schriften De la Boéties und seine regionalen Botengänge allein hätten kaum ausgereicht, um die Aufmerksamkeit des jungen Calvinistenführers auf ihn zu lenken. Auf jeden Fall war die Ernennung Montaignes ein Gewinn für diesen. Für den späteren Henri IV, der noch einen langen, von militärischen Triumphen und politischen Rückschlägen gesäumten Weg auf den französischen Thron vor sich hatte, zählte jeder zusätzliche Adelige aus dem katholischen Lager, den er für seine Sache gewinnen konnte: bis 1589 freier Kultus und akzeptabler Zivilstatus für die Reformierten, danach Anerkennung als legitimer Nachfolger Heinrichs III.

Für Montaigne war die neue Ehre zweischneidig. Er trat damit in die Gefolgschaft eines Herrn ein, der nach dem Urteil des Papstes als rückfälliger Ketzer alle Gnadenmittel der Kirche verspielt hatte und dasselbe Schicksal wie der Admiral Coligny verdiente. Umso ostentativer musste er fortan seine unverbrüchliche Treue zur alten Kirche in Worten und Taten unter Beweis stellen. Damit ist – neben der Versöhnung der streitenden Bürgerkriegsparteien und zugleich aufs Engste damit verbunden – ein zweiter Hauptzweck der in diesen Jahren entstehenden *Essais* benannt: Sie haben Montaignes über jeden Zweifel erhabene *catholicité* zu bezeugen. Da sie dem Leser zugleich seine innersten Überzeugungen offenbaren sollten, war eine atemberaubende Gratwanderung vorgezeichnet, denn Montaignes

Ideen zu Mensch, Religion und Natur waren mit jeder Form von Rechtgläubigkeit völlig unvereinbar. Als Selbstdenker hatte er sich längst vom Christentum in all seinen Spielarten abgewandt und eine Weltsicht ausgebildet, für die alle Religionen menschliche Erfindungen und nur allzu oft Anleitungen zur Unmenschlichkeit waren. Diese krasse Gegensätzlichkeit der Zwecke und Ziele machte ausgefeilte Entschärfungs- und Verschleierungsstrategien nötig. Ein Teil des Publikums sollte eingelullt, der andere Teil auf unbeschrittenen Pfaden zu verbotenen intellektuellen Abenteuern mitgenommen werden. Eine heiklere Aufgabe hat sich kaum jemals ein Autor gestellt.

Die Essais von 1580 I: Anleitung zum Zweifel

Die tatenarmen 1570er-Jahre lehrten Montaigne, was seine Mission war: Er musste erklären, warum Frankreich in den Abgrund der Bürgerkriege gestürzt war, und durch das eigene Beispiel zeigen, wie diese Selbstzerstörung aufgehalten und ein friedlicher Neuanfang angebahnt werden konnte. Diese doppelte Perspektive machte umfassende Forschungen nach außen wie nach innen erforderlich. Es galt, Ursprung und Funktion der Religionen, die Grenzen des menschlichen Wissens, die Grundzüge des menschlichen Wesens und die Umrisse des eigenen Ichs gleichermaßen zu ergründen. Darüber hinaus verlangte die Katastrophe der Gegenwart nach historischen Anbindungen und Deutungen.

Der Ausgangspunkt dieser globalen Denkaufgabe war für Montaigne die heillose Selbstüberschätzung des Menschen. Diese Einsicht allein versprach Hoffnung auf Heilung der dem Menschen vom Menschen geschlagenen Wunden. Die schon vom Delphischen Orakel verkündete Losung «Erkenne dich selbst!» lief darauf hinaus, sich der engen Beschränkung der menschlichen Erkenntnisfähigkeit bewusst zu werden, daraus den heilsamen Zweifel an allen scheinbaren Gewissheiten abzuleiten und diesen Zweifel als Handlungsanweisung für alle Lebenssituationen zu nutzen. Diese Haltung fand ihren Ausdruck im tiefen Unbehagen an der Justiz und an den Religionen; in beiden Bereichen führte der angemaßte Anspruch auf Wahrheit zu Unmenschlichkeit und Grausamkeit.

Das philosophische Fundament dieser Position legte Montaigne in der *Apologie de Raymond Sebond*. Wie er dabei vorging und welche Untersuchungen dazu erforderlich waren, erläutert er in einem ausführlichen Methodenabschnitt: «So muss ich wohl endlich zusehen, ob es in der Macht des Menschen liegt, zu finden, was er sucht, und ob diese Forschermühe, die er sich seit so vielen Jahrhunderten macht, ihn mit neuer Kraft und mit etwas sicherer Wahrheit bereichert hat.»[48] Auf der Suche nach den Erträgen des menschlichen Forschens schlage er den längsten und mühseligsten Weg ein, der als einziger zum Ziel führe: «Ich hätte leichtes Spiel, wenn ich den Menschen in seiner gewöhnlichen, groben Gestalt betrachten würde und nach dessen Regel, dass nicht das Gewicht der Stimmen, sondern deren Mehrzahl die Wahrheit bestimmt. Lassen wir also das Volk beiseite, das nichts von sich weiß, keine Urteile über sich fällt und den Großteil seiner natürlichen Fähigkeiten schlummern lässt.»[49] Stattdessen gehe es darum, «die kleine Zahl herausragender Männer»,[50] also die berühmtesten Philosophen von der Antike bis zur Gegenwart, auf den Prüfstand zu stellen: Was haben sie ihren Schülern, ihren Zeitgenossen und der Nachwelt an Wissens- und Beherzigenswertem mitzuteilen?

Eine erste Sortierung ergibt eine Dreiteilung: «Wer nach etwas sucht, gelangt an diesen Punkt: Entweder sagt er, dass er es gefunden hat, oder, dass es sich nicht finden lässt, oder, dass er noch auf der Suche ist. Alle Philosophie teilt sich in diese drei Sparten auf. Denn ihr Metier besteht darin, Wahrheit, Wissenschaft und Gewissheit zu suchen.»[51] Zur ersten Gruppe der angeblichen Finder gehören laut Montaigne Plato und seine Jünger, die Epikureer und die Stoiker. Sie haben Lehrsätze entwickelt, die sie für unumstößlich halten, konnten damit jedoch Pyrrho und andere Skeptiker nicht überzeugen: «Deren Ziel ist es, die Schwäche und Unwissenheit des Menschen nachzuweisen; diese Partei hat den größten Zulauf und die meisten Anhänger gehabt.»[52] Die Systeme der selbsternannten Wahrheitslehrer werden danach in einer weit ausholenden Panoramaschau gegenübergestellt und miteinander verglichen. Das Ergebnis ist vernichtend: Alle Lehren widersprechen sich und heben sich gegenseitig auf. In diesem Totentanz aller Gewissheiten treten die Philosophenfürsten aller Schulen und Richtungen voller Stolz auf, tragen ihre Kernaussagen vor und werden nach dem Nachweis von deren Nichtigkeit im Namen des gesunden Menschenverstands ins grenzenlose Reich des Nichtwissens verstoßen, das sie besser nie verlassen hätten.

Umso besser schneiden die bekennenden Nicht-Wisser ab, denn ihrer ist das wahre Wissen: «Die Unwissenheit, die von sich weiß, sich beurteilt und verurteilt, ist keine gänzliche Ignoranz; um das zu sein, müsste sie von sich selbst nichts wissen. So aber besteht das Bekenntnis der Pyrrhonisten darin, zu schwanken, zu zweifeln und zu erkunden, sich keiner Sache sicher zu sein und nichts endgültig zu beantworten.»[53] Dieses Alles-in-der-Schwebe-Lassen erzeugt nicht Orientierungsverlust und Verzweiflung, sondern ein Glücksgefühl: «Dieser Standpunkt, geradlinig und konsequent wie er ist, alle Gegenstände ohne Eifer und Zustimmung aufzunehmen, führt sie zur Ataraxie, die eine friedliche Lebensform bedeutet, genügsam und ohne die Erschütterungen, die wir durch Parteinahme und den falschen Eindruck von Wissen erleiden.»[54] Wer so lebt, lebt «frei von Furcht, Habgier, Neid, wilden Begierden, Ehrgeiz, Hochmut, Aberglauben, Neuerungssucht, Rebellion, Ungehorsam, Starrsinn und den meisten körperlichen Übeln»,[55] ist also von allen Hauptlastern befreit, ja fast schon ein Heiliger. Hinzu kommt das intellektuelle Vergnügen, das darin besteht, jede Meinung mit Gegengründen zu bekämpfen, danach flugs die Seite zu wechseln und so die Haltlosigkeit der einen wie der anderen Partei zu belegen.

Nur im Zeichen des alles umfassenden und durchdringenden Zweifels ist das Leben lebenswert: Diese Überzeugung steht quer zum Zeitalter der streitenden christlichen Kirchen. Keine der drei großen Konfessionen, die nur zu Hass und Hader anstacheln, sondern allein diese *perpétuelle confession d'ignorance*, das beständige Bekenntnis zum Nichtwissen, ist den menschlichen Lebensbedingungen angemessen. Es lässt nicht nur den Bekennenden selbst in vollkommener Seelenruhe leben und sterben, sondern auch die restliche Menschheit in Frieden, statt sie mit Krieg im Namen einer vorgeblichen Wahrheit zu überziehen. Dieses Unglaubensbekenntnis war so kühn, dass es sofort durch ein anderes, konventionelles Credo entschärft werden musste. Es lautet: Die eine und einzige Wahrheit, weit über der rein menschlichen Wahrheit des Nicht-Wissens, besteht in der göttlichen Offenbarung der Bibel. Doch mit ihr können die Menschen nichts Sinnvolles anfangen, wie die angeblich im Namen der Religion geführten Kriege in Frankreich beweisen, die in Wirklichkeit von der menschlichen

Gemeinheit und Grausamkeit befeuert werden. Mit anderen Worten: Die Religion ist für die Niedrigkeit des Menschen zu hoch, um positive Wirkungen zu zeitigen.

Dem Bekenntnis zum Katholizismus war damit Genüge geleistet, das muss Montaigne zumindest gehofft haben. Ob er mit dieser Einschätzung richtig lag, sollte sich auf seiner Reise nach Rom zeigen. Einen unbefangenen Leser konnte die Ausnahme der katholischen Religion vom alles zersetzenden Zweifel nicht überzeugen. Stattdessen musste er sich bohrende Fragen stellen. Wie Montaigne genüsslich ausgeführt hatte, erhoben alle Religionen den Anspruch, dass ihre heiligen Texte das Monopol auf göttliche Weisheit und Wahrheit besaßen. Warum sollten ausgerechnet die Christen recht haben, und warum sollten allein ihre Schriften von der strengen Quellenkritik verschont werden, die alles vermeintliche Wissen zertrümmerte? Wenn andererseits eine Autorität ohne Angabe von Gründen als unanfechtbar durchging, warum galt das dann nicht für alle Religionen? Die Antwort, die der Leser selbst finden muss, kann daher nur lauten: Es gibt keinen Beweis für den göttlichen Ursprung der christlichen Offenbarung. Aber es gibt gute irdische Gründe dafür, an der angestammten Religion festzuhalten. Denn die Menschen brauchen den Glauben an einen gütigen Gott und an einen gerechten Ausgleich im Jenseits, weil sie sonst noch bösartiger werden, als sie von Natur ohnehin schon sind. Was die Menschen nicht verstehen, weil es nicht natürlich ist und der Natur des Menschen widerspricht wie manche Aussagen der Evangelien, zum Beispiel die Bergpredigt mit ihrem Appell zum Gewaltverzicht, muss deshalb als unantastbar versiegelt werden, damit es vor der Widerlegung durch den alles zersetzenden Zweifel geschützt bleibt. Dieses Wissen muss jedoch auf wenige Einsichtige beschränkt bleiben, deren Aufgabe es ist, eine Religion der Verständigung und des Ausgleichs zu propagieren.

Die Antiphilosophie der Skeptiker hat für Montaigne einen weiteren Vorteil, nämlich ihre positive Einstellung zum Leben: «Sie widmen sich den natürlichen Neigungen, der Eingebung und dem Druck der Leidenschaften, aber passen sich auch den Gesetzen, den herrschenden Bräuchen und der Tradition an.»[56] Das ist folgerichtig, denn konsequente Skeptiker haben den tief verwurzelten Gewohnheiten keine bessere Alternative entgegenzustellen. Zudem sind sie erfreulich uneitel und versuchen nicht, die übrige Menschheit mit der Attitüde der Weisheit einzuschüchtern – im

Gegenteil: Alle Menschen, die sich über ihre Natur erheben wollen, etwa durch Abtötung ihrer Triebe und ostentative Todesverachtung, beschreiten in ihren Augen Irrwege, denn sie tun ihren natürlichen Anlagen Gewalt an. Seine Huldigung an den Zweifel hat Montaigne in die Frage *Que sais-je?* («Was weiß ich?») gefasst, die zusammen mit einer Waage, die zwei Schalen im Gleichgewicht zeigt, und dem Spruch «Ich enthalte mich» zu seinem Emblem wurde.

Damit klingt das zweite große Thema der *Apologie* an: die Stellung des Menschen in der Natur. Auch hier bot sich eine günstige Gelegenheit, den Schein der Rechtgläubigkeit zu erzeugen. Nieder mit der Hybris, der wahnhaften Selbstüberschätzung des Menschen, der glaubt mit seinem Verstand alles zu begreifen und zu durchschauen, auch die Mysterien der Religion – das klang fromm in den Ohren aller Glaubenswächter, denn so war jeder rationalen Widerlegung des Glaubens die Grundlage entzogen: «Betrachten wir also für den Moment einmal den Menschen allein, ohne fremde Hilfe, beraubt der Gnade und des göttlichen Wissens, die seine ganze Ehre, seine Kraft und die Basis seines ganzen Seins ausmacht.»[57] Das Bild, das der Mensch in seinem natürlichen Zustand abgibt, hat nichts gemein mit den hochgemuten Konstruktionen der Philosophen, die ihn wie die Stoiker an die Seite der Götter erheben, wenn er von seinen Fähigkeiten nur den richtigen, tugendhaften Gebrauch macht. Das ist maßlose Selbstüberschätzung: «So möge er mir mit der Kraft seiner Rede erklären, auf welchen Fundamenten er die großen Vorzüge errichtet, die er vor den anderen Kreaturen zu besitzen glaubt.»[58] Diese Nachweise seiner Erhabenheit bleibt der Mensch schuldig. Schlimmer noch: Bei unvoreingenommener Betrachtung zeigt er sich in seiner ganzen Kläglichkeit: «Ist es möglich, sich etwas Lächerlicheres vorzustellen als diese elende und schäbige Kreatur, die – Angriffen von allen Seiten ausgesetzt – nicht einmal sich selbst beherrschen kann und sich für die Herrscherin des Universums hält, von dem sie nicht einmal den kleinsten Teil erkennen, geschweige denn das Ganze beherrschen kann? Und dieses Vorrecht, das der Mensch sich selbst zuschreibt, der Einzige in diesem Weltgebäude zu sein, der die Fähigkeit besitzt, dessen Schönheit und Bestandteile zu erkennen, der Einzige zu sein, der dessen Architekten Dank abstatten und dessen Zusammensetzung und Entstehung verstehen kann – wer hat es ihm denn erteilt? Möge er uns doch die Vollmacht zu dieser schönen und großen Aufgabe vorweisen!»[59]

Wenn schon der Satz «Ich zweifle» zu viel der Gewissheit ausdrückt: «Diese Vorstellung (= des umfassenden Nicht-Wissens) wird sicherer durch eine Frage ausgedrückt: Was weiß ich?, wie ich sie zusammen mit einer Waage als Devise verwende.» (Apologie de Raymond Sebond, Essais II, 12, 508).

Spätestens hier würde der fromme Leser den Einspruch der Bibel erwarten, die den Menschen als Krone der Schöpfung ausweist. Doch diesen Vorrang besitzt er nicht. Um sich davon zu überzeugen, genügt ein Blick in den gestirnten Himmel: «Alles, was wir in diesen Himmelskörpern sehen, erstaunt uns.»[60] Dieses Staunen ist eine heilsame Demütigung, denn so erkennt der Mensch seine Winzigkeit und Verlorenheit im Kosmos: «Die elendste und zerbrechlichste Kreatur ist der Mensch, und dazu die bei Weitem eingebildetste. Sie fühlt und sieht sich hier untergebracht, zwischen dem Schlamm und dem Mist der Welt, aufs Schlimmste angeklebt und festgenagelt an den totesten und verfaultesten Teil der Welt, im untersten Geschoss und am weitesten vom Himmelsgewölbe entfernt, zusammen mit den Tieren der untersten Gattung – und versetzt sich in seiner Einbildung über den Mond und setzt seine Füße auf den Himmel unter sich.»[61] Diesem Gedankengang konnten sogar die Theologen zustimmen – auch für sie war die *superbia*, der Hochmut des Menschen, grenzenlos, ebenso wie das daraus entspringende Elend. Aber diese *miseria humana* war für die Gottesgelehrten nur die eine Seite der Medaille, und zwar die vom Menschen durch seinen Sündenfall als Folge seiner Selbstüberhebung selbst verschuldete. Die andere Seite bestand aus den Restbeständen der Erhabenheit, die die gefallene Kreatur Mensch nach der Vertreibung aus dem Paradies bewahrt hatte; dazu gehörten sein Drang nach Erkenntnis und seine Sehnsucht nach Erlösung und Seligkeit. Beides zusammen, die Sündenverfallenheit und die Erinnerung an die verlorene Größe, machte aus christlicher Sicht den zutiefst gespaltenen und damit unglücklichen Zustand des Menschen im Diesseits aus, der nur durch die Wiederzusammenführung der geteilten Hälften als Folge der unverdienten Gnade Gottes behoben werden konnte.

Diese gefallene, aber immer wieder aufblitzende Größe des Menschen und seine daraus resultierende Überlegenheit und Einzigartigkeit leugnet Montaigne konsequent. Ja, diese Überzeugung, vor allen anderen Lebewesen ausgezeichnet zu sein, macht sogar einen Großteil der menschlichen Anmaßung aus: «Wollen wir etwa sagen, dass wir in keiner Kreatur außer im Menschen eine vernünftige Seele am Werk gesehen haben?»[62] Das können nur die von Eitelkeit Verblendeten behaupten, die systematisch die Augen vor den Lebensbedingungen des Menschen und der Tiere verschließen: «Durch die Nichtigkeit dieser Einbildung stellt sich der Mensch Gott an die Seite und schreibt sich göttliche Bedingungen zu, sondert sich ab und trennt sich von der Menge der übrigen Geschöpfe und zerschneidet das Band zwischen sich und den Tieren, seinen Mitbrüdern und Genossen, und schreibt ihnen willkürlich gewisse untergeordnete Kräfte und Fähigkeiten zu.»[63] Mit solchen Argumenten bewegen sich die Überlegungen, die so fromm begannen, unvermittelt in eine Richtung, die bei den Glaubenswächtern aller Kirchen und Konfessionen Stirnrunzeln hervorrufen musste: «Wie will der Mensch mit den Kräften seines Verstands die inneren und geheimen Regungen der Tiere ermessen? Durch welchen Vergleich zwischen ihnen und uns schließt er auf die Dummheit, die er ihnen zuschreibt?»[64]

Ein unvoreingenommener Vergleich beweist, dass der Mensch den Tieren nichts voraushat, nicht einmal die Sprache: «Dieser Fehler, der die Kommunikation zwischen ihnen und uns behindert, warum liegt er nicht auf unserer Seite statt auf ihrer? Hier lässt sich trefflich raten, wer schuld an dieser Verständigungslosigkeit ist, denn wir verstehen sie nicht mehr als sie uns.»[65] Das war ein gezielter Schlag ins Gesicht der Humanisten, die die Einzigartigkeit des Menschen und seine Fähigkeit zur Selbstvervollkommnung, die ihn bis an die Seite Gottes emporführen konnte, ganz wesentlich auf die ihm allein verliehene Gabe der Sprache zurückführten. Bei Montaigne hingegen kommt der Mensch bestenfalls auf gleiche Augenhöhe mit den Tieren: «Ein wenig verstehen wir von ihrer Wahrnehmung, und sie ein wenig von unserer, beides ungefähr auf demselben Niveau».[66] Das Fazit lautet also: «Wir müssen daher die Gleichheit (*parité*) zwischen ihnen und uns feststellen.»[67]

Die Tiere haben das Recht, die Menschen ihrerseits als Bestien zu betrachten und es ihnen heimzuzahlen. Selbst diese Ebenbürtigkeit ist schmeichelhaft für den Menschen und keineswegs endgültig gesichert: «Im Übrigen entdecken wir ganz klar, dass zwischen den Tieren eine vollständige, ganzheitliche Kommunikation stattfindet und sie sich so verständigen, nicht nur zwischen derselben Art, sondern auch zwischen verschiedenen Arten.»[68] Tiere haben eine Universalsprache, das war ein weiterer Punkt für sie. Tiere wie Menschen drücken sich zudem nicht nur durch Laute, sondern auch durch Zeichen des Körpers aus. Die Vielfalt der dadurch vom Menschen ausgesandten Botschaften gibt Montaigne in einem rhetorischen Kabinettstück wieder – allein um die Sprache der Hände und des Kopfes zu beschreiben, sind mehr als siebzig verschiedene Verben nötig; durch diese Vielfalt der Körpersprache ist die Wortsprache, der Stolz der Humanisten, endgültig ihrer Vorrangstellung beraubt. Auch diese Semiotik ohne Laute beherrschen die Tiere perfekt.

Die Essais von 1580 II: Anleitung zum Leben

So erhärtet sich der Verdacht, dass das Gleichgewicht der Kräfte und Fähigkeiten zwischen Mensch und Tier eine weitere Illusion des Menschen sein könnte: «Wenn ich mit meiner Katze spiele, wer weiß, ob sie sich nicht mehr die Zeit mit mir vertreibt als ich mit ihr?»[69] Dieser Satz stammt aus der letzten Lebenszeit Montaignes und fasst prägnant zusammen, was auf vielen Seiten vorher und nachher immer wieder gesagt wird: Der Mensch ist ein Geschöpf unter unzähligen anderen, die Natur hat ihn mitten in die Kette ihrer Hervorbringungen eingefügt, von einer Sonderposition kann keine Rede sein. Daraus folgt, dass die Natur den Menschen zu einem Leben nach ihren Regeln und an der Seite ihrer übrigen Kreaturen bestens ausgestattet hat: «Wer zweifelt daran, dass ein Kind, wenn es gezwungen ist, sich selbst zu ernähren, sich selbst seine Nahrung suchen kann? Die Erde produziert und bietet ihm genug für seine Bedürfnisse, ohne jede Landwirtschaft und Kunstfertigkeit.»[70] Diesen Beweis liefern «die Nationen, die wir gerade entdeckt haben. Denn sie sind mit Fleisch und natürlichen Getränken reichlich versehen, und zwar ohne Mühe und Arbeit. Und so lehren sie uns, dass das Brot nicht unsere einzige Nahrung ist und dass uns unsere Mutter Natur ohne Plackerei unsererseits alles verschafft hat, was wir brauchen.»[71]

Da der Mensch eine Hervorbringung der Natur ist, muss er nach den Gesetzen von «Mutter Natur» leben, um so glücklich zu werden, wie sie es ihm bestimmt hat. Wie das geht, lehren nicht die Philosophen, die sich und andere mit ihren angeblichen Erkenntnissen nur unglücklich machen, sondern die einfachen Leute: «Und was die Wirkung betrifft, so haben tausend einfache Frauen auf dem Dorf ein ausgeglicheneres, angenehmeres und beständigeres Leben geführt als Cicero.»[72] Dessen Lob der Wissenschaften kommentiert Montaigne mit dem Satz: «Hören wir also dieses armselige und unglückliche Tier, wie es schwadroniert!»[73] Cicero, der Fürst der Rhetorik und der politischen Ethik, ein kläglicher Schwätzer: Für Humanisten war das die reinste Blasphemie! Zu viel grübeln macht traurig, der Mensch ist nicht zum Nachdenken geschaffen, so lautet Montaignes Schlussfolgerung. Das ließ sich fromm auslegen, schließlich versprach die Bibel nicht den selbsternannten Meisterdenkern, sondern den Armen im Geiste die ewige Seligkeit.

Auch mit der anschließenden Überlegung konnte Montaigne bei den Theologen punkten: «Das erste Gesetz, das Gott dem Menschen gab, war ein Gesetz des reinen Gehorsams, ein nackter und einfacher Befehl an die Adresse des Menschen, dass er nichts erkennen und über nichts urteilen sollte.»[74] Der eitle Verstand zersetzt jedoch den Glauben, den man als ganzen, unzergliedert und unhinterfragt, annehmen muss. Der Mensch widersetzt sich also der heilsamen Order, die ihm das Hinterfragen verbietet, und stürzt in die Untiefen des falschen Wissens und des dadurch erzeugten Dünkels: «Und genau deshalb empfiehlt uns unsere Religion die Unwissenheit als Fundament des Glaubens und des Gehorsams.»[75]

Trotzdem waren die Glaubenswächter schlecht beraten, den Text damit als nicht anstößig abzuhaken. Denn alle scheinbar so frommen Wendungen der *Apologie de Raymond Sebond* entpuppen sich bei genauem Lesen als argumentative Hakenschläge und Finten, und das gleich zweifach. Zum einen führte ein frommer Christ sein Leben nach dem augustinischen Grundsatz *uti non frui*. Das heißt wörtlich: benutzen, nicht genießen. Für wahrhaft Gläubige war das irdische Jammertal ein kurzes Durchgangsstadium, das unter der Anleitung der Kirche so zu durchmessen und zu erdulden war, dass am Ende das Paradies winkte. Von diesem Endzweck des menschlichen Daseins aber ist in den *Essais* nirgendwo die Rede. Das Leben nach den Gesetzen der Natur zu leben bedeutet für Montaigne, sich nicht den Kopf über die unauflöslichen Widersprüche der menschlichen Existenz zu zerbrechen, sondern sich dem Leben und dem Tod gelassen anzuvertrauen – so, wie es das Volk vormachte.

Zum anderen ist das Nichtwissen, das Montaigne als Grundlage der Lebenskunst preist, etwas völlig anderes als die schlichte und demütige Ignoranz der einfachen Modellchristen. Um zu der Erkenntnis der *Essais* «Ich weiß, dass ich nichts sicher weiß» zu gelangen, sind ein großer Aufwand an Lektüre und viel praktische Welterfahrung nötig. Wer die Kunst des Zweifelns, wie sie Montaigne lehrt, beherrschen will, muss die Werke aller wichtigen Philosophen und Theologen studiert haben, um deren Unhaltbarkeit zu erkennen. Diese Kunst ist das Gegenteil des simplen Annehmens höherer Wahrheiten; sie ist ein permanentes Exerzitium des Verstandes, der stets aufs Neue prüft und für ungenügend befindet. Wenn der Virtuose des Alles-Hinterfragens nach dem Beispiel Montaignes am Ende die Religion annimmt, zu der sich seine Vorfahren bekannten, ist das keine Hinwendung zum einfachen frommen Glauben, sondern ein Akt der politischen Zweckmäßigkeit: «Daher habe ich aus dem Wissen von meiner Unbeständigkeit durch Zufall eine gewisse Konstanz der Meinungen erzeugt und meine älteren und natürlichen Ansichten nicht verändert. Denn wie viel Anschein der Wahrheit auch in Neuheiten sein mag, so wechsle ich meinen Standpunkt doch kaum je, aus Angst, dabei zu verlieren. Und da ich nicht in der Lage bin zu wählen, übernehme ich die Wahl eines anderen und bleibe dort, wo Gott mich hingestellt hat. Anderenfalls würde mich nichts davor schützen, permanent in Bewegung zu sein.»[76] Auch das klingt fromm und bedeutet doch das Gegenteil: Alle Theorien zum Menschen und seinem Dasein sind gleichermaßen haltlos; nicht wählen zu können heißt daher, die Nichtigkeit aller Doktrinen zu durchschauen und dann bei derjenigen zu bleiben, die die gewachsene Ordnung am wenigsten gefährdet.

Doch einen so offen agnostischen Standpunkt konnte man im Zeitalter der Inquisitionen nicht frei bekennen. Für die Ohren der Glaubenswächter musste es anders klingen: «So habe ich mir durch die Gnade Gottes ganz, ohne Erschütterung und Gewissensqualen, die alten Glaubensregeln unserer Religion bewahrt, und das inmitten so zahlreicher Sekten und Teilungen, die unser Jahrhundert hervorgebracht hat.»[77] So viel Unbeirrtheit trotz so zahlreicher Anfechtungen verdient Anerkennung; auch das war eindeutig für die Zensur geschrieben. Die anschließenden Überlegungen sind durch ihre Unauffälligkeit leicht zu überlesen und nur bei kritischer Lektüre in ihrer vollen Bedeutung zu erschließen. Wie er selbst – so weiter Montaigne – halten es die meisten Menschen überall auf der Welt: Sie wachsen in einer Religion auf, übernehmen sie von ihren Vorfahren und sterben in ihr. Das gilt also auch für die Religionen, die nicht die wahren sein können, denn laut Montaigne gibt es ja nur eine wahre, die katholische. Die Überzeugung, die einzig wahre Religion zu bekennen, sagt daher nichts über deren Wahrheitsgehalt aus, da die Menschen das Vertraute immer für das Maß aller Dinge halten. Sie nehmen die Welt so wahr, dass ihre vorgefassten Ansichten und gewohnten Lebensformen dadurch bestätigt werden; ihr Glaube gehört zu dieser Anpassung an die natürlichen Lebensbedingungen, so wie Essen und Trinken und die Zeugung von Nachkommen. Ganz ähnlich halten es auch die Tiere: «Wir müssen feststellen, dass allem Seienden nichts lieber ist als das, was seinem Wesen entspricht – der Löwe, der Adler, der Delphin schätzen nichts höher ein als ihre eigene Art. Und jeder bezieht die Eigenschaften aller Sachen auf seine eigenen Eigenschaften … Und warum sollte eine Gans nicht sagen, das ganze Weltall ist für mich gemacht?»[78] So zeichnet sich für fromme Leser der *Essais* eine bittere Wahrheit ab: Alle Religionen sind vom Menschen für seine spezifischen Lebensbedingungen gemacht. Obwohl Montaigne es ausdrücklich leugnet, gilt das selbstverständlich auch für die christlichen Konfessionen.

Da das ewige Leben damit definitiv aus dem Blickfeld rückt, gewinnt das irdische Dasein und mit ihm die Kunst, glücklich zu werden, umso höhere Bedeutung. Nach den Regeln der Natur zu leben, statt sich ins Unglück zu grübeln – solche Maximen waren leichter zu schreiben als umzusetzen. Zudem stellte sich die Frage, ob es solche Gesetze der Natur für den Menschen überhaupt gibt. Sie wird in den *Essais* wie so viele andere wichtige Fragen unterschiedlich beantwortet. Was eben noch als gegeben vorausgesetzt wird, kann schon wenige Absätze weiter in Zweifel gezogen werden; das gehört zum kunstvoll konzipierten Verwirrspiel, das den Leser zu eigener Urteilsfindung befähigen und anleiten soll: «In nichts ist die

Welt so unterschiedlich wie in Gebräuchen und Gesetzen. Was an einem Ort als schändlich gilt, bringt an anderer Stelle Ehre ein, wie die Kunst zu stehlen bei den Spartiaten. Heiraten unter engen Verwandten sind bei uns bei Todesstrafe verboten, anderswo stehen sie in hohen Ehren. Kindermord, Vatermord, Vielehe, Hehlerei – nichts ist so ausgefallen, dass es nicht bei irgendeiner Nation zum Brauch erhoben wird.»[79] Gibt es also auf Erden ein Maß für den Menschen? Die Auflösung des Widerspruchs zwischen Bestätigung und Bestreitung lautet: «Es ist glaubhaft, dass es für den Menschen Naturgesetze wie für die anderen Lebewesen gibt. Aber in uns sind sie verloren, da sich diese schöne menschliche Vernunft überall einmischt, um zu herrschen und zu kommandieren, und dabei alles in Unordnung bringt und nach ihrer Eitelkeit und Unbeständigkeit das Ansehen aller Dinge verwischt.»[80]

Trotzdem gibt es kein anderes Hilfsmittel als die Vernunft, um aus dieser verfahrenen Situation wieder herauszufinden, denn sie allein vermag die Unordnung zu beheben und das Ansehen der Dinge zu klären. Das Ergebnis dieser Überprüfung lautet: Die Naturgesetze, die in Europa durch die unheilvolle Neigung zu Philosophie und Wissenschaft fast unkenntlich geworden sind, werden bei den Kannibalen am reinsten vorgelebt. Aber diese Gesetze lassen sich nicht einfach von Brasilien nach Frankreich übertragen; dazu müsste die gesamte historische Entwicklung rückgängig gemacht werden. Eine vollständige Auslöschung hat der Prozess der europäischen Zivilisation jedoch nicht verdient, denn außer dem gelehrten Unsinn der Philosophen und dem Hader der christlichen Religionen hat er seit zwei Jahrtausenden auch Prinzipien der Humanität hervorgebracht, die beherzigt sein wollen. Bestenfalls kann es also darum gehen, sich den weitgehend verblassten Regeln eines naturnahen Lebens so weit wie noch möglich anzunähern und zugleich unverzichtbare Grundsätze der Menschlichkeit umzusetzen. Das ist jedoch eine schwierige Synthese, da jede dieser Einstellungen und Lebensformen dazu neigt, ein Monopol zu beanspruchen und die Alternativen zu verdrängen.

Dieser Widerstreit der Werte zieht sich wie ein roter Faden durch die *Essais* von 1580; in ihnen wird kaum etwas behauptet, was nicht zumindest teilweise an anderer Stelle bestritten oder sogar widerlegt wird. Diese Gegensätzlichkeit steigert sich weiter in den neuen *Essais* der Ausgabe von 1588 und in den zahlreichen Ergänzungen, die dabei in die älteren Texte eingefügt werden. Die Schnittmengen, die sich trotz allem ergeben, muss der Leser selbst ausfindig machen. Unterschiedliche Positionen werden aber nicht nur in frühen und späten *Essais* bezogen, sondern auch in gleichzeitig entstandenen. So werden im *Essai* mit dem trutzigen Titel «Philosophieren heißt sterben lernen» viele hehre Grundsätze verkündet: «Da ungewiss ist, wo der Tod auf uns wartet, sollten wir ihn überall erwarten. Den Tod vorauszudenken heißt, die Freiheit vorwegzunehmen. Wer zu sterben gelernt hat, hat verlernt zu dienen.»[81] Die Todesfurcht, die sich dennoch von allen Seiten anschleichen will, soll durch sorgfältig ausgewählte Sinnsprüche antiker Philosophen, mit denen dieser *Essai* nur so gespickt ist, bekämpft und überwunden werden. Doch wozu überhaupt diese erhabene Gegenwehr? Sechs *Essais* zuvor wird unter dem Titel «Dass die Wahrnehmung des Guten und des Schlechten zum großen Teil davon abhängt, wie wir diese einschätzen» ausführlich dargelegt, dass die einfachen Leute so sterben, wie sie leben, nämlich ohne sich darüber Gedanken, geschweige denn Sorgen zu machen. Der Tod ist also nur für Kopfmenschen ein Problem, die darüber eine Menge Überflüssigkeiten verbreiten.

Das gilt auch für die von den Stoikern in den Himmel gehobene Tugend: «Wissen wir doch, dass die meisten der schönsten Handlungen der Seele aus den heftigen Anstößen der Leidenschaften hervorgehen und diese sogar nötig haben. Tapferkeit, so sagt man, kann sich ohne Hilfe des Zornes nicht vollenden … Die Begierden trieben Themistokles und Demosthenes an und haben die Philosophen zu nächtlichen Arbeitssitzungen und Forschungsreisen angestachelt, führen uns zu Ehre, Lehre, Gesundheit und nützlichen Zielen … So gibt es am Ende keine starke und kräftige Tugend ohne eine überschäumende Erregung.»[82] Die Grenzen zwischen dem Guten und dem Schlechten sind daher nicht so einfach zu ziehen, wie die Kirche und die Humanisten behaupten; das rätselhafte Mischwesen Mensch lässt sich nicht nach simplen Schwarz-Weiß-Kriterien beurteilen.

Die Essais von 1580 III: Das Ich und die anderen

Dieses dümmliche Vorhaben, sich selbst abzumalen: So lautet das harte Urteil des Mathematikers, Physikers und Religionsphilosophen Blaise Pascal (1623–1662) über Montaigne und sein Werk. Ganz ohne Verdienste ist der eitle Selbstdarsteller allerdings auch für Pascal nicht, zeigt dessen Porträt doch mit seltener Vollständigkeit den Menschen in seiner gefallenen Natur: ohne Scham, ohne Reue und ohne Sehnsucht nach Erlösung. Auf diese Weise bestimmen die *Essais* für Pascal genau den Punkt, an dem die rationale Überzeugungsarbeit ansetzen muss, um dann mit der unverzichtbaren Gnade zum Glauben zu führen.

Dass sich Montaigne so ausführlich selbst schildert, hat seine Leser von Anfang an irritiert. So viel von sich selbst zu schreiben, war allenfalls bei den Großen dieser Welt verzeihlich, deren persönliche Erfahrungen mit den Geschicken der Welt zusammenfielen, und auch dann nur mit gebührender Demut und nach dem Prinzip «Gott allein die Ehre». Bei allen anderen musste es als ein Zeugnis der *superbia*, der sündhaften Selbstüberhebung, angesehen werden. Montaigne, der bei der Ergänzung und Überarbeitung seiner *Essais* seine Person mit ihren Eigenschaften, Neigungen und Verhaltensweisen immer mehr ins Blickfeld der Untersuchung rückte, unterlag hier also einem starken Rechtfertigungsdruck. Die wichtigste dieser Erklärungen lautet, dass er gerade durch seine Durchschnittlichkeit, ja Gewöhnlichkeit als Vorbild für seine Zeitgenossen dienen könne. Denn so konnten ihm alle folgen, und viele konnten ihn sogar mühelos übertreffen.

Die Facetten und Versatzstücke dieses Selbstbildnisses sind in die *Essais* von 1580 noch diskret, fast zögerlich eingefügt. Reichhaltiger ausgestaltet werden sie erst in den Jahren danach. Die anfangs eher sparsamen Bemerkungen zur eigenen Gewöhnlichkeit wurden nun zu Anknüpfungspunkten für weit ausholende Beobachtungen und Analysen des eigenen Ichs. Beispielhaft für dieses Verfahren ist die Entwicklung der Argumentation im *Essai* «Über die Lügner». Ausgangspunkt ist Montaignes mehrfach angesprochene Schwäche des Gedächtnisses: «In all meinen anderen Bestandteilen bin ich niedrig und gewöhnlich. Aber in dieser Hinsicht glaube ich, einzigartig oder zumindest äußerst selten zu sein und dadurch Namen und Reputation zu verdienen.»[83] Das einzige in Anspruch genommene Alleinstellungsmerkmal ist also eine Mangelerscheinung. Damit verspottet der Autor sich selbst, baut Hemmschwellen ab, gibt sein Werk zur Nachahmung frei und nimmt der Selbstbespiegelung das Narzisstische. Doch auch hier sollte der Leser seine Schlüsse nicht zu früh ziehen, denn aus diesem unleugbaren Defekt entspringen große Vorzüge, wie Montaignes Anmerkungen letzter Hand zeigen: «Doch tröste ich mich damit, dass ich aus dieser Schwäche die Konsequenz gezogen habe, ein weitaus größeres Übel zu verhindern, nämlich den Ehrgeiz, denn für Ambitionen ist ein schlechtes Gedächtnis ein unerträgliches Handicap.»[84]

Wer sich den öffentlichen Angelegenheiten widmet, muss virtuos lügen können. Professionelle Wahrheitsverdreher aber müssen ein phänomenales Erinnerungsvermögen haben, sonst kommt ihnen die Welt schnell auf die Schliche. Zugleich wird damit eine politische Ethik begründet: «Wahrlich, Lügen ist ein verfluchtes Laster. Nur durch das Wort sind wir Menschen, nur durch das Wort halten wir zusammen. Wenn wir die schrecklichen Folgen der Lüge erkennen würden, würden wir sie zu Recht sehr viel strenger bestrafen als andere Vergehen.»[85] Das war ein klares Votum gegen Machiavellis Staatsräson, die politische Akteure im Namen des Erfolgs zu Täuschungsmanövern aller Art verpflichtet, und damit gegen Catherine de Médicis' Politik ab 1572. Aus dieser Verdammung folgt das wichtigste Prinzip der Pädagogik überhaupt: Man darf Kindern eine Menge durchgehen lassen, aber nicht das Lügen, denn sonst wird es zur Gewohnheit und verdirbt das menschliche Zusammenleben von Grund auf. Das Verschwinden der Lüge aus der Politik würde das Ende der blutigen Bürgerkriege zur Folge haben, schließlich sind die Kriegsgründe aller Parteien auf Lügen gebaut.

Mangels Gedächtnis nicht zu lügen – die Eigenschaft, die der Verfasser der *Essais* für sich und sein Werk in Anspruch nimmt – hat einen weiteren gewichtigen Vorteil: «Wenn die fremden Erfindungen und Meinungen mir durch ein gutes Gedächtnis präsent wären, würde ich, so wie es alle Welt tut, meinen Geist und mein Urteil allzu leicht an den Spuren anderer ausrichten, ohne meine eigenen Kräfte zu entwickeln.»[86] Wer die Schriften der anderen genau in Erinnerung hat, neigt dazu, sich mit fremden Federn zu schmücken. Das gilt – wie der Totentanz der Denksysteme in der *Apologie de Raymond Sebond* gezeigt hat – für alle Autoren und ihre Ideen seit der

Antike: Einer schreibt vom anderen ab, pflichtet bei oder versucht zu widerlegen und bewegt sich in beiden Fällen auf ausgefahrenen Gleisen. Der Anspruch, den Montaigne aus seiner Schwäche ableitet, wächst unversehens ins Riesenhafte: als einer von ganz wenigen, wenn nicht als Erster und Einziger überhaupt sich selbst und den Menschen zu erforschen und so darzustellen, wie er wirklich ist. Um den Eindruck krasser Selbstüberschätzung zu zerstreuen, hat Montaigne seine *Essais* mit Hunderten von klassischen Zitaten unterfüttert. So scheinen die meisten seiner Gedankengänge durch prägnante Formulierungen illustrer Vorgänger vorweggenommen, gestützt und approbiert zu sein. Doch meistens ist das eine Finte. Zum einen werden überwiegend beiläufige, nicht selten banale Versatzstücke der Argumentation von solchen lateinischen oder griechischen Lesefrüchten bestätigt; zum anderen entspricht deren Aussage keineswegs immer dem Gedankengang, den sie zu untermauern scheinen.

Und noch etwas Gutes geht aus einem lückenhaften Erinnerungsvermögen hervor: «Meine Art zu sprechen ist kürzer ... Ließe mich das Gedächtnis nicht im Stich, würde ich meine Freunde mit endlosem Geplapper taub machen.»[87] Wem es an Fülle der untermalenden Anekdoten gebricht, der muss sich auf das Wesentliche beschränken und schweift nicht ab. Auch diese Aussage steht in eigentümlichem Kontrast zur Anlage der *Essais*, die sich regelmäßig von den Vorgaben ihrer Titel lösen und in scheinbar lockerer, spontaner Abfolge Themen miteinander verknüpfen, die auf den ersten Blick kaum etwas miteinander zu tun haben: «Denn die verschiedenen Gegenstände wecken in mir die Fähigkeit, sie zu drehen und zu wenden und von allen Seiten zu betrachten, und ziehen und heizen so meine Rede an.»[88] Dass solche Passagen zu endlosen Diskursen ausufern, verhindert allein das leere Gedächtnis, so die anschließende Schlussfolgerung. Aber auch das stimmt nicht, wovon sich jeder Leser überzeugen kann – Montaigne ist ein begnadeter Erzähler und Plauderer auf höchstem Unterhaltungsniveau, jeder abstrakte Gedankengang wird mit einer Fülle von Beispielen illustriert.

So stellt sich dem Leser die Frage, was richtig und was von Montaigne angeblich so verabscheute Lüge ist. Das muss der Leser wie so oft selbst ermitteln. Im Falle des Gedächtnisses und des Lügens oder Nicht-Lügens lautet die Lösung: Auch das auf den ersten Blick chaotische Vorgehen, scheinbar unverbundene Gegenstände aneinanderzureihen, ist Täuschung.

In Wirklichkeit folgt jeder *Essai* einem stringent durchdachten Konzept der Beweisführung, das den Leser zu klar herausgearbeiteten Schlussfolgerungen und deren praktischer Anwendung anleiten soll. So wird der hohe Anspruch, das Wichtige nicht von anderen abzuschreiben, sondern selbst zu denken, voll und ganz eingelöst. Selbst das kunstvoll inszenierte Verwirrspiel von Rede und Gegenrede dient also einem höheren Zweck: In einer Welt, die von Verstellung und Täuschung beherrscht wird, ist es ratsam, auch einem Verfasser, der Lektionen in Lebenslehre erteilen will, nicht unbesehen zu glauben, sondern ihn auf die Probe zu stellen.

Um als Lebenslehrer Erfolg zu haben, ist es sogar am besten, jede Eignung zu diesem Beruf strikt zu leugnen: «Das hier sind meine Stimmungen und Meinungen; ich gebe sie hier wieder, weil sie zu meinen Überzeugungen gehören, nicht damit sie andere glauben. Ich will hier nur mich selbst aufdecken, mich, der ich schon morgen vielleicht ein anderer sein werde, wenn eine neue Lehrzeit mich verwandelt. Ich habe keinerlei Autorität, geglaubt zu werden, und will das auch gar nicht, weil ich mich zu schlecht unterrichtet fühle, um andere zu unterrichten.»[89] Sich selbst als Lehrling in der Schule des Lebens darzustellen, ist eine vertrauensbildende Maßnahme; vor solchen Lehrstunden musste niemand Angst haben. So muss der Lebenslehrer, der sich selbst als Lernender ausgibt, nicht nur zum Schutz seiner aristokratischen Ehre, sondern auch um der entspannten Atmosphäre willen den Eindruck pedantischer Büchergelehrsamkeit vermeiden: «So sehe ich besser als jeder andere, dass das hier (= die *Essais*) nichts anderes als die Träumereien eines Mannes sind, der von den Wissenschaften nur die oberste Kruste genossen hat, und das in seiner Kindheit, und davon nur sehr allgemeine, verschwommene Eindrücke bewahrt hat: ein bisschen von allem und nichts vom Ganzen, eben auf französische Art. Denn ich weiß im Großen und Ganzen, dass es eine Medizin, eine Rechtswissenschaft und vier Teile der Mathematik gibt, und ich weiß ungefähr, auf was sie abzielen.»[90]

Wer weiterliest, erkennt schnell, dass so viel Ignoranz in Wirklichkeit tiefes Wissen und ein Vorteil für das Leben ist. Alles vermeintliche Wissen der Gelehrten hingegen ist Einbildung und Anmaßung und steht dem natürlichen Lebensgenuss im Wege. Jurisprudenz ist mörderische Buchstabenklauberei zum Nachteil der Menschlichkeit, Medizin die Kunst, den Menschen zu töten, bevor es die Gebrechen des Alters tun; über Mathematik wird kein Wort verloren, doch da der Mensch die Natur nur erfahren, aber nicht erkennen kann, sind Zahlenspiele zu nichts gut. Die vermeintliche Bescheidenheit ist also in Wirklichkeit Triumph und eine Schutzmaßnahme: Wer so verwegen ist, Montaigne auf diesem Weg folgen zu wollen, tut das auf eigenes Risiko, er ist schließlich gewarnt worden. Am allerwenigsten geht es darum, eine Schule oder Sekte zu gründen. Solche Beteuerungen, als Dilettant ohne Anspruch auf Gehör zu schreiben, sind ein Leitmotiv der *Essais*: «Das Urteil ist ein Werkzeug, das zu allen Gegenständen passt und sich überall einmischt. Deshalb benutze ich es in den *Essais*, die ich hier schreibe, zu jeder möglichen Gelegenheit; selbst wenn ich von einem Gegenstand nichts verstehe, versuche ich mich daran. Und ich fasse ins Auge, ob es flach genug für mich ist, und wenn nicht, bleibe ich am Ufer dieses Flusses ... Ich ergreife auf gut Glück das erste beste Argument. Sie sind mir alle gleichermaßen recht. Und ich habe nie die Absicht, sie erschöpfend zu behandeln.»[91] Auch das ist ein Appell an den Leser, zutraulich zu werden, und zugleich eine Entwarnung für die Inquisitoren: Hier folgt leeres Gerede, das niemand ernst nehmen soll. Die «unpassenden» Überschriften, die nur einen Bruchteil der nachfolgenden Erörterungen abdecken und im nach 1580 entstandenen dritten Buch der *Essais* den Leser geradezu systematisch irritieren, haben dieselbe Funktion – sie sollen vom tiefen Ernst der Reflexionen und der damit verfolgten Absichten ablenken.

Die Essais von 1580 IV: Strategien des Überzeugens

Trotz aller Einschränkungen, Zurücknahmen, Entschärfungen und Beteuerungen der Inkompetenz können die *Essais* ihre Absicht, den Leser zum guten Leben anzuleiten, nicht völlig verhehlen. Damit steht Montaigne in einer Tradition selbsternannter Weisheitslehrer, die er in der *Apologie de Raymond Sebond* genüsslich der Lächerlichkeit preisgibt. Er muss es also anders machen: «Als ich mich jüngst ganz in mein Zuhause zurückzog, entschlossen, soweit es mir möglich war, den kleinen Rest meines Lebens nur noch darauf zu verwenden, in Ruhe zu leben, schien es mir, ich könnte meinem Geist keine größere Gunst erweisen, als ihn vollständiger Muße zu überlassen, ihn mit sich selbst unterhalten zu lassen und ganz in sich zu rasten und zu ruhen; und ich hoffte, das würde ihm mit der Zeit, mit zunehmender Schwere und Reife, immer besser gelingen. Aber ich stelle fest, dass genau das Gegenteil eingetroffen ist: Wie ein entlaufenes Pferd schafft er sich hundert Mal mehr Sorgen, als er sich vorher Sorgen um andere machte; und er erzeugt mir so viele verrückte Einbildungen und phantastische Monster (*monstres fantasques*), unaufhörlich und ohne Ordnung und Sinn, dass ich angefangen habe, über sie Buch zu führen, um ihre Unsinnigkeit und Absonderlichkeit in Ruhe zu betrachten – in der Hoffnung, dass mein Geist sich mit der Zeit für sie schämt.»[92] Einsames Grübeln in totenstiller Weltabgewandtheit bekommt dem Menschen nicht; wenn er keine realen Probleme hat, bildet er sie sich ein – die arrogante Attitüde so vieler Philosophen war damit als eitles Schaugehabe entlarvt. Jetzt stand Montaigne endgültig auf Du zu Du mit seinem Leser. Und er machte ihn darauf aufmerksam, dass er diese *monstres fantasques* in Form weiterer *Essais* vor Augen haben wird.

Zugleich fordert er den Leser auf, über seine eigenen Ängste und Obsessionen zu reflektieren, und sichert ihm zu, ihn deswegen nicht gering zu schätzen oder gar zu verurteilen: «Ich habe keineswegs den verbreiteten Fehler, über einen anderen nach dem zu urteilen, was ich bin. Ich glaube gerne an Dinge, die ganz anders sind als ich.»[93] Damit ist im Ton der Bescheidenheit erneut eine unbescheidene Ausnahmeposition markiert. Menschen und Tiere neigen dazu, sich selbst zum Maß aller Dinge zu erheben und die Welt ganz aus ihrer Perspektive zu betrachten, die sie für allgemeingültig halten; die Folge ist Unduldsamkeit gegenüber allem, was diese beschränkte Vorstellung sprengt – im Gegensatz zu Montaigne, der lustvoll über seinen eigenen Schatten zu springen behauptet. Dass er damit einen hohen Anspruch erhob, war ihm bewusst; deshalb hat er an dieser Stelle nach dem Erscheinen der ersten Ausgabe der *Essais* reichlich angestückt und ergänzt. Auf diese Weise erweitert sich der Abschnitt zu einem wortmächtigen Plädoyer für die Vielfalt der Lebensführungen, für die Abweichung von engherzigen Normen, ja, für das Anderssein schlechthin: «Wenn ich mich zu einer Lebensform verpflichtet fühle, dann will ich nicht alle Welt auf diese festlegen, wie es ansonsten jeder macht; stattdessen stelle ich mir tausend gegenteilige Arten zu leben vor und glaube an sie; und im Gegensatz zum üblichen Brauch nehme ich den Unterschied zu uns lieber an als die Ähnlichkeit. Ich spreche liebend gern ein anderes Wesen davon frei, meine Lebensart und Prinzipien zu befolgen, und betrachte es ganz in und aus sich selbst, ohne Bezug zu mir, und mache daraus ein eigenes, anderes Modell.»[94]

Es lebe die Differenz, jedes Lebewesen werde nach seiner eigenen Façon glücklich: Dieser Aufruf zu einer umfassenden Toleranz stand in schroffem Gegensatz zu den Gesetzen des Inquisitionszeitalters, das allen Menschen ein Maximum an Konformität im Glauben und Handeln abverlangte. Zugleich bringt es Montaignes Programm zur Erforschung des Menschen auf den Punkt: Er zielt darauf ab, die nahezu grenzenlose Vielfalt individueller und kollektiver Eigenschaften und Verhaltensweisen auszuloten, zu erfassen und zu verstehen, ohne vorab zu verurteilen. Bis 1580 hatten sich diese Untersuchungen auf den heimischen Raum und die Kannibalen beschränkt. Doch damit war das Spektrum des Menschlichen nicht annähernd ausgeschöpft; Erweiterungen des Horizonts versprach eine große Forschungsreise, die Montaigne im selben Jahr antreten sollte. Das hier zitierte Fazit, die Abweichung höher zu schätzen als die Anpassung, war das Ergebnis dieser Expedition.

Wie Montaigne dabei vorgehen wollte, hatte er bereits vor dem Aufbruch festgelegt: «Ich sehe wohl, wie weit die Bedürftigkeit des Lebens reicht. Und wenn ich den armen Bettler vor meiner Tür munterer und gesünder als mich selbst sehe, versetze ich mich an seine Stelle und versuche, meine Seele auf seine Lebensbedingungen auszurichten.»[95] Das war der nächste, logische Schritt: Nach dem Verzicht darauf, sich selbst zum verbindlichen Muster zu nehmen, kommt es darauf an, sich so weit wie möglich in den äußeren und inneren Zustand des anderen hineinzuversetzen. Nur so lässt sich das Ziel dieser empirischen Menschenforschung erreichen: sich selbst in seiner Eigenheit und Eigenart zu erkennen und dann in Beziehung zu den anderen zu setzen. Dieser Vergleich gibt sich als wertfrei aus, doch das ist er nur, solange es um die Spielarten sozial verträglicher Eigenschaften und Verhaltensweisen geht. Der Hauptzweck der Ausmessung des Ichs und der anderen aber besteht darin, die hemmungslos entfesselten Kräfte des Hasses und der Zerstörung durch den Verweis auf das eigene Beispiel zurückzudrängen und zu bändigen. Trotzdem ist der Appell, Andersartigkeit in all ihren gewaltfreien Spielarten Wertschätzung entgegenzubringen, eine Provokation ohnegleichen in einer Zeit der absoluten Unduldsamkeit.

Das höchste damit verbundene Ziel ist die Eindämmung der menschlichen Grausamkeit. Wie sie von der Religion angeheizt wird und wie sie sich in den Bürgerkriegen austobt, wird an vielen Stellen der *Essais* erörtert. Doch woher kommt sie? Die Offenbarung, die Gott den Menschen in Gestalt der Bibel geschenkt hat, ist laut Montaigne wahr und gut; diesen lauteren Glauben haben die Menschen beschmutzt und verschandelt, also muss das Böse von ihnen stammen, somit rein menschlichen Ursprungs sein. Als Ursachen dafür werden in den *Essais* eine extrem ungleiche und ungerechte Gesellschaft, eine falsche Erziehung, die fatale Fehlentwicklung der Zivilisation oder, düsterste Variante, die angeborene Anlage des Menschen zum Bösen diskutiert. Alle diese Erklärungen werden partiell bejaht, speziell der natürliche Trieb zum Quälen und Vernichten des Mitmenschen, wie er sich im Umgang der Kannibalen mit ihren Kriegsgefangenen und in den Scheiterhaufen der Inquisitionen manifestiert. Auf der anderen Seite hat die Natur den Vätern die Liebe zu ihren Kindern eingepflanzt, was zu beweisen Montaigne immerhin einen eigenen *Essai* wert ist.

Also muss es darum gehen, die im Misch- und Rätselwesen Mensch ebenfalls angelegte Neigung zum Mitfühlen und Mitleiden zu stärken. Dabei gilt der pädagogische Leitsatz, dass gute Beispiele zur Nacheiferung anspornen: «Mir scheint, dass die Tugend etwas anderes und Edleres ist als die Neigungen zur Güte, die uns angeboren sind. Die Gemüter, die sich von selbst beherrschen und gut geboren werden, folgen demselben Lauf und zeigen dasselbe Gesicht wie die tugendhaften. Aber die Tugend hat das gewisse Etwas der Größe und ist tatkräftiger, als sich durch einen glücklichen Charakter sanft und friedlich von der Vernunft leiten zu lassen.»[96] So ist es verdienstvoller, den Zorn über eine Beleidigung aus eigener Kraft niederzuringen, als eine solche Kränkung gar nicht zur Kenntnis zu nehmen. Allerdings ist die Seelengröße, die zur Selbstüberwindung befähigt, nur wenigen verliehen, und die Tugend, wie Montaigne an anderer Stelle ausführlich dargelegt hat, stets nah am Laster gebaut, ja sogar fast immer mit diesem vermischt. Das Lob der Tugend zum Nachteil der angeborenen Güte ist also eine der vielen Irreführungen des Lesers und eine heilsame List: Er soll selbst die Rangfolge umkehren und sich zur Güte bekennen – so, wie Montaigne es vormacht.

Dieses Vorbild hat weiterhin nichts Erhabenes und nichts Einschüchterndes: «Was ich an Gutem habe, habe ich ganz durch das Glück meiner Geburt. Ich habe es weder von einem Gesetz noch durch Lektionen noch durch eine andere Lehrzeit.»[97] Auch hier reizte es Montaigne einige Jahre später zu Ergänzungen: «Die Unschuld, die in mir ist, ist eine natürliche Unschuld – wenig Härte, keine Kunst.»[98] Natürliche Unschuld war dem Menschen nach christlicher Auffassung durch die Erbsünde abhandengekommen. Gerade deshalb spitzte Montaigne in einer seiner letzten Hinzufügungen diese Aussage nochmals zu: «Ich habe einige Laster, andere fliehe ich, so sehr, wie es ein Heiliger tun könnte.»[99] Das war keine Heiligsprechung in eigener Sache, sondern souveräner Spott über das verkehrte Menschenbild des Christentums, das Askese, Abtötung und Überwindung des Natürlichen statt natürlicher Güte zu den höchsten Werten erhob.

Die natürliche Güte macht den Menschen zum Freund des Menschen und der Tiere, seiner Genossen: «Mit meinem ganzen Wesen und mit meinem Verstand hasse ich die Grausamkeit abgrundtief als das schlimmste aller Laster, und zwar so sehr, dass ich mit Unbehagen sehe, wie einem Huhn der Hals umgedreht wird, und ich höre sehr ungern die Klagelaute eines Hasen in den Zähnen meiner Hunde, obwohl die Jagd ein wildes Vergnügen ist.»[100] Das Leiden der Tiere als Opfer menschlicher Jagdlust zu beklagen, war für einen Aristokraten, dessen Freizeitvergnügen das edle Weidwerk zu sein hatte, nicht standesgemäß, deshalb der Nachsatz zum Jagdvergnügen.

Grausamkeit stößt nicht nur ab, sondern zerstört auch alle sozialen und politischen Bindungen. Daher ist nichts so populär wie die Güte – mit diesem Cicero-Zitat zog Montaigne Bilanz in eigener Sache: «Unter diesem Aspekt betrachtet, finde ich mich maßvoll in der Rache, ziemlich unempfindlich gegenüber Beleidigungen, skrupulös beim Einhalten meiner Versprechen, weder doppelzüngig noch zu nachgiebig. Zudem passe ich meine Überzeugung weder dem Willen eines anderen noch den Gelegenheiten an. Und was die heute so hoch geschätzten angeblichen Tugenden der Heuchelei und der Verstellung betrifft, so hasse ich sie aus ganzer Seele; unter allen Lastern finde ich keines, das so sehr von Abstumpfung und niedriger Gesinnung zeugt. Es ist eine feige und servile Haltung, sich zu verkleiden und hinter einer Maske zu verbergen und nicht zu wagen, sich so zu zeigen, wie man ist. Dadurch erziehen sich die Menschen heute zur Hinterhältigkeit.»[101]

Das war eine schroffe Absage an die Politik und speziell an die Diplomatie, in der die Kunst der Doppelzüngigkeit gefragt war wie nie zuvor. Eine so leidenschaftliche Anklage gegen die Mächtigen und ihre Diener bedurfte in dieser Zeit des allgegenwärtigen Misstrauens ebenfalls der Entschärfung; wie so oft besteht sie darin, dass Montaigne das eben noch so hochgehaltene eigene Beispiel nachträglich infrage zu stellen scheint: «Die nicht tadelnswerten meiner Eigenschaften finde ich für dieses Jahrhundert unnütz. Die Sanftheit meiner Sitten könnte man Schlaffheit und Schwäche nennen; Glaubwürdigkeit und Gewissenhaftigkeit können als übertrieben und abergläubisch gelten; Offenheit und Freiheit lassen sich als unüberlegt und dreist betrachten. Doch auch das Unglück ist immer für etwas gut. Es ist von Vorteil, in einem so verdorbenen Jahrhundert geboren zu sein, denn im Vergleich mit anderen wird man schnell für tugendhaft gehalten. Wer in unseren Tagen nichts Schlimmeres tut, als seinen Vater zu ermorden und Gott zu fluchen, gilt als Ehrenmann.»[102]

Das lief bei allem Sarkasmus abermals auf das Fazit hinaus, einsam und fremd in der eigenen Zeit dazustehen. Die Frage war, ob das auf Dauer so bleiben musste: «Und es gab niemals Zeit und Ort, wo es für einen Fürsten sichereren und höheren Lohn für die Güte und für die Gerechtigkeit gab. Der Erste, der auf die Idee kommt, sich dadurch Gunst und Glaubwürdigkeit zu gewinnen, wird – da täusche ich mich wohl nicht – seine Genossen zur Nachahmung bewegen. Zwang und Gewalt vermögen vieles, aber doch nicht immer alles.» Dieser Hoffnungsschimmer glomm erst in der Ausgabe von 1588 auf, als sich mit den militärischen Erfolgen des Königs von Navarra, der in Montaignes Augen für Güte empfänglich war, ein erster Silberstreif am düsteren Horizont der Zeit abzuzeichnen begann. Zu den öffentlichen Zuständen Frankreichs war damit das Wesentliche gesagt. Mit ihrem Aufruf zu Duldsamkeit, Gewaltverzicht und einvernehmlichen Lösungen wandten sich die *Essais* an alle Schichten, denn alle waren tief in den Strudel der Grausamkeit versunken. Die ersten Adressaten dieser Botschaften der Vernunft und der Versöhnung aber waren die Mächtigen.

Die beiden Bände der *Essais* wurden im Mai 1580 von dem Verleger und Buchhändler Simon Millanges in Bordeaux gedruckt. Die Auflage betrug höchstens vierhundert Exemplare, davon erhielt der Autor fünfzig zur freien Verfügung. Am 22. Juni brach Montaigne in Begleitung von Bertrand de Cazalis, Herr von Le Frayche und Witwer von Montaignes kurz zuvor verstorbener Schwester Marie, sowie seines siebenundzwanzig Jahre jüngeren Bruders Bertrand in Richtung Paris auf, um dort den König zu treffen. Da in der Metropole nach einer schweren Grippeepidemie auch noch die Pest ausgebrochen war, hatten sich der Monarch und seine Mutter Catherine in ihr unweit davon gelegenes Schloss Saint-Maure zurückgezogen. Dort soll es Anfang Juli zu einer maximal fünfzehnminütigen Audienz gekommen sein, bei der Montaigne seinem Landesherrn seine *Essais* überreichen konnte.

Der leidenschaftliche Büchersammler François Grudé, Herr von La Croix du Maine, berichtet in seiner 1584 unter dem Titel *Bibilothèque françoise* veröffentlichten Bibliographie, dass Heinrich III. diese Gabe mit freundlichen Worten zu Autor und Werk entgegengenommen habe, worauf dieser geantwortet habe: «Majestät, also muss ich Ihnen wohl gefallen, wenn Ihnen mein Buch angenehm ist, denn es ist nichts anderes als ein Abriss meines Lebens und meiner Taten.»[103] Diese Nachricht ist mit Vorsicht aufzunehmen. Zum einen war Grudé nicht dabei. Zum anderen konnte der königliche Empfänger das zweibändige Werk ja noch gar nicht gelesen haben, sein Kompliment ist daher eine höfische Floskel. Floskel ist auch die angebliche Replik Montaignes. Dass seine *Essais* Spiegel seiner Persönlichkeit seien, steht schon im Vorwort und wurde in literarisch interessierten Kreisen schnell zum Gemeinplatz. Insgesamt ist die Schilderung der Begegnung so blass und schemenhaft, dass nicht einmal sicher sein kann, dass sie tatsächlich stattgefunden hat.

Die Reise nach Paris war, wie ihr Verlauf zeigt, von langer Hand geplant. Sie führte Montaigne und seine beiden Begleiter zuerst nach La Fère in die Picardie, wo königliche Truppen eine von Hugenotten besetzte Festung belagerten. Dass die drei Herren aus der Guyenne dort an Kampfhandlungen teilnahmen, ist unwahrscheinlich, da diese sonst in den *Essais* Erwähnung gefunden hätten. Dafür kämpften andere umso blutiger. Bis La Fère im September 1580 eingenommen wurde, verloren etwa 800 Belagerte und 4000 Belagerer ihr Leben. Doch zu diesem Zeitpunkt war Montaigne mit seinen Begleitern schon längst nicht mehr dort.

VIERTES KAPITEL

DIE REISE NACH ROM

1580–1581

Das «Reisetagebuch» und seine Rätsel

Über seine Reise vom belagerten La Fère nach Rom hat Montaigne Aufzeichnungen hinterlassen, die mangels einer eigenhändigen Überschrift als sein *Journal de voyage*, sein «Reisetagebuch», bezeichnet werden. Ein solcher Titel lädt zum Mitreisen im Geiste ein: Mit Montaigne von Tag zu Tag unterwegs durch Süddeutschland, die Schweiz, Österreich und Italien und zurück! So ist dieser Text bis heute auch überwiegend gelesen worden: als ein Reiseführer voller pittoresker Eindrücke, origineller Beobachtungen und geistreicher Kommentare zu Land und Leuten. Das alles hat das *Journal de voyage* tatsächlich zu bieten, aber das ist nicht alles. Die scheinbar so eindeutige Quelle wirft bei näherer Betrachtung eine Reihe von Fragen auf, die beantwortet werden müssen, bevor man dem Reisenden auf seinem Weg folgt. Zu diesem Zweck müssen die Reise und ihr Bericht in umgekehrter Reihenfolge, also vom Ende her, betrachtet werden – ein Wechsel der Perspektive, der Montaigne, dem Meister in dieser Kunst, fraglos gefallen hätte.

Präziser kann ein Reisender nach seiner Rückkehr nicht Bilanz ziehen: «Montaigne, sieben Meilen. Von dort war ich am 22. Juni 1580 aufgebrochen, um mich nach La Fère zu begeben. So hatte meine Reise 17 Monate und 8 Tage gedauert.»[1] So lautet der letzte Eintrag im *Journal de voyage* vom 30. November 1581. Er beschreibt die letzte, sieben Meilen weite Wegstrecke von Mauriac bis ins heimatliche Schloss. Dort musste sich der Rückkehrer neuen Aufgaben und Herausforderungen stellen: Am 1. Oktober hatte ihn in Rom die Nachricht erreicht, dass ihn die Stadtverordneten (*jurats*) von Bordeaux zum Bürgermeister gewählt hatten, und zwar einstimmig, wie er später in seinen *Essais* stolz vermerkte. Die ehrenvolle Berufung markierte, so schien es, das logische Ende der langen Exkursion zu fremden Ländern und Menschen – die Heimatstadt rief, und mit ihr der König. Hinter diesem prestigeträchtigen Auftrag musste die unstillbare Lust auf neue Erfahrungen zurücktreten.

In diesem Sinne ist das Ende der Fahrt, die Montaigne in einem weiten Bogen über Süddeutschland und Tirol nach Italien und wieder zurück führte, lange nahezu einhellig gedeutet worden: Pflicht geht vor Neigung, ein wahrer Humanist widmet sich hingebungsvoll dem Dienst am Gemeinwohl. Doch bei näherer Betrachtung zeigen sich andere Motive für die Reise und die Rückkehr.

Die kritische Hinterfragung des *Journal de voyage* setzt bei simplen Fakten wie der Reisegeschwindigkeit an. Die «sieben Meilen» von Montaignes Schlussetappe entsprechen etwas mehr als 35 Kilometern. Als geübter und ausdauernder Reiter, wie er sich in den *Essais* schildert, bewältigte er solche Entfernungen mühelos in viereinhalb Stunden; die Distanz von seinem ländlichen Wohnsitz zum Rathaus von Bordeaux, seinem künftigen Amtssitz, war sogar sieben Kilometer länger, ohne dass ihn das vier Jahre lang am regelmäßigen und schnellen Pendeln hinderte. Viele Tagesetappen zwischen Rom und Montaigne sind genauso kurz oder noch kürzer als die letzte. Der Reisende kann es daher mit der Rückkehr in die heimatlichen Gefilde und mit der Übernahme seines neuen Amtes nicht eilig gehabt haben. Das fiel auch anderen auf, und zwar unangenehm. Sogar seine Wähler, die *jurats*, mussten den frisch Gekürten zu etwas mehr Eile drängen – die konfessionspolitische und militärische Lage in Bordeaux duldete keinen Aufschub, schwere Konflikte kündigten sich an.

Aber das neue Stadtoberhaupt in spe blieb, nachdem es am 1. Oktober von seiner Wahl zum Bürgermeister erfahren hatte, in Rom und hatte andere Pläne: «Am Sonntag, dem 8. Oktober, traf ich in den Diokletians-Thermen einen Italiener, der lange Zeit als Sklave in der Türkei zugebracht und dort seltene Sachen in der Manege gelernt hatte.»[2] Einem professionellen Kunstreiter zuzusehen, der sich bei rasantem Galopp im Sattel aufrichtete, zielsicher einen Spieß schleuderte, sich danach mit nur einer Hand am Sattelgurt festhielt und mit dem rechten Fuß den Boden touchierte, hatte Vorrang vor den Wirren der französischen Politik. Dasselbe galt für eine kirchenfürstliche Haushaltsauflösung zwei Tage später, die Montaigne auf Einladung des französischen Botschafters zusammen mit diesem besichtigte. Der Kardinal Orsini, der diesen Sommer in Neapel verstorben war, hatte seiner zweijährigen Nichte seinen gesamten Besitz hinterlassen, der jetzt an die Meistbietenden versteigert wurde. Auf diesem aristokratischen Flohmarkt kam Montaigne nicht aus dem Staunen heraus: eine Bett-Überdecke aus Schwanenfedern, ein Straußenei mit feiner Ziselierung und galanter Bemalung, ein Juwelenkästchen mit Seiten aus Kristall und kostbarem Geschmeide. Das waren verlockende Souvenirs, aber für den Transport nach Hause entweder zu zerbrechlich oder zu teuer. Zudem häuften sich die Mitbringsel bereits bedenklich, darunter ein kostbarer Rosenkranz mit der Darstellung des Agnus Dei.

Nochmals zwei Tage später, am 12. Oktober, besuchte Montaigne in Begleitung eines französischen Kardinals die Lateransbasilika und Sankt Paul vor den Mauern; zu einem stilvollen Abschied hätte ein Gebet in den übrigen fünf Hauptkirchen gehört, aber der künftige Bürgermeister von Bordeaux ließ es bei diesem reduzierten Beleg für seine katholische Gesinnung bewenden. Drei Tage danach erfolgte dann endlich der Aufbruch aus der Ewigen Stadt, weiterhin nach dem Motto «Nur nicht hetzen», denn die vielen Edelleute, die dem Abreisenden das Ehrengeleit geben wollten, liebten keinen Stress und erst recht kein frühes Aufstehen.

Von der römischen Porta del Popolo bis nach Montaigne dauerte die Rückreise, die bei gemächlichem Tempo in dreieinhalb Wochen bequem zu schaffen gewesen wäre, volle siebenundvierzig Tage – so viele Sehenswürdigkeiten lagen am Weg, und jede von ihnen war einen Umweg wert. Seine genüssliche Trödelei brachte dem künftigen Bürgermeister, der in Frankreich zeitweise als verschollen galt, sogar einen geharnischten Tadel seines Königs ein: «So befehle ich Euch ausdrücklich, dass Ihr so schnell wie möglich zurückkommen sollt. Und damit tut Ihr mir einen großen Gefallen, und das Gegenteil würde mir außerordentlich missfallen.»[3] Das Schreiben fand der so rüde Abgemahnte bei seiner Rückkehr im heimatlichen Schloss vor. Trotz der königlichen Ermahnung legte Montaigne auch nach seiner Rückkehr keinen größeren Diensteifer an den Tag, denn neue *Essais* wollten geschrieben werden, und die Arbeit daran ging vor. Warum diese provozierende Langsamkeit, die an Insubordination grenzte? Gewagt war das ostentative Desinteresse auf jeden Fall, wie die indignierte Reaktion des Monarchen zeigt.

Ungewöhnlich ist auch das Manuskript der Reisebeschreibung und seine Geschichte. Sie beginnt im Jahr 1770, als der Abbé Joseph Prunis, ein weltgewandter und bildungsbeflissener Weltgeistlicher aus dem Périgord, auf der Suche nach Dokumenten für die Geschichte dieser Provinz neben vielen anderen adeligen Herrensitzen auch das Schloss Montaigne be-

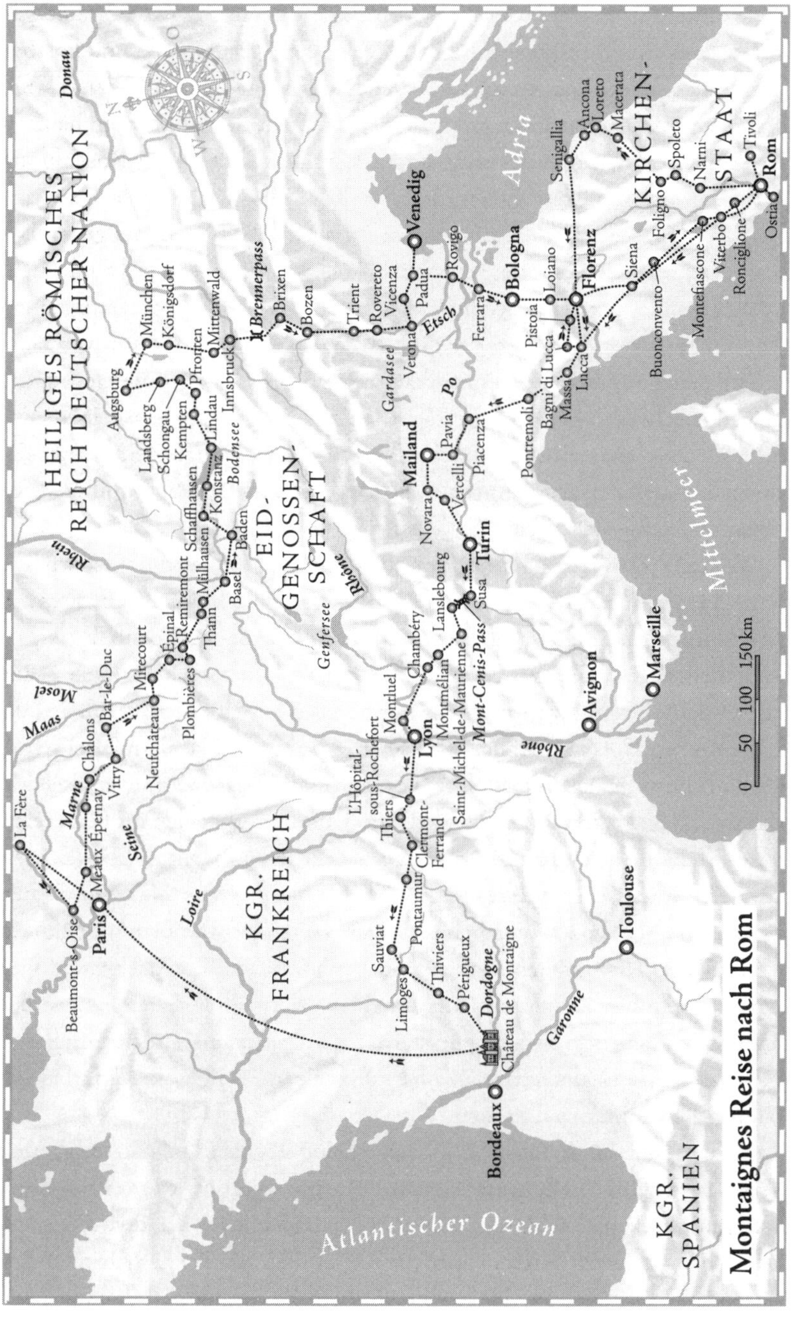

Montaignes Reise nach Rom

suchte und dort in einer verschlossenen Truhe ein Konvolut von 278 Seiten fand. Obwohl zwei Blätter mit den Angaben zu Verfasser und Titel sowie die einleitenden Passagen fehlten, war er sich schnell sicher, einen Schatz gehoben zu haben: Montaigne galt den Literaten und Philosophen der Zeit als ein Vorläufer der Aufklärung, ein Text aus seiner Feder musste daher auf großes Interesse stoßen. In erster Linie erwarteten sie von seinem Reisebericht gepfefferte Kommentare zum Papsttum und dessen fataler Rolle in den Religionskriegen, schließlich hatte Papst Gregor XIII., der dem Besucher aus der Guyenne eine Audienz gewährte, das Massaker an den französischen Calvinisten nicht nur gerechtfertigt, sondern zum glücklichsten Augenblick seines Pontifikats erklärt. Solche Hoffnungen wurden jedoch enttäuscht. Stattdessen stieß man bei der Lektüre auf ebenso ausführliche wie unappetitliche Beobachtungen zu Montaignes Stoffwechsel, speziell zu den Ausscheidungen in flüssiger und mehr oder weniger fester Form.

Die schwersten Irritationen aber bewirkte die Anlage des Texts selbst. Sein längerer erster Teil ist in der dritten Person verfasst, so dass hier ein Herr Montaigne in meist sehr gravitätischer Attitüde seine Beobachtungen und Meinungen kundtut. Danach geht der Bericht zwar in die Ich-Form über, wechselt aber bald darauf die Sprache – Montaigne versuchte sich im Italienischen, dessen Orthographie er allerdings noch konsequenter missachtete als im Französischen. Das Manuskript herauszugeben war also eine dornige Aufgabe, die zudem von mancherlei Eifersüchteleien und Querelen unter den Gelehrten überschattet wurde. Für die schwierige Übersetzung aus dem Italienischen wurde ein Muttersprachler namens Giuseppe Bartoli angeheuert, der sein Bestes gab, aber vor manchen nach Gehör notierten Wendungen Montaignes in dessen kaum leserlicher Handschrift immer wieder kapitulieren musste. Überprüfen lässt sich seine Übertragung leider nicht mehr, denn kurz nach dem Erscheinen der Erstausgabe im Jahre 1774 verschwand das Manuskript aus der königlichen Bibliothek, und zwar bis heute auf Nimmerwiedersehen.

Das erste Hauptstück des Reisetagebuchs wurde, folgt man seinem Wortlaut, von einem Sekretär verfasst. Warum legte sich Montaigne einen solchen Reisebegleiter zu, der auf ein höheres Gehalt als die übrige Dienerschaft Anspruch hatte, und warum entließ er diesen von einem Tag auf den anderen? «Nachdem ich denjenigen meiner Diener, der sich diesem schönen Geschäft gewidmet hatte, entlassen habe, und dieses Geschäft so weit fortgeschritten sehe, muss ich es selbst fortführen, so lästig es mir auch fallen mag.»[4] So lautet der Eintrag im *Journal*, bevor es mit dem 16. Februar 1581 in der Ich-Form weitergeht. Hatte es unerquickliche Vorfälle gegeben, die einer Weiterbeschäftigung im Wege standen? Hatte der Sekretär gar den ersten Teil des Reisetagebuchs ganz oder weitgehend auf eigene Faust verfasst? Doch warum hätte es Montaigne dann fortgeführt? Oder ist der «Diener» nur eine literarische Fiktion, die es erlaubt, Montaigne, der in Wirklichkeit von Anfang an selbst schreibt, so majestätisch wie möglich auftreten zu lassen? Doch warum erfolgte dann dieser brüske Stilwechsel? Warum fühlte sich Montaigne verpflichtet, das einmal begonnene und inzwischen angeblich zur Last gewordene Unternehmen zu Ende zu führen? Eine persönlichere und privatere, von allem Erwartungsdruck und fremden Einflussnahmen freiere Textgattung als ein Reisetagebuch lässt sich schließlich kaum denken – es sei denn, die Eintragungen waren von Anfang an in dieser Form zur späteren Veröffentlichung bestimmt. Dagegen spricht jedoch die uneinheitliche Anlage des Berichts und sein ausgeprägt experimenteller, ja spielerischer Grundzug, zu dem sich der Verfasser ausdrücklich bekennt: «Versuchen wir also, ein wenig in dieser anderen Sprache zu sprechen, schließlich befinde ich mich in der Gegend der Toskana, in der man sie am reinsten spricht, ganz unverdorben durch die Vermischung mit benachbarten Dialekten (*patois*).»[5] Mit diesen Worten kündigt Montaigne die Fortsetzung seiner Eintragungen auf Italienisch an.

Die Wortwahl sticht ins Auge: Nicht von Italienisch schreiben, sondern von Italienisch sprechen ist die Rede. Dazu hatte der Reisende bislang wenig Gelegenheit gehabt; innerhalb der Reisegruppe war selbstverständlich das Französische in Gebrauch, mit höhergestellten Persönlichkeiten in den großen Städten, speziell mit den Prälaten in Rom, kam das Lateinische zu Ehren, angeblich ja Montaignes «Erstmuttersprache». Mit der Sprache veränderten sich auch die Blickwinkel, das soziale Umfeld der Kommunikation und nicht zuletzt deren Stil. Nach dem Wechsel ins Italienische ging es dem Reisenden nicht mehr vorrangig um die Selbstdarstellung als Aristokrat, um die Anbahnung nützlicher Beziehungen und um die Erforschung anderer Menschen, sondern um die eigene psychische und physische Befindlichkeit mit ihren vielfältigen Wechselwirkungen.

Zum unerschöpflichen Thema Krankheit und Gesundheit konsultierte

Montaigne Personen aus allen Ständen; dabei versprach er sich von volkstümlichem Heilwissen mehr als von der Pseudogelehrsamkeit der approbierten Kurpfuscher. Zudem waren die öffentlichen Bäder, in denen der von Nierensteinen geplagte Reisende mit eiserner Disziplin Wasser schluckte und trat, für lockeren Umgangston und freizügige Sitten bekannt. So fehlt es in Montaignes Aufzeichnungen nicht an süffisanten Hinweisen auf diebische Prostituierte, vor denen Schilder vergeblich warnen, und auf allerlei munteres Treiben in den gemischtgeschlechtlichen Planschbecken.

Diesen Wechsel des sozialen und kulturellen Milieus und des kontaktierten Personenkreises soll «diese andere Sprache» widerspiegeln. Für eine gehobene Konversation auf Italienisch fehlte Montaigne der Wortschatz. Aber gerade in der Andersartigkeit des verfügbaren Vokabulars bestand für ihn offensichtlich der Reiz: Er sah und beschrieb sich in völlig anderen Situationen, mit anderen gesellschaftlichen Schichten und Menschentypen, mit anderen Regungen des Körpers und Gemüts, mit einer anderen, lockereren Moral, aber auch mit anderen Ängsten, wie die hypochondrisch anmutende Tag-und-Nacht-Diagnose seines Körpers und seiner Körperfunktionen zeigt.

Das *Journal de voyage* erweist sich so als der Rechenschaftsbericht über eine Mehrzweck-Forschungsreise. Ihre Untersuchungsgegenstände sind die Gegenwart mit ihrem ausgeprägten Hang zur Destruktivität, die Anlässe und Ursachen dieser Gewaltorgien sowie, fraglos an erster Stelle, das eigene Ich des Reisenden, der sich wie schon in den *Essais* im Vergleich mit Menschen anderer Herkunft, Sprache und Kultur fragen muss, in welchem Maße er diese fatalen Anlagen teilt, wie er sich zu den Zeittendenzen stellt und wie er von seinen Mitmenschen gesehen wird. Diese Selbsterkundung kann nur gelingen, wenn sie aus verschiedenen Perspektiven erfolgt, so dass ein Montaigne in den unterschiedlichsten Lebenslagen und Rollenspielen abgebildet wird.

Der Kammeredelmann des französischen Königs, der ernsthafte Konversation mit Standesgenossen betreibt, diese für sich einnimmt und von ihnen selbstverständlich für Ihresgleichen gehalten wird, ist die Hauptperson der Reise bis vor die Tore Roms. In der kosmopolitischen Metropole am Tiber tritt dann der empirische Menschenforscher beherrschend hervor. Darauf drängt sich der Heilwasser schluckende und tägliche Urinmengen messende, von Migräne geplagte und von körperlichen Verfallsängsten aller Art gepeinigte Endvierziger in den Vordergrund, der allen adeligen Anstandsregeln widerspricht und daher nicht vorzeigbar ist. Der Tagebuchschreiber selbst hält diese dritte Perspektive, die ihn in die Untiefen seines Körpers und seiner Psyche hinabführt, gerade noch aus, andere würden sich angewidert oder erschrocken abwenden. Durch die unterschiedlichen Perspektiven seiner Notizen konnte sich der Tagebuchschreiber bewusst machen, was er der äußeren Welt, der Familie, dem Stand und dem eigenen Land schuldete und wo die unveräußerlichen Rechte des Individuums mit seinen Bedürfnissen, Sehnsüchten, Lüsten und Ängsten einsetzen. Montaigne hatte diese Untersuchungen bereits in der Heimat begonnen; erste Resultate lagen in den *Essais* nachlesbar vor. Jetzt galt es, die Ergebnisse in anderen Ländern und mit anderen Menschen zu überprüfen und sie so einem regelrechten Härtetest auszusetzen.

Der höchste Zweck der Reise war also der Versuch, sich selbst und eine Zeit zu verstehen, in der das Ich sich fremd und zugleich eingebunden fühlt. Das durch die Philosophen der Antike geadelte Streben nach Selbsterkenntnis kann nur Erfolg haben, wenn sich das Ich mitten ins Getriebe der Welt begibt. Gelingen kann das ehrgeizige Unterfangen ferner nur, wenn sich das Ich auf der Suche nach sich selbst und seinem Verhältnis zu den anderen in der Interaktion mit diesen anderen beobachtet und mit ihnen vergleicht. Zu diesem Zweck muss der Reisende zu sich selbst Distanz gewinnen, sich auf verschiedenen Bühnen auftreten sehen und sich in unterschiedlichen Rollen und mit wechselnden Masken wahrnehmen. Auf diese Weise wurden die Reiseaufzeichnungen zu einer wertvollen Vorstufe und Materialsammlung für die neuen *Essais*. Die Ergebnisse der fast anderthalbjährigen Forschungsreise nach innen und außen sollten das dritte Buch dieser «Versuche» füllen.

Damit ist auch die Frage nach dem rätselhaften Sekretär einer Antwort nähergebracht. Einen «Chronisten» anzustellen, der nicht nur nach Diktat niederschreibt, also die Selbstbeobachtungen und Selbstzeugnisse seines Dienstherrn getreulich registriert, sondern auch eigene Eindrücke einfließen lässt, würde eigentlich dem Ziel, sich selbst aus möglichst großer Distanz sowie mit den Augen der anderen zu sehen, entsprechen. Allerdings könnte ein Zuviel an Eigenständigkeit bei diesen Aufzeichnungen und damit eine unerwünschte Abweichung der Fremdwahrnehmung vom selbst wahrgenommenen und entworfenen Bild auch der Grund für die Entzweiung nach mehr als einem halben Jahr gemeinsamer Reise gewesen sein.

Aufschlüsse dazu und zu den anderen Fragen wären von Deckblatt und Einleitung des Texts zu erwarten, die es nicht mehr gibt, aber wohl einmal gegeben hat. Der Abbé Prunis, der Entdecker des Manuskripts, war davon überzeugt, dass diese ersten Seiten nachträglich herausgerissen worden waren. Da der Band fast zweihundert Jahre unbeachtet vor sich hin geschlummert hatte, kamen dafür nur Mäuse oder Montaigne selbst infrage. Für die Nager gilt angesichts der verschlossenen Truhe die Unschuldsvermutung. Aber warum hätte der Verfasser und Eigentümer des Textes diesen nachträglich verstümmeln sollen? Um der Nachwelt eine Zeitkapsel mit viel Rätselpotential zu hinterlassen? Dem Sprach- und Verwirrungsvirtuosen Montaigne mit seinem ausgeprägten Spieltrieb wäre das durchaus zuzutrauen. Oder wollte er den verhasst gewordenen Sekretär, der sich in der Titelei vielleicht verewigt hatte, um sein Nachleben bringen?

Starke Indizien sprechen dafür, dass es den Sekretär nie gegeben hat. Er ist eine Erfindung Montaignes, der seine Aufzeichnungen perspektivisch brechen und dem Leser Rätsel aufgeben wollte. Einen solchen Leser muss er für die beiden ersten Teile des *Journal*, sei es im «Rohzustand», sei es überarbeitet, ins Auge gefasst haben. So viel literarische Fiktion und Kunstfertigkeit hätten sich sonst erübrigt. Wenn man Montaignes Aufzeichnungen mit diesem Anfangsverdacht liest, stößt man auf immer mehr Fingerzeige, dass diese Spur heiß ist. Ein solcher Hinweis ist, dass der «Sekretär» fast von Anfang an nicht nur von und für Herrn Montaigne, sondern auch in Ichform schreibt, und das in Situationen, die nur Montaigne selbst erlebt hat, und von Eindrücken, die nur dieser gewonnen haben kann. Zudem stimmt seine Einschätzung solcher Situationen nahtlos mit der Montaignes überein. Der «Sekretär» fällt also schon lange vor seinem angeblichen Ausscheiden immer wieder aus der Rolle, am deutlichsten kurz davor: «Am dritten Januar (= 1581) zog der Papst an unserem Fenster vorbei.»[6] Dieser Eintrag ist schon durch die – damit nicht zum ersten Mal gewählte – Wirform auffällig: Vor dem Fenster des Herrn Montaigne hätte es gemäß der Sekretär-Version heißen müssen. Auch der nachfolgende Satz ist verräterisch: «Der Papst steigt ohne Hilfe eines Steigbügelhalters zu Pferd, und ja, er befindet sich im 81. Lebensjahr.»[7] Von der robusten Konstitution des greisen Pontifex maximus ist fast wörtlich ein weiteres Mal die Rede, als von Montaignes Audienz beim Papst berichtet wird; da dieser feierlichen Zeremonie keiner seiner Diener beiwohnte, muss er sie, hält man an der Existenz eines Sekretärs fest, diesem diktiert haben. In beiden Fällen erregt die Beobachtung Neid: so alt und so gesund! Ein solcher Vergleich machte jedoch nur aus der Perspektive des erst siebenundvierzigjährigen, aber von Gebrechen aller Art gebeutelten Montaigne Sinn. So bleibt nur der Schluss, dass Montaigne die Fiktion, einen mit der Niederschrift seiner Gedanken und Beobachtungen betrauten Angestellten mit auf die Reise genommen zu haben, schon vor dessen angeblicher Entlassung aufzugeben beginnt.

Noch aufschlussreicher ist der Eintrag vom 14. Januar: «An diesem selben Tag sah ich der Hinrichtung zweier Brüder, ehemaliger Diener des Sekretärs des Kastellans der Engelsburg (= Giacomo Boncompagni), zu, die diesen Sekretär einige Tage zuvor nachts ermordet hatten, und zwar im Palast des genannten Herrn Giacomo Boncompagni, des Sohns des Papstes.»[8] Darauf folgt die ausführliche Schilderung der grausamen Exekution mit allen schaurigen Details. Dass der Berichterstatter nicht Montaigne selbst, sondern sein Adlatus ist, hat man aus Montaignes Widerwillen gegen solche «Theater des Schreckens» geschlossen – und dabei die Pointe übersehen. Das Brüderpaar hat ja mit dem Mord an dem Sekretär auf verbrecherische Art und Weise dasselbe getan, was Montaigne nach eigenen Angaben auf sehr viel zivilere Art und Weise bald selbst erledigen wird, nämlich einen Sekretär seiner Tätigkeit beraubt. Der parodistische Effekt ist unübersehbar: Montaignes angeblicher Sekretär beobachtet kurz vor seiner «Entlassung» eine Szene, in der es um die Bestrafung der gewaltsamen Beseitigung eines Berufskollegen geht! Das darf als ein witzig verklausuliertes Geständnis Montaignes gewertet werden, dass es den Sekretär des *Journal de voyage* nie gegeben hat.

Die *Essais* sollen neben Selbsterkenntnis und Zeitdiagnose auch der Verewigung des Ichs dienen, dessen Unverwechselbarkeit und Einzigartigkeit sie gegen die Vernichtung durch den alles zermalmenden Zahn der Zeit zu schützen hatten. Demselben Zweck dienen auch die Eintragungen des Reiseberichts, allerdings auf andere Art und Weise. Während die «Versuche» ein zwar äußerst facettenreiches, aber aus der geruhsamen Schreibtischperspektive abgeklärtes und damit statisches Bild liefern, zeigt das Tagebuch Montaigne in Aktion und Bewegung, gewissermaßen im Video-

Format: in täglichen Einblendungen, mit offenem Ausgang und, zumindest im ersten Teil, durch die Erzählung in der dritten Person, tatsächlich wie von einer Kamera aufgenommen. Auch das spricht dafür, dass eine literarische Verwertung des Reisejournals über seine Funktion als Motiv-Steinbruch für die *Essais* hinaus vorgesehen war, sei es durch die Veröffentlichung der beiden ersten Teile als ein Werk landeskundlicher und politischer Natur, sei es als Anekdotensammlung oder Reiseführer.

So ist es im Sinne Montaignes, wenn sich der Leser im Geiste mit ihm zusammen auf den Weg nach Rom und zurück macht. Die Frage, ob Montaigne mit dieser Reise weitere, sehr konkrete Ziele verfolgte, soll vorerst offenbleiben.

Die Reise des Standesherrn

Schon auf den ersten Stationen der Reise herrscht ein gravitätischer Gestus vor: Ein Adeliger von echtem Schrot und Korn besucht pietätvoll die Monumente, die andere Personen von Rang hinterlassen haben, lässt sich zu Gesprächen mit verdienten Gelehrten herab, inspiziert wie ein General auf Urlaub Mauern, Wehranlagen und Maschinen aller Art, hört sich mit skeptischem Lächeln lokale Anekdoten und Wundergeschichten an und macht sich über all das seine kritischen Gedanken. So werden in Meaux unweit von Paris Knochen in Augenschein genommen, die die dortigen Mönche – allesamt von aristokratischer Abkunft, wie wohlwollend vermerkt wird – als Überreste Ogiers des Dänen ausgeben, eines der mythischen Paladine Rolands, des Helden im Dienst Karls des Großen. Was Herr Montaigne davon hält, macht er durch einen simplen Vergleich deutlich: Der Armknochen des angeblichen Riesen ist ja nicht viel länger als sein eigener! In Epernay, der übernächsten Etappe, wird das Grabmal des Marschalls Strozzi in Augenschein genommen, das durch seine Bescheidenheit auffällt: keine Inschrift, kein Wappen. Wahre Vornehmheit hat solche Statusabzeichen nicht nötig, was Montaigne, dem Neuadeligen aus der Guyenne, offensichtlich zu denken gibt; Konsequenzen für sein eigenes Auftreten zieht er daraus jedoch nicht. Am selben Ort führt er gehaltvolle

Gespräche mit einem gelehrten Jesuiten, in dem er einen Leidensgenossen entdeckt, denn auch Herr Maldonat wird von Nierensteinen geplagt und empfiehlt zur Linderung dieses Übels die Bäder von Spa. Das sei ein Ort, den auch ein Aristokrat ohne Prestigeverlust besuchen dürfe, wie viele hohe Herren durch ihre Anwesenheit bezeugt hätten. Der kluge Jesuit wusste also, worauf es ankam.

Einige Reisestationen weiter, in Vitry-le-François, werden «drei erinnerungswürdige Geschichten»[9] notiert. Eine hochadelige Dame macht trotz ihrer siebenundachtzig Jahre täglich ausgedehnte Spaziergänge. Von sehr hohem Alter zeigt sich Montaigne nicht nur beim Blick auf den Papst fasziniert. Und er zieht seine Schlüsse: Die Natur behandelt ihre Geschöpfe sehr unterschiedlich, freigebig oder knauserig, was die Lebenszeit betrifft; auf weitere vierzig Lebensjahre wie die rüstige Greisin durfte Montaigne in Anbetracht seiner chronisch verstopften Harnröhre kaum hoffen. Die beiden anderen Geschichten handeln von anderen Ungerechtigkeiten, menschlichen und natürlichen. Acht Mädchen aus derselben Gegend haben beschlossen, sich in einer männlich beherrschten Welt als junge Männer auszugeben. Eines von ihnen namens Mary ist mit dieser Verwandlung erfolgreich, verdient gutes Geld als Weber, heiratet sogar, und zwar zur vollen Zufriedenheit der Gattin, wird aber kurz darauf denunziert und als Geschlechtsfälscherin zum Tode verurteilt. Die Metamorphose, von der die dritte Geschichte handelt, verläuft glimpflich: Die «bärtige Marie» entdeckt mit zwanzig Jahren ihre männlichen Geschlechtsmerkmale und wird daraufhin von den höchsten kirchlichen Autoritäten in Germain umbenannt. In Augenschein nehmen lässt sich dieser Germain leider nicht; stattdessen lässt sich Montaigne die Wahrheit der Geschichte von lokalen Honoratioren bestätigen. Ihn fasziniert das Problem der Identität, ihre Austauschbarkeit und Vortäuschbarkeit und die dahinterstehende Frage, die die *Essais* stets aufs Neue stellen: Wer bin ich? Im Gegensatz zum Prozess des Martin Guerre hat er die beiden Erzählungen aus Vitry später nicht für einen *Essai* ausgewertet und das Vorgehen der Justiz gegen den falschen Weber auch nicht kritisiert. Offensichtlich betrachtete Montaigne diesen Akt der Selbstbestimmung als Anmaßung und Auflehnung gegen die natürliche Rangordnung der Geschlechter.

Jeanne d'Arc, deren Geburtshaus Montaigne in Domremy besichtigt, wird von einer solchen Missbilligung ausgenommen. Die Familie der kriegerischen Jungfrau, die von den Engländern als Hexe verbrannt wurde und danach zur französischen Nationalheldin aufstieg, wurde vom König geadelt; auf ihrem Wappen darf sie neben einem Schwert sogar die königlichen Lilien führen. Auch hier kann Montaigne, der es mit der Anerkennung als Aristokrat sehr viel schwerer hatte, seinen Neid nicht verhehlen. Im nahegelegenen Mirencourt steht dann wieder die Geschlechterfrage im Mittelpunkt. Dort gibt es ein Kloster, in dem junge Mädchen aus gutem Hause standesgemäß untergebracht und mit lukrativen Pfründen versorgt werden. Dazu müssen sie kein Keuschheitsgelübde ablegen, und wenn sie sich verheiraten wollen, steht ihnen der Austritt frei; allerdings müssen sie dann auf ihre Einkünfte verzichten. Die Wahl fällt den meisten von ihnen nicht schwer: «Die Mehrheit von ihnen beschließt dort ihre Tage, will ihre Lebensbedingungen also nicht verändern.»[10] Das ist kein Wunder, schließlich sind die Frauen dort keinem Mann untertan, entgehen also jeder Art von *servitude*, der erzwungenen wie der freiwilligen Unterwerfung. Obwohl zu diesem Zeitpunkt noch kein Verfechter der Gleichberechtigung, kann sich Montaigne, der dieselben Ideale teilt, einer gewissen Sympathie nicht enthalten.

Hierauf folgt ein längerer Abstecher in die Bäder von Plombières, wo Montaigne die strenge Sittlichkeit des Umgangs trotz leichter Badebekleidung hervorhebt. Seine Eintragungen zu den physischen Reaktionen auf die Trinkkur – acht Tage lang neun Gläser, drei Tage lang sieben Gläser und insgesamt fünf Bäder – schrammen hart an der Grenze des guten Geschmacks entlang: «Herr Montaigne fand das Wasser gut zum Trinken und ließ es immer vor dem Mittagessen wieder ab.»[11] Nach außen besiegelt er sein standesgemäßes Verhalten durch einen speziellen Ritus: «Nach Art des Landes» hinterlässt er seiner Wirtin «einen Holzschild mit seinem Wappen, den ein örtlicher Maler für einen Dukaten bemalte; und die Wirtin ließ diesen mit aller Sorgfalt an der Außenmauer anbringen».[12] Der hohe Rang des Gastes adelt das Gasthaus – gemäß dieser selbstgewissen Devise schmückte der Reisende alle wichtigen Stationen seiner Reise mit dem Abzeichen seiner Vornehmheit. Wie wichtig ihm diese Markierung war, zeigt sein letzter Blick vor der Abreise: Das Wappen war gut sichtbar angebracht! Adeliger Rang musste sichtbar gemacht werden, sonst zählte er nicht. Dass Montaigne an diesem Brauch nicht nur in Frankreich, sondern auch im Ausland festhielt, wo der soziale und politische Nutzen für ihn und seine Familie fraglich war, erklärt sich aus der Methode der Forschungsreise: Auch Schweizer, Österreicher und Italiener sollten ihn als Aristokraten wahrnehmen, das gehörte zum Spiel und zu seiner Rolle.

Am 27. September brach die Reisegesellschaft von Plombières auf, genau einen Monat später kam sie in Bozen an. In dieser Zeit hätte sich bequem die ganze Strecke bis Rom zurücklegen lassen – der Weg war also zugleich ein Ziel. An allen größeren Orten folgte der Aufenthalt einem festen Rhythmus. Dazu gehörten Besuche bei den lokalen Honoratioren, Entgegennahme von Ehrenbezeugungen und Gespräche mit Gelehrten. Ganz oben auf der Prioritätenliste aber stand die Erforschung der konfessionellen Verhältnisse und der damit verbundenen Sitten und Gebräuche. Durch dieses Programm war der Tag mit Terminen angefüllt und sein Ablauf minutiös getaktet. Doch woher wusste Montaigne, an wen er sich zu wenden hatte? Und woher wussten die Vertreter der städtischen Obrigkeit, mit wem sie es zu tun hatten? Wer auch immer diesen Reiseplan ausgearbeitet und die nötigen Informationen und Instruktionen ausgegeben hatte – er hatte ganze Arbeit geleistet: «Die Stadtregierung erwies den Herren d'Estissac und Montaigne die Ehre, ihnen durch einen Amtsträger Wein und dazu eine lange Ansprache bei Tisch zu entbieten. Darauf entgegnete Herr Montaigne sehr ausführlich, wobei beide Seiten barhäuptig waren und mehrere Franzosen und Deutsche zuhörten. Der Wirt diente ihnen als Dolmetscher. Die dortigen Weine sind sehr gut.»[13] So gravitätisch die Szene bei der Ankunft in Basel auch geschildert wird, so komisch muss sie nicht nur auf Außenstehende gewirkt haben: Die Gäste verstanden vom Dialekt des städtischen Empfangsdirektors kein Wort, dem wiederum die Mundart der Guyenne ein Buch mit sieben Siegeln gewesen sein musste. Was der wackere Gasthofbesitzer in die eine und die andere Sprache übersetzte, steht in den Sternen. Immerhin, dem Zeremoniell wurde Genüge geleistet, wie das *Journal* fast allerorten zufrieden und zugleich mit ironischen Untertönen notiert. Sie sprechen dafür, dass Montaigne sich als Regisseur einer Komödie sah; deren Reiz bestand darin, dass alle sie ernst nahmen oder zumindest so taten. Das Wappen diente dabei als wichtiges Requisit.

Unmittelbar nach der feierlichen Begrüßung in Basel war ein Besuch bei Felix Platter, als Arzt und Naturforscher eine europäische Berühmtheit, angesagt. Montaigne staunte über dessen prächtiges Haus mit einer elegant bemalten Fassade; damit konnte sogar ein Aristokrat Ehre einlegen. Das Staunen setzte sich im Inneren des repräsentativen Palais fort: «Unter anderem legt er ein Heilkräuterbuch an, das schon weit fortgeschritten ist; während andere ihre Pflanzen nach der Natur farbig abmalen lassen, hat er einen Kunstgriff erfunden, um diese so naturgetreu und säuberlich auf Papier zu kleben, dass dabei die kleinsten Blätter und Fasern unverändert erhalten bleiben.»[14] Die Erfindung des wissenschaftlichen Herbariums nötigte Montaigne bewunderndes Kopfschütteln ab, doch wirkliches Interesse zeigte er nicht – die Natur war und blieb für ihn ein verwirrender Bilderbogen, der sich nicht tiefer erforschen ließ. Weitaus fesselnder als alle Wunderkammern – nach den Kräutern kamen naturgetreu konservierte Menschenkörper an die Reihe – war für ihn die Erforschung der menschlichen Glaubenswelten. Diese Untersuchung war schon eine Tagesreise vor Basel im reformierten Mulhouse, das der Eidgenossenschaft als Zugewandter Ort angeschlossen war, ergiebig und erfreulich ausgefallen. Als Informant diente ein ehemaliger Söldnerführer, der es wissen musste: «Wegen der Religion haben sie keine Probleme, dem König sogar gegen die Hugenotten im Feld zu dienen ... Und sie heiraten nach kirchlichem Ritus ohne Probleme katholische Frauen, ohne diese zum Übertritt zu zwingen.»[15] Gute Geschäfte und nützliche Eheschließungen sind wichtiger als konfessioneller Hader, diese Wertordnung fand Montaignes volle Billigung: «Herr Montaigne besichtigte die dortige Kirche, denn sie sind dort nicht katholisch. Er fand sie, wie überall in der Schweiz, in gutem Zustand. Denn es ist fast nichts verändert worden, außer dem Altar und den Bildern, doch das entstellt den Raum keineswegs. So freute er sich außerordentlich über die gute Ordnung dieser Nation.»[16] Hier hatte sich die Spaltung der Christenheit, die in Frankreich seit fast zwanzig Jahren das Land entzweite und verwüstete, auf die unterschiedliche Dekoration von Kirchenräumen beschränkt. Glückliches Helvetien?

Der erste Eindruck trübte sich etwas ein, als die Herren Estissac und Montaigne am Tag nach ihrer Ankunft in Basel Felix Platter und den berühmten Gelehrten und politischen Publizisten François Hotman, einen der führenden Monarchomachen, bei sich zu Tisch baten: «Herr Montaigne gelangte aufgrund der Antworten, die er auf seine Fragen erhielt, zu dem Urteil, dass sie sich in Sachen Religion alles andere als einig waren. Die einen nannten sich Zwinglianer, die anderen Calvinisten, weitere Martinisten (= Lutheraner). Und es kam zur Sprache, dass manche im Herzen auch noch die römische Religion bewahren.»[17] Der Dissens der Gelehrten, den außer diesen niemand verstand, fand seinen handfesten Niederschlag im Ritus des Abendmahls: «Gemeinhin wird das Sakrament direkt in den Mund verabreicht, doch streckt, wer will, auch die Hand danach aus. Und die Geistlichen wagen es nicht, an diesem Strang der Religionsunterschiede zu ziehen.»[18] Das soll heißen: Sie geben Ruhe, weil sie von den Obrigkeiten dazu gezwungen werden. Die daraus gewonnene Erkenntnis gehörte bereits zum kulturellen Reisegepäck, wurde aber auf der Fahrt stets aufs Neue bestätigt: Die Streitigkeiten zwischen den Angehörigen der rivalisierenden Konfessionen entzünden sich nicht an dogmatischen Spitzfindigkeiten, sondern an der alltäglichen Praxis der Frömmigkeit mit ihren unterschiedlichen Handreichungen, Umzügen und Ausschmückungen. Alle Spielarten des Christentums berufen sich auf dieselbe göttliche Offenbarung, aber die Schlussfolgerungen, die sie daraus ziehen, und die Kultformen, in die sie diese Doktrin umsetzen, werden von Faktoren bestimmt, die es näher zu erforschen gilt: von Landessitten, lokalen Traditionen, politischen und ökonomischen Verhältnissen und nicht zuletzt von unterschiedlichen Mentalitäten.

Das Faszinierende an Religionen ist daher, was Menschen daraus machen: «Anstatt wie wir beim Gebet zu Gott die Hände zu falten, spreizen sie beide Hände ganz offen auseinander und halten sie so erhoben, bis ihnen der Priester die Hostie austeilt.»[19] Je vornehmer ein Gottesdienstbesucher ist, desto weiter hinten wird er platziert, so lauten die Tagebuchnotizen von einem katholischen Gottesdienst im österreichischen Horn. Je öfter Montaigne den Theologen bei ihren erbitterten Debatten über so abwegige Fragen wie die Vorherbestimmung des Menschen durch Gottes unerforschlichen Ratschluss zuhörte, desto mehr bestätigte sich eine Erkenntnis, die bereits in den *Essais* von 1580 Ausdruck fand und danach in immer neuen Variationen vertieft wurde: Alles, was mit dem Glauben zusammenhängt, gehört zum unerschöpflichen Repertoire menschlicher Verhaltensweisen und Emotionen.

Aus dem im katholischen Städtchen Baden, das hart an der Grenze zum reformierten Zürich lag, gepflegten Brauch, nicht nur am Freitag, sondern auch am Mittwoch Fisch zu essen, zog Montaigne daher eine weitreichende Schlussfolgerung: «Diejenigen, die die katholische Religion bekennen, werden durch die Nähe der anderen Religion sehr viel eifriger und frommer.»[20] Glaube wird erst durch die Bestreitung von außen tiefer verinnerlicht. Jede Glaubensgemeinschaft wird durch die Abgrenzung zu den Andersgläubigen und den Hass auf sie fest zusammengeschlossen; fehlt dieser Ansporn, erschlaffen die Bande. Da die Menschen nicht ohne Religion leben können, besteht die Kunst der Politik darin, solche Gegensätze zu schüren und zugleich ihre Eskalation zu verhindern. Für Frankreich würde das die Duldung der Reformierten innerhalb genau gezogener Grenzen bedeuten. Catherine de Médicis hatte in verschiedenen Anläufen versucht, eine solche Regelung durchzusetzen, war aber daran gescheitert, dass beide Seiten keine roten Linien respektierten und es an einer übergeordneten Autorität fehlte, die sie zur Konflikteindämmung zwingen konnte. In der Eidgenossenschaft war das gelungen, vielleicht aufgrund kollektiver Charaktereigenschaften: «Es ist eine sehr gutartige Nation, vor allem, wenn man sich ihren Gewohnheiten angleicht.»[21]

Die Anpassung an örtliche Usancen gehörte zum festen Programm des Forschungsreisenden: «Um die Unterschiedlichkeit der Sitten und Gebräuche auszuprobieren (*essayer*), ließ Herr Montaigne sich überall nach Landessitte servieren, so sehr das seinen Magen auch mitnehmen mochte. In der Schweiz aber fehlte es ihm an nichts, außer, dass er beim Essen nur eine kleine, einen halben Fuß breite Serviette zur Verfügung hatte.»[22] Zur Methode, fremde Völker zu erforschen, gehörte die einfühlende Teilnahme, und zwar nicht nur beim Essen, sondern in allen Lebenssituationen; ein großer Teil des *Journal de voyage* ist mit detaillierten Beschreibungen von Schlafstätten, Öfen, Essgeschirr, Kirchenbänken und Altären angefüllt. Beten, Gottesdienste abhalten, essen, verdauen, schlafen, sich kleiden, sich streiten, zeugen, taufen, heiraten und bestatten – all das gehört zum Lebenszyklus des Naturwesens Mensch und seiner materiellen Kultur, deren Formen wiederum Rückschlüsse auf die dahinterstehenden Vorstellungswelten zulassen.

Da der Forscher zugleich als Beobachter und Akteur der observierten Szenen und Lebensräume tätig ist, muss er die Rolle, in der er auftritt, sorgfältig gestalten: «Der Amtsträger, der mit ihnen speiste, sagte Herrn Montaigne, dass sie zu dritt seien und die Aufgabe hätten, die Besucher von Stand mit Ehrengeschenken zu bedenken, und dass sie deshalb, um die angemessenen Zeremonien zu beachten, den Stand dieser Personen genau wissen wollten, denn die einen erhalten so mehr Wein als die anderen. Bei einem Herzog bemüht sich der Bürgermeister in eigener Person her. Uns aber hielten sie für Barone und Ritter.»[23] Das war in etwa der Rang, den Montaigne für sich in Anspruch nahm, «doch wollte er sich aus bestimmten Gründen verborgen halten und spazierte deshalb den ganzen Tag lang alleine durch die Stadt».[24] Das verlieh ihm die Aura des Geheimnisvollen und erhöhte das für eine tiefer eindringende Untersuchung notwendige Interesse an seiner Person: «Er glaubt, dass man dadurch noch mehr geehrt wird.»[25] Damit waren optimale Forschungsbedingungen geschaffen: Der Forscher galt als honorig genug, um respektiert zu werden, aber nicht als so vornehm, dass er einschüchternd wirkte. Dazu war er mit einem Hauch von Mysterium umgeben, das das Interesse und die Mitteilungsbereitschaft der Einheimischen fördern musste, denn so war er zugleich distanziert und integriert. Als umso ärgerlicher empfand es Montaigne auf einer der nächsten Stationen der Reise, dass Erzherzog Ferdinand von Österreich in Innsbruck das Spiel nicht mitspielte und ihm eine Audienz verweigerte. Er sah sich in seiner Ehre als Edelmann gekränkt und führte die Zurückweisung auf die notorische Frankreichfeindlichkeit des Habsburgers zurück.

An diesen Aktivitäten und Notizen änderte sich bis zur Ankunft in Venedig am 7. November nichts Wesentliches. Aus dem Rahmen fällt nur ein langer Eintrag vom 29. Oktober im habsburgischen Rovereto südlich des Brenners, wo erstmals Orangen, Zitronen und Oliven aufgetischt wurden. Öffneten die italienischen Tafelfreuden mentale Schleusen? Auf jeden Fall werden dem *Journal* an diesem Abend Gedanken anvertraut, die die Reise und die Entstehung der Aufzeichnungen in einem ganz neuen Licht erscheinen lassen: «Ich glaube wahrhaftig, wenn es nach ihm allein gegangen und er mit den Seinen allein gewesen wäre, wäre er lieber nach Krakau oder zu Land nach Griechenland gereist, als die Tour nach Italien zu machen. Aber das Vergnügen, das er bei der Besichtigung unbekannter Länder so berauschend empfand, dass er darüber die Schwäche seines Alters und seiner Gesundheit vergaß, konnte er niemandem aus der Reisegesellschaft mitteilen, denn sie alle dachten nur an die Rückkehr.»[26]

Hier muss der Leser ins Grübeln geraten: Ausgerechnet einem bezahlten Sekretär sollte Montaigne seine geheimsten Gedanken offenbaren, die er nicht einmal seinem Bruder und seinem ehemaligen Schwager zumuten konnte? Denn wie sonst konnte der Schreibende Kenntnis von diesen verborgenen Sehnsüchten erlangt haben? Auch im Folgenden wird die Fiktion des Diktierens konsequent durchbrochen: «So pflegte er zu sagen, dass er sich nach einer unruhig verbrachten Nacht voller Begierde und Freude erhob, wenn ihm am Morgen zu Bewusstsein kam, dass eine neue Stadt oder Gegend zur Besichtigung anstand.»[27] Diese grenzenlose Gier auf alles Neue und Unbekannte wurde auf der Reise nach Italien jedoch weder angeregt noch befriedigt: «Und was Rom betrifft, wohin die anderen wollten, so wolle er es weniger sehen als andere Gegenden, da ja bereits jeder dagewesen war und es keinen Lakaien gebe, der ihnen nicht Nachrichten aus Florenz und Ferrara auftischen könne.»[28] Daraus folgte eine noch viel lieblosere Schlussfolgerung: «Wirklichen Genuss zöge er aus der Reise nur, wenn er allein reisen könne.»[29] Damit stellt sich die Frage, warum Montaigne die lange und teure Reise nach Rom überhaupt auf sich nahm, ging sie doch auf seine eigene Initiative zurück. Die Antwort darauf lässt noch etwas mehr als einen Monat auf sich warten.

Solch intime und subversive Gedanken über die Reise einem Domestiken mitzuteilen, der davon gegen seinen Herrn Gebrauch machen konnte, war ausgeschlossen. Hier schreibt Montaigne selbst in seiner unverwechselbaren Art und Weise. Was er zu sagen hat, ist ein stolzes Bekenntnis radikaler Individualität: Alle Bindungen an andere Menschen sind lästige Fesseln. Das höchste Ziel ist umfassende Freiheit: Freiheit von allen Verpflichtungen, Freiheit, ins Grenzenlose zu reisen, Freiheit, sich in dieser Unendlichkeit zu verlieren, Freiheit, nie mehr zurückzukehren. Dieser Freiheit stehen Verpflichtungen entgegen, die aus Konventionen wie adeligem Stand und Ehe erwachsen. Der Kompromiss besteht darin, die anarchische Freiheit nach innen zu verlegen und die äußerlichen *servitudes* zähneknirschend zu ertragen, ganz im Sinne De la Boéties. Für den Fortgang der Reise bedeutete das, nicht nur wie bislang im scheinbar Vertrauten das Unbekannte zu suchen, sondern auch das, was alle sehen konnten, systematisch auszulassen. Diesem Grundsatz folgte Montaigne für die Etappen von Venedig bis Rom mit geradezu provozierender Konsequenz.

In Verona notierte Montaigne übellaunig, wie lärmig und pietätlos Gottesdienst abgehalten wurde. Über die dortigen Kunstschätze verliert er kein Wort, allerdings stattet er den Jesuaten einen Besuch ab, einem Mönchsorden von zweifelhaftem Ruf – nicht zu verwechseln mit den viel vornehmeren Jesuiten –, dessen einziger Vorzug für Montaigne darin besteht, einen schmackhaften Orangenlikör zu produzieren. Danach wirft er einen abschätzigen Blick auf die Ruine des antiken Amphitheaters, das die Stadt gerade von Sträflingen ausbessern lässt. Lieblos fällt auch das Urteil über Vicenza aus, das der kurz zuvor verstorbene Meisterarchitekt Palladio für alle Kunstbegeisterten zu einer Musterstadt des modernsten und raffiniertesten Geschmacks erhoben hatte: «Das ist eine große Stadt, etwas kleiner als Verona, voller Adelspaläste.»[30] Vernichtend kurz darauf die hastig hingeworfenen Bemerkungen über die stolze Universitätsstadt Padua: enge, hässliche Straßen, kaum schöne Häuser, stattdessen viele junge französische Aristokraten, die dort Fechten und vornehmen Lebensstil lernen wollen, aber unter sich bleiben und durch diese Isolation nichts von fremder Lebensart aufnehmen und erst recht keine Weltläufigkeit gewinnen.

Auf die Spitze trieb Montaigne die ostentative Verachtung für die gängigen Touristenattraktionen in Venedig, das ein knappes Jahrhundert zuvor selbst den nüchternen französischen Diplomaten Philippe de Commynes zum Schwärmen gebracht hatte: Ein Weltwunder, durch menschlichen Genius dem Meer abgerungen, so lautete das einhellige Urteil aller Besucher. Montaigne hingegen zeigt sich gänzlich unbeeindruckt: «Im Übrigen sind die Seltenheiten (*raretés*) dieser Stadt zur Genüge bekannt.»[31] Schlimmer noch: Sie sind heillos überschätzt, auch die lebenden «Sehenswürdigkeiten»: «Er fand dort nicht die viel gerühmte Schönheit, die man den venezianischen Damen zuschreibt, auch nicht unter denen, die Handel damit treiben.»[32] Obwohl es die Kurtisanen an eleganten Kleidern und kostbarem Mobiliar nicht fehlen lassen, sind sie keine Reise wert. Der Eindruck bestätigte sich in Florenz und wurde zu einer negativen Bilanz verallgemeinert: «Herr Montaigne sagte, er habe noch nie eine Nation mit so wenig schönen Frauen gesehen.»[33]

In diesem mäkeligen Stil ging es nach Süden weiter. Die Gattin des Herzogs von Ferrara, der die französischen Gäste – wie stolz festgehalten wird – zum Zeichen seines Respekts barhäuptig empfängt, ist zwar ausnahmsweise schön, aber viel zu jung für diesen. Beim Großherzog der Toskana, der seine Besucher ehrenvoll an seine Tafel lädt, lautet das Fazit hämisch: ein stämmiger, unansehnlicher Mann und eine nach landläufigen Kriterien attraktive, aber vulgäre Frau, die ihre Reize zielgerichtet eingesetzt haben muss, um so hoch aufzusteigen. Nähere Bekanntschaft mit Frauen wird gemieden, selbst wenn sich gemeinsame Interessen ergeben könnten: «Am Montag, 6. November, ließ ihm die venezianische Edeldame Veronica Franca ein kleines Buch mit selbst verfassten Versen überreichen; er ließ ihrem Boten zwei Dukaten geben.»[34] Das war eine kränkende Abfuhr. Veronica Franco, in jungen Jahren die begehrteste Kurtisane Venedigs, die 1574 sogar den auf der Durchreise befindlichen französischen König Heinrich III. zu ihren Kunden zählte, hatte sich mit ihren Liebesgedichten in literarisch interessierten Kreisen einen Namen gemacht. Von ihrer kurzen Liaison mit seinem königlichen Herrn dürfte Montaigne nicht gewusst haben. Dass er die renommierte Poetin im Gegensatz zu so vielen Pfarrern, Jesuiten und selbst dörflichen Schulmeistern keines Gesprächs, geschweige denn einer näheren Bekanntschaft für würdig hielt, spiegelt seine weiterhin überwiegend misogyne Haltung wider.

Mit Ausnahme von Michelangelos «Neuer Sakristei» von San Lorenzo in Florenz zeigt Montaigne auch auf dem weiteren Weg nach Rom den Kunstwerken die kalte Schulter. Umso mehr erwärmt er sich für die Kuriositäten der Natur, so in Ferrara für einen Rosenstock, der ganzjährig blüht. Und er bedauert, südlich von Bologna das Schauspiel eines Feuer und Münzen spuckenden Berggipfels versäumt zu haben – die Welt ist eine einzige Wunderkammer, an der man sich gaffend ergötzen kann; wer glaubt, ihre Kaprizen erforschen zu können, ist ein Narr. Begeistern kann er sich auch für das nasse Element. Die Wasserspiele der großherzoglichen Villa Pratolino bei Florenz füllen mehrere Seiten des Reisetagebuchs: «An Wundern gibt es dort eine Grotte mit mehreren Raumfluchten und Zimmern; sie übertrifft alles, was wir jemals gesehen haben ... Dort wird nicht nur Musik gespielt, die von den Tönen des Wassers harmonisch untermalt wird, sondern es bewegen sich darüber hinaus Statuen und Türen zu diversen Handlungen, darunter künstliche Tiere, die sich zum Trinken neigen, das alles von Wasserkraft angetrieben.»[35] Die höchste Kunst des Menschen besteht darin, die Natur nachzuahmen und dadurch seinen Spieltrieb auszuleben; weiter reicht sie nicht. Mit demselben Entzücken wird die Brunnenlandschaft einer weiteren Medici-Villa in Castello beschrieben, wo Montaigne selbst Teil der feuchtfröhlichen Inszenierung wird: «Als sie durch die Gärten spazierten und die Sehenswürdigkeiten bewunderten, ließ der Gärtner, der sie extra für diesen Zweck verlassen hatte, plötzlich, als sie gerade Marmorstatuen betrachteten, aus zahllosen kleinen Bodenöffnungen kleine, fast unsichtbare Wasserstrahlen wie einen hauchfeinen

Regen hervorschießen, so dass sie davon ganz durchnässt wurden.»[36] Der Scherz hat Klasse und wird von den Bespritzten mit aristokratischem Lachen quittiert.

Stilvoll ist auch die Besichtigung des Städtchens Montalcino. An diesem heroischen Erinnerungsort ist ein Besuch für einen französischen Adeligen von echtem Schrot und Korn patriotisches Pflichtpensum; vor einem Vierteljahrhundert hatte hier ein französisches Truppenkontingent, das die Republik Siena im Kampf um ihre Unabhängigkeit gegen den Herzog von Florenz unterstützte, heldenhaften, aber letztlich vergeblichen Widerstand geleistet. Die älteren Bewohner haben das nicht vergessen und begrüßen die Besucher mit Tränen der Rührung und der Wut in den Augen.

Der Todessprung

Am Abend des 30. November 1580 erreichte die Reisegruppe die römische Stadtgrenze. Damit verschieben sich die Perspektiven und Akzente der Wahrnehmung und der Niederschrift. An die Stelle der vermischten Recherchen unter religionspolitischen, landeskundlichen, geostrategischen und militärisch verwertbaren Gesichtspunkten, wie sie einem adeligen Reisenden gut zu Gesichte standen, tritt jetzt die konzentrierte Erforschung des Menschen und des Menschlichen allgemein. Dafür war die Ewige Stadt das ideale Biotop: als Zentrum der katholischen Religion, die wie alle Spielarten des Glaubens als psychologisches und soziales Phänomen einer vertieften Untersuchung bedurfte, und als Kosmopolis, in der viele verschiedene Völkerschaften mit ganz unterschiedlichen Sitten und Gebräuchen spannungsreich zusammenlebten.

Bei der ersten Bestandsaufnahme des Untersuchungsareals hielt die schlechte Laune an, die sich seit Rovereto im Reisejournal niederschlägt: «Herr Montaigne ärgerte sich, so viele Franzosen zu treffen, so dass er auf der Straße fast nur auf Französisch begrüßt wurde.»[37] Aber auch das faszinierend Andersartige ließ nicht lange auf sich warten: «Er fand neu den Blick auf einen so großen, von Prälaten und anderen Kirchenleuten bevölkerten Hof, an dem es ihm mehr reiche Leute, Kutschen und Pferde zu geben schien, als er irgendwo sonst jemals gesehen hatte.»[38] Damit ist ein konkreter Forschungsgegenstand umrissen: Es gilt, die spezifischen Gesetze, Sitten und Gebräuche der geistlichen Wahlmonarchie Rom zu untersuchen. Die lange und ruhmreiche Geschichte der Ewigen Stadt, die die humanistischen Besucher aus aller Herren Länder seit mehr als zwei Jahrhunderten in hellen Scharen anzog, wird hingegen achselzuckend abgetan: «Er schloss aus klaren Anzeichen, dass sich die Form der römischen Hügel und Hänge seit der Antike durch die Fülle der Ruinen völlig verändert hatte, und hielt es für sicher, dass wir an mehreren Stellen auf den Dachspitzen ganzer Häuser wandelten. Das lässt sich am Septimius Severus-Bogen leicht ermessen, dem wir zwei Lanzenlängen über dem antiken Boden gegenüberstehen; und wirklich geht man überall auf der Spitze alter Mauern, die Regen und Kutschen freilegen.»[39] Alter bemisst sich durch die Höhe des Schutts. Was Antikenschwärmer aller Jahrhunderte mit Ehrfurcht, Wehmut oder Grauen vor so viel Geschichtsträchtigkeit und Wandel erfüllte, lässt Montaigne völlig kalt. Verschüttetes ist versunken und vorbei, ist tote Materie, die durch Ausgrabung nicht lebendiger, sondern nur noch schattenhafter wird. Die großen Autoren des Altertums bleiben in den *Essais* mit obligaten Zitaten bis zum Schluss vertreten; die materiellen Überreste der Stadt, in der sie wirkten, werden hingegen kaum eines Blickes gewürdigt. So wie Montaigne von der Zukunft nichts Gutes erwartete, strafte er die Geschichte insgesamt mit Desinteresse ab. Wie für Machiavelli blieb für ihn der Mensch seinem Wesen nach gleich; im Gegensatz zu Machiavelli sah Montaigne jedoch in der Vergangenheit keine Lösungen für die Krise seiner Zeit.

Auch die römische Gegenwart fiel erst einmal enttäuschend aus: «Die Meinung derjenigen, die die Freiheit Roms über die Venedigs stellten, bekämpft er (= Montaigne) entschieden, und zwar vor allem mit dem Argument, dass die Häuser in Rom so unsicher seien, dass alle, die etwas mehr Geld mitbrachten, gut beraten waren, ihre Börsen bei den Bankiers der Stadt bewachen zu lassen, um zu verhindern, dass ihre Schatullen aufgebrochen wurden, was nicht wenigen passiert war. Ebenso war man hier bei nächtlichen Spaziergängen keineswegs in Sicherheit».[40] Der Forschungsreisende hatte sich also ein gefährliches Ambiente mit einem gewalttätigen Menschenschlag ausgesucht.

Unannehmlichkeiten hatte Montaigne bei seinen römischen Exkursionen nicht nur von gewöhnlichen Straßenkriminellen zu erwarten, sondern auch von behördlicher Seite zu befürchten: «Ebenso wurde in diesem Monat Dezember der General der Dominikaner plötzlich abgesetzt und verhaftet, und zwar deshalb, weil er in einer Predigt, der der Papst und die Kardinäle beiwohnten, den Müßiggang und den Prunk der Prälaten angeklagt hatte, und zwar ganz allgemein, ohne Schärfe, mit Gemeinplätzen und volkstümlichen Argumenten.»[41] Zu einem ähnlichen Schluss wie der kritische Geistliche war auch Montaigne kurz zuvor gelangt. In seinem Reisejournal hatte er vermerkt, dass Italien das Land der Faulenzer sei – man speist lange zu Abend, geht danach ins Theater, schläft aus und steht spät auf. Als bekennender Langschläfer notierte er dieses Verhalten nicht ohne Sympathie; jetzt erhielt eine harmlose Notiz wie diese plötzlich einen kirchen- und staatsfeindlichen Anstrich.

Bedrohlich musste ihm auch erscheinen, dass in Rom alles Private öffentlich wurde: «Ebenso waren seine Koffer beim Eintritt in die Stadt vom Zoll inspiziert und bis auf die letzten Fetzen seiner Kleidung durchwühlt worden, während sich die mit dieser Aufgabe betrauten Beamten in den meisten anderen Städten Italiens damit zufriedengaben, dass man ihnen sein Gepäck einfach vorzeigte.»[42] Dabei wurden sämtliche Bücher zwecks Überprüfung konfisziert; nur sein Tagebuch konnte Montaigne diesem Zugriff in letzter Minute entziehen. Mit einer solchen Kontrolle hatten die Reisenden rechnen müssen; im Mittelpunkt eines Rechtgläubigkeitssystems waren die Regeln am strengsten, das galt für Rom ebenso wie für Genf und Wittenberg. Unerwartet war schon eher, dass das System gleich bei der Ankunft nicht nur sein hässliches, sondern auch sein komisches Gesicht zeigte: «Zudem waren die Regeln dort so außergewöhnlich, dass ihnen das Stundenbuch von Notre-Dame allein schon deshalb verdächtig vorkam, weil es aus Paris und nicht aus Rom stammte, und die Bücher einiger Doktoren aus Deutschland gegen die Ketzer wurden beargwöhnt, weil diese bei deren Bekämpfung deren Irrtümer erwähnt hatten.»[43] Obwohl Montaigne aus einer Konfliktzone der Konfessionen kam, machte er bei der römischen Zollkontrolle erstmals Bekanntschaft mit einer Grundannahme aller Inquisitionen: Falsche Ideen haben eine hohe Ansteckungswirkung; auch beim Versuch, diese zu widerlegen, kann das Gift des Irrglaubens freigesetzt werden. Hat es einmal begonnen, sich auszubreiten, gehen die Seelen reihenweise verloren, denn die Menschen haben gegen die

Infektion mit dem Bösen keine Abwehrkräfte und sind daher unbegrenzt verführbar.

Montaigne vertrat in seinen *Essais* die Gegenposition: Allein offene Rede und gesunder Menschenverstand können gegen Wahnvorstellungen aller Art schützen. Die Beschlagnahmung seiner Bücher kommentierte er denn auch mit trockenem Humor: «In diesem Zusammenhang lobte er sein Glück, dass er, ohne zu wissen, was ihm hier blühte, bei seiner Reise durch Deutschland trotz seiner Neugier kein verbotenes Buch mitgebracht hatte.»[44] Umso bemerkenswerter ist der Inhalt des Büchersacks, den er stattdessen nach Rom mitgenommen hatte. Dass er ein bekanntes französisches Erbauungsbuch und prokatholische Kontroversliteratur bei sich führte, konnte nur dem Zweck dienen, sich als guter Katholik auszuweisen und seine Treue und Ergebenheit gegenüber dem Papsttum an dessen Sitz zu demonstrieren. Solche Bekundungen der Rechtgläubigkeit waren auch dringend angebracht.

Zu den requirierten Objekten gehörte nämlich auch die gedruckte Ausgabe der *Essais*. Niemand hatte Montaigne gezwungen, sein frisch publiziertes Werk in die Ewige Stadt mitzubringen und damit den dortigen Glaubensbehörden zur Lektüre zu unterbreiten. Dass er es aus freien Stücken tat, lässt sich nur als ein Selbstversuch von unerhörter Kühnheit erklären, bei dem seine ganze Existenz auf dem Spiel stand. Er konnte unmöglich vorhersagen, zu welchem Urteil die Experten der Inquisition und der für verbotene Bücher zuständigen Indexkongregation gelangen würden. Reichten die zahlreichen Loyalitätsbeteuerungen und die kunstvollen Entschärfungsstrategien aus, um sie zu einer positiven oder zumindest gnädigen Einschätzung zu bewegen? Oder erkannten sie hellsichtig, dass hier alle Religionen im Zeichen des umfassenden Zweifels als rein menschliche Erfindungen entzaubert wurden? Fiel die Prüfung glimpflich aus, stellten sich konkrete Fragen: Wie weit konnte man bei neuen *Essais* in einer erweiterten Ausgabe gehen? Welche Verschleierungsstrategien hatten sich als wirkungsvoll erwiesen, welche waren durchschaut worden? Vom Urteil, das die zuständigen Kleriker fällen würden, hing somit beängstigend viel ab: Belegten sie es mit dem Verdikt «häretisch» oder auch nur «der Häresie vehement verdächtig», konnte das gravierende Konsequenzen bis hin zu Einkerkerung und Prozess nach sich ziehen; selbst wenn der Spruch auf die mildere Anweisung hinauslief, Anstößigkeiten in größerer Zahl zu beheben, konnte Montaignes Ruf in Rom, Paris und Bordeaux schweren Schaden nehmen.

Wenn ein integrer Ordensmann wie der General der Dominikaner allein wegen einer Predigt voller gut gemeinter moralischer Ermahnungen abgesetzt und gefangen genommen worden war, musste das Schicksal der *Essais* und seines Verfassers zumindest sehr ungewiss erscheinen. Wenn ein Angehöriger der Kurie, der die Regeln des Sagbaren kennen musste, so tief abstürzen konnte, lief es im Falle des Außenseiters Montaigne auf ein gefährliches Lotteriespiel hinaus: «Alle Angelegenheiten sind daher hier auf der einen Seite leicht und auf der anderen blockiert. Dabei spielen günstige Gelegenheiten und unerwartete Widrigkeiten die Hauptrolle – was dem Volk erlaubt wird, wird den Königen verwehrt. Neugier steht sich daher oft selbst im Weg, wie auch Größe und Macht.»[45] In Rom regierte Willkür, speziell in Religionssachen. Sich Rom auszuliefern, war also ein Vabanquespiel. Montaigne war an einer selbstbestimmten Lebenswende angekommen. Der Zweck seiner Romreise bestand darin, den höchsten katholischen Autoritäten seine *Essais* zur Prüfung vorzulegen und damit auszuloten, wie er von diesen höchsten Glaubenswächtern eingeschätzt und bewertet wurde. Auch dieser lebensgefährliche Akt gehörte zu seiner Erforschung des Ichs und der anderen.

Die Prüfung des Buches dauerte fast ein Vierteljahr und führte bei Montaigne zu einem Zustand extremer Anspannung. Dass ihm die quälende Ungewissheit bald nach der Auslieferung seines Werks im wahrsten Sinne des Wortes an die Nieren ging, verwundert nicht: «Zwölf oder fünfzehn Tage nach unserer Ankunft fühlte Herr Montaigne sich schlecht; seine Nieren schwollen so an, dass ein Geschwür befürchtet werden musste.»[46] Das klingt nach einer psychosomatischen Reaktion. Die gleich danach eingeleitete Behandlung sollte denn auch Körper und Gemüt gleichermaßen zugutekommen. Das Rezept für die schmerzlindernde Medizin stellte der Arzt des französischen Kardinals von Rambouillet aus – Montaigne hatte also nicht nur den Mediziner, sondern auch dessen hohen Herrn konsultiert und sich auf diese Weise Rückendeckung für den Fall eines negativen Urteils verschafft. Sobald er sich besser fühlte, widmete er sich seiner empirischen Menschenforschung innerhalb der römischen Stadtmauern – Neugierde war letztlich doch das beste Heilmittel gegen Angst. Dass dabei das Forschungsfeld der religiösen Praktiken im Mittelpunkt stand, hing mit dem Untersuchungsraum Rom, dem *locus classicus* für solche Studien, zusammen. Hier war die ganze Bandbreite des menschlichen Umgangs mit Glauben und Unglauben zu besichtigen, einschließlich der extremsten Formen.

Römische Exkursionen I: Der Mörder, der Papst und der Exorzist

Die erste Begegnung mit einer Extremform religiösen Glaubens gibt Montaigne als zufällig aus. Am 11. Januar 1581 traf er – folgt man seiner Schilderung – bei einer Stadtbesichtigung zu Pferd unerwartet auf eine Prozession, die den berühmtesten Verbrecher Italiens namens Catena («Kette») zum Galgen führte. Doch ein Zufall dürfte das Zusammentreffen kaum gewesen sein. Vielmehr wird er das nachfolgende Schauspiel des Schreckens aus gutem Grund fest in seinem Studienprogramm eingeplant haben, denn Catena war kein gewöhnlicher Mörder, sondern ein Gottsucher besonderer Art: «Von ihm erzählte man sich ungeheuerliche Taten. Vor allem war von zwei Kapuzinermönchen die Rede, die er mit dem Versprechen, sie dafür zu verschonen, Gott verleugnen ließ – um sie danach trotzdem zu massakrieren, und zwar ohne jedes Motiv des Gewinns oder der Rache.»[47] Das wahre Motiv war folglich ein anderes: «Kette» wollte erforschen, ob Gott seinen Dienern in der äußersten Not zur Seite stand oder ob ihnen nach der Verleugnung Gottes der Teufel zu Hilfe kam. Von Interesse war für ihn außerdem, ob Menschen für ihren Glauben zu sterben bereit waren. Antworten darauf waren ihm zwei Menschenleben wert. Das waren Fragen, die auch Montaigne im Innersten bewegten; bei aller Unterschiedlichkeit seiner Methoden trat so eine gewisse Wahlverwandtschaft zu dem berüchtigten Mörder hervor. Zu sehen, wie sich dieser aus der Welt verabschiedete, war daher einer näheren Beobachtung wert. Wie Catenas blutiges Experiment verlief auch das makabre Schauspiel der Exekution enttäuschend. Der große Verbrecher wurde seinem Ruf als Provokateur nicht gerecht, hielt keine blasphemische oder erbauliche Rede, sondern starb wortlos.

Solange das Damoklesschwert der Prüfung seiner Schriften über ihm schwebte, hielt es Montaigne für angebracht, so viel Wohlverhalten wie möglich an den Tag zu legen und sich den Mächtigen mit allen Zeichen der Ehrerbietung anzunähern, um aus ihrem Verhalten Rückschlüsse zur Frage von Gnade oder Ungnade zu ziehen: «Am Weihnachtstag besuchten wir die Messe des Papstes in Sankt Peter, wo dieser genügend Platz hat, um alle Zeremonien nach seinem Geschmack zu vollziehen.»[48] Dieser Geschmack erschien Montaigne allerdings fragwürdig. Nachdem Gregor XIII. Ausschnitte aus dem Evangelium auf Lateinisch und Griechisch vorgelesen und den Messwein aus einem Kelch mit einer speziellen Vorrichtung gegen Vergiftung getrunken hatte, tat er sich keinen Zwang mehr an: «Neu schien ihm (= Montaigne) und seinen Begleitern bei dieser Messe, dass der Papst, die Kardinäle und weitere Prälaten sitzen, die ganze Messe hindurch den Hut aufbehalten und währenddessen ungezwungen miteinander diskutieren und parlieren. So erscheinen diese Riten eher prächtig als fromm.»[49] Offensichtlich nahmen die Kirchenfürsten ihre eigenen Auftritte nicht sonderlich ernst. Daraus ließ sich mit aller Vorsicht der Schluss ziehen, dass sie es auch bei den anderen mit der Einhaltung der Vorschriften nicht so genau nahmen – es sei denn, sie wollten ein Exempel statuieren. Doch dafür kamen andere eher infrage als ein unauffälliger Edelmann aus der Guyenne.

Die angeregte Unterhaltung während der heiligen Handlung war kein Einzelfall. Wie Montaigne einige Wochen später in der Peterskirche beobachten konnte, schlossen sich feierliche Zeremonien und öffentliche Heiterkeit, ja Albernheit in Rom nicht aus: «Dort liest auf einer Seite ein Kanoniker von Sankt Peter mit lauter Stimme eine Bulle vor, in der eine unendliche Zahl von Leuten exkommuniziert wird, darunter Hugenotten, für die genau diese Bezeichnung gewählt wird, und alle Fürsten, die der Kirche etwas von ihren Ländereien wegnehmen. Bei der Verlesung dieses Artikels brachen die Kardinäle Medici und Carafa in lautes Lachen aus.»[50] Was den beiden Purpurträgern bei diesem Ritus der Verdammung so gute Laune bereitete, war nicht ersichtlich. Doch offenbar war sie ansteckend: «Danach warf der Papst eine angezündete Fackel von oben unter das Volk, und der Kardinal Gonzaga ließ zum Scherz oder aus anderen Gründen eine weitere folgen.»[51] Daraufhin prügelte sich das Volk mit Fäusten und Stöcken um diese flammenden Trophäen, und die hohen Herrschaften sahen dem wüsten Treiben mit väterlichem Wohlgefallen zu. Das Fazit lautet wie gehabt: Religion wird von Menschen gemacht und ist daher voll des Menschlich-Allzumenschlichen. Weitere Belege für diese Erkenntnis gewann Montaigne vier Tage nach Weihnachten, als er Papst Gregor XIII. aus nächster Nähe zu Gesicht bekam. Eine Privataudienz wurde ihm nicht gewährt, dafür war er zu unwichtig. Aber der französische Botschafter, Herr d'Albein, «ein sehr guter Freund des Herrn Montaigne von langer Hand»,[52] durfte ihn und seine Reisegefährten dem Pontifex vorstellen. Zu Wort kamen sie bei diesem Anlass nicht. Umso ausführlicher schildert Montaigne ihren stummen Auftritt: «Herr Estissac trat als Erster ein, nach ihm Herr Montaigne … Nach ein oder zwei Schritten in die Kammer, in deren Ecke der Papst sitzt, beugen alle, wer sie auch sind, das Knie auf den Boden und warten darauf, dass ihnen der Papst seinen Segen erteilt, was er auch tut. Daraufhin erheben sie sich und rücken bis etwa zur Zimmermitte vor. Dabei durchqueren die meisten den Raum nicht diagonal, sondern biegen etwas zur linken Wand ab, um sich danach in Richtung des Papstes zu bewegen. Nachdem sie wiederum die Hälfte der noch ausstehenden Distanz durchmessen haben, knien sie nochmals nieder und empfangen den zweiten Segen. Danach rücken sie bis zu einem Samtteppich vor, der sich sieben oder acht Fuß vor dem Papst befindet. Am Rand dieses Teppichs lassen sie sich dann auf beide Knie niederfallen. Der Botschafter, der sie vorstellte, senkte seinerseits ein Knie auf den Boden und hob das Gewand des Papstes über dessen rechtem Fuß so weit an, dass ein roter Pantoffel mit einem weißen Kreuz darauf zum Vorschein kam. So rutscht man auf beiden Knien bis zu diesem Fuß vor und neigt den Kopf, um ihn zu küssen. Herr Montaigne behauptete, dass der Papst in diesem Moment die Spitze seines Fußes leicht angehoben habe.»[53]

War das ein gutes Zeichen, gar ein Gunsterweis? Davon abgesehen, zeigte die groteske Pantomime, was die Menschen aus den Offenbarungen machen, die sie aus himmlischen Höhen empfangen zu haben glauben: Mummenschanz! Für Montaigne erfüllte der bizarre Ritus trotzdem seinen Zweck. Gregor XIII. zeigte seinen Besuchern ein freundliches Gesicht und sprach sie salbungsvoll an. Herrn Estissac forderte er auf, eifrig zu studieren und tugendhaft zu leben. Herrn Montaigne rief er auf, «in seiner Ergebenheit, die er der Kirche seit jeher erwiesen hat, und in seinem Dienst für den allerchristlichsten König fortzufahren. Dabei sei er beiden gerne nach Kräften behilflich.»[54] Das klang zwar beruhigend, war aber so allge-

Die Bartholomäusnacht aus der Sicht Papst Gregors XIII. in einem Fresken-Triptychon von Giorgio Vasari im päpstlichen Audienzsaal, 1573: Auf der linken Tafel wird der Erzketzer Coligny durch einen Schuss eines Engels über einem römisch anmutenden Tempel verwundet.

mein gehalten, dass es wohl nichts zu sagen hatte; offensichtlich war die Prüfung der *Essais* noch nicht weit vorangeschritten. Auf jeden Fall hatte sich Montaigne mehr erhofft: «Das sind leere Phrasen auf italienische Art», lautet sein kalter Schlusskommentar. Frostig fiel auch das nachfolgende Porträt des Papstes aus: Sein bolognesischer Dialekt ist der hässlichste Italiens, zudem wird seine Rede durch einen angeborenen Sprachfehler entstellt. Sein Aussehen hingegen entspricht perfekt der Rolle des gemeinsamen (Groß-)Vaters aller Christen: Er ist ein schöner Greis mit weißem Rauschebart, die perfekte Besetzung für fromme Inszenierungen

aller Art, wenn er dabei nur ernst bleiben würde. Seine Aufgaben als Oberhaupt der Kirche erfüllt er redlich, vor allem im Kampf gegen die Ketzer.

Bei der Schilderung der anschließenden Besichtigung des Vatikans hielt sich Montaigne auffällig zurück, obwohl er im päpstlichen Zeremonienraum der *sala regia* mit den jüngsten Ereignissen in seiner Heimat konfrontiert wurde. Auf dessen Stirnwand hatte Giorgio Vasari sieben Jahre zuvor in drei Fresken die Geschehnisse der Bartholomäusnacht des Jahres 1572 gemalt: den ersten (Warn-) Schuss auf den Admiral Coligny, das Haupt der Hugenotten, der diese blutige Abmahnung verkennt und sich, obwohl schwer verwundet, nicht in letzter Minute zum wahren Glauben bekehrt; danach das Massaker an den Hugenotten, die in der Nacht der langen Messer ihr wahres Gesicht als teuflische Kreaturen zeigen; am Ende ein befriedetes, mit Gott versöhntes Frankreich, in dem der König unter der Vormundschaft des Papstes regiert, der die Handlungshoheit und die Verantwortung für die gesamte Ereigniskette übernimmt.

Montaigne missbilligte die Ausrottungskampagnen gegen die Angehörigen der «angeblich reformierten Religion» zutiefst, wie auch die Einmischung fremder Mächte in die inneren Angelegenheiten Frankreichs. Seine Meinung dazu im Reisetagebuch ungeschminkt niederzuschreiben, verbot sich jedoch aus naheliegenden Gründen. Was er wirklich dachte, floss in abgeschwächter Version in das Schlussurteil über diesen mörderischen Papst ein: «In seinem Leben und in seinen Sitten sticht nichts besonders

Links *(mittlere Tafel des Triptychons): Da Coligny die letzte Warnung nicht zur Bekehrung nutzt, folgen in der Nacht darauf sein Fenstersturz und die Abschlachtung der übrigen Hugenotten, die mit Fratzen und Grimassen ihr teuflisches Wesen zeigen.*

Rechts: *Karl IX. rechtfertigt mit erhobenem Degen diese «Säuberungsaktion», die den Katholiken im Hintergrund einen friedlichen und frommen Kirchgang ermöglicht; vorne links im Bild wird der «bekehrte» Heinrich von Navarra gnädig in den Kreis der Wohlgesinnten aufgenommen.*

hervor, weder in der einen noch in der anderen Richtung.»[55] Das war wohl schon zu viel gesagt, daher folgt in Klammern der Nachtrag: «allerdings neigt er sehr viel mehr zum Guten».[56] Trotz dieses Zugeständnisses bleibt das Fazit bestehen: Der angebliche Stellvertreter Christi auf Erden ist ein Mensch wie jeder andere, erstaunlich gesund für sein Alter, wie alle Mächtigen von seiner einzigartigen Stellung durchdrungen und doch sehr gewöhnlich, wie sein ausgeprägter Nepotismus und speziell die Affenliebe zu seinem leiblichen Sohn belegen. Von Übernatürlichem keine Spur.

Nach dem ziemlich unheiligen Heiligen Vater kam das vermeintlich Höllische an die Reihe. Am 16. Februar wohnte Montaigne einem öffentlichen Exorzismus bei. Objekt dieser Zeremonie war «ein melancholischer Mann, der wie weggetreten (*transi*) wirkte. Man hielt ihn auf Knien vor dem Altar, mit einer Art Tuch um den Hals, durch das man ihn festgebunden hatte.»[57] Diese Vorsichtsmaßnahme galt nicht dem Menschen, sondern dem Dämon, der von diesem Besitz ergriffen hatte. Folglich redete der Priester, der mit diesem Reinigungsakt betraut war, beide an, den Teufel und den «Patienten», wie ihn Montaigne ironisch nennt. Dieser Ausdruck sagt bereits alles – für Montaigne gehörte der «Besessene» in die Hände eines Arztes. Die «Behandlung», die ihm vonseiten des Priesters zuteilwurde, war allerdings alles andere als pfleglich: «Dann beschimpfte er ihn, traktierte ihn mit heftigen Faustschlägen und spuckte ihm ins Gesicht.»[58] Damit sollte dem Bösen die gebührende Verachtung bezeugt werden. Der arme Mann, der diesen Gewaltausbruch über sich ergehen lassen musste, reagierte darauf wie erwünscht. Offenbar hatte man ihn auf die Rolle, die er in diesem makabren Stück zu spielen hatte, bestens vorbereitet: «Der Patient gab auf die Fragen dümmliche Antworten, einmal für sich, dass er das Übel, das ihn plagte, mit seinen Umtrieben spüren könne; dann wieder für den Teufel, wie sehr er Gott fürchte und wie stark ihm die Riten der Austreibung zu schaffen machten.»[59]

Dann fuhr der Exorzist sein stärkstes Geschütz auf: Er ergriff die Schachtel mit der Hostie, ließ drei Kerzen in seiner Hand niederbrennen, sprach Gebete und Drohungen gegen den Teufel aus – und gab danach den «Patienten», der auf einmal ganz vernünftig parlierte, seiner Familie als geheilt zurück. Zuvor hatte «mein Biedermann» (*mon home*) beim Anblick der Hostie mit den Zähnen geknirscht, den Mund verzogen und mehrmals *si fata volent* («wenn es das Schicksal so will») gesagt. Schließlich war er

Notar, und ein wenig Küchenlatein gehörte zu seinem Metier; dieses färbte offenbar auf den Teufel ab, der seine Kapitulation mit dem lateinischen Spruch bekanntgab. Dessen Platz in der höllischen Hierarchie konnte der Exorzist mitsamt allen Höher- und Tiefergestellten genauestens bestimmen: Dieser Teufel sei einer der schlimmsten gewesen, hartnäckig und schwer auszutreiben. In einem anderen, minderschweren Fall sei der Dämon aus einer Frau zusammen mit Nägeln, Stecknadeln und einem Stück seines Fells entschwunden.

Für Montaigne war der Fall von Anfang an klar. Er war Zeuge eines lächerlichen und miserabel inszenierten Schauspiels geworden, das die zuschauenden Edelleute im Glauben stärken sollte. Trotzdem dürfte das unwürdige Spektakel bei den meisten Beobachtern seinen Zweck erfüllt haben, denn die Menschen, so Montaigne, glauben lieber das Unwahrscheinliche als das Naheliegende. In einem seiner späteren *Essais* zog er daraus seine eigene Schlussfolgerung: Was die Menschen für Teufels- und Hexenwerk halten, ist eine Vorspiegelung ihrer überhitzten Einbildungskraft und letztlich das Produkt ihrer Dummheit und Gemeinheit.

Römische Exkursionen II: Jüdische und christliche Riten

Forschung lebt vom Vergleich. So besuchte Montaigne am 30. Januar «die älteste religiöse Zeremonie, die es unter den Menschen gibt, und betrachtete diese aufmerksam und mit größter Bequemlichkeit: die Beschneidung der Juden».[60] Es war nicht die erste Visite, die er dem Volk des Alten Testaments abstattete: «Er hatte ihre Synagoge schon einmal aufgesucht, und zwar an einem Samstagmorgen, und ihren Gebeten zugehört, wie sie ungeordnet wie in einer calvinistischen Kirche einzelne Abschnitte der Bibel in einem an die Zeit angepassten Hebräisch singen.»[61] Dabei hatte er viel Vertrautes beobachten können: «Bei ihren Gebeten sind sie nicht aufmerksamer als wir bei den unsrigen, denn sie unterhalten sich währenddessen über ihre Angelegenheiten und erweisen ihren Mysterien nicht allzu viel Reverenz.»[62] Das ist keineswegs abträglich gemeint: Die römischen Juden sind Menschen wie du und ich. Im Vergleich mit den katholischen Riten schneiden sie sogar besser ab, denn am Schluss ihres Gottesdienstes steht eine intellektuelle Herausforderung: «Nach der Auslegung der Bibelstelle durch einen Schriftgelehrten sucht ein weiterer assistierender Gelehrter einen Zuhörer, manchmal auch zwei oder drei von ihnen, aus, um gegen denjenigen, der vorgetragen hat, und gegen dessen Interpretation zu argumentieren. Der, den wir hörten, schien viel Beredsamkeit und Geist in seiner Argumentation zu besitzen.»[63] So stellte sich die Frage, ob dieses dialogische Prinzip nicht auch den Hader der christlichen Konfessionen schlichten könnte; gemessen an den Haarspaltereien der Zwinglianer, Calvinisten und Lutheraner, denen Montaigne auf dieser Reise bereits beigewohnt hatte, schnitt die jüdische Gemeinde mit ihren Glaubensdebatten jedenfalls gut ab.

Das Hauptinteresse Montaignes aber galt der Beschneidungszeremonie, die er minutiös mit allen Details, fast wie im Zeitraffer, beschreibt. Am meisten faszinierte ihn der Glaube, der mit diesen rituellen Handlungen verbunden war und sich in ihnen offenbarte: «Und alle, wer es auch sei, wünschen sich sehr, zu diesem Dienst berufen zu werden, denn sie glauben, dass ein großer Segen damit verbunden ist, ihn oft zu verrichten. Ja, sie erkaufen sich diese Aufgabe sogar, der eine für ein Kleidungsstück, der andere durch einen anderen Vorteil zugunsten des Kindes. Und sie glauben, dass dem, der eine bestimmte Zahl von Beschneidungen vorgenommen hat, das Vorrecht zuteilwird, dass die Würmer nach seinem Tod seinen Mund nicht zerfressen.»[64] An ähnliche Wunder glauben auch die Christen. Überhaupt sticht in Montaignes Beschreibung die Affinität zu deren Bräuchen hervor. Wie im Abendmahl kommt auch bei der jüdischen Beschneidung viel Wein zum Einsatz. Mit Wein füllt der Beschneidende seinen Mund und saugt dann das Blut von der Wunde auf, die das Beschneidungsmesser hinterlassen hat. Ganz am Schluss der feierlichen Handlung hält ein Dritter ein rundes Instrument mit einer langen Ausstülpung und drei Löchern nacheinander an die Nase des Operateurs, des Kindes und des Paten: «Sie gehen davon aus, dass diese Gerüche den Geist zur Frömmigkeit anhalten und erleuchten.»[65] Dafür benutzen die Christen Weihrauch.

Die Schlussfolgerung wird nicht gezogen, drängt sich jedoch auf: Der jüdische Ritus ist die Matrix des christlichen. Im Messopfer verwandelt sich die Substanz des Weins in das Blut Christi; und echtes Blut wird unter Christen im Streit um Dogmen und Riten reichlich vergossen. Eine eng damit verbundene Frage bleibt unausgesprochen, liegt angesichts so vieler Ähnlichkeiten zwischen Juden und Christen allerdings nahe: Warum werden alle diejenigen, die die heiligen Bräuche etwas anders handhaben als die Mehrheit, unterdrückt und verfolgt? Woher rührt der maßlose Hass auf die Andersgläubigen, der sich vor allem an abweichenden Riten und Zeremonien entzündet, obwohl doch zwischen Juden und Christen sowie zwischen den verschiedenen christlichen Konfessionen so viel Gemeinsames besteht? Auch darauf sollte Montaigne in seinen späteren *Essais* weitere Antworten finden, die allen streitenden Parteien ein verheerendes Zeugnis ausstellen.

Zusätzliches Anschauungsmaterial zum Thema Glaube und Fanatismus boten die Massenveranstaltungen der Karwoche. Nach der Verlesung der Bannbulle, die bei den Kardinälen so viel Heiterkeit erregte, zeigte ein Prälat dem Volk das Schweißtuch der Veronika und erzielte damit erstaunliche Effekte: «Nichts wird mit größerer Ehrfurcht betrachtet, das Volk wirft sich zu Boden, die meisten haben Tränen in den Augen und stoßen Schreie des Mitleids aus. Eine Frau, die man als besessen ausgab, geriet bei diesem Anblick in höchste Erregung, brüllte, wandt sich und schlug um sich.»[66] Auch diese Reaktionen wirkten auf Montaigne wie einstudiert: «Sie gehen um das Pult herum, einmal hierhin, ein anderes Mal dorthin. Und bei jedem Schwenk brechen diejenigen, denen man das Schweißtuch zeigt, in Schreie aus.»[67] So verdichtete sich auch hier der Eindruck, einer Inszenierung beizuwohnen: «Das ist ein wahrer Hof des Papstes; der Pomp Roms und seine hauptsächliche Größe ist der Abglanz (*apparences*) der Frömmigkeit.»[68] Dieser Ausdruck ist doppeldeutig. *Apparences* bezeichnet nicht nur die Übereinstimmung von Innen und Außen, in diesem Fall von frommer Gesinnung und frommen Riten, sondern kann auch das Gegenteil meinen: die Fassade und den schönen Schein, der etwas ganz anderes verdeckt. Hier ist beides der Fall: Das Volk weiß offensichtlich genau, was von ihm erwartet wird, spielt diese Rolle perfekt und geht zugleich in ihr auf. Die Auswertung der Szene ist daher von hintergründiger Ironie: «Es tut wohl, ein Volk seiner Religion so glühend ergeben zu sehen.»[69]

Das heißt nicht, dass hier etwa vorgespiegelt wird. Rollenspiel und Glaubensüberzeugung fallen in eins, und Montaigne entdeckte kurz darauf auch, warum beides übereinstimmt: «Weder hier noch anderswo habe ich etwas so Glänzendes und Großartiges gesehen wie die unglaubliche Menge von Menschen, die sich an diesem Tag in der ganzen Stadt Frömmigkeitsübungen widmete, vor allem in dafür gebildeten Gesellschaften (*compagnies*) ... So schien die ganze Stadt in Flammen zu stehen; diese Gesellschaften marschierten wohlgeordnet nach Sankt Peter, und jeder trug eine Fackel, fast immer aus weißem Wachs. Ich glaube, dass vor mir mindestens zwölftausend Fackeln entlangzogen, denn von acht Uhr abends bis Mitternacht war die Straße stets voll von diesem Schauspiel (*pompe*). Und dieses Schauspiel verlief in so guter Ordnung und so genau abgemessen (*mesuré*), dass keine Lücke oder Unterbrechung zu sehen war, obwohl es sich um unterschiedliche Trupps und Gruppen aus verschiedenen Orten handelte. Dabei brachte jede dieser Korporationen einen großen Chor mit sich, der beim Marschieren die ganze Zeit sang, und in der Mitte eine Reihe von Büßern, die sich mit Schnüren peitschten; mindestens fünfhundert von ihnen hatten sich den Rücken zerfleischt und so blutig geschlagen, dass man Mitleid mit ihnen bekam.»[70] Aber dazu besteht kein Anlass, wie der staunende Forscher kurz darauf in Erfahrung bringt: «Doch wenn man ihre feste Haltung, die Sicherheit ihrer Schritte und ihrer Worte (ich hörte mehrere von ihnen reden) und ihr Gesicht (mehrere gingen unverhüllt durch die Straße) in Betracht zog, hatte man nicht den Eindruck, dass sie etwas Schmerzhaftes oder auch nur etwas Ernsthaftes taten; und es waren junge Leute von zwölf oder dreizehn Jahren unter ihnen.»[71]

Damit erhärtete sich für Montaigne der Schluss, dass die einfachen Leute aus freien Stücken marschierten. Das große Spektakel war zwar von Papst und Kardinälen gewollt und bestellt, aber Zwang kam dabei nicht zur Anwendung. Ein paar Geistliche marschierten zwar mit, doch als Ordner mussten sie sich nicht betätigen. Das war überhaupt das hervorstechende Merkmal der Massenprozession: Das Volk organisierte sich selbst und war stolz darauf. Und es hatte Spaß daran: «Nicht nur, dass sie keinerlei Betrübnis oder Zwang dabei zeigen – sie betreiben diese Bußübungen mit so viel Heiterkeit oder zumindest mit so viel Nonchalance, dass man sie dabei sich über andere Dinge unterhalten, lachen, schreien, laufen und springen sieht. Dabei kommt es zu einem derartigen Gedränge, dass sich die Reihen und Ränge miteinander vermischen.»[72]

Die Frömmigkeit, die damit zum Ausdruck gebracht wurde, war also spontan. Das Papsttum versuchte zwar, diese elementare Bewegung für sich zu reklamieren, doch das war ein Täuschungsmanöver. Mit der christlichen Lehre, wie sie von den katholischen Theologen definiert wurde, hatte das alles nichts zu tun. Die Führung der Kirche handelt also machiavellistisch, im Sinne einer reinen Religionsräson: Sie drückte dem volkstümlichen Bedürfnis nach Gemeinschaftserlebnis und Heilsgewissheit christliche *apparences*, Erscheinungsformen, auf und brachte die daraus hervorgehenden Verhaltensweisen so weit wie möglich unter ihre Kontrolle. Damit hatte sie einen großen Vorteil vor ihren Konkurrenten. Die Calvinisten hatten dem Volk die Heiligen, die Bilder und die Musik weggenommen und es dadurch religiös entwurzelt und moralisch haltlos gemacht. Andererseits neigte auch die Menge, die in geschlossener Formation voller Enthusiasmus nach Sankt Peter marschierte, zur Gewalt, wie sich an der Zerfleischung des eigenen Körpers zeigte. Würde man ihr eine Kompanie Andersgläubiger gegenüberstellen, würde sie nicht mehr sich selbst schlagen, sondern die «Ketzer» massakrieren; das hatten die Exzesse der Bartholomäusnacht gezeigt.

Bei diesen Bußübungen kamen außerdem sehr handfeste Interessen ins Spiel: «Als eine junge Frau einen der Geißler wegen seiner Verletzungen beklagte, antwortete dieser lachend: Keine Ursache, ich mache das nicht wegen meiner, sondern wegen ihrer Sünden.»[73] Was damit gemeint war, klärte sich erst nach Montaignes Nachfrage auf: Viele der «Büßer» peitschten sich nicht wegen ihrer eigenen Sünden, sondern im Auftrag finanziell potenter Missetäter, die vor dieser blutigen Übung zurückschreckten und daher «Stellvertreter» anheuerten. Das sprach zwar allen theologischen Forderungen nach wahrer Buße Hohn, brachte den «Ersatz-Geißlern» aber einen hübschen Zugewinn ein. So, wie sie seit Jahrhunderten praktiziert wurde, war die christliche Religion nicht nur ein Antrieb zu Gewalt und Zerstörung, sondern auch ein Geschäft mit dem schlechten Gewissen. Warum sollten davon nicht auch die kleinen Leute profitieren?

Mit diesen Einsichten war Montaigne nicht nur seiner Zeit, sondern auch der historischen Forschung weit voraus. Die Reformbestrebungen der katholischen Kirche, die das Konzil von Trient (1545–1563) theoretisch fixiert hatte, waren zur Zeit von Montaignes Besuch schon wieder stark im Abflauen begriffen. Aber selbst auf ihrem Höhepunkt während des Pontifikats Pius' V. (1566–1572) zielten diese Bemühungen um ein neues Erscheinungsbild der alten Kirche nicht darauf ab, die Kultur des Volkes erst zu unterdrücken und dann neu zu formieren. Wie Montaigne hellsichtig erkannte – und auch die einsichtigeren der römischen Theologen sehr wohl wussten –, war beides aussichtslos, da Mentalitäten von Lebensbedingungen geprägt wurden. Wer die Frömmigkeit des Volkes verändern wollte, musste also seine Existenzgrundlagen verbessern, aber dazu hatte niemand die Absicht, geschweige denn die Mittel. Die katholische Antwort auf die Reformationen Luthers, Zwinglis und Calvins bestand also darin, sich die religiösen Bedürfnisse und Vorstellungen des Volkes so weit wie möglich zunutze zu machen und zugleich den Anschein zu erwecken, man habe diese Frömmigkeit gezähmt, geläutert und reglementiert. So gehörten die Auftritte der Kirchenfürsten und die Prozessionen der Masse für Montaigne zusammen; sie waren Teile einer einzigen großen Aufführung.

Die Zensur

Am Montag der Karwoche brach bei Montaigne die große Erleichterung aus: «Am Abend dieses Tages wurden mir meine *Essais* zurückgegeben, nach der Meinung der gelehrten Mönche gebührend gezüchtigt (*chastiés*). Der *Magister Sacri Palatii* (= Sisto Fabri) hatte, da unserer Sprache nicht mächtig, nur nach dem Bericht eines französischen Bruders darüber urteilen können. Und er gab sich mit den Entschuldigungen, die ich zu jedem der von diesem Franzosen kritisierten Artikel vorbrachte, so sehr zufrieden, dass er es meinem Gewissen überließ, das neu einzukleiden (*rabiller*), was von schlechtem Geschmack war.»[74] Auf so viel Entgegenkommen reagierte Montaigne mit Bekundungen der Einsicht und Selbstkritik: Ja, er habe den Begriff des blinden Schicksals (*fortune*) gebraucht, häretische Dichter erwähnt, den letzten heidnischen Kaiser Julian in Schutz genommen und behauptet, dass ein Betender im Moment der Zwiesprache mit Gott von Sünde frei sein müsse. Ebenso habe er geschrieben, dass jede Hinrichtung, die den Tod mit Qualen verbinde, eine Grausamkeit sei und dass man ein Kind dazu erziehen müsse, alles tun zu können, «und andere solche Sachen. Denn das sei meine Meinung, und deshalb hätte ich es geschrieben, im Glauben, dass das keine Irrtümer seien.»[75] Diese Schlussbemerkung hätte er sich schenken können, denn Unwissenheit schützte in den Augen der Inquisition nicht vor Strafe.

Auf den taktischen Rückzug folgte, so jedenfalls die Schilderung im Reisetagebuch, der Gegenangriff: «Zu anderen Punkten leugnete ich, dass der Zensor meine Auffassung (*conception*) richtig verstanden habe.»[76] Das war ein Volltreffer, der die Gegenposition flugs zum Einsturz brachte: «Der besagte Magister, ein sehr kluger und geschickter Mann, entschuldigte mich sehr und wollte mich spüren lassen, dass er mit den Beanstandungen keineswegs einverstanden war, und nahm sehr geistreich in meiner Gegenwart gegen einen anderen Italiener Partei, der mich ebenfalls attackierte.»[77]

Glückliche Funde im Archiv der Indexkongregation erlauben es, Montaignes Angaben zu überprüfen. Demnach war der «andere Italiener» Giovanni Battista Lanci, der Sekretär der Indexkongregation, die diesen Fall übernommen hatte. Der Bericht des namentlich nicht bekannten Erstkorrektors, der sich im Original erhalten hat, listete nach der Lektüre der *Essais* immerhin achtzehn kritische Punkte auf. Über die von Montaigne erwähnten Monita hinaus benannte er eine Reihe weiterer Nebensächlichkeiten, so die Bezugnahme auf Machiavellis als heidnisch eingestufte *Discorsi* und die Erwähnung lebender Ketzer. Anstoß nahm er zudem an der Sprache, die er völlig zu Recht als «profan» einstufte. So unprätentiös, lebensnah, bildmächtig, gelassen, skeptisch und ironisch, wie sich Montaigne in seiner *Apologie de Raymond Sebond* über Theologie und Philosophie ausließ, musste jeden professionellen Gottesgelehrten das kalte Grauen packen. Doch blieb es nicht bei Details und Stilfragen. So habe Montaigne geschrieben, dass die Theologie weder gut zu handeln noch gut zu denken lehre, was nach einem Frontalangriff auf die Kirche und ihre Lehrautorität klang. Mit diesem Fundstück kam der «gelehrte Mönch» der wahren Meinung Montaignes immerhin ein einziges Mal nahe. Dass er nicht mehr an «verdächtigen» oder offen «häretischen» Stellen entdeckte, stellt seinem Spürsinn allerdings kein gutes Zeugnis aus.

Montaigne wurde nur eine «Lightversion» dieser Kritik mitgeteilt, was ihm eine Replik leicht machte: Mit seiner Verteidigungsposition, dass der Zensor die *conception* seiner Ausführungen insgesamt nicht erkannt habe, wollte er sagen, dass manche der beanstandeten Passagen nicht wörtlich zu verstehen, sondern ironisch gemeint seien. Das war ein Standardargument, mit dem man jeden Text entschärfen konnte, doch ließ sich Fabri erstaunlicherweise darauf ein und gab eine weitere Begutachtung der *Essais* in Auftrag. Der damit beauftragte Zweitkorrektor räumte einen solchen «uneigentlichen» Wortsinn zwar ein, ließ sich dadurch jedoch nicht milder stimmen: «Der Autor wird vielleicht antworten, dass er sich bei seinem Spott über die (= allzu frommen) Pariser ironisch ausdrückt. Doch selbst wenn dem so ist, ist die Passage sehr gefährlich, denn die Erörterung ist so hässlich und die Ironie so verborgen.»[78] Die Bemerkung spiegelt die allgegenwärtige Befürchtung der Inquisitionsorgane wider: Der gutgläubige, ungebildete, nichtsahnende Leser, der in diesem vergifteten Text blätterte, würde die Doppelbödigkeit der Argumentation, falls es sie überhaupt gab, nicht erkennen und auf fatale Irrwege geraten.

Das galt auch für weitere Stellen der *Essais*, in denen es um notorische Ketzer und ihre Werke ging; auch hier war für den Zensor nicht Ironie, sondern heiliger Ernst angebracht: «Ich habe bereits gesagt, dass man diese Passage als ironisch betrachten kann, aber vielleicht werden nicht alle dieser Ansicht sein.» Das Konzil von Trient hatte bei Schriften und Bildern auf Eindeutigkeit bestanden; ihre Botschaften mussten von simpler, ungekünstelter Frömmigkeit und daher auch für ein einfaches Publikum verständlich sein. Montaignes kunstvoll angelegte Texte, die den Leser erst verwirrten und danach zum eigenen Denken anregen sollten, widersprachen dieser Forderung diametral.

Trotzdem hielten seine Strategien der Verschleierung und Entschärfung stand, wie sich bei seiner zweiten Vorladung gut drei Wochen nach der ersten zeigte. Der Zweck dieses Treffens bestand darin, ihm die Resultate der abermaligen Überprüfung mitzuteilen. Dabei schimmerte durch, dass die Experten der Indexkongregation ahnten, dass dieses Buch und dieser Autor absolut nicht «korrekt» waren. Es fehlte ihnen zwar an Einsicht und Ausdrucksvermögen, um diese diffusen Eindrücke zu konkretisieren, aber trotzdem waren sie nicht bereit, klein beizugeben. In Anbetracht ihres Unvermögens, die wahre Meinung des Autors auf den Punkt zu bringen, stürzten sie sich, wie die Dokumente der Indexkongregation belegen, auf Formalien – und boten dem Autor damit die Gelegenheit, sie souverän auszumanövrieren. Raymundus Sabundus war seinen theologischen Fachgenossen, wie erwähnt, seit Langem suspekt, doch offiziell verurteilt worden war nur sein Vorwort, nicht die Abhandlung selbst, was der Zensor offenbar nicht wusste. Dieses peinliche Eingeständnis bildete den Schlusspunkt unter eine Auseinandersetzung, in der sich Montaigne trotz aller Bedenken zu seinem Stil und zu einzelnen Aussagen als Sieger betrachten durfte.

Montaignes triumphale Stimmung findet in den Einträgen des Reisejournals ihren Widerhall: «Am 15. April verabschiedete ich mich vom *Magister Sacri Palatii* und seinem Kollegen. Sie baten mich, die Zensur meines Buches getrost zu vernachlässigen, in der sich, wie ihnen andere Franzosen versichert hätten, mehrere Dummheiten befänden; sie betonten aber, dass sie meine gute Absicht anerkannten und meine Ergebenheit gegenüber der Kirche zu würdigen wüssten; und sie schätzten meine Offenheit und meine Einstellung so sehr, dass sie es meinem Gutdünken überließen, bei einer Neuauflage auszubessern, was ich daran zu gewagt fände, unter anderem den Gebrauch des Wortes Schicksal (*fortune*).»[79] Montaignes Fazit strotzt daher nur so vor Selbstzufriedenheit: «So schien es mir, dass ich sie sehr zufrieden mit mir zurückließ.»[80] Um jeglichem Groll entgegenzuwirken, überbot sich Fabri nach Montaignes Worten nur so an Höflichkeitsbezeugungen: Auch die Schriften sehr angesehener Kardinäle und Mönche seien derselben Prüfung mit demselben Ergebnis unterzogen worden, dass die eine oder andere Stelle korrigiert werden müsse; ein solches Urteil sei der Reputation des Autors keineswegs abträglich, im Gegenteil: «So baten sie mich, mit meiner Beredsamkeit – so lautete ihre schmeichelhafte Formulierung (*mots de courtoisie*) – weiterhin der Kirche zur Seite zu stehen und mit ihnen in dieser friedlichen Stadt, jeder Störung von außen entzogen, zu verweilen. Dabei handelte es sich um Männer von großer Autorität, des Kardinalats würdig.»[81]

Die seltsame Einladung, so sie denn tatsächlich ausgesprochen wurde, dürfte kaum ernst gemeint gewesen sein. Die Kurie hatte mit Montaigne andere Pläne; für sie war er in Bordeaux nützlicher als am Tiber. Wie er selbst mehrfach verblüfft festgestellt hatte, wussten die römischen Prälaten genau, wer in seiner Heimat auf welcher konfessionellen Seite stand. Das Urteil zu seiner Person muss daher ähnlich wie das zu seinem Buch gelautet haben: gut katholisch, doch mehr Eifer für die Sache der wahren Religion wäre wünschenswert. Auf eine solche Ermahnung und Ermunterung lief die Überprüfung der *Essais* hinaus: So mancher verbale Fehltritt wurde entschuldigt, doch ihr Verfasser blieb im Visier der Inquisition. In ihren Augen stand Montaigne von jetzt an unter Bewährung und hatte Wohlverhalten an den Tag zu legen. Dass er bei so viel Zuckerbrot, das ihm beim Abschied mitgegeben wurde, die Peitsche erkannte, darf bezweifelt werden. Wie seine späteren *Essais* belegen, fiel seine Schlussfolgerung umgekehrt aus: Nach dieser Unbedenklichkeitsbescheinigung von höchster Stelle dufte er noch viel kühnere Aussagen wagen, denn die Kirche brauchte ihn mindesten ebenso sehr wie er ihre Approbation.

Der Körper und seine Rechte

Nach dem Abschluss des Prüfungsverfahrens schlägt der Ton des Tagebuchs in reine Behaglichkeit um: Eigentlich lebt es sich in Rom doch recht angenehm, alles ist so locker und entspannt hier, schade nur, dass die römischen Kurtisanen für eine bloße Unterhaltung denselben Tarif verlangen wie für weiterreichende Dienste, auch wenn diese nicht in Anspruch genommen werden. Rom hatte seine Schuldigkeit getan, aus Rom konnte man gehen. Vier Tage nach der letzten Unterredung mit dem *Magister Sacri Palatii* brach Montaigne zu einer Exkursion auf, die ihm die ehrenfesten Aufklärer des 18. Jahrhunderts nicht verzeihen wollten: Warum zog er ausgerechnet nach Loreto, in den Ort des finstersten Aberglaubens? «Das Wunder, durch das dieses Häuschen, das sie für das halten, in dem Christus in Nazareth geboren wurde, erst nach Slawonien und kurz danach hierher transportiert wurde, wird auf großen Marmortafeln in der Kirche, entlang den Pfeilern auf Italienisch, Slawonisch, Französisch, Deutsch und Spanisch erzählt.»[82] Mehr Kommentar war dem Besucher die fromme Legende nicht wert. Viel zu sehen gab es auch nicht: «Der Ort der Frömmigkeitsübungen ist ein winziges, sehr altes und schäbiges Häuschen aus Ziegeln, länger als breit.»[83]

Wunder- und Pilgerstätten gab es in Rom zuhauf. Warum also dieser Ausflug an die Adria? Montaigne selbst gab darauf die folgende Antwort: «Ich kann nur mit Mühe und durch große Gunsterweise einen Platz finden, um ein Bild anbringen zu lassen, auf dem vier silberne Figuren angebracht sind: die Jungfrau Maria, ich selbst, meine Frau und meine Tochter. Unter meiner Figur ist in Silber eingraviert: Michael Montanus, Franzose aus der Gascogne, Ritter des königlichen Ordens 1581; unter der Figur meiner Frau: Francisca Cassaniana, seine Gattin, unter der meiner Tochter: Leonora Montana, die einzige Tochter. Und wir sind alle nebeneinander kniend, mit der Jungfrau darüber, dargestellt.»[84] Das machte es für die Leser des 18. Jahrhunderts noch schlimmer: Der Zweck der Reise bestand also darin, ein Abzeichen parvenühafter Protzerei und einen Tribut an den volkstümlichen Aberglauben öffentlich anzubringen! War das Silberrelief vielleicht sogar ein Ex-Voto, also mit einem Gelöbnis verbunden? Glaubte der Stifter des Familien-Epitaphs, damit Gott zu seinen Gunsten beeinflussen zu können? Verbarg sich hinter der Maske des kühlen Skeptikers doch ein wundergläubiger Katholik? Eine Erklärung lässt sich immerhin ausschließen: Auf eine weitere Demonstration seiner Kirchentreue konnte Montaigne verzichten; von jetzt an durften Autor und Werk das Prädikat «geprüft und für gut katholisch befunden» für sich in Anspruch nehmen.

Man kommt dem Zweck der kostspieligen Plakette näher, wenn man sie an die Seite des Wappenschilds stellt, den Montaigne am Gasthaus von Plombières hinterlassen hatte. In Rom war die Präsenz hochgestellter Persönlichkeiten seit Jahrhunderten so zahlreich bezeugt, dass das Erinnerungszeichen eines kleinen Edelmanns aus der Guyenne von dieser übermächtigen Konkurrenz regelrecht erdrückt worden wäre. Umso mehr kam es im provinziellen Loreto auf die richtige Platzierung an: «Es gibt in dieser Kapelle außer den zwei Türen noch einen weiteren Zugang von außen. Wenn man von dieser Seite aus eintritt, hängt mein Bild zur linken Hand neben der Tür in dieser Ecke, und dort habe ich es sehr sorgfältig befestigen und annageln lassen. Ich hatte eine kleine Kette und einen Silberring daran gehängt, um es an einem Nagel zu befestigen, aber sie wollten es lieber direkt an der Wand anheften.»[85] Montaigne nahm damit die Rolle wieder an, die er auf der ersten Etappe seiner Reise gespielt hatte: ein Edelmann auf später Kavalierstour.

Vielleicht steckte sogar mehr dahinter. Montaigne berichtet mit ungewöhnlicher Ausführlichkeit und wärmster Anteilnahme von einer Begebenheit, die sich kurz vor seiner Ankunft zugetragen habe: «Aber um eine Erfahrung von diesem Ort, an dem ich mich sehr wohl fühlte, zu berichten: Zur gleichen Zeit hielt sich dort Michel Marteau, Herr von La Chapelle, auf, ein sehr reicher junger Mann mit großem Gefolge. Ich ließ mir von ihm und einigen seiner Leute genauestens und in allen Einzelheiten erzählen, wie sein Bein an diesem Ort geheilt worden sei.»[86] Marteaus Knie war seit drei Jahren chronisch geschwollen und so entzündet, dass er fieberte; die Ärzte waren ratlos, Medikamente wirkungslos. «Dann träumt er, er sei geheilt, hat das Gefühl, einen Blitz zu sehen, erwacht und ruft, er sei geheilt.»[87] Der Traum wird Wirklichkeit, das Knie schwillt ab, der Lahme wandelt wieder. Das alles sollte sich ein bis zwei Monate zuvor in Loreto abgespielt haben, jetzt war Marteau zurück, um Dank abzustatten. Fakt oder fromme Einbildung? Montaigne kam zu dem Schluss:: «Was ich aus seinem Mund und von seinem Gefolge erfahren habe, kann für sicher wie nur irgendetwas gehalten werden.»

Bei der Erklärung wundersamer Phänomene kam für Montaigne der gesunde Menschenverstand an erster Stelle; führte er nach sorgfältiger Überprüfung aller Umstände nicht weiter, waren auch die unwahrscheinlicheren Faktoren ins Kalkül zu ziehen, und zwar als reine Hypothese und nur dann, wenn diese keinen Schaden anrichtete. Die Möglichkeit, dass es in Loreto zu einer spontanen Heilung gekommen war, musste also ernsthaft erwogen werden, schließlich kannte der Mensch die Gesetze der Natur nur unvollkommen. Übernatürliche Ursachen kamen jedenfalls nicht ins Spiel, von einem Wunder ist im Reisejournal nicht die Rede. Auf der Suche nach den Wechselwirkungen von Seele und Körper hielt es Montaigne jedoch offensichtlich für denkbar, dass der Glaube an die Heilkraft der Pilgerstätte das kranke Knie von seinem Gift gereinigt haben könnte. Warum sollte das mit seinem Steinleiden nicht auch geschehen?

Einen Versuch war es allemal wert. Die Versuchsanordnung bestand darin, all das nachzuahmen, was die Frommen und Wundergläubigen bei solchen Anlässen zu tun pflegen, also ebenfalls ein Zeichen der Frömmigkeit zu hinterlassen. Der erhoffte Effekt blieb allerdings aus; der störrische Körper ließ sich nicht überlisten, der Urin ging weiterhin nur tröpfchenweise ab. Schuld daran musste der fehlende Glaube sein; wer den Frömmigkeitsbetrieb so nüchtern sezierte und analysierte wie Montaigne, blockierte alle frommen Placebo-Effekte: «An diesem Ort gibt es mehr Anblick (*apparences*) von Frömmigkeit, als ich irgendwo sonst gesehen habe.»[88] Wiederum lässt das Schlüsselwort *apparences* offen, ob das alles nur Fassade ist. Montaigne war sich bewusst, ähnlich wie die einfachen Römerinnen und Römer bei der Prozession nach Sankt Peter Akteur in einem Schauspiel zu sein, auf einer sorgfältig dekorierten und abgeschirmten Bühne. Fundsachen wurden in Loreto nicht einfach vom Finder eingesackt, sondern abgegeben und öffentlich ausgestellt, so dass sich jeder Bedürftige daran bedienen konnte; viele Dienstleistungen, auch kirchliche, waren gratis. Doch was nützte das alles, wenn wenige Kilometer vor und hinter diesem heiligen Freiplatz die Straßenräuber lauerten? Wer so räsonierte, hatte definitiv keine Anwartschaft auf wundersame Heilung. Und doch sollte die Begegnung mit Marteau Montaigne sieben Jahre später das Leben retten, allerdings nicht durch ein Wunder, sondern auf sehr irdische Art und Weise.

Von Loreto trat Montaigne auf einem weit geschwungenen Umweg über Fano und Urbino die Reise in die Bäder von Lucca an. Nach dem ausgebliebenen Mirakel war jetzt eine Badekur angesagt. Mit dieser Aussicht nahm die gute Laune des Reisenden rapide ab; sein Bericht beschränkt sich über weite Strecken auf die Aufzählung der Orte und Etappen und auf die Schilderung seiner physischen Gebrechen. Das Wenige, das besichtigt und verkostet wird, ist eine Enttäuschung. Vom angeblichen Geburtshaus Petrarcas in Arezzo sind nur noch Ruinen übrig, die Melonen sind noch nicht reif: «An diesem Morgen hatte ich einen schweren Kopf und Sehstörungen wie bei meinen früheren Migräneanfällen, wie ich sie seit zehn Jahren nicht mehr gehabt habe.»[89] Dazu passte, dass er in diesem trostlosen Zustand das Tal durchquerte, in dem Hannibal laut Livius ein Auge verlor; die Wechselwirkungen zwischen Körper und Geist sind von jetzt an das Leitmotiv des Reisejournals.

Am 8. Mai kam Montaigne in den Bädern von Lucca an – zu früh in der Jahreszeit, denn außer zwei Edelleuten aus Bologna war die gute Gesellschaft noch nicht da. Das bot ihm die Gelegenheit, günstige Preise auszuhandeln, ja regelrecht zu feilschen: «Die vier möblierten Zimmer wären mir gegen zwanzig örtliche Dukaten für zwei Wochen angeboten worden; ich wollte jedoch in Anbetracht der frühen Jahreszeit und des damit verbundenen Niedrigpreises nur einen Dukaten pro Tag bezahlen. Mein Wirt verpflichtete sich zu diesen Konditionen jedoch nur für den Monat Mai. Wenn ich länger bleiben will, muss ich den Tarif neu aushandeln.»[90] Unter dem Strich ergab sich eine Ersparnis von fünf Dukaten – das kaufmännische Erbe der Familie Eyquem brach in Situationen, in denen sich Montaigne unbeobachtet glaubte, immer wieder durch.

Die erste Erfahrung mit dem angeblichen Heilwasser war ernüchternd.

Am frühen Morgen trank der Kurgast sieben Gläser davon, doch es tat sich nichts: «An diesem Tag bewirkte es gar nichts; fünf Stunden danach ging ich zum Abendessen und gab nicht einen Tropfen von mir.»[91] Die Erklärung der Ärzte, dass er zu wenig getrunken habe, überzeugte ihn nicht: «Ich aber glaube, dass ich aufgrund meiner Medizin (= des zuvor eingenommenen Abführmittels) völlig ausgeleert bin und dass das Wasser an die Stelle fester Nahrung tritt.»[92]

Von jetzt an war es um den Seelenfrieden des Heilung Suchenden geschehen: «Am frühen Mittwochmorgen trank ich erneut von diesem Wasser und war in großer Sorge wegen der geringen Wirkung, die ich am Tag zuvor verspürt hatte.»[93] Um einen stärkeren Abgang zu erzwingen, erhöhte er das Wasserquantum bis zur Schmerzgrenze, doch die Folgen waren nicht die erwünschten: «Ich fühlte einen großen Drang zu schwitzen, doch wollte ich ihm nicht nachgeben, da ich oft gehört hatte, dass das nicht die von mir benötigte Wirkung sei. Und so blieb ich im Zimmer, ging auf und ab und ruhte mich dann wieder aus. Das Wasser aber bahnte sich den Weg durch den hinteren Ausgang und verschaffte mir zwei weiche und helle Stuhlgänge.»[94] Der heiß ersehnte Effekt, reichlich und schmerzlos fließender Urin, aber will sich einfach nicht einstellen, daran ändern alle nachfolgenden Experimente mit Dosis und Abfolge der Anwendungen nichts. Erst fasten oder erst baden und danach trinken, die einfache oder doppelte Dosis nehmen – es nützt alles nichts, die Steine, die sich schmerzhaft stauen und dann den peinvollen Weg durch die enge Harnröhre antreten, werden eher größer als kleiner.

Um sich von der qualvollen Selbstbeobachtung abzulenken, notierte Montaigne sich den neuesten Badeklatsch. Eine tolldreiste Geschichte überprüfte er sogar durch eigene Recherchen bei den Verwandten der Hauptperson. Ein Einheimischer wird auf See von Türken gefangen genommen und entkommt der Sklaverei dadurch, dass er zum Islam übertritt. Danach kehrt er den Spieß um und überfällt seinerseits die Küstenlandstriche seiner alten Heimat. Bei einem dieser Greifkommandos wagt er sich zu weit ins Hinterland vor und wird von wütenden Bauern gestellt. In diesem kritischen Moment verfällt er in den Zungenschlag seiner Jugend und gibt sich als Opfer aus, behauptet, nicht rauben, sondern zurückkehren zu wollen. Auf diese Weise rettet er sich nicht nur vor der drohenden Lynchjustiz, sondern lässt sich sogar als Held feiern und tritt in einer feierlichen Zeremonie wieder zur angestammten Religion über. Im Herzen bleibt er jedoch Türke. In Venedig sucht und findet er den Anschluss an seine muslimischen Glaubensgenossen, wird wieder Pirat und abermals gefangen genommen. Doch statt am Galgen zu enden, kommandiert der Wanderer zwischen den Religionen und Kulturen heute eine genuesische Galeere, zwar nicht freiwillig, sondern als Sträfling, aber trotzdem: Was für eine Karriere!

Was Montaigne in seiner Angst um das tägliche Wasserlassen an dieser Geschichte faszinierte, wird auch ohne Kommentar seinerseits deutlich: Wir sind Gefangene, unseren Neigungen, unserem Körper, unserem Schicksal ausgeliefert. Je mehr wir uns gegen diese Fesseln sträuben, desto enger ziehen sie sich zusammen. Auch für das vom Bürgerkrieg gebeutelte Frankreich ließ sich aus der erstaunlichen Geschichte eine Nutzanwendung ziehen: Welche Religion Menschen bekennen, hängt von ihren Neigungen und Leidenschaften ab, ist also reine Konvention. Ein Wechsel der Konfession ist daher ein reiner Akt der Zweckmäßigkeit, der jederzeit zum Vorteil von Staat und Gesellschaft ohne größeres Aufsehen vollziehbar sein muss. Die Genuesen halten ihren Kommandanten nicht wegen seiner Vorliebe für den muslimischen Glauben und die türkische Lebensart in Schach, sondern allein aus Vorsicht, um einen nochmaligen Seitenwechsel zum Schaden ihrer Flotte zu verhindern. Staatsräson rangiert vor Religion. Wenn sich diese Einsicht auch in der Heimat verbreitete, wäre ein Ende der Selbstzerfleischung absehbar.

Die Erzählung vom zweifachen Wechsel der Religion war bestes Material für neue *Essais* und pointierte Ergänzungen der alten. Schon in der nach Rom mitgebrachten Ausgabe stand geschrieben, dass die Wahrheit der Religion eigentlich im Lebenswandel derjenigen, die sie bekennen, widergespiegelt werden müsste. Doch dem war nicht so, im Gegenteil: «Wenn der Strahl des Göttlichen uns überhaupt erreichen würde, würde er überall zu sehen sein, nicht nur in unseren Worten, sondern auch unsere Handlungen würden dieses Licht und diese Erhabenheit in sich bergen. Alles, was von uns ausginge, wäre von dieser edlen Klarheit erleuchtet.»[95] Aber von einem solchen Widerschein kann keine Rede sei: «Doch eine so edle göttliche und himmlische Institution prägt die Christen nur in ihren Worten.»[96] In der Ausgabe der *Essais* von 1588 wird die Schlussfolgerung im Nachhall der aus den Bädern von Lucca mitgebrachten Geschichte lustvoll zugespitzt: «Wollt ihr das sehen? Vergleicht unsere Sitten mit denen eines Muslimen oder eines Heiden, ihr werdet euch immer als Verlierer wiederfinden.»[97]

Die Stimmung des von physischen Verfalls- und Untergangsängsten gepeinigten Kranken besserte sich trotz solcher Erkenntnisse nicht. Die Beschwerden des Unterleibs schlugen mehr denn je auf Kopf und Gemüt. Auch die Migräne kehrte zurück und führte zum Verlust der Selbst- und Außenwahrnehmung. Die Welt drehte sich immer schneller, das Bewusstsein des eigenen Standorts drohte verloren zu gehen. Dazu brach auch noch eine schlecht vernarbte seelische Wunde wieder auf: «Am Donnerstagmorgen trank ich erneut fünf Pfund Wasser, fürchtete aber, mir damit einen schlechten Dienst zu erweisen und mich nicht entleeren zu können. Es folgte Stuhlgang, aber fast kein Urin. Und als ich an Herrn d'Ossat schrieb, verfiel ich in so schmerzhafte Gedanken an Herrn De la Boétie und fand so lange nicht wieder zu mir, dass es mir großen Schmerz verursachte.»[98] D'Ossat war der Kontaktmann zu den Mitgliedern der Familie de Foix, Montaignes Protektoren. Dass ihm bei der Abfassung eines Briefs in die Heimat die Erinnerung an den verlorenen Freund einholte, verstand er als eine bedrückende Botschaft: Du wirst nicht lebend zurückkehren.

Seelische Gegenwehr war angesagt und ließ auch nicht lange auf sich warten. Ein Ausweg aus dem Elend war elementare Selbsterkenntnis: «Es ist eine dumme Gewohnheit, zu zählen, wie viel man pisst.»[99] Doch sie ist schwer abzulegen, denn niemand kann einfach über seine psychischen Schatten springen. Die daran anknüpfende Schlussfolgerung führte weiter: «Was für eine lächerliche Sache ist doch die Medizin!»[100] Weiterhelfen sollte auch der Wechsel der Sprache, der jetzt vollzogen wurde; er konnte dazu dienen, die Dinge und vor allem sich selbst in anderem, hellerem Licht zu sehen. Eine erste Erkenntnis fiel selbstkritisch aus: «Bis jetzt habe ich, um die Wahrheit zu sagen, wegen des geringen Gedankenaustauschs und der fehlenden Vertrautheit mit den hiesigen Leuten meinen Ruf, geistreich und unterhaltsam zu sein, nicht unter Beweis stellen können; so hatte man an mir keine Fähigkeit festgestellt, die zum Staunen anregte.»[101] Auch intellektuelle Eitelkeit konnte als Heilmittel gegen Schwermut wirken; von nun an galt es, als Franzose unter Italienern Ehre einzulegen.

Die Gelegenheit dazu ließ nicht lange auf sich warten: «Am selben Tag hielten einige Ärzte eine wichtige Beratung wegen eines jungen Herrn namens Paolo Cesi, Neffe des gleichnamigen Kardinals, ab, der sich in den Bädern aufhielt. Und sie baten mich, ihre Ansichten und Erwägungen anzuhören, weil ihr Patient entschlossen war, sich ganz meinem Ratschlag anzuschließen. Ich lachte verstohlen in mich hinein, aber Ähnliches passierte mir von hier bis Rom öfter.»[102] Der Medizinverächter Montaigne hatte es zum Ruf eines Medizinexperten gebracht, darüber durfte er mit Fug und Recht schmunzeln. Eine weitere Methode gegen obsessive Selbstbeobachtung bestand darin, am gesellschaftlichen Leben des Badeortes teilzunehmen. So mauserte sich der eben noch so grüblerische Einzelgänger Montaigne zum rührigen Organisator von Festen. Er veranstaltete Bälle, verlieh Preise an die Ballköniginnen und machte augenzwinkernde Anspielungen. Blieb es beim Flirt mit der Schönsten der Schönen, oder lief da mehr? Immerhin schenkte Montaigne ihr – außerhalb des Balls, wie er anzüglich vermerkt – ein paar Schuhe. Und er zitierte einen dazu passenden Vers: Wer sich von seiner Frau einen Knaben wünscht, schickt sie alleine in einen Badeort.

Schämen musste sich Montaigne für dieses Verhalten nicht: Ein wahrer Aristokrat verschmäht den Umgang mit dem Volk nicht, denn er weiß auf joviale Art und Weise Abstand und Würde zu wahren. Außerdem verkehrte Montaigne jetzt eifrig mit seinesgleichen. Er wurde gesucht und besucht, gewährte Audienzen, empfing huldvoll und ließ sich huldigen, stand so im Mittelpunkt der Aufmerksamkeit und wurde manchmal sogar Tagesgespräch. Das hatte nicht nur für seine Stimmung, sondern auch für sein Portemonnaie positive Auswirkungen. Als ihm klar wurde, dass sein Gast der umschwärmte Mittelpunkt der Bädergesellschaft war, reduzierte sein habgieriger Herbergswirt ihm unaufgefordert die Miete für den hart umkämpften Monat Juni. Auf einem längeren Ausflug, der ihn bis nach Florenz führte, machte Montaigne dieselbe Erfahrung: «Alle bereiteten mir den besten Empfang und überboten sich in Freundlichkeiten (*caresses*). Es schien wirklich so, als sei ich nach Hause zurückgekommen.»[103] So ließ sich die Miete nochmals herunterhandeln.

Doch diese Betriebsamkeit war nur ein kurzes Intermezzo. Nach Wiederaufnahme der Badekur wurden Koliken und Kopfschmerzen schlimmer denn je. In seinen *Essais* hatte Montaigne sowohl die Seelengröße Senecas als auch die Gelassenheit des Volkes als vorbildliche Haltungen im Angesicht des Todes gepriesen. Jetzt konnte er die Probe aufs Exempel machen, ob er dieselbe Gleichgültigkeit aufbrachte wie seine Bauern und Knechte oder ob eher die heroische Tugend der Stoiker für ihn infrage kam: «Es wäre ein Zeichen der Schwäche und der Feigheit von meiner Seite, wenn ich in der Gewissheit, auf diese Weise zu sterben, und den Tod jeden Augenblick näher sehend, nicht Anstrengungen unternähme, mich darauf vorzubereiten und ihn klaglos zu ertragen, wenn der Augenblick gekommen ist.»[104] Das war mehr Philosophie als Nonchalance, doch eine Besserung führte dieses Bekenntnis zum standhaften Aushalten ebenso wenig herbei wie die Diagnose des widerwillig konsultierten Arztes, der die Migräne auf Blähungen zurückführte, die vom Magen ins Gehirn emporgestiegen seien. In den 1990er-Jahren glaubten Mediziner in diesen Symptomen die ersten Anzeichen eines Schlaganfalls zu erkennen, der Montaigne elf Jahre später tatsächlich das Leben kosten sollte.

Hilfreicher als das Geschwätz des Mediziners war die Nähe zum Volk: «Als ich mich mit einigen Leuten aus der Gegend unterhielt, fragte ich einen sehr betagten Mann, ob sie sich wie wir der Bäder bedienten. Er antwortete mir, dass sie es wie diejenigen hielten, die in der Nähe von Loreto wohnten und deshalb selten dorthin pilgerten, und dass die Bäder nur bei Fremden und auswärtigen Besuchern helfen. Und er fügte hinzu, dass er seit einigen Jahren zu seinem Kummer bemerke, dass die Bäder eher schädlich als nützlich seien.»[105] Schuld daran – so die Verschwörungstheorie des frustrierten Alten – seien die Ärzte und Apotheker. Denn diese behaupteten, der heilsame Effekt des Wassers stelle sich nur ein, wenn gleichzeitig diverse teure Medikamente eingenommen würden, die in Wirklichkeit das Gegenteil zur Folge hätten: «So bestehe das vorherrschende Resultat darin, dass mehr Leute daran sterben als genesen.»[106] Das deckte sich mit Montaignes eigenen Beobachtungen, und so war mit dieser Weisheit aus Greisenmund das Thema Bäderkur für ihn abgeschlossen: Zeit verschwendet, Geld verloren, Gesundheit gefährdet.

Montaignes Beschwerden an Kopf und Gliedern kehrten darauf mit voller Wucht zurück: «Wie zuvor fühlte ich an den Augen, an der Stirn, an allen vorderen Partien des Kopfes eine gewisse Schwere, eine Schwächung und Störung, die mich beunruhigten.»[107] Das Ergebnis war also Angst statt des angestrebten Gleichmuts. Den eigenen physischen Verfall mit unerschütterlicher Ruhe zu beobachten, ist dem Menschen nicht gegeben. Doch diese bittere Erkenntnis mochte sich Montaigne nicht einmal selbst eingestehen. Im Fazit seiner Reise, das er schon Ende Juli, mehr als zwei Monate vor seinem tatsächlichen Aufbruch, zog, fand sie keinen Niederschlag: «Mir fehlte nichts, nichts engte mich ein, keine Unbequemlichkeiten. Die Höflichkeitsbezeugungen sind ermüdend und manchmal ärgerlich, aber ich wurde von den Einheimischen selten besucht. So schlief und studierte ich, wann ich wollte, und wenn ich Lust hatte, fand ich überall Männer und Frauen, mit denen ich mich einige Stunden am Tag unterhalten und zerstreuen konnte. Dann waren da noch die Läden, die Kirchen, die Plätze und die Ortsveränderungen, und das alles lieferte mir reichlich Stoff, um meine Neugier zu befriedigen. Inmitten all dieser Ablenkungen war mein Geist so ruhig, wie es meine Beschwerden und das Nahen des Alters erlaubten; darüber hinaus gab es wenige Anlässe, die diese Ruhe stören konnten. Nur hätte ich mir eine andere Art von Gesellschaft gewünscht; ohne diese war ich gezwungen, die Vergnügungen, die meinem Geschmack entsprachen, allein, ohne Mitteilung an andere, zu genießen.»[108]

Damit schloss sich der Kreis, der sich in Rovereto beim Betreten italienischen Bodens geöffnet hatte. Der große Abwesende auf der Italienreise wie auf so vielen weiteren Etappen der Lebensreise war Etienne de la Boétie, der Einzige, dem Montaigne seine geheimsten Gedanken hätte anvertrauen können. So bleiben diese auf die Andeutungen im Journal beschränkt, also ohne den Trost, den nur der tote Freund hätte spenden können, toter Buchstabe. Trotzdem fiel die Bilanz der Forschungsreise im Verhältnis zu den geringen Anfangserwartungen positiv aus: Der Ertrag an empirisch gewonnenem Wissen über sich und die anderen war beachtlich, trotz aller Angst vor dem Versagen des eigenen Körpers.

Aus den Bädern von Lucca reiste Montaigne am 12. September mit der von ihm so geschätzten Langsamkeit nach Rom, wo er die Nachricht vorfand, dass er zum Bürgermeister von Bordeaux gewählt worden war. Darauf folgte die aufreizend in die Länge gezogene Rückkehr in die Heimat, wo er die mit der neuen Aufgabe verbundenen Pflichten erst einmal ostentativ vernachlässigte. So bleibt eine letzte Frage zu beantworten: War diese bewusste Verzögerung die Reaktion auf eine große Enttäuschung? Hatte der Reisende mehr erhofft als das Amt, das bereits sein Vater innegehabt hatte? Hatte ihm der König versprochen oder zumindest angedeutet, ihn zum Botschafter beim Papst zu ernennen? Von solchen Erwartungen könnten die gravitätischen Auftritte am Anfang der Reise zeugen, als sich Montaigne tatsächlich phasenweise wie ein Diplomat in spe verhielt.

Doch dagegen spricht sehr viel mehr, vor allem die Mitnahme der *Essais* und ihre freiwillige «Auslieferung» an die Glaubenswächter. Denn darin standen neben den bereits zitierten Passagen Aussagen, die nicht nur für die Inquisitoren, sondern auch für alle wohlgesinnten Katholiken unannehmbar waren: «Gestehen wir die Wahrheit ein: Wer aus einer Armee, so rechtmäßig und geordnet sie auch sein mag, diejenigen aussortieren wollte, die aus reinem religiösem Eifer, für den Schutz der Landesgesetze oder den Dienst ihres Fürsten marschieren, könnte daraus nicht einmal eine vollständige Kompanie Gendarmen zusammenstellen.»[109] Die «Religionskriege» verdienen diesen Namen nicht, weil niemand für den Glauben kämpft. In dieser Hinsicht sind sich alle Religionen gleich: «Diese großen Versprechen der ewigen Seligkeit – wenn wir sie mit derselben Autorität annehmen würden wie einen philosophischen Diskurs, würden wir nicht ein solches Grauen vor dem Tod empfinden.»[110] Auf dem Weg vom Himmel zu den Menschen geht die Religion verloren, denn bei diesen kommt sie nicht an. So gibt es keinen wirklichen Glauben auf Erden. Alle Kirchen der Zeit behaupten, dass man ihre wahre Lehre an der moralischen Überlegenheit ihrer Gläubigen erkennen könne. Dieser vermeintliche Wahrheitsbeweis aber wird in den *Essais* mit den Ergebnissen erfahrungsgestützter Menschenforschung zertrümmert: «Das alles zeigt unwiderleglich, dass wir unsere Religion auf unsere Art und durch unsere Hände empfangen, genauso wie die anderen Religionen empfangen werden.»[111]

Als «Empfehlungsschreiben» für den künftigen Repräsentanten des allerchristlichsten Königs beim Heiligen Vater waren solche Sätze denkbar ungeeignet. Mehr noch: Sie waren der jederzeit vorzeigbare Beweis dafür, dass sich Montaigne einer solchen *servitude* aus voller Überzeugung verweigerte; mit seiner Reise setzte er das Vermächtnis De la Boéties in dessen Geist fort. Auch die These, dass er bis zum Februar 1581 auf diese Berufung hoffte und erst entspannter und «privater» aufzutreten begann, als dieser Posten einem höhergestellten Adeligen zuteilwurde, hält der Überprüfung nicht stand, denn der Wechsel in Habitus und Sprache erfolgte erst, als die *Essais* vom Ketzereiverdacht freigesprochen wurden. So zog Montaigne aus der großen Reise seines Lebens die Ermutigung, noch sehr viel offener zu schreiben: «Ich sehe ganz klar, dass wir uns nur der Frömmigkeit widmen, wenn dieser Dienst unseren Leidenschaften schmeichelt. Es gibt keine so hervorstechende Feindseligkeit wie die christliche.»[112] Die verzögerte Heimkehr und die ostentative Unlust, das dornige Amt des Bürgermeisters anzutreten, erklären sich nicht aus der Enttäuschung über eine ausgebliebene Beförderung, sondern sprechen dafür, dass Montaigne Prioritäten setzte, die von jetzt an unwiderruflich waren: Die *Essais* kommen zuerst, alles andere kann warten.

FÜNFTES KAPITEL

BÜRGERMEISTER VON BORDEAUX UND EHRLICHER MAKLER

1581–1588

Die Mühen der Politik

Mit seiner Entscheidung, den *Essais* die Priorität vor öffentlichen Aufgaben einzuräumen, gab Montaigne seinen verbleibenden Lebensjahren – wenn es sie denn noch geben sollte – ein klares Ziel. Es bestand darin, der Welt seine Erfahrungen und Erkenntnisse mitzuteilen, um sie zu Frieden und Ausgleich zu bekehren. In Anbetracht dieser großen Aufgabe war das Amt des Stadtoberhaupts von Bordeaux erst einmal lästig. In seinem Spiel mit dem Leser ist Montaigne ausgerechnet da, wo er sich in falscher Bescheidenheit zu ergehen scheint, einmal von unverstellter Aufrichtigkeit: «Die Herren von Bordeaux wählten mich zu ihrem Bürgermeister, als ich von Frankreich weit entfernt und noch entfernter von dem Gedanken an diese Wahl war. Ich machte Ausflüchte, aber man warf sie mir als Unrecht vor, und auch der Befehl des Königs verhinderte die Ablehnung. Dabei handelt es sich um ein Amt, das keinen Sold oder Gewinn außer der Ehre einbringt … Und auch das blinde Glück (*fortune*) hatte kräftigen Anteil an meinem Aufstieg.»[1] So, wie die Verhältnisse in Bordeaux lagen, war die Ehre ungewiss, der Ärger hingegen sicher. Sein Desinteresse hatte Montaigne durch die Verzögerungen auf der Rückreise und danach unübersehbar zum Ausdruck gebracht, aber damit nicht genug: «Bei meiner Ankunft (= in Bordeaux) präsentierte ich mich getreulich und gewissenhaft so, wie ich wirklich bin: ohne Gedächtnis, ohne Wachsamkeit, ohne Erfahrung, ohne Kraft; auch ohne Hass, ohne Ehrgeiz, ohne Habgier und ohne Neigung zur Gewalt. So wurden sie (= die *jurats*) darüber informiert und belehrt, was sie von meinem Dienst zu erwarten hatten.»[2]

Die zuletzt genannten Eigenschaften konnten wie eine Empfehlung in eigener Sache klingen. Um diesem Eindruck entgegenzuwirken, habe er – so Montaigne weiter – eine wesentliche Einschränkung folgen lassen. Gewählt worden sei er nur aus der ehrenvollen Erinnerung an seinen Vater; aber der Schluss «Wie der Vater, so der Sohn» sei ein schwerer Denkfehler:

«Ich erinnere mich, meinen Vater in meiner Kindheit alt erlebt zu haben, die Seele von der öffentlichen Plackerei grausam verstört.»[3] Sein Vater – so Montaigne weiter – habe sich im Dienst für die Allgemeinheit durch beschwerliche Dienstreisen und mühsame Vermittlung zwischen streitenden Parteien regelrecht verzehrt. Dafür habe er die Behaglichkeit seines Heims und die Trautheit des Familienlebens klaglos geopfert: «Denn so war er nun einmal: Er strömte natürliche Güte aus, niemals gab es eine mildtätigere und dem Volk verbundenere Seele.»[4] Mit dieser Selbstverleugnung habe er geglaubt, eine heilige Pflicht zu erfüllen: «Denn er hatte gehört, dass man sich im Dienst des Nächsten regelrecht verlieren muss und dass Einzelinteressen hinter dem Allgemeinen völlig zurücktreten müssen.»[5]

Doch diese erhabene Regel – so Montaignes brüske Kehrtwendung – gelte heute nicht mehr, zumindest nicht für ihn: «Diese Lebensführung lobe ich bei anderen, aber ich mag sie keineswegs selbst befolgen und habe dafür durchaus eine Entschuldigung».[6] Sie besteht in der Rechtfertigung, die Etienne de la Boétie in seiner Schrift gegen die *servitude volontaire* geliefert hat: Uneigennütziger Dienst für die Öffentlichkeit ja, aber nie bis zur Selbstaufgabe wie im Falle von Montaignes Vater. So viel Hingabe an eine gute Sache kann es heute nicht mehr geben, denn im nunmehr seit fast zwei Jahrzehnten tobenden Bürgerkrieg sind die moralischen Maßstäbe abhanden gekommen. Wer 1581 Bürgermeister von Bordeaux wird, muss so viel kritische Distanz wie möglich wahren, denn ihm schlägt Hasspropaganda von allen Seiten entgegen. Das heißt nicht, dass man dieses Amt nicht ausüben kann, doch muss man dabei anders vorgehen als in der längst versunkenen Zeit der Vätergeneration: «Die Menschen vermieten sich. Ihre Fähigkeiten gehören nicht mehr ihnen, sondern denjenigen, denen sie sich unterwerfen; ihre Mieter sind die wahren Hausherren, nicht sie selbst. Diese verbreitete Haltung missfällt mir.»[7] Denn sie hat die Auslöschung des Ichs zur Folge. Der Kompromiss zwischen der Wahrung legitimer Eigeninteressen und der moralischen Verpflichtung zum Dienst am Gemeinwohl lautet: «Meine Meinung ist, dass man sich anderen nur leihen, sich selbst allein aber schenken darf.»[8]

Die Stadtverordneten von Bordeaux waren also gewarnt und durften gespannt sein, worauf diese Leih-Formel konkret hinauslaufen würde. Sie wussten genau, wem der Verfasser der *Essais* seine Wahl tatsächlich verdankte: nicht seinem verehrungswürdigen Vater, sondern seinem Protektor und Patron, dem Marquis de Trans. Während Montaignes Abwesenheit hatten sich die Konflikte in ganz Frankreich wie in der Guyenne weiter zugespitzt. In Bordeaux widersetzte sich das *parlement* mehr denn je den königlichen Anweisungen und pochte auf seine Führungsstellung in der Stadt. Und im Südwesten des Landes standen sich Heinrich III. von Frankreich und Heinrich von Navarra immer feindseliger gegenüber. Vor seinem Aufbruch nach Rom hatte Montaigne der Hoffnung Ausdruck verliehen, dass sein Aufruf zur Güte bei den Mächtigen Gehör finden und sie zur Nachahmung anspornen würde. Seine Loyalität galt weiterhin seinem Landesherrn, dem König von Frankreich. Die Frage war, wie weit diese Treue reichen würde, wenn dieser den in den *Essais* vorgezeichneten Weg zur Versöhnung nicht beschritt. Für diesen Fall stand mit dem König von Navarra ein Kandidat bereit, der sich durch seine persönliche Ausstrahlung und seine militärische Tatkraft für die schmale Gruppierung der «Vermittler» immer mehr als Alternative empfahl.

Im Dezember 1581, also mit einer Verspätung von vier Monaten, leistete Montaigne endlich seinen feierlichen Eid als Stadtoberhaupt, aber mit der Ausübung des Amtes hatte er es weiterhin nicht eilig. Am 21. Mai 1582 bat er die Stadtverordneten sogar um einen weiteren Aufschub, und zwar mit einer für diese schmeichelhaften Begründung: «Sie haben so viel Ordnung in die öffentlichen Angelegenheiten gebracht, die sich deshalb in so gutem Zustand präsentieren, dass ich Sie darum ersuche, meine Abwesenheit noch für eine weitere Frist zu entschuldigen. Ich werde diese Frist so weit abkürzen, wie es der Druck meiner Angelegenheiten erlauben wird. Und ich hoffe, dass dies bald der Fall sein wird.»[9] Die Empfänger des Schreibens mussten diese Begründung als bodenlose Frechheit empfinden, denn für sie konnte nichts dringlicher sein, als Lösungen für die Konflikte in Stadt und Land zu finden. Montaigne aber ging es ums Prinzip: Er allein wollte das Tempo und den Rhythmus seiner Aktivitäten und damit auch seiner Amtsgeschäfte bestimmen. Im Frühjahr 1582 war er damit beschäftigt, seine *Essais* für eine zweite Auflage vorzubereiten. Im Gegensatz zur großen Erweiterung von 1588 lief es 1582 auf eine oberflächliche «Italianisierung» hinaus. Die eine oder andere Betrachtung sollte mit dem Gütesiegel, selbst vor Ort gewesen und etwas mit eigenen Augen gesehen zu haben, aufgewertet werden.

Die Zweitauflage war vor allem ein Geschäft für den Verleger Millanges. Die inzwischen vergriffenen *Essais* von 1580 waren zwar kein nationaler Bestseller geworden, hatten aber im regionalen Rahmen einiges Interesse geweckt, das durch die Wahl des Autors an die Spitze der Stadtregierung von Bordeaux beträchtlich gewachsen war. Es galt also, diese günstige Konjunktur auszunutzen. Auch Montaigne durfte sich davon einiges versprechen. Die Neuausgabe erschien nach seiner Wahl und gewann dadurch quasi offiziellen Charakter; wollte er für ein zweites Mandat antreten, wonach es momentan allerdings nicht aussah, waren die *Essais* von 1582 sogar eine Art Wahlprogramm. Aber auch für Montaignes Selbstachtung stand viel auf dem Spiel. Die römische Indexkongregation hatte ihm eine Reihe von Auflagen gemacht; wollte er weiterhin als treuer Sohn der Kirche angesehen werden, musste er die monierten Stellen «verbessern». Auf der anderen Seite konnte ihm ein solcher Gehorsam den Ruf einbringen, ein devoter Römling zu sein, und die angestrebte Rolle als Vermittler zwischen den Konfessionsparteien dadurch gefährden.

Das alles musste ohne Frage sorgfältig erwogen werden, doch eine langwierige Vollzeitbeschäftigung war damit nicht verbunden. Dass Montaigne schließlich fast ein Jahr und damit nahezu die Hälfte seines Mandats abwartete, bis er in Bordeaux die *mairerie,* die Dienstwohnung des Bürgermeisters, bezog und die mit dem Amt verbundenen Funktionen auszuüben begann, muss andere Gründe gehabt haben. Die Ferne von den öffentlichen Geschäften und die fehlende Vertrautheit mit solchen Aktivitäten, die er in den *Essais* so nachdrücklich betonte, waren ja nicht nur Bestandteile eines sorgfältig entworfenen Images, sondern entsprachen weitgehend den Tatsachen. Außer einigen wenigen Botenritten und anderen kleineren Dienstleistungen für seine Protektoren hatte der neue Bürgermeister keinerlei politische Erfahrung vorzuweisen. Eine naheliegende Erklärung für den verzögerten Antritt des Amtes ist daher, dass Montaigne versuchte, sich zunächst umfassend über die lokalen und regionalen Parteienkonstellationen und Konfliktlagen, die er während seiner Reise aus dem Blickfeld verloren hatte, zu orientieren, um dadurch seine Handlungsspielräume als Stadtoberhaupt auszuloten. Die Sondierung konnte nur ergeben, dass deren Grenzen sehr eng gezogen und die Aussichten für eine Strategie der Versöhnung äußerst gering waren, was wiederum die schon auf der Rückreise aus Italien bezeugte Unlust zu tiefem Unbehagen steigern musste.

Auch innerhalb der Stadt verfügte ein *maire de Bordeaux* zu Beginn der

1580er-Jahre nicht mehr über umfassende Kompetenzen. Dafür hatten König Heinrich III. und seine Mutter, die weiterhin hinter den Kulissen die Fäden zog, gesorgt. Sie hatten die Befugnisse des Amtes auf die reine Zivilverwaltung reduziert und die zuvor damit verbundene militärische Kommandogewalt dem *lieutenant-général* der Provinz Guyenne, Baron Jacques Goyon de Matignon, übertragen. Für Montaigne war das nicht unbedingt ein Nachteil. Er hatte keinerlei Erfahrung auf dem Gebiet der Truppenführung und machte aus seinem unmilitärischen Naturell in seinem Werk auch kein Hehl. So führte er zwar weiterhin den Titel eines *maire et gouverneur*, doch der eigentliche Machthaber war der in zahlreichen Gefechten, zum Beispiel bei der Einnahme von La Fère, bewährte Matignon. Ihm war Montaigne untergeordnet und Rechenschaft schuldig. Allerdings gab es mit König Heinrich von Navarra theoretisch noch einen dritten *gouverneur* de Bordeaux. Dieser durfte zwar als Calvinist «seine» Stadt nicht betreten, musste aber als Machtfaktor stets ins Kalkül gezogen werden. Denn innerhalb der Stadtmauern gehörte etwa ein Sechstel der 40 000 Einwohner zu seinen reformierten Glaubensgenossen; nach dem Blutbad von 1572 hatte das Misstrauen zwischen den Angehörigen der verfeindeten Konfessionen so stark zugenommen, dass jederzeit mit dem Ausbruch neuer Unruhen gerechnet werden musste. Als Bürgermeister einer tief gespaltenen Stadt saß Montaigne also auf einem Pulverfass.

Mit dem Hader der Glaubensgemeinschaften waren Konflikte innerhalb der Führungsschicht unmittelbar verquickt. Die wohlhabenden Kaufleute, die Mitglieder des *parlement* und die Aristokraten in Stadt und Umgebung rangen heftiger denn je um den politischen Vorrang. Führende Vertreter des obersten Gerichtshofes standen den katholischen Ultras der «Heiligen Liga» nahe, während viele Großhändler allein schon aus Geschäftsinteresse vermittelnde Positionen bevorzugten. Besonders tief gespalten war der Adel. Hier zog sich der Riss wie im Falle Montaignes und seines Bruders oft mitten durch die Familien. In dieser unübersichtlichen Konstellation hatte der französische Hof dem neuen Bürgermeister von Bordeaux, der über keinerlei Hausmacht verfügte, wenig mehr als die Rolle eines Informanten zugedacht. Dass Montaigne diese Aufgabe von Anfang an pflichtbewusst wahrnahm, belegt sein Brief an Matignon vom 30. Oktober 1582: «Seit dem Brief, den ich Ihnen vor drei oder vier Tagen schrieb und in dem ich Ihnen unter anderem mitteilte, dass ich während meiner

Abwesenheit keinen Brief und keine Anweisung von Ihnen, mich hierhin zu begeben, erhalten habe, ist nichts Neues vorgefallen.»[10] So schrieb ein Befehlsempfänger. Doch Montaigne wäre sich untreu, wenn er zwischen solch devote Bekundungen nicht auch einige Prisen Ironie einfließen ließe. So ist danach von der Krankheit des Dominikaner-Generals die Rede, zu dessen Genesung am Schluss des Schreibens ein ungewöhnlicher Vorschlag gemacht wird: «Zu seiner Bequemlichkeit habe ich ihm das bisschen Macht angeboten, das ich in dieser Stadt besitze.»[11] In der Politik war nüchterne Selbsterkenntnis, in diesem Fall das Eingeständnis der Machtlosigkeit, das Maß aller Dinge. Als ehrlicher Makler in stürmischen Zeiten zu wirken – das war Montaignes Programm als Bürgermeister von Bordeaux.

Ob er diesem an sich selbst gestellten Anspruch gerecht wurde, ist schwer zu überprüfen, da sich wichtige Dokumente wie die Zusammenfassungen der Stadtverordnetenberatungen nicht erhalten haben. Aus anderen Quellen lassen sich jedoch Schlüsse ziehen, die zum einen das Fazit des Briefes bestätigen, zum anderen aber auch deutlich machen, dass die Macht des Machtlosen in seiner Fähigkeit lag, zu verhandeln, auszuhandeln und zu vermitteln. Solche Talente waren in diesen Jahren dringender denn je erforderlich. In einer Atempause der kriegerischen Auseinandersetzungen hatte die Krone den Hugenotten erst kürzlich relativ günstige Bedingungen zugestanden. Als eine Maßnahme dieser konfessionellen Schlichtung wurde für die Provinz Guyenne zuerst ein Sondergerichtshof zur Regelung des kirchlich-religiösen Miteinanders eingerichtet, der nach unbefriedigenden Ergebnissen per Dekret vom 26. November 1581 durch ein Obertribunal mit umfassenden Kompetenzen in allen Rechtsbereichen und -fällen, also weit über die ursprüngliche Zustänidgkeit hinaus, ersetzt wurde. Das neue Tribunal wurde mit einem Präsidenten des Pariser *parlement* und dreizehn königlichen Räten besetzt, allesamt treue Parteigänger der Krone. Die Einrichtung der neuen «Justizkammer» lief auf die Entmachtung des *parlement* von Bordeaux hinaus und war zugleich ein schwerer Schlag für die Autonomie der Stadt insgesamt, so dass es ausnahmsweise zu einer konzertierten Gegenwehr der ansonsten verfeindeten Parteien der *jurats* und der *robins* kam. Wie sich Montaigne in diesen Auseinandersetzungen positionierte, geht aus einer Notiz des im neuen Gericht vertretenen königlichen Rates Jacques-Auguste de Thou (1553–1617) hervor, der von sich in der dritten Person schreibt: «Er lernte ebenfalls viel von Michel de Montaigne, einem Mann von unabhängigem Geist abseits aller Parteien, der damals das Amt des Bürgermeisters von Bordeaux äußerst ehrenvoll ausübte: Er kannte die Angelegenheiten Frankreichs bestens und besonders die seiner heimatlichen Gascogne.»[12] Diese schmeichelhafte Einschätzung stammte von einem Gleichgesinnten. De Thou war der Sohn eines Präsidenten des Pariser *parlement,* strebte aber im Gegensatz zu dieser später ultrakatholischen Körperschaft in seiner Tätigkeit als einer der führenden Berater Heinrichs III. nach einer friedlichen Lösung der Konflikte. Ebenso überparteilich fiel seine *Historia mei temporis* («Geschichte meiner Zeit») aus, in der er die «Religionskriege» wie Montaigne als Machtkämpfe mit religiöser Verbrämung souverän analysierte.

Das Lob des freisinnigen Katholiken, der später an der Ausarbeitung des Toleranzedikts von Nantes (1598) beteiligt war, entspricht voll und ganz Montaignes Selbstdarstellung als rechtschaffener, uneigennütziger und kluger Vermittler. Das sahen naturgemäß nicht alle so. Vor allem für die Mitglieder des entmachteten *parlement* war ihr ehemaliger Amtsgenosse mehr denn je ein Verräter. Er selbst durfte sich schmeicheln, seiner politischen Überzeugung treu geblieben zu sein: Allein eine starke Monarchie konnte das unaufhaltsam fortschreitende Auseinanderbrechen des Landes und den immer dramatischeren Verlust an Ordnung aufhalten oder sogar umkehren, wenn sie eine konsequente Politik des Ausgleichs mit den Hugenotten betrieb. In diesem Sinne begab sich Montaigne im Februar 1582 zusammen mit Mitgliedern des neuen Obergerichts nach Cadillac, um dort Heinrich von Navarra zu treffen und zusammen mit ihm und dessen Gattin die Taufe eines Sprösslings der Familie de Foix zu feiern. Mit diesem Besuch bezog der Bürgermeister von Bordeaux eine klare politische Position: Frieden und nationale Einheit sind wichtiger als der Streit der Kirchen.

Allerdings war diese Phase der Annäherung und des Ausgleichs von kurzer Dauer. Schon ab Frühjahr 1582 steuerten Heinrich III. und seine Mutter wieder einen harten Konfliktkurs, dessen Auswirkungen sich in Bordeaux schnell bemerkbar machten. In Befolgung der königlichen Direktiven verurteilte die dortige Justizkammer im Juni zwei hugenottische Edelleute zum Tod durch Enthauptung. Den Kommentar zu dieser blutigen Unterdrückungspolitik lieferte Montaigne im ersten seiner neuen, 1588 publizierten *Essais*: «Ebenso gibt es zur Wahrung der öffentlichen Ordnung notwendige Ämter, die nicht nur verächtlich, sondern sogar mit Lastern behaftet sind; die Laster spielen dort dieselbe Rolle für den Zusammenhalt des Ganzen wie die Gifte zum Erhalt unserer Gesundheit. Aber auch wenn sie dadurch entschuldbar werden, dass sie nötig sind, und ihre Verworfenheit durch diese Notwendigkeit überdeckt wird, sollten wir diese Rolle diejenigen unserer Mitbürger spielen lassen, die in dieser Hinsicht robuster und weniger furchtsam sind und die diesen niedrigen Verrichtungen ihre Ehre und ihr Gewissen opfern, so wie die Alten einst ihr Leben dem Vaterland opferten. Wir anderen aber, die wir schwächer sind, sollten die leichteren und weniger exponierten Rollen spielen.»[13] Allein Gewalt hält den Staat zusammen – das könnte man als eine Huldigung an Machiavellis *Buch vom Fürsten* verstehen, wenn diese Hommage an die Gewalt nicht so erkennbar ironisch formuliert wäre. Das macht auch der harte Nachsatz deutlich: «Das öffentliche Wohl verlangt, dass man Verrat übt und lügt.»[14] Nach 1588 fügte Montaigne nach «lügt» noch grimmiger hinzu: «und Massaker anordnet». Die Konsequenz aus diesen Überlegungen lautet: «Überlassen wir solche Aufträge servileren Leuten mit flexiblerem Gewissen.»[15] Das war keine Absage an die Politik an sich, wohl aber an die Strategien der blutigen Staatsräson, wie sie ab 1582 auf der Tagesordnung der französischen Monarchie standen.

Im Zeichen der erneuerten Unduldsamkeit ließ Heinrich III., dessen «Katholizität» von den Anhängern der Liga immer heftiger bestritten wurde, zum Nachweis seiner Rechtgläubigkeit verschiedene Provinzialsynoden abhalten, die dem stramm katholischen Kurs der Monarchie die theologische Untermauerung und Rechtfertigung liefern sollten. So kamen in Bordeaux die Vertreter des regionalen Klerus mit prominenten Abgesandten der Krone zusammen, um ihre unauflösliche Einheit mit der römisch-katholischen Kirche zu zelebrieren. Bei diesen Feierlichkeiten musste auch der Bürgermeister Montaigne anwesend sein – mit welchen Gefühlen, lässt sich unschwer vermuten. Seine Loyalität gegenüber der Zentralregierung wurde auch durch deren Steuerforderungen auf eine harte Probe gestellt. Als Folge der militärischen Konflikte und seiner teuren Hofhaltung war Heinrich III. in steter Finanznot; um wieder flüssig zu werden, erlegte er «seiner guten Stadt Bordeaux» 12 000 livres neue Abgaben auf, ein Drittel davon für die Kosten des neuen Gerichts, zu dessen Unterhalt er sich vorher selbst verpflichtet hatte. Das war ein Wortbruch, aber auch einem meineidigen Monarchen fühlte sich Montaigne zum Gehorsam verpflichtet, allerdings erst nach vorangehendem Protest. Seine untertänig vorgebrachte Bitte, dem armen Volk seiner Stadt diese unerträgliche finanzielle Last zu erlassen, wurde abschlägig beschieden und die Steuer daraufhin bezahlt. Allerdings schloss Loyalität die Suche nach einflussreichen Fürsprechern nicht aus. So wandte sich Montaigne mit Zustimmung der *jurats* an König Heinrich von Navarra mit der Bitte um Unterstützung seines Anliegens. Eine Antwort blieb jedoch aus; der kluge Hugenottenführer wollte eine unnötige Provokation seines entfernten Verwandten Heinrich III. vermeiden, bei dessen Nachfolge er an zweiter Stelle stand, gleich nach dem jüngeren Bruder des Königs.

Ansonsten hatte der Bürgermeister überwiegend Routinegeschäfte zu erledigen. So oblag es ihm, den Streit zwischen Schuhmachern und Schneidern zu schlichten, die Statuten der Zünfte zu revidieren und die Einhaltung der Gebote für den Warentransport auf der Gironde zu kontrollieren. Diese Ruhe des Alltags wurde unversehens durch ein Edikt des Papstes gestört: «Das aber will ich noch sagen: Die kürzliche Auslöschung von zehn Tagen durch den Papst hat mich so schwer getroffen, dass ich mich nicht daran gewöhnen kann. Ich stamme noch aus den Jahrgängen, in denen wir anders rechneten. Ein so alter und langer Brauch hält mich gefangen und bindet mich an ihn. So bin ich gezwungen, dadurch etwas ketzerisch zu werden, denn ich bin zu Neuheiten unfähig, selbst wenn sie etwas korrigieren. Selbst wenn ich die Zähne zusammenbeiße, ist meine Einbildung immer zehn Tage voraus oder zurück und jammert mir die Ohren voll.»[16]

Durch die Kalenderreform Gregors XIII., dem Montaigne zwei Jahre zuvor den Schuh geküsst hatte, sprang die Zeitrechnung vom 4. auf den 15. Oktober 1582 um. Diese «Auslöschung» einer Monatsdekade hatte weitreichende Konsequenzen. So stellte sich die Frage, ob Gehälter für diesen «unvollständigen» Monat ganz ausgezahlt werden mussten oder gekürzt werden durften. Auf europäischer Ebene ergab sich von nun an das Problem, dass die protestantischen Länder, die die «gottlose Erfindung» des Papstes natürlich nicht mittrugen, unterschiedlich datierten. Aber auch in katholischen Gebieten sahen nur wenige die Notwendigkeit dieser Maßnahme ein, mit der Kalender und Sonnenjahr wieder in Übereinstimmung gebracht wurden. Wer wusste schon, dass dieses Sonnenjahr elf Minuten länger dauerte als die 365,25 Tage, die ihm zur Zeit Julius Cäsars zugrunde gelegt worden waren? Montaigne war es offensichtlich nicht klar, und so fiel sein Kommentar so aus, wie ihn sein skeptischer Konservatismus diktierte: gelassenes Unverständnis, gepaart mit milder Ironie, vor allem in eigener Sache. Mit der Regelung der praktischen Probleme zwischen Arbeitgebern und Arbeitnehmern hatte er in Bordeaux alle Hände voll zu tun.

Die Wiederwahl

So zögerlich, ja widerwillig, wie Montaigne sein erstes Mandat als Bürgermeister von Bordeaux angenommen hatte, und so distanziert, wie er seine Tätigkeit in seinen *Essais* beschrieb, war nicht damit zu rechnen, dass er sich für eine zweite Amtszeit zur Verfügung stellen würde. Dass er dazu nicht nur bereit war, sondern diese Wiederwahl sogar sehr energisch betrieb, ist nicht nur für seine Leser bis heute schwer nachvollziehbar, sondern war auch für seine Mitbürger eine Überraschung, die sehr unterschiedlich aufgenommen wurde. So spärlich die Quellen für die Zeit von Sommer 1581 bis Sommer 1583 auch fließen, an Reaktionen auf den «Wahlkämpfer» Montaigne fehlt es nicht. Sie zeigen mit aller Deutlichkeit, wen er sich zum Freund und wen zum Feind gemacht hatte. Stand die Kaufmannschaft von Bordeaux der Wahl des «Aristokraten» Montaigne 1581 noch zurückhaltend bis abwartend gegenüber, so war sie jetzt auf seine Seite umgeschwenkt, denn als Bürgermeister hatte er ihre Handelsinteressen beim Warenumschlag auf der Gironde gewahrt und in der Steuerangelegenheit mit der Krone viel Engagement an den Tag gelegt.

Weitaus weniger erfreut waren, wie nicht anders zu erwarten, die Herren vom *parlement*. Für sie hatte ihr ehemaliges Mitglied die Unabhängigkeit der Justiz der Machtgier der Krone geopfert. Für die einflussreichen Ultra-Katholiken in diesem Gremium und in den Reihen des Adels hatte Montaigne darüber hinaus im Streit der Konfessionsparteien eine viel zu konziliante und damit verdächtige Haltung eingenommen. Besonders seine guten Beziehungen zu Heinrich von Navarra waren ihnen ein Dorn im Auge. So kam es im Frühjahr 1583 zu einem Wahlbündnis, in dem sich Montaignes Kontrahenten vom *parlement* und der Adelspartei zusammenschlossen und einen Gegenkandidaten aufstellten: Jacques d'Escars, Herr von Merville, Kommandant des königlichen Stadtfestungsschlosses Hâ, bekennender Liga-Anhänger und Hugenottenfresser. Dass auch der Erzbischof von Bordeaux, Antoine Prévost de Sansac, dieser Allianz seinen allerhöchsten Segen verlieh, verwundert nicht.

Sehr viel verwunderlicher ist, dass sich Montaigne gegen diese mächtigen Gegner am Ende durchsetzte. Wie ihm das gelang, sagt er nicht. In den *Essais* werden die heftigen Grabenkämpfe, die jetzt losbrachen, nicht erwähnt. Doch die Genugtuung über den unerwarteten Erfolg mochte er nicht verschweigen – seine Gegner hätten ihn schlicht unterschätzt und postwendend die Quittung dafür bekommen: «Ich versuche, meine Seele und meine Gedanken in Ruhe zu bewahren. Und wenn sie manchmal zu rauen und harten Eindrücken neigen, so geschieht das ohne meinen Rat. Doch aus dieser natürlichen Schlaffheit (*langueur*) sollte man nicht auf Ohnmacht schließen, denn Mangel an Anstrengung und Mangel an Vernunft sind zwei verschiedene Dinge. Und diese Haltung hatte auch keineswegs Geringschätzung und Undank des Volkes zur Folge – im Gegenteil: Das Volk von Bordeaux brachte alle Mittel, die ihm zur Verfügung standen, auch die extremsten, zur Anwendung, um mir zu danken, und zwar bevor und nachdem es mich kennengelernt hatte. Und als es mir das Amt zum zweiten Mal gab, tat es sehr viel mehr für mich als beim ersten Mal.»[17]

Für diese Dankbarkeit hatte Montaigne im Rückblick mehrere Erklärungen: «Ich will dem Volk von Bordeaux alles erdenklich Gute, und wenn sich die Notwendigkeit ergeben hätte, hätte ich mir für seinen Dienst auch nichts erspart. Es ist ein gutes Volk, kriegerisch und generös und trotzdem zu Gehorsam und Disziplin fähig. Und so kann es dem Guten dienen, wenn es gut geführt wird. Man sagt zudem, dass meine Amtszeiten ohne markante Spuren geblieben seien. Ich sehe das positiv: Man wirft mir Verzögerung vor, und das in einer Zeit, in der fast alle davon überzeugt sind, zu viel zu machen.»[18] In einer Zeit des blinden und wütenden Aktionismus war politischer Minimalismus das Maximum an Vernunft: So lautete die praktische Anwendung des philosophisch begründeten Konservatismus. Alles hektische Handeln musste die Zustände nur weiter verschlimmern.

«Extreme Mittel» waren tatsächlich für Montaignes Bestätigung im Amt des Bürgermeisters nötig. Zwischen ihm und seinem Gegenkandidaten de Merville und dessen Verbündetem, dem Baron de Vaillac, seines

Zeichens Befehlshaber der zweiten Stadtfestung *château Trompette*, entspann sich ein hasserfüllter Schlagabtausch, nicht nur um Einfluss, sondern auch um Ehre. Montaigne plante, die an die beiden Forts angrenzenden Grundstücke für städtische Bauten zu nutzen, was die beiden Kommandanten als Gefährdung der militärischen Sicherheit betrachteten. Um ihren Forderungen Nachdruck zu verleihen, unterstellten sie Montaigne, dass er aus seinem Bebauungsplan persönlichen Profit ziehen wolle. Gegen diese Korruptionsvorwürfe setzte sich der Beschuldigte in einem gemeinsam mit den *jurats* unterzeichneten Gegengutachten vehement zur Wehr. Daraufhin wandten sich die beiden Militärs an den König, der seinen Gouverneur Matignon mit einer Untersuchung der Affäre beauftragte. Dieser entschied zugunsten Montaignes, dessen Loyalität und Dienstbeflissenheit er schätzen gelernt hatte. Die oben zitierten Passagen aus dem *Essai* mit dem Titel «Wie man seinen Willen schonen kann» lesen sich vor diesem Hintergrund wie eine nachträgliche Beteuerung der eigenen Unbestechlichkeit.

So sah sich Montaigne im Frühjahr 1583 einer mächtigen Phalanx aus Militäradel, hoher Geistlichkeit und etwa fünfzig Mitgliedern des *parlement* gegenüber; selbst ein Cousin und ein Schwager agitierten gegen ihn. Alles kam jetzt auf den vierundzwanzigköpfigen Wahlmännerausschuss an, der zusammen mit den sechs Stadtverordneten (*jurats*) als «Rat der Dreißig» den Bürgermeister bestimmte. Bei dessen Zusammenstellung aber saß das regierende Stadtoberhaupt, das sich der Unterstützung der Kaufmannschaft und der Organe der Stadtverwaltung sicher sein durfte, am längeren Hebel. Dieses handverlesene Dreißigergremium bestätigte prompt Montaignes zweite Amtszeit und wählte statt der eigentlich vorgesehenen adeligen Kandidaten drei neue *jurats* aus den Reihen der Großhändler, die ebenfalls auf seiner Seite standen. So kam es, wie es kommen musste: Die Merville-Partei reklamierte Wahlbetrug. Nach ihrer Interpretation des Reglements von 1550 war eine Wiederwahl des Bürgermeisters ohne vorher eingeholte Ausnahmegenehmigung ungültig und der Ausschluss des Adels aus dem Kreis der *jurats* illegal. Ihre Klage legte die unterlegene Partei dem *parlement* vor, wo sie auf eine klare Mehrheit zählen durfte. Montaigne konterte damit, dass er den Ausschluss von fünfzig *conseillers* verlangte, die im Wahlkampf für seinen Kontrahenten Partei ergriffen hatten. Daraufhin zog der königliche Rat den Fall an sich. Im Februar

1584 bestätigte er zwar die Wiederwahl Montaignes, die Ernennung der *jurats* wurde hingegen als missbräuchlich und daher für null und nichtig deklariert und vorläufig aufgehoben. Diese Entscheidung der höchsten Instanz stützte sich, wie noch zu erörtern sein wird, auf städtische Traditionen und Bräuche, war also alles andere als unmotiviert, und insofern, obwohl nach einiger Zeit wieder zurückgenommen, eine Ohrfeige für Montaigne und seine Anhänger, die nur dank der Intervention Matignons haarscharf an einer Blamage vorbeigeschrammt waren.

Den Makel der Annullierung der Stadtverordnetenwahl ließen die Gemaßregelten nicht auf sich sitzen. Mit aller Ausführlichkeit legten sie dem Rat dar, wie Merville und seine Freunde vom *parlement* miteinander gekungelt und dabei Pläne für die Besetzung der städtischen Führungsämter ausgeheckt hatten. Zu diesem Klüngel habe auch der Untersuchungsrichter gehört, der dem königlichen Rat über die Affäre Bericht erstattet hatte. Dass Montaigne mit seinen Insider-Kenntnissen, wer mit wem verschwägert, verbündet oder zerstritten war, an diesem Schriftstück federführend beteiligt war, darf als sicher angenommen werden. Einen Monat später teilte er seinem König in gesetzten Worten mit, «dass alle Verfahrensformen, wie sie in unseren Statuten und Privilegien verzeichnet sind, bei der Wahl (= der *jurats*) auf das Genaueste und Sorgfältigste beachtet worden sind.»[19] Aber das war weiterhin Auslegungssache. Zwar war bei der Neufassung der städtischen Satzungen im Jahr 1550 nicht ausdrücklich festgelegt worden, dass je ein Drittel der *jurats* aus Adel, *parlement* und Kaufmannschaft stammen musste, doch wurde die Fortführung dieser Tradition stillschweigend vorausgesetzt. Für einen bekennenden Bewahrer bewährter Bräuche wie Montaigne war das von ihm durchgesetzte Verfahren eine bemerkenswerte Neuerung, die der Rechtfertigung bedurfte.

Auch diese Rechtfertigung wird im «Versuch» über die «Schonung des Willens» geliefert: Die immer angespanntere Situation in Bordeaux und Umgebung verlangte mehr denn je nach Ausgleich und Versöhnung. Hardliner wie Merville und seine Unterstützer aber – das musste der Leser selbst ergänzen – wollten nur weiteres Öl ins Feuer der konfessionell-politischen Konflikte gießen. Auf diese Weise gewann das innerstädtische Intrigenspiel Bedeutung für ganz Frankreich und durch Montaignes Auswertung in den *Essais* darüber hinaus dauerhaften Exempelcharakter: «Der Bürgermeister und Montaigne waren immer zwei, und zwar klar getrennt.

Auch wenn man Advokat oder Bankier ist, kann man die Betrügereien in solchen Gewerben klar erkennen. Ein Ehrenmann ist nicht für die Laster oder Dummheiten verantwortlich, die seinem Beruf innewohnen, und muss dessen Ausübung deshalb auch nicht verweigern. So ist eben der Brauch seines Landes, und das macht auch Sinn. Man muss von der Welt leben und sich ihrer bedienen, wie sie nun einmal ist. Aber das Urteil eines Kaisers muss über seinem Reich stehen, und er muss dieses ganz getrennt von sich betrachten können.»[20] Nach demselben Grundsatz muss das Urteil eines Bürgermeisters über den Intrigen seiner Stadtgemeinde stehen. Damit räumte Montaigne zugleich ein, dass die Politik eine Eigengesetzlichkeit und eine eigene moralische Sphäre besaß, in der gewisse moderate Abweichungen von den ansonsten gültigen Regeln erlaubt waren. Die Notwendigkeit, je nach Situation auch einigermaßen dubiose Maßnahmen zu ergreifen, darf jedoch die Ehrenhaften und Unbestechlichen nicht von der Politik fernhalten. Sie haben nicht nur das Recht, sondern in bedrängten Lagen sogar die Pflicht, die in der Politik üblichen, nach streng moralischen Maßstäben anrüchigen Methoden anzuwenden, wenn diese Praktiken nicht ihrem Vorteil, sondern dem Gemeinwohl nützen.

Nach dieser Devise habe er als Bürgermeister selbst gehandelt, so Montaignes selbstzufriedenes Fazit: «Wenn es darauf ankommt, kann ich kräftig zupacken, wenn es mir mein Wille vorgibt.»[21] Das dürfte sich unmittelbar auf die Umtriebe der Wiederwahl beziehen, denn dabei waren genau diese Qualitäten gefordert: «Wo Energie und Freiheit am Platze sind und gradliniges und rasches Handeln nötig machen, bin ich mit Erfolg dabei.»[22] An vielen anderen Stellen der *Essais* hatte Montaigne sein Auftreten als zögerlich und abwartend und sein Temperament als eher phlegmatisch bezeichnet. Das galt für den Normalfall; wenn es die Ausnahmesituation erforderte und günstige Gelegenheiten beim Schopfe gepackt werden mussten, konnte er jedoch über sich hinauswachsen: «Nicht alle wichtigen Ämter sind schwer auszuüben. Ich war sogar bereit, mich noch etwas intensiver abzumühen, wenn es nötig gewesen wäre. Denn ich kann, wenn nötig, mehr leisten, als ich normalerweise leiste und leisten mag. Ich habe, soweit ich weiß, nichts ungetan gelassen, was die Pflicht von mir verlangte, und dabei alles unterlassen, was allein der Ehrgeiz will und schönfärbt.»[23]

Eine untertänige Mahnung, viel Routine und ein königlicher Besuch

Zu den dornigen Angelegenheiten von Montaignes zweiter Amtszeit als Bürgermeister von Bordeaux gehörte der leidige Konflikt über die neuen Steuern, mit denen Heinrich III. die Stadt belastete. In einem Schreiben vom 31. August 1583, das er zusammen mit fünf Stadtverordneten unterzeichnete, beantragte Montaigne ein weiteres Mal die Aufhebung dieser Sonderabgabe und verband dieses untertänige Ersuchen mit sehr selbstbewusst vorgetragenen Maximen einer guten und gerechten Regierung: «Alle Steuern müssen gleichermaßen von allen getragen werden, und zwar so, dass der Starke den Schwachen stützt und dass diejenigen, die die größeren Mittel haben, auch in höherem Maße zu diesen Abgaben beitragen als diejenigen, die von der Hand in den Mund und vom Schweiß körperlicher Arbeit leben.»[24] De facto war das Gegenteil der Fall: Die Reichen und Vornehmen pochten auf Privilegien, die sie von den meisten öffentlichen Lasten befreiten. Davon profitierten – wie Montaigne süffisant hervorhob – in ganz besonderem Maße die Mitglieder des *parlement* und sogar deren Kinder. So verstieß der allerchristlichste König gleich gegen zwei Gebote, die einem guten Herrscher, der sein Amt wie ein fürsorglicher Familienvater führte, heilig sein sollten: Er bedrückte seine Untertanen mit neuen Steuern, obwohl er sparsam von seinem Eigengut leben sollte, und legte diese Abgaben auch noch ungerecht um. Daher musste ihm kräftig ins Gewissen geredet werden: «Und das Elend und das Unglück der Bürgerkriege sind zurzeit so groß, dass zahlreiche Personen beiderlei Geschlechts an den Bettelstab gebracht sind, so dass man in Stadt und Land überall eine verzweifelte Menge armer Leute sieht. Und das alles wäre nicht der Fall, wenn das Edikt des verstorbenen Königs Karl, den Gott erlösen möge, beachtet würde.»[25] Diese in Vergessenheit geratene Verordnung schrieb den sachgemäßen Gebrauch der Mittel vor, die zum Unterhalt der öffentlichen Fürsorgeeinrichtungen, Spitäler und Pilgerherbergen bestimmt waren. Stattdessen wurden diese Summen von den Verantwortlichen für private Zwecke abgezweigt. Wie schon anderthalb Jahrzehnte zuvor beim Besuch Karls IX. trat Montaigne auch jetzt, als Bürgermeister, als Ankläger der Korruption auf.

Dass ein *parlement* dem König Beschwerden und Einsprüche (*remontrances*) gegen neue Gesetze vorlegte, gehörte zur regulären Prozedur der monarchischen Legislative. Einsprüche vonseiten eines Bürgermeisters und seiner *jurats* waren jedoch ein ungewöhnlicher Akt. Dessen war sich Montaigne bewusst: «Wir bitten Eure Majestät untertänigst, die oben genannten *remontrances* günstig aufzunehmen, die der besagte Bürgermeister und die *jurats* in Erfüllung ihrer Pflichten demütig präsentieren. Denn uns bewog allein der Eifer, Euch zu dienen, und das tiefe Mitleid, das wir dem armen Volk schulden. Dieses erwartet, dass Eure Majestät, wie sehnlichst erhofft und von Eurer Majestät versprochen, diese zahlreichen Leiden lindern wird, und betet andauernd für Euer Wohlergehen und für die Erweiterung Eurer Macht.»[26] Auch ein König muss seine Versprechen halten, sonst ist es um Weihe und Nimbus seines Amtes geschehen. Dieser Prozess der Entsakralisierung war im Fall Heinrichs III. bereits weit vorangeschritten, auch das klang in Montaignes Mahnung an. Dauerhaft verübelt hat ihm der Hof das mutige Schreiben nicht. Zwar folgte darauf der königliche Beschluss, die drei neuen *jurats* erst einmal zu suspendieren, doch wurden diese im weiteren Verlauf des Jahres 1584 schließlich stillschweigend akzeptiert. So siegte Montaigne am Ende doch auf der ganzen Linie.

Die volkstümliche Ausrichtung seiner zweiten Amtszeit, die im Schreiben an Heinrich III. so markant hervortritt, fand auch in den Alltagsgeschäften ihren Niederschlag. Ob es um Hafen- oder Lagerarbeiter, Fuhrleute oder Kneipenwirte ging – der Bürgermeister Montaigne versuchte nicht nur Streitigkeiten zwischen den verschiedenen Korporationen zu schlichten, sondern auch den materiellen Interessen dieser unteren Mittelschicht so weit wie möglich entgegenzukommen.

Nach rastloser Tätigkeit nahm Montaigne sich im Herbst 1584 wieder eine Auszeit, so dass die *jurats* erneut mehr Präsenz ihres *maire* verlangen mussten. Warum er abwesend war, hat Montaigne in seinen kargen «Hausbuchnotizen» mit ungewöhnlicher Feierlichkeit und Ausführlichkeit festgehalten: «1584. 19. Dezember. Der König von Navarra stattete mir in Montaigne, wo er noch nie gewesen war, einen Besuch ab und wurde zwei Tage lang ohne eigenes Dienstpersonal von meinen Leuten bedient. Und er wollte keinerlei Aufwand und schlief in meinem Bett.»[27] Darauf folgt die minutiöse Auflistung der vornehmen Begleitung des Königs, in der sich ein Prinz von Condé, ein Rohan und ein Turenne befanden: die crème de la crème der Hugenottenpartei. Alle diese vornehmen Herrschaften, so der stolze Eintrag weiter, übernachteten im Schloss, die meisten Diener hingegen im Dorf. Zur Unterhaltung der illustren Gesellschaft wurde sogar eine Jagd in den Wäldern des Schlosses veranstaltet, bei der der König einen Hirsch erlegte.

Über den Zweck des vornehmen Besuchs sagt die Notiz nichts. Ein gutes halbes Jahr zuvor hatte sich die politische Lage in Frankreich entscheidend verändert. Durch den plötzlichen Tod des Herzogs von Alençon, des jüngeren Bruders Heinrichs III., war Heinrich von Navarra der nächste Anwärter auf den französischen Thron. So war es wieder einmal an der Zeit für eine Annäherung der «zwei Heinriche». Dabei sollte Montaigne im Auftrag seines Protektors, des Marquis de Trans, die Rolle des neutralen Gastgebers spielen, der zu beiden Seiten gute Beziehungen unterhielt. Montaigne selbst beschrieb seine Funktion in diesen Verhandlungen mit einer Bescheidenheit, die ihm der Leser keineswegs abnehmen soll: «Bei dem Wenigen, das ich zwischen unseren Fürsten zu verhandeln gehabt habe aufgrund der zahllosen Spaltungen und Zwistigkeiten (*en ces divisions et subdivisions*), die uns heutzutage zerreißen, habe ich mit größter Sorgfalt darauf geachtet, dass sie sich in mir nicht täuschen und nicht von mir irreführen lassen. Die Fachleute (*les gens du métier*) halten sich so bedeckt wie möglich und spiegeln Mäßigkeit und Nähe vor. Ich hingegen lege meine Ansichten so offen und persönlich wie möglich dar. Als wohlmeinender Verhandler und Neuling auf diesem Gebiet will ich lieber mit meiner Aufgabe scheitern, als mir untreu werden.»[28] Durch diese Aufrichtigkeit – so die zufriedene Schlussfolgerung weiter – und mit einer gehörigen Portion Glück habe er bei seinen Vermittlungsbemühungen bisher meist Erfolg gehabt: «Naivität und einfache Wahrheit sind doch immer am Platz, egal in welcher Zeit.»[29]

Galt das auch für ein Jahrhundert, dessen abgrundtiefen moralischen Verfall Montaigne stets aufs Neue in bewegten Worten anprangerte? Er stellt den Gegensatz zwischen der eigenen Rechtschaffenheit und der Verdorbenheit des Zeitalters so überspitzt dar, dass sich der Leser fragen muss, welche Konsequenz für die künftige Politik des Königreichs daraus zu ziehen ist. Er gibt darauf keine eindeutige Antwort, legt aber nahe, dass zum guten Charakter des Königs taktisches Geschick und Wertschätzung durch die Mächtigen hinzukommen müssen, so wie es ein gewisser Bürgermeister von Bordeaux von 1581 bis 1585 vorgemacht hat. Dann lassen sich selbst für die schwersten Krisen Lösungen finden.

Eine Haupt- und Staatsaktion, bei der Montaigne seine Fähigkeiten als Vermittler auf höchster Ebene unter Beweis stellen konnte, war der Besuch des Königs von Navarra nicht. Stattdessen stechen die persönlichen Aspekte der Visite ins Auge. Montaigne war ein Freund des bei der Belagerung von La Fère tödlich verwundeten Grafen von Gramont und seiner schönen Gattin Diane d'Andoins, der er seine Ausgabe der Sonette Etienne de la Boéties gewidmet hatte. «La belle Diane» trat jetzt an der Seite Heinrichs von Navarra als dessen offizielle Mätresse auf, sehr zum Ärger von dessen Ehefrau Marguerite de Valois, die zudem kurz zuvor von ihrem Bruder Heinrich III. schwer gekränkt worden war. So ging es beim Empfang in Schloss Montaigne mehr um Eifersucht und Ressentiments als um Politik.

Für die Politik war der Militärbefehlshaber Matignon zuständig, dem Montaigne weiterhin getreulich zuarbeitete; nicht weniger als vierzehn seiner Schreiben an diesen Vorgesetzten sind aus seiner zweiten Amtszeit erhalten. Sie zeugen von einer engen Zusammenarbeit und wohl auch von einer gewissen menschlichen Verbundenheit, wie sie die Einleitung des Briefes vom 9. Februar 1585 andeutet: «Mein Herr, ich hoffe, dass der Stein, der Sie, wie Sie mir schrieben, so geplagt hat, inzwischen abgegangen ist, so wie ein anderer Stein, den ich während derselben Zeit losgeworden bin.»[30] Geteiltes Nierensteinleid war halbes Leid und schweißte zusammen. Auf solche Vertraulichkeiten folgen Nachrichten und Gerüchte über die jüngsten politischen und militärischen Entwicklungen. Die Tätigkeit als Informant und Vermittler setzte Montaigne bis zum Juni 1585 fort, als sich Matignon zu Gesprächen mit Heinrich von Navarra traf, allerdings nicht auf Montaignes Schloss. Konkrete Folgen hatte auch dieses Treffen nicht.

Von einer wichtigen «Scharnierfunktion» Montaignes bei den Verhandlungen zwischen Heinrich von Navarra und dem Gouverneur von Bordeaux kann somit keine Rede sein, dazu waren die von ihm geleisteten Dienste zu unwichtig. Das Bild des ehrlichen Maklers zwischen den Mächtigen, das er in den *Essais* von sich zeichnet, entspricht nicht der nüchternen Realität. Dass Montaigne aus der Tätigkeit als Vertrauter und Untergebener Matignons die Hoffnung schöpfte, zu höheren Aufgaben herangezogen zu werden, ist nicht völlig von der Hand zu weisen, doch eher unwahrscheinlich.

Zurückhaltung ist auch bei der Interpretation der Korrespondenz angebracht, die Montaigne um die Jahreswende 1583/84 mit Philippe Duplessis-Mornay, dem «Chefideologen» der Hugenottenpartei, führte und von der nur die Briefe des Letzteren erhalten sind. Aus diesen geht hervor, welches Bild sich die Führer der Reformierten von Montaigne machten: «Wir wenden uns an Sie, da wir Ihre innere Ruhe und Ausgeglichenheit kennen und wissen, dass Sie keine unnötige Unruhe schaffen oder aus der Ruhe zu bringen sind.»[31] Weder Beweger noch bewegt, sondern ein unerschütterlicher und scharfsinniger Beobachter: So nahm der «Papst» der französischen Calvinisten Montaigne wahr. Die wenigen Worte sind das schönste Kompliment, das dem Verfasser der *Essais* zu Lebzeiten zuteilwurde. Das Anliegen Duplessis-Mornays war es, Montaigne um eine ausgewogene Berichterstattung über die jüngsten Ereignisse in der Provinz Guyenne zu bitten, die von der Gegenseite böswillig verdreht worden seien. Ob er diesem Ersuchen nachgekommen ist, muss offenbleiben.

Montaignes zweite Amtszeit endete so, wie sie begonnen hatte: in Aufruhr und Chaos. Doch diesmal war nicht die Gegenpartei, sondern die Pest schuld, die im Sommer 1585 die Stadt Bordeaux und ihr Umland heimsuchte und mehr als ein Viertel der Einwohner dahinraffte. Zu einer geordneten Übergabe der Amtsgeschäfte an den Nachfolger kam es nicht, weil Montaigne sich weigerte, die verseuchte Stadt zu betreten, und sich in die Abgeschiedenheit seines Schlosses zurückzog. Die Bilanz seiner zwei Mandate als Bürgermeister zog er im zweiten seiner neuen *Essais*, der den bezeichnenden Titel *Du repentir* trägt. Dieser Versuch «Über die Reue» mündet in ein stolzes Fazit: Ich bereue nichts, weil ich mir nichts vorzuwerfen habe. Ob man in der Politik Erfolg hat oder nicht, hängt vom Zufall ab; moralische Urteile lassen sich nach diesem Kriterium nicht fällen: «Was die Geschäfte betrifft, so habe ich mehrere glückliche Gelegenheiten verpasst, und zwar aus Mangel an glücklicher Fügung. Trotzdem waren meine Ratschläge, gemessen an den Zeitumständen, in denen sie gefunden werden mussten, gut gewählt … Und ich finde, dass ich in meinen Erwägungen und Beurteilungen während meiner Amtszeit im Verhältnis zu den Problemen, die sich stellten, nach meiner Regel weise vorgegangen bin.»[32]

Diese Bilanz schloss Fehler nicht aus, doch auch sie hatten im Rückblick kein Bedauern zur Folge: «Ich habe in meinem Leben einige schwere und folgenreiche Irrtümer begangen, aber nicht mangels richtiger Einschätzung, sondern aus Mangel an Glück.»[33] So war der Politiker Montaigne nach dem Ausscheiden aus dem Amt völlig mit sich im Reinen: «Mein Gewissen ist mit sich zufrieden, nicht wie das Gewissen eines Engels oder eines Pferdes, sondern wie das Gewissen eines Menschen.»[34] Das klang für die Glaubenswächter aller Konfessionen verdächtig, denn Selbstgerechtigkeit war ein Zeichen der *superbia*, des sündhaften Hochmuts und der frevelhaften Selbstüberschätzung. Mit diesem Satz markierte Montaigne ein weiteres Mal die Distanz, die er zu christlicher Moral und Lebensführung eingenommen hatte. Korrekt formuliert, hätte die Summe seiner Amtstätigkeit von Anfechtung, Beichte und Buße künden und Gott allein die Ehre geben müssen. Doch davon kein Wort, stattdessen die Zuschreibung des Erfolgs an das blinde Schicksal (*fortune*), dessen prominente Rolle in den *Essais* von 1580 schon die Herren von der römischen Indexkongregation stirnrunzelnd moniert hatten. Montaigne war sich bewusst, an dieser Stelle eine Grenze überschritten zu haben, und fügte die üblichen Beschwichtigungs- und Entschärfungsformeln hinzu: «Ich spreche hier als jemand, der forscht und ignorant ist … Ich lehre nicht, ich erzähle ja nur.»[35]

Die floskelhafte Zurücknahme der Selbstzufriedenheit steht im krassen Gegensatz zu den nachfolgenden Passagen, in denen das Ja zum eigenen Leben noch stolzer und umfassender verkündet wird: «Wenn ich noch einmal leben müsste, würde ich genauso leben, wie ich gelebt habe; ich bedauere weder die Vergangenheit noch fürchte ich die Zukunft.»[36] Abermals keine Spur von Zerknirschung oder gar Reue; stattdessen ringt sich Montaigne einen weiteren Nachsatz ab, der dem «heidnischen» Bekenntnis einen christlichen Anstrich verschaffen soll: «Ich habe das Gras und die Blumen und die Frucht gesehen, und ich sehe das alles welken.»[37] Alles Fleisch ist wie Gras, doch auch dieses Bewusstsein der Vergänglichkeit schlägt nicht die Brücke zum Jenseits, im Gegenteil: «Und das ist gut so, denn es ist natürlich.»[38] Der Mensch ist eine Hervorbringung der Natur und vergeht wie diese. Dieses Fazit der *Essais* von 1580 wird in den späteren *Essais* bestätigt, akzeptiert und approbiert.

Schreiben im Zeichen der Bedrohung

So natürlich das Sterben an sich auch ist, so ist doch nicht jeder Tod natürlich. Das Gras welkte, aber immer häufiger wurde es vor der Zeit geschnitten. Im Rückblick erschienen Montaigne und seinen Zeitgenossen die vier Jahre von 1581 bis 1585 trotz mancher Konflikte und Scharmützel wie die letzte Ruhe vor dem großen Sturm. Immerhin verhandelten die verfeindeten Parteien in dieser Zeit noch miteinander, wenn auch ergebnislos. Damit hatte es im Sommer 1585 ein Ende. Im Juli hob Heinrich III. erneut alle Zugeständnisse an die Hugenotten auf, um fortan auf militärische Konfrontation zu setzen. Diese Entscheidung war alles andere als frei. Mit Heinrich von Guise, dem dynamischen Chef der Heiligen Liga, war dem König ein gefährlicher Konkurrent erwachsen, der alles hatte, was diesem abging: den Ruf eines schneidigen Ritters ohne Furcht und Tadel, die Unterstützung des Papstes und Spaniens und damit die Gefolgschaft der meisten katholischen Adeligen, denen die bisherige Politik gegenüber den «Ketzern» zu konziliant und das Auftreten des Königs nicht energisch genug gewesen war. So schien es diesem und seiner Übermutter Catherine de Médicis an der Zeit, Politik und Image neu auszurichten und durch eine Strategie der Unnachgiebigkeit das verlorene Ansehen zurückzugewinnen. Als kurz darauf Papst Sixtus V. Heinrich von Navarra und seine rechte Hand, den Prinzen von Condé, exkommunizierte, trat der seit dreiundzwanzig Jahren wütende Bürgerkrieg in eine dramatische neue Phase ein. Im Sommer 1585 erging der Befehl an alle Adeligen Südfrankreichs, sich unverzüglich beritten und bewaffnet unter die Fahnen des Königs zu begeben, um unter dem Kommando Matignons für Monarchie und Kirche zu kämpfen. Montaigne leistete diesem Aufruf nicht Folge, wahrscheinlich mit stillschweigender Zustimmung des Generals, der über die Zuspitzung des Konflikts gleichfalls nicht glücklich war und weiterhin auf eine Verhandlungslösung hoffte.

Eine längere Abwesenheit von Heim und Herd war in diesen turbulenten Zeitläufen ohnehin nicht ratsam. Montaignes Schloss war weiterhin kaum geschützt und lag überdies im Zentrum der Auseinandersetzungen. Die meisten seiner Nachbarn waren zur reformierten Konfession übergetreten, sahen sich durch den Kurswechsel der Monarchie aufs Höchste bedroht und neigten zu unbedachten Kurzschlusshandlungen. Auch innerhalb der Familie hatten die Spannungen weiter zugenommen. Montaignes jüngerer Bruder Thomas war – entgegen den Ermahnungen Etienne de la Boéties auf dem Sterbebett – nicht nur nicht zur angestammten katholischen Religion zurückgekehrt, sondern ein hugenottischer Hardliner geworden. Unter seinem Einfluss waren auch seine Schwestern zur «angeblich reformierten Religion» übergetreten. Auf Sippen-Solidarität durfte Montaigne also nicht hoffen.

Wie gefährlich jede Form der Mobilität in diesem unberechenbaren Spannungsfeld geworden war, hat Montaigne in seinem *Essai* «Von der Physiognomie» geschildert, der seine kühnen Thesen zur Kraft des Gesichtsausdrucks mit spannenden Abenteuererzählungen verbindet. Der in der Einleitung dieses Buches in seinen eigenen Worten beschriebene Überfall begann mit Ausplünderung und Erpressung schlimm, nahm dann aber mit Rückgabe des geraubten Gutes und Freilassung eine ebenso unerwartete wie glimpfliche Wendung. Dieselbe offenherzige Unerschütterlichkeit hatte Montaigne nach eigenen Angaben schon mehr als ein Jahrzehnt zuvor bei einem verdeckten Überfall auf sein Schloss vor Plünderung und Mord bewahrt. Nimmt man diese Erklärung für bare Münze, dann glomm ein Funke Menschlichkeit sogar in abgefeimten Räuberseelen. Doch vielleicht gibt es noch eine andere Erklärung für diese wundersame Errettung aus höchster Gefahr: «Möglich ist auch, dass die göttliche Güte (*bonté divine*) sich dieses flüchtigen Instruments bedienen wollte, um mich zu erhalten. Sie schützte mich später sogar in einem noch schlimmeren Hinterhalt, vor dem sie mich gewarnt hatten.»[39] Glaubte Montaigne wirklich, ein Werkzeug der Vorsehung zu sein, die ihn für ihre verborgenen Zwecke weiter benötigte? Die fromme Alternative dürfte ebenso ironisch gemeint sein wie die Bezeichnung «Edelleute» für die Straßenräuber. Daher der ebenso schlicht wie ehrlich anmutende Schluss: «In Wahrheit weiß ich nicht, warum es so ausging.»[40]

In Wirklichkeit dürfte Montaigne den wahren Grund für seine Freilassung gekannt oder zumindest geahnt haben. Das Überfallkommando bestand aus Hugenotten, und Montaigne war als Vermittler zwischen den Parteien und damit zumindest indirekt auch im Auftrag Heinrichs von Navarra unterwegs. Das und nicht ein naiver Gesichtsausdruck, der in Zeiten allgemeiner Verstellung und Hinterlist nur Verderben mit sich bringen konnte, war die Rettung. Von einem weiteren Überfall und dessen Folgen wird an anderer Stelle ausführlich zu berichten sein.

In all diesen Wirren blieb Montaigne seiner politischen Haltung treu: Dem König von Frankreich hatte er als Mitglied des Michaelsordens lebenslange Loyalität geschworen, und dieses Gelöbnis wollte er einhalten, auch wenn die Neuausrichtung der königlichen Politik seinen Überzeugungen widersprach. Allerdings hatte diese Ergebenheit auch ihre Grenzen; nie waren die Warnungen des zu früh verstorbenen Freundes vor der *servitude volontaire* so aktuell wie jetzt: «Um die Wahrheit zu sagen – und ich scheue mich nicht, das einzugestehen –, würde ich in höchster Not dem heiligen Michael und dem Drachen gleichermaßen eine Kerze anzünden … Und ich würde der guten Sache bis ins Feuer folgen, doch nur, wenn es mir zuträglich ist. Mag Schloss Montaigne im allgemeinen Ruin untergehen, wenn es denn sein muss. Aber wenn es nicht sein muss, danke ich dem Schicksal, wenn es sich retten lässt. Und solange mir meine Pflicht Kraft gibt, werde ich diese zu seiner Rettung einsetzen.»[41] Die Natur hat dem Menschen den Trieb zur Selbsterhaltung eingepflanzt; dieser stärksten aller natürlichen Kräfte zu folgen, ist legitim, dahinter treten alle öffentlichen Verpflichtungen zurück. Am Ende dieses *Essais* «Über das Nützliche und das Ehrenhafte» wird daraus die konkrete Lehre gezogen: «Fürchten wir uns nicht, einem so großen Beispiel (= dem Thebaner Epaminondas) folgend, zu schließen, dass auch gegen die Feinde manches verboten ist und dass das öffentliche Interesse uns gegen unser persönliches Interesse nicht alles abfordern darf.»[42] Dieser legitime Selbstschutz gilt nicht nur auf dem Schlachtfeld, sondern auch bei Gefahr für Ehre und Gewissen: «Ein Ehrenmann darf selbst im Dienst des Königs und für die Allgemeinheit und die Gesetze nicht alles tun.»[43]

Das war Montaignes endgültige Absage an eine absolute Staatsräson: «Nehmen wir den von Natur aus Bösen und Blutrünstigen und Verrätern diesen Vorwand der Vernunft weg!»[44] Der Zweck rechtfertigt definitiv nicht die Mittel: «Aus dem Nutzen auf die Ehrenhaftigkeit und Schönheit einer Handlung zu schließen, ist grundfalsch, und falsch ist es auch, zu glauben, dass jeder zu einer solchen Handlungsweise verpflichtet sei und dass diese für jeden ehrenhaft sei, wenn sie nur nützlich sei.»[45] Der gegenteilige Standpunkt, wie er in Machiavellis *Buch vom Fürsten* so prägnant dargelegt wird, hat Frankreich in endlose Blutbäder gestürzt. Nicht nur die Fürsten sind zu einer politischen Moral der Transparenz und Humanität verpflichtet, sondern auch die Autoren, die über Politik schreiben, denn auch Worte können töten: «Es reicht, wenn wir unsere Feder in Tinte tauchen, ohne sie in Blut zu tauchen.»[46] Wer zum Mord an Andersgläubigen aufruft, stellt sich auf eine Stufe mit den Mördern.

Moralpredigten mit erhobenem Zeigefinger stoßen ab, wirkungsvolle Überzeugungsarbeit wird am besten im lockeren Plauderton von Edelmann zu Edelmann geleistet; das war das didaktische Grundprinzip der *Essais*. Ein so feierliches Bekenntnis zu einer politischen Moral und so viel heiliger Ernst bedurften daher dringend der Entkrampfung und Auflockerung. Montaigne führt sie mit bewährten Mitteln herbei: durch das Zitat des römischen Dichters Properz, dass sich nicht alles für alle gleichermaßen ziemt, was in keinem erkennbaren Zusammenhang mit dem erörterten Sachverhalt steht, und durch eine verblüffende Schlusswendung: «Wählen wir also (= statt der Gewalt) die notwendigste und nützlichste Form der menschlichen Gesellschaft, nämlich die Heirat.»[47] Was das mit der Politik, mit List und Tücke, Unterdrückung und Auflehnung zu tun hat, ist dem Leser an vielen Stellen ausführlich erklärt worden: Für eine gute Ehe gelten dieselben Gesetze, die in den Bürgerkriegen zur Anwendung gelangen sollten, nämlich dass jede Seite der anderen ein Maximum an Toleranz entgegenbringen und so viel Selbstentfaltung wie möglich gewähren sollte.

Solche Aufrufe waren mehr denn je eine Predigt in der Wüste. Im seit 1585 tobenden «Krieg der drei Heinriche», den zwei von diesen nicht überleben sollten, sah sich der ranghöchste, König Heinrich III., von den Ultrakatholiken unter Heinrich von Guise immer mehr unter Druck gesetzt und zu immer hektischeren militärischen Aktionen gegen Heinrich von Navarra angetrieben. Kriegsschauplatz war erneut Südwestfrankreich, wo die Hugenotten ihre stärksten Bastionen hatten. Zu diesen gehörte die Festung Castillon, die nur wenige Kilometer von Schloss Montaigne entfernt lag. Als die königliche Armee im Juli 1586 die Belagerung dieses Ortes begann, wurde es für die Einwohner der Umgebung lebensgefährlich. Die fast 20 000 Mann starke Truppe war schlecht besoldet und wurde miserabel verpflegt. Das hatte zur Folge, dass die Söldner, darunter 5000 Schweizer, die Gegend ausplünderten. In diesem Klima der Gewalt und der Gesetzlosigkeit wurde die Bewirtschaftung der Felder und Weinberge weitgehend eingestellt, was nicht nur Bauern und Tagelöhner, sondern auch viele Adelige der Region an den Bettelstab brachte. Ganz so schlimm erging es Montaigne und den Seinen vorerst nicht. Mit kaufmännischer Voraussicht hatte er wie seine Vorfahren finanzielle Reserven angelegt, die es der Familie erlaubten, auch längere Engpässe unbeschadet zu überstehen.

Montaignes Taktik bestand jetzt im kalkulierten Nichtstun. Sich nicht zu rühren hieß, niemanden auf sich aufmerksam zu machen, das war zumindest seine Hoffnung. Seine eigentliche Überlebensstrategie aber bestand im Schreiben. Wie er dabei vorging und welche heilsamen Wirkungen sich dadurch einstellen sollten, hat er dem Leser zu dessen eigenem Nutzen ausführlich geschildert: «Es ist ein furchtbares Unglück, bis in seinen Haushalt und in seine häusliche Ruhe hinein bedroht zu werden. Der Ort, an dem ich mich aufhalte, ist immer der erste und der letzte, an dem unsere Konflikte ausgetragen werden, und vollständiger Friede kehrt dort nie ein. Deshalb bediene ich mich manchmal des gezielten Abschweifens und der völligen Erschlaffung, um mich gegen solche Überlegungen zu wappnen; auch solche Methoden können zur inneren Festigkeit beitragen. So male ich mir oft mit einem gewissen Behagen tödliche Gefahren aus und bilde mir ein, dass sie unmittelbar bevorstehen.»[48] Je grausamer es in der Phantasie zugeht, desto erträglicher werden die realen Bedrohungen. Das war nicht nur eine wirkungsvolle Methode, um sich selbst zu therapieren, sondern auch ein Grund dafür, dass das neue Genre des bluttriefenden Schreckensdramas von jetzt an überall in einem von Kriegen zerrissenen Europa auf den Bühnen Triumphe feierte, am schauerlich-schönsten mit Stücken von William Gager und Christopher Marlowe im England Elisabeths I., die diplomatisch und militärisch auf der Seite Heinrichs von Navarra stand.

Schreiben in der Not hieß für Montaigne nicht nur, die Einbildungskraft ausschweifen zu lassen, um verdrängen und vergessen zu können, sondern auch, sich und sein Schicksal aus höherer Warte zu betrachten. Für eine solche Verortung boten sich Ausflüge in die Geschichte an. Allerdings war die Vergangenheit an Beispielen des Guten und der Güte nicht eben reich; auf jeden Epaminondas, der militärische Tapferkeit mit Milde gegenüber den Unterlegenen und Rechtschaffenheit in jeder Lebenslage verband, kamen mindestens zwanzig blutrünstige Marios und Sullas. Noch viel zahlreicher waren die zu Unrecht Verfolgten, vor allem in Zeiten der

Bürgerkriege. Eines der berühmtesten Opfer solcher Konflikte war der Florentiner Dante Alighieri, der nach der Niederlage seiner Partei für die restlichen zwanzig Jahre seines Lebens aus seiner Heimatstadt verbannt wurde. Wie dieser – so Montaigne in einem kühnen Vergleich – von den verfeindeten Ghibellinen und Guelfen malträtiert worden sei, werde er zwischen Hugenotten und Ultrakatholiken zerrieben.

In diesen düsteren Zeiten färbte sich auch die Lebensbilanz, die nach den zwei Amtszeiten als Bürgermeister so positiv ausgefallen war, zunehmend trübe ein: «Im Übrigen hat mir das Schicksal zwar keine heftigen und außergewöhnlichen Schläge versetzt, doch auch keine Gnade erwiesen. Alles, was es an Gaben bei uns vorzuweisen hat, liegt hundert Jahre vor meiner Geburt zurück. Ich verdanke seiner Großzügigkeit kein wesentliches und dauerhaftes Gut. Stattdessen hat es mir einige windige, leere und rein äußerliche Ehren ohne jede Substanz erwiesen.»[49] Das war ein bitteres, aber auch ein stolzes Fazit. Demnach verdankte Montaigne die unleugbaren Erfolge seines Lebens nicht dem Zufall, sondern allein seinen Verdiensten. Vor dem Hintergrund der chaotischen Zeitläufe richtete sich sein Blick auf das Bleibende. Für Montaigne waren das seine *Essais*, an deren grundlegender Neufassung und Erweiterung er ab 1585 intensiver denn je arbeitete. Eine andere Form von Beständigkeit bot die Anknüpfung an Traditionen. Verkörpert wurden diese durch die Monarchie, trotz ihrer gravierenden Schwächen in Gestalt eines unselbständigen und wetterwendischen Königs, durch die katholische Kirche, ungeachtet ihrer erfundenen Glaubensregeln und ihrer nicht lebbaren Moral, und durch Rom.

Nirgendwo zeigte die Tradition ihr aus Erhabenheit und Lächerlichkeit gemischtes Gesicht so deutlich wie in der Ewigen Stadt. Erhaben war die dortige Stadtregierung durch ihr Alter von zweitausend Jahren und ihr SPQR-Wappen, vor dem einst die stolzesten Völker und Tyrannen der Welt ihr Knie gebeugt hatten; lächerlich war sie, da am Tiber längst nicht mehr «Senat und Volk von Rom», sondern die Päpste herrschten und die Vertreter der Kommune auf dem Kapitol nur noch vom Vatikan bezahlte Kostümträger waren. All dessen war sich Montaigne bewusst; trotzdem bekannte er sich zu dieser Tradition: «Unter den lächerlichen Gunstbeweisen (= des Glücks) gefällt keiner meiner albernen Eitelkeit so sehr wie die authentische Urkunde über mein römisches Bürgerrecht, wie sie mir kürzlich bei meinem dortigen Aufenthalt ausgestellt wurde, feierlich in goldenen Lettern und mit Siegel und zudem gratis.»[50] Die Freude an dieser Ehrung war so groß, dass der Text dem Leser der *Essais* danach vollständig zitiert wird. Darin wird die Verleihung des Bürgerrechts mit dem hohen adeligen Rang des Geehrten, aber auch mit seinen verdienstvollen Studien zu Rom und seiner Geschichte begründet.

Begründet ist allerdings auch der Verdacht, dass Montaigne, der neue *civis romanus*, diesen Text dem römischen Kanzlisten selbst diktiert hat. Der nachfolgende Kommentar zu der ebenso pompösen wie nichtssagenden Urkunde ist denn auch ernst und ironisch zugleich: «Da ich Bürger keiner Stadt bin, bin ich sehr froh, Bürger der nobelsten Stadt zu sein, die es je gab und geben wird. Wenn die anderen sich so eingehend betrachten würden, wie ich mich betrachte, würden sie sich so finden, wie ich mich finde: voller Nichtigkeit und Fadheit. Ablegen kann ich das nicht, denn sonst wäre ich nicht mehr ich selbst. Wir sind alle von dieser Art, die einen wie die anderen, aber diejenigen, die das wissen, dürften besser dran sein als die anderen, obwohl ich selbst dessen nicht völlig sicher bin.»[51]

Allerdings ließ sich die peinvolle Gegenwart durch solche historischen Spielereien nicht völlig verdrängen: «Was für ein monströser Krieg! Andere Kriege werden nach außen geführt, dieser aber zerfleischt und verzehrt sich durch sein eigenes Gift. Er ist von so bösartiger und zerstörerischer Natur, dass er sich selbst und alles andere vernichtet und in seiner Wut sich selbst zerreißt und zerstückelt. So sehen wir, dass er sich öfter von selbst auflöst, als dass er aus Mangel an Nahrung oder durch feindliche Einwirkung zugrunde geht.»[52] Der französische Bürgerkrieg entspringt den finstersten Anlagen der menschlichen Natur und verkehrt trotzdem alles Natürliche ins Gegenteil, ist also ein Widerspruch in sich: «Alle Disziplin ist daraus verschwunden. Der Krieg will den Aufruhr beheben und ist doch selbst voll davon, er will Ungehorsam züchtigen und ist doch das beste Beispiel dafür, er soll zur Verteidigung der Gesetze benutzt werden und trägt doch zur Rebellion gegen diese Gesetze bei.»[53] Die unheimlichste Wirkung dieses perversen Krieges besteht in seiner umfassenden Verrohung: «Am Anfang dieser Volkskrankheiten kann man die Gesunden von den Kranken noch unterscheiden, doch wenn sie länger andauern wie bei uns, wird der ganze Körper davon ergriffen, vom Kopf bis zu den Fersen, so dass keine Seite frei von Verfall und Verderben ist.»[54] Noch gespenstischer wird die Lage dadurch, dass der innerfranzösische Krieg sich zu einem internationalen Konflikt ausweitet und Frankreich dadurch zum Schlachtfeld fremder Völkerschaften herabsinkt: «Unsere Armeen werden nur noch durch fremden Zement zusammengehalten; aus Franzosen ließe sich nicht einmal mehr eine geordnete Kompanie zusammenstellen.»[55]

Im Elend

Im August 1586 kam zur Bedrohung durch die marodierenden Truppen ein weiteres Übel hinzu, das seit mehr als zwei Jahrhunderten mit den Verwüstungen des Krieges einherging: «Und plötzlich stellte sich zu allem Unglück noch eine weitere Verschlimmerung ein: Außerhalb und innerhalb meines Hauses machte sich die Pest breit, und zwar schlimmer als je zuvor.»[56] Das war das Signal zur Flucht: «So hatte ich die vergnügliche Situation zu erdulden, dass mir der Anblick meines Hauses zum Schrecken wurde. Alles, was da war, war ohne Schutz, jedem überlassen, der sich daran gütlich tun wollte. Ich, der ich so gastfreundlich bin, musste jetzt mühsam nach einem Refugium für meine Familie suchen – für eine versprengte Familie, die bei ihren Freunden und sich selbst Angst und Schrecken verbreitete, wo auch immer sie sich niederlassen wollte, und die ihr Quartier sofort wechseln musste, sobald einer aus der Truppe auch nur Schmerzen an den Fingerspitzen spürte.»[57] Jedes noch so geringfügige Unwohlsein galt als Anzeichen für die mörderische Ansteckung: «Alle Krankheiten werden für die Pest gehalten, und keiner nimmt sich Zeit, die Symptome richtig zu erkennen.» Am quälendsten war die Angst derjenigen, die in Quarantäne gehalten, also vierzig Tage strikt isoliert wurden: «Während dieser Zeit tobt sich die Einbildungskraft erst richtig aus und macht die Gesunden krank.»[58]

Montaigne hatte für hypochondrische Selbstbeobachtung keine Zeit, er hatte andere Aufgaben und Sorgen: «Das alles hätte mich weit weniger berührt, wenn ich mich nicht um die Sorgen der anderen hätte kümmern und sechs Monate lang auf kümmerliche Art und Weise der Karawane als Führer hätte dienen müssen.»[59] Auf sich allein gestellt, hätte er – so Montaigne weiter – dem Pesttod sogar einiges abgewinnen können: Das Ende kam rasch, früh stellte sich eine gnädige Bewusstlosigkeit ein, und schon hatte man das Sterben hinter sich. So machten es die einfachen Leute vor. Sie ließen den Weinberg unbestellt, rührten den Pflug nicht mehr an und schickten sich gelassen ins Unvermeidliche. Völlig loslassen konnten sie trotzdem nicht. Mehr als den Tod fürchteten sie, als einzige Überlebende zurückzubleiben und nach ihrem Tod unbestattet von Wölfen und Hunden gefressen zu werden. Die erste Angst war verständlich, die zweite gab Montaigne Rätsel auf: «Wie sich die Phantasien der Menschen doch voneinander abheben: Die Neoriten, eine von Alexander dem Großen unterworfene Nation, werfen ihre Toten in ihre unzugänglichsten Wälder, damit sie dort gefressen werden, und das ist die einzige von ihnen geschätzte Begräbnisart.»[60] Die Bemerkung zeigt, dass der Menschenforscher Montaigne auch in der ungewohnten Rolle des Pestvagabunden nichts von seinem Scharfblick verlor. Lebendiges Anschauungsmaterial hatte er in seiner nächsten Umgebung: «Einer meiner Diener schüttete sterbend mit Händen und Füßen Erde auf sich – tat er das, um sich gegen außen zu schützen und bequem zu schlafen?»[61] Die Flucht vor der Pest dauerte von Oktober 1586 bis März 1587. Wohin sie führte, ist nicht bekannt; in Anbetracht der militärischen Lage und der Seuchenausbreitung ist von einem Weg nach Norden auszugehen, wahrscheinlich in die weniger heimgesuchte Provinz Poitou.

Im Poitou hielten sich auch König Heinrich III. und seine Mutter auf, um ein weiteres Mal eine Verständigung mit Heinrich von Navarra zu suchen – oder, wie die Hugenotten befürchteten, um diesen hinzuhalten und militärisch auszuschalten. Wahrscheinlich ging es um beides. Der offizielle Zweck der Verhandlungen, die im November 1586 in Saint-Brice bei Cognac geführt wurden, bestand darin, den potentiellen Thronfolger aus den Pyrenäen zum Katholizismus zurückzuführen. Für die Ultrakatholiken lief das auf die Rehabilitation eines rückfälligen Ketzers und damit auf eine Blasphemie sondergleichen hinaus. Auch für den Umworbenen selbst kam ein solcher Übertritt zur Mehrheitsreligion zu diesem Zeitpunkt nicht infrage. Zum einen hatte sich seine militärische Position stark verbessert, zum anderen betrachtete er Heinrich von Guise, den Chef der Liga, als seinen Hauptgegner. So war mit einem Scheitern der Unterredungen zu rechnen, das dann die Rechtfertigung für erneute kriegerische Unternehmungen bieten würde.

Am Ende einigten sich beide Seiten auf einen zweieinhalbmonatigen Waffenstillstand, während dessen sie ihre Truppen für den nächsten Waffengang sammelten. Trotzdem schrieb die listenreiche Catherine de Médicis die Verhandlungslösung nicht völlig ab; ihr alternativer Plan bestand darin, doch noch eine Verständigung zwischen den beiden Königen herbeizuführen und so der immer bedrohlicher auftretenden Liga den Wind aus den Segeln zu nehmen. In dieser Atempause unterzeichnete sie am 31. Dezember 1586 eine Zahlungsanweisung an ihren Schatzmeister: «Da ich Montaigne geschrieben habe, dass er und seine Frau sich zu mir begeben sollen, ordne ich an, dass Sie diesem über die hier vor einigen Tagen bereits ausbezahlten hundert Dukaten hinaus weitere hundertfünfzig Dukaten ausbezahlen, und zwar um eines der Pferde seines Karrens (*chariotte*) zu ersetzen und für sonstige außerordentliche Ausgaben wie den Kauf von dringend benötigten Kleidern.»[62] Karren, Pferd, neue Kleider – das passt zu Montaignes Fluchtbericht wie ein Puzzlestück zum anderen. Folgt man dem Wortlaut der Anordnung, dann half die Königinmutter Montaigne nicht aus christlicher Nächstenliebe, sondern bezahlte ihn für noch zu erbringende Dienste. Zweihundertfünfzig Dukaten waren eine respektable Summe; es musste sich also um einen wichtigen Auftrag handeln. Sofern er tatsächlich Montaigne galt, konnte es nur darum gehen, erneut Kontakte zu Heinrich von Navarra zu knüpfen; schließlich war Montaigne dessen Kammeredelmann, wenn nicht sogar sein geheimer Sympathisant.

Allerdings ist fraglich, ob der Montaigne der *Essais* tatsächlich der Empfänger der Zahlung war; sie ist mit einem vorsichtigen «Eher nicht» zu beantworten. Catherine de Médicis hatte einige Jahre zuvor einen gleichnamigen Sekretär beschäftigt, der auch nach Beendigung seines Dienstverhältnisses nicht aus dem Umkreis des Hofes verschwunden war. Die verkürzte Anrede «Montaigne» spiegelt eine Vertrautheit in Anrede und Umgang wider, wie sie sich im Verhältnis zu einem Domestiken von selbst einstellt, nicht aber zu einem wenig bekannten Adeligen aus der Provinz; zudem ist unklar, was dessen Gattin mit der ganzen Sache zu tun haben sollte. Auch harte Fakten sprechen dagegen, dass dem umherirrenden Flüchtling aus der Gegend von Bordeaux eine diplomatische Mission übertragen wurde. Die Unterredungen zwischen den beiden Königen wurden tatsächlich kurz darauf wieder aufgenommen, aber Unterhändler Heinrichs III. war kein «Montaigne». Zudem ist davon auszugehen, dass eine solche Tätigkeit in den *Essais* Erwähnung gefunden hätte; schließlich passte sie ins dort gezeichnete Bild des ehrlichen Maklers.

Sicher ist hingegen, dass Montaigne nach Abflauen der Pestwelle im März 1587 in sein Schloss zurückkehren konnte und dort wundersamerweise alles an seinem Platz fand – das Haus ohne Hüter war der Plünderung entgangen. Trotzdem war die Zeit der Prüfungen noch nicht vorbei. Unter dem 29. Juli 1587 vermerkt Montaigne in seinen häuslichen Notizen: «Der Graf von Gurson, der Graf von Le Fleix und der Chevalier, drei Brüder und meine guten Herren und Freunde aus dem Hause de Foix, wurden in Moncrabeau bei Agen in einem sehr hart umkämpften Gefecht im Dienst des Königs von Navarra getötet.»[63] Damit verlor Montaigne mit einem Schlag seine drei einflussreichsten Protektoren; sie waren wie er katholisch geblieben, hatten aber die einzige Hoffnung auf Frieden und Versöhnung im Aufstieg des Hugenottenführers gesehen, der im Gegensatz zum schwächlichen Muttersöhnchen auf dem französischen Thron an der Spitze seiner eigenen Truppen kämpfte und spektakulär zu siegen verstand. Das zeigte sich erneut knapp drei Monate später, als Heinrich von Navarra bei Coutras in einer blutigen Schlacht mit einem weit unterlegenen Aufgebot die Armee Heinrichs III. vernichtend schlug; drei Tage danach, am 23. Oktober 1587, bezog der Sieger Quartier in Schloss Montaigne, dessen Herr diesen zweiten Aufenthalt weder in seinen *Essais* noch in seinem «Hausbuch» festhielt.

Nach Coutras wurden die Karten neu gemischt; mit der Rückendeckung des südfranzösischen Adels und der Aura des militärischen Triumphators lag das Gesetz des Handelns von jetzt an immer mehr beim «Béarnais», dem «Mann aus dem Béarn», wie seine Gegner von der Liga den König von Navarra nach seiner Herkunft aus einer abgelegenen Provinz verächtlich nannten. Dass Montaigne ein so wichtiges Ereignis wie den königlichen Besuch unerwähnt ließ, ist ungewöhnlich und wohl darauf zurückzuführen, dass hier Verhandlungen geführt wurden, die nicht ans Licht der Öffentlichkeit gelangen sollten.

Auf gefahrvoller Mission

Nach der Schlacht von Coutras ging es darum, eine Annäherung zwischen den beiden Königen herbeizuführen. Dass die Initiative diesmal vom König von Navarra ausging, spiegelt die veränderten Machtverhältnisse wider; die Chancen für eine Allianz waren umso besser, als beide inzwischen die Liga als größte Gefahr und deren Chef Heinrich von Guise als Hauptfeind betrachteten. Trotz der Absage an die Politik, die er in seinen neuen, zur Veröffentlichung weitgehend fertigen *Essais* formuliert hatte, fühlte sich Montaigne offenbar verpflichtet, sich unter diesen günstigeren Vorzeichen ein weiteres Mal als Vermittler zur Verfügung zu stellen. So brach er Ende Januar 1588 im Auftrag Heinrichs von Navarra nach Paris auf; begleitet wurde er von General Odet de Thorigny, dem Sohn des Marschalls Matignon, zu dem er weiterhin enge Beziehungen unterhielt. Diese Mission ist durch zwei unterschiedliche Quellen bezeugt. So schrieb der «Hugenotten-Papst» Duplessis-Mornay am 24. Januar an seine Frau, dass «Herr Montaigne sich an den Hof begibt. Man sagt uns, dass neutrale Personen bei uns bald um Frieden nachsuchen werden.»[64] Die zweite Nachricht stammt von dem Doppelagenten Edward Stafford, der offiziell im Auftrag des britischen Geheimdienstchefs Walsingham und damit der Königin Elisabeth tätig war, die Heinrich von Navarra mit Geld und Truppen unterstützte, aber gleichzeitig Spanien und damit die Liga mit den neusten Nachrichten versorgte. Er notierte am 1. Februar 1588: «Heute traf die Nachricht ein, dass der Sohn des Marschalls Matignon hierher kommt, und man erwartet ihn stündlich; und er führt einen gewissen Montigny mit sich, einen sehr klugen Edelmann des Königs von Navarra, den er dem König vorzustellen versprochen hat. Ich habe noch nie im Leben etwas von diesem Mann gehört.»[65] Die militärische Eskorte sollte den Unterhändler Montaigne vor Attacken der Liga schützen. Die Vorsicht war angebracht, denn die Ultra-Katholiken mussten eine Einigung zwischen den beiden Königen verhindern. Trotzdem ließen sie die kleine Gesandtschaft ungehindert passieren.

Doch es gab andere Widrigkeiten, wie Montaigne in einem indignierten Schreiben vom 16. Februar 1588 an Matignon berichtet: «Sie werden erfahren haben, dass unser Gepäck im Wald von Villebois erbeutet worden ist … Der Ligueu hat diesen Überfall unternommen, der vorher schon die Herren Barraut und De la Rochfoucault gefangen genommen hatte. So stürzte ein Unwetter auf mich ein, der ich mein Geld in einer Schatulle mit mir führte. Das alles habe ich verloren, und dazu die meisten meiner Papiere und Kleider.»[66] «Der Ligueu» war kein Anhänger der Liga, sondern ein Räuberhauptmann namens Lignou, der mit souveräner Überparteilichkeit die Angehörigen aller Konfessionen und Parteien ausplünderte und für deren Freilassung Lösegeld erpresste. Solche freiberuflich tätigen «Gewaltunternehmer» hatten seit Jahren Hochkonjunktur und durch die rapide voranschreitende Auflösung der öffentlichen Ordnung kaum Gegenmaßnahmen zu befürchten. Von den einfachen Leuten wurde ein Brigant wie Lignou sogar als ein französischer Robin Hood bewundert, obwohl eine Umverteilung der erbeuteten Güter an die Armen nicht bezeugt ist.

Ausgepresst und gedemütigt kamen Montaigne und Thorigny, der das Lösegeld zu bezahlen hatte, schließlich nach zweiwöchiger Entführung wieder frei und mit Verspätung in Paris an. Zwei Tage nach ihrem Eintreffen berichtete Stafford, der inzwischen seine Hausaufgaben gemacht und sich gründlich über den «gewissen Herrn Montaigne» informiert hatte, aufregende Neuigkeiten über dessen Rolle nach London: «Alle Diener des Königs von Navarra sind eifersüchtig wegen seines Eintreffens, zum einen, weil er nicht mit ihnen Kontakt aufnimmt, und zum anderen, weil sie über den Zweck seiner Reise nicht das Geringste wissen.»[67] In klassischer Agentenmanier teilt er danach unter dem Siegel der Verschwiegenheit und mit der Bitte um strengste Geheimhaltung mit, dass Montaigne ein Günstling der «comtesse de Bishe», der schönen Diane d'Andois, sei. Diese übe einen immer unheilvolleren Einfluss auf den König von Navarra aus, der ihr bis zur völligen Verblödung verfallen sei und dadurch seinen guten Ruf einzubüßen drohe. So sei zu befürchten, dass der gefährliche «Sondergesandte» Montaigne im Auftrag dieser «sehr gefährlichen Frau» mit Heinrich III. Geheimverhandlungen hinter dem Rücken der übrigen Hugenottenchefs führe: «Im Übrigen ist dieser Mann katholisch und sehr fähig. Er ist einmal Bürgermeister von Bordeaux gewesen und ist nicht der Mann, dem König Nachrichten zu überbringen, die diesem missfallen. Und der Marschall Matignon hätte ihn nicht von seinem Sohn eskortieren lassen, wenn er nicht sicher gewesen wäre, dass dieser Auftrag gut ankommt.»[68]

Als typischer Vertreter seiner Zunft erklärte Stafford Gerüchte zu Fakten und bauschte Banalitäten auf, um zu verbergen, dass er auch nichts Genaues wusste; da er von sich auf andere schloss, machte er Montaigne und Matignon zu Opportunisten. Außerdem war das alles viel Lärm um nichts. Heinrich III. hielt an der Forderung fest, dass Heinrich von Navarra zuerst konvertieren müsse; nur unter dieser Voraussetzung werde er ihm in der Guyenne einen offiziellen Besuch abstatten und damit zum präsumtiven Nachfolger erklären. Doch zu einem solchen Zugeständnis sah der Sieger von Coutras keinen Anlass.

Montaignes Auftrag blieb eine schnell abgehakte und rasch wieder vergessene Episode im verwirrenden Intrigenspiel der großen Politik. Er selbst trat jedoch für einen kurzen Augenblick aus seiner provinziellen Anonymität heraus, wie der Bericht des spanischen Botschafters Bernardino de Mendoza an König Philipp II. vom 28. Februar 1588 belegt: «Herr Montaigne, von dem ich Eurer Majestät in meinem Schreiben vom 25. berichtete, wird allgemein für einen intelligenten, wenn auch etwas unberechenbaren Menschen gehalten. Man sagt mir, dass er die Gräfin de Guiche lenkt, die schöne Dame, die bei der Schwester des Béarnais lebt, denn sie ist seine Mätresse. Man sagt, dass er in enger Beziehung zu diesem steht.»[69] Mendozas Quelle ist ganz offensichtlich Stafford. So zeigt der Brief, wie die damalige Diplomatie funktionierte: Innerhalb weniger Tage avanciert Montaigne vom bloßen Günstling der Mätresse zur grauen Eminenz, die diese nach Belieben manipuliert. Weder das eine noch das andere entsprach den Tatsachen. Die kurzfristige Prominenz konnte dem uneigennützigen Vermittler aus Bordeaux nicht willkommen sein. Für die Anhänger der Liga war er mehr denn je ein erklärter Feind, für Heinrich III. und seine Mutter zumindest ein unsicherer Kantonist, für die radikalen Hugenotten trotz allem ein Katholik und damit verdächtig. Diese Stellung zwischen den Fronten sollte bald gravierende Folgen zeitigen.

Montaigne war zu einem denkbar ungünstigen Zeitpunkt nach Paris gekommen. Im Frühjahr 1588 spitzte sich die Lage in der 300 000 Einwohner zählenden Metropole dramatisch zu. Die Mehrzahl der dortigen Honoratioren sympathisierte mit der Liga und wusste die unteren Schichten für ihre Zwecke zu mobilisieren. Mit dieser Unterstützung im Rücken suchte Heinrich von Guise, genannt le Balafré («der Mann mit der Narbe»), die direkte Konfrontation mit Heinrich III., der in seiner Hauptstadt seines

Lebens nicht mehr sicher war und sich im Palais des Tuileries verschanzte. Obwohl vom König mit einem Verbannungsurteil belegt, hielt der Chef der Liga am 9. Mai seinen feierlichen Einzug in Paris und wurde dort von der Masse hymnisch als Befreier, ja wie ein neuer Moses oder sogar Messias begrüßt. Als Heinrich III. daraufhin bei Nacht und Nebel Schweizer Söldner einmarschieren ließ, machten Gerüchte von einem drohenden Massaker die Runde und entfachten einen Aufstand: In den frühen Morgenstunden des 12. Mai rief die Sturmglocke die Bürger zu den Waffen, die daraufhin die Innenstadt absperrten und Barrikaden errichteten, um sich gegen den Angriff der fremden Truppen zu wehren. In dieser unübersichtlichen Situation verlor Heinrich III. wie so oft die Nerven und verließ fluchtartig die Stadt, zusammen mit seiner Mutter und mit einem Gefolge, in dem sich auch Montaigne befand.

Der «Tag der Barrikaden» war der Anfang vom Ende der Valois-Monarchie. Ein König, der vor den Untertanen seiner Hauptstadt fliehen musste, hatte ausgespielt. Er verlor nicht nur den Rest seines seit Jahren schwindenden Ansehens, sondern auch den Großteil seiner finanziellen Ressourcen. Sie fielen jetzt den Ligisten in die Hände, deren Führer aus dem Milieu der Pariser Großkaufleute stammten. Diese rechtfertigten ihren Handstreich mit der Steuerpolitik der Monarchie, die sie als tyrannische Ausplünderung des Volkes anprangerten; unter der bald anbrechenden Herrschaft des «Volkskönigs» Heinrich von Guise, so wurde jetzt verkündet, werde diese verbrecherische Politik ein Ende haben und ein Goldenes Zeitalter des Wohlstands und Friedens anbrechen. Im Zuge dieser populistischen Politik forderte «der Narbenmann» die Einberufung der Generalstände, also der Vertreter der Geistlichkeit, des Adels und der wohlhabenden Stadtbürger, die als oberste Gesetzgebungsinstanz des Königreichs diese radikale Wende einleiten sollten. Heinrich III., der sich zuerst nach Chartres und dann nach Rouen begab, hatte keine andere Wahl, als den schriftlich vorgebrachten Beschwerden der Stadt Paris nachzugeben. Er erkannte diese als gerecht an, bedauerte ausdrücklich, zu hohe Abgaben eingefordert zu haben, und erklärte seinen finanziellen Ruin und kurz darauf auch seinen politischen Bankrott. Ende Juni war seine Lage so verzweifelt, dass er die Maximalforderungen der Liga akzeptieren musste: Er schloss Heinrich von Navarra als Häretiker von der Thronfolge aus, ernannte Heinrich von Guise zum *connétable* und damit zu seinem militärischen Stellvertreter und trat der Liga acht Städte ab, die als «Sicherheitsplätze» die Einhaltung seiner Zusagen garantieren sollten. Damit war Frankreich de facto dreigeteilt: Die Liga herrschte im Norden und in der Ile de France, Heinrich von Navarra dominierte im Süden, während sich die Monarchie dazwischen in einer immer beengteren und bedrängteren Lage befand. Währenddessen verfolgte ganz Europa mit höchster Spannung die Fahrt der spanischen Flotte, die Ende Mai 1588 aus Lissabon ausgelaufen war, um das «häretische» England zu erobern, dabei aber schon wenige Monate später eine schwere Niederlage und dramatischen Schiffbruch erleiden sollte – ein weiterer Vorteil für den mit der klugen Königin Elisabeth I. verbündeten König von Navarra.

Die neuen Machtverhältnisse machten sich in Paris rasch bemerkbar. In den verwinkelten Straßen der Riesenstadt begann jetzt die Jagd auf die – echten oder vermeintlichen – Hugenotten, und gegen einflussreiche Amtsträger der Krone wurden Prozesse eingeleitet. In dieser unsicheren Lage kehrte Montaigne Anfang Juli nach Paris zurück, wo ihn sein Steinleiden einige Tage lang ans Bett fesselte. Was dann geschah, hat er in zwei ausführlichen Eintragungen seines «Hausbuchs» festgehalten: «10. Juli 1588. Ich wurde von den Kapitänen und dem Volk von Paris gefangen gesetzt, und zwar zu der Zeit, als der König von Herrn de Guise aus Paris vertrieben worden war, und ich wurde in die Bastille abgeführt, und es wurde mir bedeutet, dass das auf Ersuchen des Herzogs von Elbeuf geschah, und zwar als Repressalie dafür, dass einer seiner Verwandten, ein Edelmann aus der Normandie, vom König in Rouen gefangen gehalten wurde.»[70]

In der zweiten Notiz vom 20. Juli beschreibt Montaigne seine Gefangennahme fast gleichlautend, schildert die nachfolgenden Ereignisse aber sehr viel eingehender: «Als die Königinmutter durch das Lärmen des Volkes (*le bruit du peuple*) davon unterrichtet worden war, erreichte sie beim Herzog von Guise, mit dem sie sich gerade beriet, dass dieser mich mit einer Eilanweisung sofort wieder freiließ, und dieser erließ darüber einen schriftlichen Befehl an den Kommandanten der Bastille, der diesen Befehl dem Vorsitzenden der Kaufmannschaft (*prévot des marchands*) vorlegen ließ, da er dessen Genehmigung bedurfte. Um acht Uhr abends desselben Tages schickte die Königinmutter durch ihren Haushofmeister diese Anweisung, und ich wurde wieder auf freien Fuß gesetzt, und zwar durch besondere Gunst des Herrn von Villeroy, der sich zusammen mit anderen sehr für mich einsetzte, und es war das erste Mal, dass ich gefangen gesetzt wurde.»[71] Obwohl beide Texte einige Zeit nach den Ereignissen niedergeschrieben wurden, zittert in ihnen noch etwas von der Erschütterung nach, die dieser von der Liga angeordnete Übergriff in dem Entführten auslöste. Zugleich geben sie mit der Reihenfolge der Akteure die Machtverhältnisse in Paris zwei Monate nach dem «Barrikadentag» adäquat wieder: Der Befehl, Montaigne als Geisel aus dem Verkehr zu ziehen, kam von der Nummer zwei der Liga (Elbeuf), ohne Frage mit Wissen und Billigung von deren Chef, Heinrich von Guise, dem faktischen Herrn von Paris. Diesem gegenüber musste Catherine de Médicis als Bittstellerin auftreten, die zwecks Verschleierung dieser Abhängigkeit den Minister Villeroy als Laufburschen einspannte. Mit der gnädigen Gewährung ihres Ersuchens war es jedoch nicht getan – erst mit dem *prévot des marchands* kam die Schlüsselfigur ins Spiel, die Montaigne schließlich die Freiheit zurückgab und ihm so wahrscheinlich das Leben rettete.

Vorsitzender der Pariser Kaufmannschaft war seit Mai 1588 Michel Marteau, Herr von La Chapelle, bekennender Ligist, aber offensichtlich kein Fanatiker. Montaigne hatte Marteau Ende April 1581 in Loreto getroffen, wo dieser der Jungfrau Maria Dank für seine Heilung von einem schweren Knieleiden abstattete. Aus den Gesprächen, die die beiden ungleichen Pilger darüber führten, hatte Marteau, der als Großkaufmann mit Adelstitel aus ähnlichem Milieu wie die Eyquem-Sippe stammte, offensichtlich den durchaus zutreffenden Schluss gezogen, dass Montaigne in Treue fest zum angestammten katholischen Glauben stand. Ein solches Bekenntnis hatte er in Loreto zudem mit Montaignes Silberplakette in der *Casa Santa* sichtbar vor Augen. Die Investition in dieses Abzeichen frommer Gesinnung zahlte sich jetzt zu unerwarteter Zeit und an einem unerwarteten Ort aus. Das Schicksal spielte in der Tat seltsame Streiche.

Marteaus Intervention hätte ein treffliches Motiv für einen *Essai* zur Macht der Fortuna, des blinden Glücks, abgegeben. Doch für eine so abgeklärte Behandlung des Themas saß der Schock offenbar zu tief. So hallt der ausgestandene Schrecken nur in einem einzigen, in die posthume Ausgabe letzter Hand eingefügten Satz und nur für den eingeweihten Leser erkennbar nach: «Den böswilligen Unterstellungen, die das Schicksal (*fortune*) gegen mich ausstreut, leiste ich seit jeher dadurch Vorschub, dass ich mich weigere, mich zu rechtfertigen, mich zu entschuldigen und mein Verhalten zu erklären. Denn ich bin der Meinung, dass ich gegen mein Gewissen handeln würde, wenn ich auf diese Weise dem Schicksal recht geben würde.»[72] Die «böswilligen Unterstellungen» bestanden in Gerüchten, wie sie der Doppelagent Stafford und der Botschafter Mendoza verbreiteten: «Es waren untergründige Verdächtigungen, die unter der Hand zirkulierten und denen man nur allzu willig Glauben schenkte in diesen verwirrten Zeiten mit so vielen neidischen oder einfach nur dummen Geistern.»[73]

Schon vor der Entführung war Montaigne gesundheitlich angeschlagen, nach dem Schreckenserlebnis schwebte er nach den Worten des befreundeten Schriftstellers Pierre de Brach eine Zeitlang zwischen Leben und Tod. Auch der politische Horizont verdüsterte sich weiter. Heinrich III. war mehr denn je von den Führern der Liga abhängig, deren Willen er sich vollständig unterwarf. Wenige Tage nach dem Handstreich gegen Montaigne verkündete der Schattenkönig, dass er niemals mit den Ketzern Frieden schließen oder auch nur ein einziges neues Edikt zu deren Gunsten erlassen werde. Um diese Wende glaubhaft zu dokumentieren, entließ er zwei Monate später sämtliche Minister und Ratgeber, die im Verdacht standen, eine Verständigungslösung zu begünstigen, und setzte damit auf die *ultima ratio* Krieg. Nach mehr als einem Vierteljahrhundert der Kompromisse, der Waffenstillstände und der regelmäßig wiedereinsetzenden Feindseligkeiten war jetzt die finale Phase des Bürgerkriegs angebrochen. Für diesen Endkampf schienen die vereinten Anhänger der Monarchie und der Liga die besseren Karten zu haben; die Truppen, die sie ins Feld schickten, waren den Kontingenten des Königs von Navarra weit überlegen. Da jetzt jede Aussicht auf eine friedliche Einigung geschwunden war, zog Montaigne die längst fällige Konsequenz: Für einen schwächlichen Marionetten-König wie Heinrich III. lohnte es sich nicht mehr, Risiken einzugehen; für den anderen, ungemein tatkräftigen Monarchen aus Navarra hegte er zwar mehr Sympathie denn je, doch war es in diesen gewalttätigen Zeiten nicht ratsam, eine solche Zustimmung öffentlich zu bekunden. Seine kurze Tätigkeit als Vermittler war damit definitiv beendet.

Die Essais von 1588 I: Entstehung und Umrisse

Ein sehr persönlicher Zweck der gefährlichen Reise in die Höhle des Löwen hatte für Montaigne darin bestanden, die neue Ausgabe seiner *Essais* in Druck zu geben; zählt man das geringfügig modifizierte «Reprint» von 1582 und ein unverändertes «Re-Reprint» von 1587 mit, war das schon die vierte Auflage seines Werks. Sie sollte nicht mehr in der Provinz, sondern in Paris, der Hauptstadt der Politik und der Kultur, herauskommen. Die ersten, in Bordeaux erschienenen Editionen hatten ihrem Verfasser in literarisch produktiven und interessierten Kreisen einen angesehenen Namen verschafft, doch insgesamt war ihre Ausstrahlung begrenzt und das Echo gedämpft geblieben. Das sollte sich mit dem neuen Verlagsort und dem renommierten Verleger Abel L'Angelier jetzt ändern. L'Angelier hatte eine Reihe von Erfolgsautoren unter Vertrag, veranstaltete von besonders gut laufenden Titeln opulente Luxusausgaben und bot nicht zuletzt bessere Konditionen. Hatte Montaigne 1580 noch das Papier, den Hauptkostenfaktor der damaligen Buchproduktion, aus eigener Tasche bezahlen müssen, so war von solchen «Selbstbeteiligungen» jetzt keine Rede mehr. Er erhielt zwar wie üblich kein fixes Honorar und erst recht keine Tantiemen, dafür aber eine großzügig bemessene Zahl von Autorenexemplaren zur Verteilung an hochgestellte Persönlichkeiten und Freunde; auch die Gesamtauflage fiel zweifellos höher aus. Im krisengeschüttelten Paris des Frühjahrs 1588 schritt die Herstellung der neuen Edition schnell voran; für den 12. Juni 1588, vier Wochen vor Montaignes Schreckenserlebnis in der Bastille, ist das *achevé d'imprimer*, das Fertigstellungsdatum des Drucks, vermerkt.

Die Neuausgabe der *Essais* war in vieler Hinsicht ein neues Buch. Nach eigenen Worten hatte Montaigne die zwei Bände von 1580 mit mehr als sechshundert Ergänzungen versehen; sie machen etwas mehr als ein Achtel des ursprünglichen Textes aus. Allerdings verteilen sich diese Zusätze ungleich. In zweiundzwanzig der vierundneunzig älteren *Essais* sind keine oder nur minimale Änderungen vorgenommen worden; bei den ganz oder weitgehend im Original belassenen Texten handelt es sich überwiegend um Themen, die gezielt an einen adeligen Leserkreis gerichtet waren wie etwa

Kommentare zu einzelnen Schlachten, zur Kriegführung im Allgemeinen und zu verschiedenen Aspekten der Standesehre. Solche mehr oder weniger beiläufigen Erörterungen verloren in der heillosen Gegenwart an Interesse. Die Zuspitzung der Krise und deren unmittelbare Erfahrung drängten zu drastischeren Schilderungen des Elends, zu noch radikaleren Schlussfolgerungen und vor allem zu immer persönlicheren Reflexionen. Im Zuge dieser neuen Schwerpunktsetzungen trat der Bezugshorizont des Altertums zunehmend zurück. Schon vor 1580 waren die scheinbar ewig gültigen Lebensregeln der antiken Weisheitslehrer in vieler Hinsicht infrage gestellt, relativiert oder sogar parodiert worden, vor allem in der *Apologie de Raymond Sebond*; trotzdem waren die großen Persönlichkeiten Griechenlands und Roms, wie sie der von Montaigne hoch geschätzte Plutarch in seinen Parallelbiographien so plastisch vor Augen führte, mit guten und schlechten Beispielen allgegenwärtig gewesen. In den Erweiterungen und in den neuen *Essais* kommen sie weiterhin vor, doch ihren Exempelcharakter haben sie eingebüßt, denn die Misere der Gegenwart und die daraus gewonnenen Beobachtungen entzogen sich jedem historischen Vergleich.

Der Vergleich der älteren mit der neuen Fassung der *Essais* erlaubt dem Leser tiefe Einblicke in die Entwicklung von Montaignes Gedankenwelt. Schon in den frühen *Essais* hatte er über die Beobachtung sinniert, dass sich der Mensch im Laufe seines Lebens bis zur Unkenntlichkeit verändern kann; dieses Erlebnis, nicht mehr derselbe zu sein, stellte sich bei der Durchsicht seiner älteren Abhandlungen jetzt häufig und manchmal auf geradezu verstörende Art und Weise ein. Sein ebenso lakonisches wie ironisches Fazit dazu lautete, dass einige von den alten *Essais* einen fremden Geruch ausströmten. Das galt, wie gezeigt, für seine Meinungen zur Ehe und zu den Frauen, die sich im Laufe von anderthalb Jahrzehnten ins Gegenteil verkehrten.

Damit stellt sich die Frage, warum Montaigne die älteren Äußerungen nicht seiner gewandelten Anschauung anpasste oder ganz strich, sondern in dieser jetzt obsolet gewordenen Form stehen ließ. Die Vermutung liegt nahe, dass ihm die dadurch erzeugte Kontrastwirkung keineswegs unwillkommen war. Für einen überzeugten Skeptiker wie ihn gab es immer konkurrierende Ansichten und Einschätzungen, die sich gegenseitig aufhoben und so in der Schwebe hielten, dass keine definitive Entscheidung getroffen werden konnte. Die Gegenüberstellung widersprüchlicher Positionen in

alten und neuen *Essais* wurde so für ihn zu einem Dialog mit sich selbst, zwischen dem jetzigen und dem vergangenen Ich, und erlaubte es ihm, die in der Zwischenzeit vollzogenen Metamorphosen und deren Ursachen noch einmal abzuwägen.

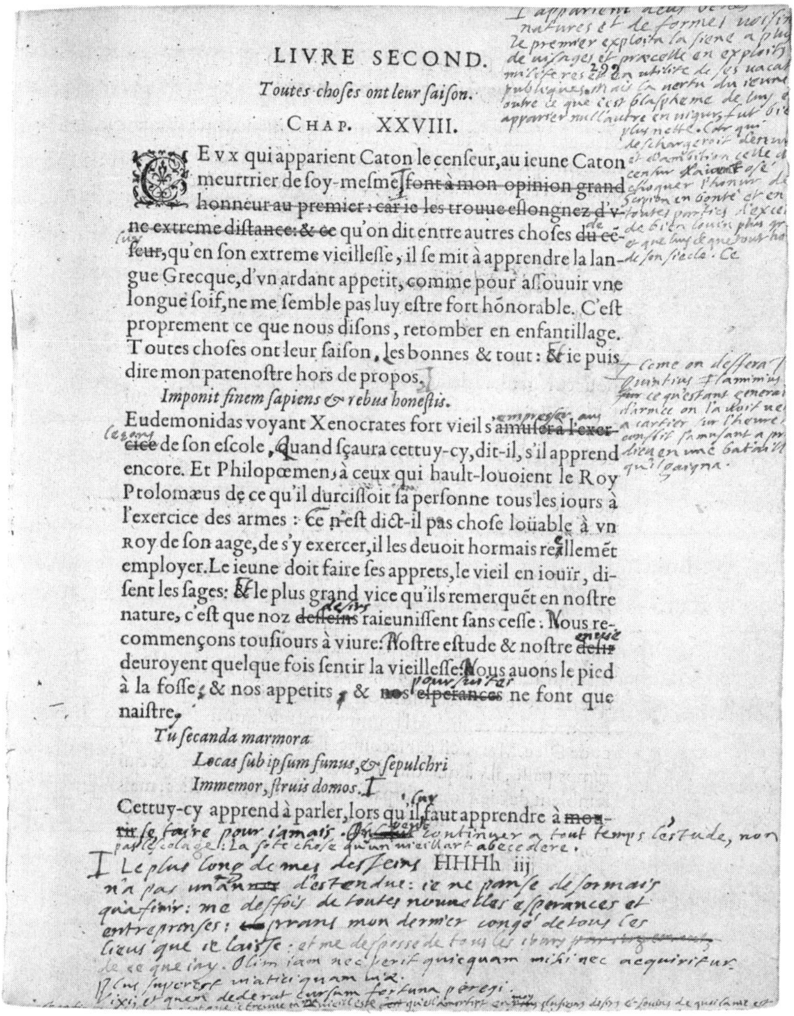
LIVRE SECOND.

Toutes choses ont leur saison.

CHAP. XXVIII.

CEVX qui apparient Caton le censeur, au ieune Caton meurtrier de soy-mesme, font à mon opinion grand honneur au premier: car ie les trouue esloignez d'vne extreme distance: & ce qu'on dit entre autres choses du censeur, qu'en son extreme vieillesse, il se mit à apprendre la langue Grecque, d'vn ardant appetit, comme pour assouuir vne longue soif, ne me semble pas luy estre fort honorable. C'est proprement ce que nous disons, retomber en enfantillage. Toutes choses ont leur saison, les bonnes & tout: & ie puis dire mon patenostre hors de propos.

Imponit finem sapiens & rebus honestis.

Eudemonidas voyant Xenocrates fort vieil s'amuser à l'exercice de son escole, quand sçaura cettuy-cy, dit-il, s'il apprend encore. Et Philopœmen, à ceux qui hault-louoient le Roy Ptolomæus de ce qu'il durcissoit sa personne tous les iours à l'exercice des armes: Ce n'est dict-il pas chose loüable à vn Roy de son aage, de s'y exercer, il les deuoit hormais reallemēt employer. Le ieune doit faire ses apprets, le vieil en iouïr, disent les sages: & le plus grand vice qu'ils remerquēt en nostre nature, c'est que noz desseins raieunissent sans cesse: Nous recommençons tousiours à viure. Nostre estude & nostre desir deuroyent quelque fois sentir la vieillesse. Nous auons le pied à la fosse, & nos appetits & nos esperances ne font que naistre.

Tu secanda marmora
Locas sub ipsum funus, & sepulchri
Immemor, struis domos.

Cettuy-cy apprend à parler, lors qu'il faut apprendre à mourir.

HHHh iij

Gedankenarbeit bis zuletzt: Die Ausgabe der Essais *von 1588, die Montaigne bis zu seinem Tod handschriftlich ergänzte. Titelblatt (links) und handschriftliche Ergänzungen zu dem Essai «Alles hat seine Zeit» (rechts)*

In seinem 1588 erstmals publizierten *Essai* über die Kunst des Gesprächs verlieh Montaigne – wie im Zusammenhang mit den prägenden Eindrücken seiner Schulzeit erörtert – seiner unbändigen Lust an der Kontroversdiskussion und damit am Aufeinanderprallen unterschiedlicher

Standpunkte im Stil eines intellektuellen Ritterturniers Ausdruck. In diesem Plädoyer für grenzenlose geistige Freiheit und umfassende Toleranz im Denken und Reden nahm das Votum für die abweichende Meinung einen herausragenden Platz ein: «Was nun aber, wenn ich selbst die Dinge anders auffasse, als sie sind? Das kann durchaus so sein. Daher klage ich meine Unduldsamkeit an und bin der Meinung, dass sie dem, der recht hat, genauso übel zu Gesicht steht wie dem, der im Unrecht ist, denn es ist immer eine tyrannische Verhärtung, keine andere Ansicht als die eigene ertragen zu können.»[74] Die Unfähigkeit, dem anderen die Freiheit im Denken und Reden zuzugestehen, die man selbst für sich in Anspruch nimmt, ist das Grundübel der Zeit: «Die Welt ist nichts anderes als eine Schule der Inquisition.»[75] Dieser prägnante Satz, der emblematisch über dem ganzen Zeitalter stehen könnte, erscheint erst in der posthumen Ausgabe letzter Hand, ist aber schon 1588 vorgedacht. Die beste Methode, diese unduldsame Haltung in sich selbst zu bekämpfen, besteht in einer kritischen Überprüfung der eigenen Standpunkte, die durch den Vergleich der frühen und späten *Essais* entscheidend gefördert wird: «Wie viele Dummheiten sage und antworte ich alle Tage, schon nach meinem eigenen Urteil – und wie viel häufiger müssen das die anderen finden.»[76] Aus diesem Grund bot es sich an, die unterschiedlichen Ansichten in frühen und späten Texten stehen zu lassen und nicht als Inquisitor in eigener Sache aufzutreten: «Habe ich nicht selbst Schuld? Kann sich meine Einschätzung nicht gegen mich selbst richten?»[77] Die Frage war rhetorisch gemeint, der Leser sollte sie mit einem «Ja, natürlich» beantworten. Trotzdem fügte Montaigne auch hier nach 1588 eine weiterführende Schlussfolgerung hinzu: «Nicht nur die Vorwürfe, die wir uns gegenseitig machen, sondern auch die Gründe und Argumente, die wir zu kontroversen Themen vorbringen, lassen sich gegen uns verwenden, so dass wir mit eigenen Waffen geschlagen werden.»[78]

Die Grenzen des Sagbaren hatte Montaigne mit dem Satz abgesteckt, dass auch Worte töten können. Gab es außer solchen Mordaufrufen weitere Beschränkungen? «Dummheit ist eine schlechte Eigenschaft, aber sie nicht ertragen zu können, sich darüber zu ärgern und zu empören, wie es mir geschieht, ist eine andere Art von Krankheit, die der Dummheit an Unangemessenheit kaum nachsteht.»[79] Sottisen aller Art gehören zum großen Freiraum, der durch das Gebot der Toleranz geschützt ist, obwohl man in Gesprächen mit den Dummen Gefahr läuft, selbst zu verdummen: «Mit einem Dummen kann man sich nicht guten Glaubens auseinandersetzen. Nicht nur mein Urteil, sondern auch mein Gewissen korrumpiert sich unter den Händen eines so verbohrten Lehrmeisters.»[80] Trotzdem war die rote Linie an anderer Stelle zu ziehen: «Hasserfüllte Wortgefechte sollten wie andere verbale Verbrechen verboten werden. Welche Laster erwecken sie zum Leben und verstärken sie, wenn sie vom Zorn gelenkt und befohlen werden! Erst geraten wir in Feindschaft gegen die Argumente, dann gegen die Menschen, die sich ihrer bedienen.»[81] Wer sein Gegenüber mit gezieltem Vernichtungswillen verunglimpft, missbraucht die Freiheit der Rede und hat keinen Anspruch auf die Duldsamkeit, die er mit Füßen tritt.

Damit ist die Grenze der Toleranz und des Wandels in den eigenen Anschauungen markiert. Die Ausgabe von 1588 zeigt keinen neuen, wohl aber einen noch kämpferischeren, noch ungläubigeren und noch sehr viel mehr von sich schreibenden Montaigne. Die Methoden der Menschenforschung, die Parameter und Prämissen der Weltbetrachtung und die Prioritäten der Beobachtung sind dieselben geblieben, ebenso wie die daraus gezogenen Schlussfolgerungen: die umfassende Skepsis, die Einbettung des Menschen in die Natur, der Spott über die selbst ernannten Welterklärer, der praktische Konservatismus, die Einschätzung der Religion als von Menschen gemachtes Instrument zur Entfachung von Hass und Hader, die Ablehnung jeder übernatürlichen Erklärung irdischen Geschehens – und gegenbildlich dazu der Aufruf zur Güte, zur Verständigung und zum Frieden. Im Wissen, dass diese Appelle 1588 noch weniger Gehör finden würden als acht Jahre zuvor, hat sich das Bewusstsein verstärkt, ein Fremder in der eigenen Zeit zu sein und mehr denn je als Außenseiter dazustehen.

Aus dem Gefühl der eigenen Fremdheit gegenüber der Welt erwächst der Drang, sich selbst in dieser Gegenposition immer nuancenreicher und vertiefter zu sehen, zu beschreiben und zu verstehen und sich auf diese Weise noch nachdrücklicher als Vorbild in einer heillosen Zeit zu empfehlen. Zu dieser immer eingehenderen, manchmal selbstverliebt oder sogar obsessiv anmutenden Selbstdarstellung trug fraglos auch das immer stärkere Gefühl der Verwundbarkeit, Schutzlosigkeit und Isoliertheit bei, das aus den dramatischen Erlebnissen der letzten Jahre entsprang. In einer Zeit, die sich dem praktischen Wirken in der Außenwelt verschloss, wurde der Rückzug in die umhegten Gefilde des eigenen Ichs als Ausweg aus der öffentlichen Misere immer verlockender. Um nicht als unerträglich eitle Selbstanpreisung wahrgenommen zu werden, bedurfte die daraus hervorgehende Präsentation des eigenen Ichs in immer neuen Facetten und Perspektiven mehr denn je einer ironischen Zurücknahme, die bis zur Selbstverspottung reichen konnte. Gleich die ersten Sätze des ersten *Essais* des neu hinzugefügten dritten Buchs geben das Leitmotiv vor: «Niemand ist davon verschont, Dummheiten von sich zu geben. Das Unglück besteht darin, dies mit aller Sorgfalt zu tun.»[82] Gegen diese Pedanterie in eigener Sache, so Montaigne, sei er gefeit: «Zumindest diesen Vorwurf kann ich mir nicht machen. Meine Dummheiten fließen mir so unbedarft aus der Feder, wie sie es wert sind.»[83] Das ist bewusste und bewährte Irreführung, Montaigne spielt wie gehabt mit dem Leser. Auch die neuen *Essais* sind keine spontane und lockere Plauderei. Gegenstände, Beispiele, Räume und Zeiten der Erörterung wechseln noch schneller als zuvor, doch die zugrunde liegenden Leitfragen und Leitmotive bleiben dieselben.

Die Leitfrage, ob sich das maßlose Elend der Bürgerkriege durch Anleitung und Ermahnung zu Toleranz, Milde und Güte beheben oder zumindest lindern ließ, war in den *Essais* von 1580 bei aller Skepsis im Einzelnen damit beantwortet worden, dass nichts so populär sei wie die Güte. Das konnte sie nur sein, wenn zumindest in der großen Mehrheit der Menschen die natürliche Anlage zu Mitleid und Wohlwollen stärker ausgeprägt war als die zerstörerischen Neigungen. Dieses Mischungsverhältnis stellte Montaigne jetzt unter Berufung auf die Natur infrage: «In der Natur ist nichts ohne Nutzen, nicht einmal das scheinbar Unnütze. In dieses Universum hat sich nichts eingeschlichen, das dort nicht seinen angemessenen Platz hat. Unser Wesen ist aus krankhaften Eigenschaften zusammengesetzt. Ehrgeiz, Eifersucht, Neid, Rache, Aberglaube, Verzweiflung wohnen uns mit so natürlicher Hoheit inne, wie man es bei den Tieren sieht; das gilt sogar für die Grausamkeit, das scheinbar widernatürlichste Laster. Denn mitten im Mitleid fühlen wir in unserem Inneren einen gewissen herbsüßen und wollüstigen Reiz dabei, andere leiden zu sehen; schon die Kinder spüren das. Wer die Samen (*semences*) dieser Anlagen aus dem Menschen herausreißen wollte, würde die Grundbedingungen (*conditions fondamentales*) unseres Lebens zerstören.»[84] Das natürliche Leben beruht auf Zerstörung und Vernichtung; die Natur muss auslöschen, um neu zu erschaffen.

Radikal zu Ende gedacht, würde das bedeuten, dass die grausamsten Menschen zugleich die natürlichsten sind.

Mit dieser schonungslosen Analyse ging Montaigne einen entscheidenden Schritt weiter. Schon in der Deutung der Bürgerkriege, die er 1580 vorgelegt hatte, war der Eifer für den wahren Glauben als Vorwand demaskiert und das ganze Spektrum der menschlichen Zerstörungskraft als eigentlicher Handlungsanreiz aufgedeckt worden, der vom wechselseitigen Hass der Kirchen immer weiter angestachelt wurde. Woher diese destruktiven Kräfte kamen und wie sie die Herrschaft über den Menschen gewannen, wird in der Ausgabe von 1588 erstmals mit schonungsloser Offenheit dargelegt: Alle Menschen sind potentielle Mörder, denn der Trieb zum Quälen und Töten ist allen angeboren. Montaignes selbst gestellte Lebensaufgabe, den Furor der Gewalt in Frankreich zu ersticken, wurde im Licht dieser Erkenntnis noch schwieriger. Auch die Devise, sich als Kreatur der Natur seinen natürlichen Anlagen und Neigungen zu überlassen, war dadurch problematisch geworden, denn nach den Regeln der Natur zu leben hieß jetzt ja auch, den instinktiven Drang zur Vernichtung des anderen auszuleben.

Der düstere Anfang des dritten Buchs wird in den nachfolgenden *Essais* allerdings nicht weiter ausgestaltet. Stattdessen zieht sich der Abscheu gegen jegliche Form von Gewalt, auch der rein verbalen, weiterhin als roter Faden durch alle Erörterungen. Auch in der ausführlichen Darstellung der eigenen Charaktereigenschaften kommt der angeblich natürliche Hang zur Grausamkeit nicht vor. So musste der Leser zu dem Schluss gelangen, den so viele Bescheidenheitsformeln ausdrücklich negierten: Dieser Mann steht fremd in seiner Zeit, gerade deshalb sollten wir seinem Beispiel folgen und den zerstörerischen Drang in uns niederringen.

Die Essais von 1588 II: Wider den Wahn

Bei der Erforschung der Bürgerkriege war Montaigne in der ersten Fassung der *Essais* von 1580 zu dem Ergebnis gekommen, dass Glaubenseifer ein reiner Vorwand dafür ist, der Grausamkeit die Zügel schießen zu lassen. Aus aufrichtigen Glaubenskämpfern, so sein damaliges Urteil, ließe sich auf allen Seiten nicht ein einziges kampffähiges Kontingent zusammenstellen. Diese Diagnose wird in mehreren *Essais* von 1588 wesentlich vertieft; den Ausgangspunkt bilden erneut Überlegungen darüber, warum Menschen so und nicht anders handeln. Reflexionen hierüber führen Montaigne im elften *Essai* des dritten Buchs zu seinen radikalsten und kühnsten Schlussfolgerungen überhaupt. Sie mussten daher in ein dickes Wattepolster aus Entschärfungen und Zurücknahmen eingepackt werden. An keiner anderen Stelle türmen sich die Bekundungen eigener Torheit und Inkompetenz so hoch wie hier.

Die Beteuerung «Ich meine ja nur ganz unschuldig und unmaßgeblich» bestimmt den Aufbau des Textes und schon dessen Titel. Dieser lautet «Von den Hinkenden» (*Des Boyteux*); das Wort hat die maskuline Endung, was für die nachfolgende Argumentation von großer Bedeutung sein wird. Wer hier wie und warum humpelt, wird bis kurz vor Schluss nicht gesagt. Hinken im Wortsinn kommt über weite Strecken gar nicht vor, in übertragener Bedeutung aber handelt der Text von nichts anderem. Aufbau und Gedankenführung dieses *Essais* sind mit ihrer kunstvoll verschleierten Konsequenz, ihren virtuosen Ablenkungsmanövern, ihren Fallen, Seiten- und Irrwegen ein Musterbeispiel von Montaignes Argumentationskunst und ein Höhepunkt seines Werks. Daher lohnt es sich, diesen gedanklichen Parcours des Texts Schritt für Schritt zu durchmessen.

Schon die Anfangspassage ist Tarnung. Die Erörterung setzt ein mit einem langen Lamentieren über die Verkürzung des Jahres 1582 um die ominösen zehn Tage der neuen Zeitrechnung, also mit einem Thema, das bereits im unmittelbar vorangehenden *Essai* eingehend zur Sprache kam. Ausgesprochen harmlos, ja unbedarft nimmt sich auch die erste daraus gezogene Schlussfolgerung aus: «Trotzdem hat sich nichts von seinem Platz fortbewegt: Meine Nachbarn finden immer noch denselben Zeitpunkt für ihre Aussaat, für ihre Ernte, die beste Gelegenheit für ihre Geschäfte, die schlechten und die guten Tage, so wie sie es schon immer gehalten haben. Und in unserem Alltag machte sich weder der Irrtum der Zeitrechnung noch deren Verbesserung bemerkbar.»[85] Das stimmte so natürlich nicht: Die zunehmende Abweichung des alten Kalenders von der meteorologischen Jahreszeit hatte sich in vielen Bereichen, auch in der Landwirtschaft, durchaus bemerkbar gemacht. Auch die zweite Reflexion ist banal: «Von so viel Ungewissheit sind wir also umgeben, und so grobschlächtig ist unsere Wahrnehmung, so dunkel und verworren.»[86]

Erst nach einigen weiteren beiläufigen Bemerkungen steuert Montaigne auf das eigentliche Thema des *Essais* zu, allerdings immer noch sehr unterschwellig und unauffällig: «Und was wäre, wenn – wie einige sagen – der Himmel sich alternd zusammenziehen und uns in Unwissenheit bezüglich der Stunden und Tage stürzen wollte?»[87] Die Kalenderreform Gregors XIII., dieser Triumph der Wissenschaft über den Aberglauben, hatte in katholischen wie protestantischen Ländern gleichermaßen Panik gesät und apokalyptische Visionen heraufbeschworen, darunter das Schreckensszenarium eines völligen Zeitverlusts. Solche Ängste macht sich Montaigne hier zum Schein zu eigen. Auch der darauffolgende Kommentar bleibt noch sehr unbestimmt: «Ich grübelte nach meiner Art gerade darüber nach, wie sehr der menschliche Verstand doch ein schwankendes und ungewisses Instrument ist.»[88] Auch diese Unsicherheit des menschlichen Wissens und besonders der Wissenschaft ist ein längst erschöpfend behandeltes Thema, das den Leser auf die falsche Fährte setzt.

Dieser in die Irre führende Kurs wird durch den nachfolgenden Satz leicht, aber noch nicht endgültig korrigiert: «Ich sehe immer wieder, wie die Menschen bei der Betrachtung der Tatbestände sehr viel lieber nach den Ursachen forschen, als die Wahrheit zu suchen – sie lassen die Tatsachen beiseite und verlieren sich in der Erörterung der Gründe.»[89] Damit wird eine argumentative Pirouette geschlagen und die vorangehende Feststellung entkräftet: Nicht der menschliche Verstand an sich ist das Problem, sondern nur sein unsachgemäßer Gebrauch. Eine solcher Missbrauch liegt vor, wenn der Verstand glaubt, kausale Zusammenhänge in Bereichen zu entdecken, die sich seinem Zugriff entziehen. Das ist immer dann der Fall, wenn er Ursachen sucht, die über der Natur liegen, also übernatürlich sein sollen. Damit war ein Punkt erreicht, an dem es sich anbot, wieder eine fromme Schlussfolgerung einzufügen: «Die Kenntnis der Ursachen gehört allein dem, der die Dinge führt, nicht uns, die wir diese nur hinnehmen müssen und gemäß unserer Natur deren vollständigen Gebrauch haben, ohne in deren Ursprung und Wesen einzudringen.»[90] Das war, wie Montaigne wusste, exakt die Position, die das Papsttum in der Diskussion darüber einnahm, wie der Kosmos aufgebaut war und welchen Platz die Erde darin einnahm: Wie das Universum wirklich beschaffen ist und wie es erschaffen wurde, wusste allein Gott, sein Schöpfer. Die Menschen als Bewohner des Weltgebäudes konnten dazu nur mehr oder weniger begründete Hypothesen aufstellen, aber nichts sicher wissen.

Nach diesem erbaulichen Bekenntnis, das die Vertreter aller christlichen Konfessionen beifällig aufnehmen mussten, steuert die Argumentation auf eine erneute Kehrtwendung zu, die sich erst einmal vorsichtig ankündigt: «Die Menschen gehen über die Fakten hinweg, prüfen aber eingehend die Folgen und fragen: Wie geschieht das? Dagegen müssten sie fragen: Geschieht es denn wirklich?»[91] Die Antwort darauf wird postwendend gegeben: «Unsere Einbildung ist in der Lage, hundert andere Welten auszumalen und deren Prinzipien und Beschaffenheit zu erfinden, dafür bedarf es weder des Baumaterials noch des Baugrundes. Lasst ihr nur freien Lauf: Sie baut genauso gut ins Leere wie ins Volle, mit dem Nichts wie mit Baustoff. So finde ich, dass man fast immer sagen müsste: Es ist nichts daran.» Die Tragweite dieser Hinterfragung wird zunächst nur sehr eingeschränkt dargelegt: «Wahrheit und Lüge haben dasselbe Gesicht und sind in Haltung, Geschmack und Auftreten gleich, und so betrachten wir sie auch mit demselben Blick.»[92] Das knüpft an die Ausführungen über die Hässlichkeit der Lüge an, ist aber anders gemeint: Nach so viel konventioneller Einkleidung ist der Moment für den ersten Kulminationspunkt der Beweisführung gekommen: «Ich habe in meiner Zeit die Geburt vieler Wunder erlebt. Obwohl sie schon bei der Geburt zugrunde zu gehen begannen, können wir unschwer vorhersehen, welchen Auftrieb sie erhalten hätten, wenn sie nur länger gelebt hätten. So muss man nur das Ende des Fadens finden, um das ganze Knäuel aufzuwickeln.»[93]

Wunder waren ein Grundpfeiler der christlichen Religion; wer sie bezweifelte, stellte sich außerhalb aller christlichen Glaubensgemeinschaften. Deshalb war hier höchste Vorsicht geboten. Dessen ist sich Montaigne bewusst, und deshalb verspottet er zunächst nur die Wundergläubigkeit seiner Zeitgenossen. Das war ein selbst für strenge Rechtgläubigkeitswächter akzeptabler Standpunkt. Das Volk schrie andauernd «Mirakel!» und proklamierte neue Heilige, womit die Inquisition ihre liebe Not hatte. Eine Absage an die Naivität und Verführbarkeit der einfachen Leute gehörte, theologisch gesehen, zum guten Ton. Nach diesen Sicherheitsvorkehrungen greift die Argumentation jedoch rasch weiter aus. Montaigne erzählt ausführlich die Geschichte von zwei angeblichen Wundern, die sich im Nachhinein als natürliche Vorkommnisse entpuppt haben. Ein Priester, der an einem Fürsten eine Wunderheilung vorzunehmen behauptet, wird als Scharlatan entlarvt, und ein Witzbold, der in seinem Dorf eine Gespenstererscheinung inszeniert, wird ins Gefängnis geworfen. Die Schlussfolgerungen, die Montaigne daraus zieht, sind allerdings sehr allgemein und daher potentiell gefährlich: «Bis zu dieser Stunde verschließen sich mir alle diese Wunder und befremdlichen Begebenheiten. Ich habe in der Welt kein seltsameres Ungeheuer und kein größeres Wunder gesehen als mich selbst.»[94]

Wenn mit «diesen Wundern» allein die gefälschten Mirakel gemeint waren, war das Fazit akzeptabel, aber die Zweifel daran wachsen, je weiter der Gedankengang voranschreitet: «Das eigentliche Anrecht darauf, solche Unfälle vorzubringen und zu produzieren, hat das blinde Glück (*fortune*).»[95] Der Zufall hat leichtes Spiel, weil die Leichtgläubigkeit der Menschen grenzenlos ist. Wenn bei der ländlichen Geisterbeschwörung nur etwas mehr *fortune* ins Spiel gekommen wäre, wer weiß, was für eine erbauliche Legende sich daraus entwickelt hätte? Die Frage der Wunder, ihrer Glaubwürdigkeit und Belegbarkeit, war 1588 hoch aktuell. Nach einer Pause von mehr als sechs Jahrzehnten hatte Papst Sixtus V. im Jahr zuvor erstmals wieder eine Heiligsprechung vorgenommen. Dafür war der Nachweis von Wundern obligatorisch.

Nach den als Täuschung entlarvten Wundern folgt eine tiefgründige Psychologie des Wunderglaubens: Unwissenheit, Dummheit, Geltungsstreben und Fanatismus erzeugen eine brisante Atmosphäre, in der das Unglaubwürdige schnell als erwiesene Wahrheit ausgegeben wird. Dazu gesellt sich schnell die Unduldsamkeit und als deren Folge die unbändige Lust, andere zum Glauben zu zwingen: «Auf nichts sind die Menschen gemeinhin bedachter, als ihren Meinungen freie Bahn zu verschaffen. Wo uns dazu die gewöhnlichen Mittel fehlen, fügen wir den Befehl, die Gewalt, das Eisen und das Feuer hinzu.»[96] Feuer und Schwert waren die «Überzeugungsmittel» der Inquisition. Um diese Assoziation abzuschwächen, ist der Satz in der Wir-Form formuliert – die Welt ist eine Schule der Inquisition, also ist es kein Wunder, dass alle Menschen kleine Inquisitoren werden.

Ob Montaigne mit dieser Wendung ins Allgemeinmenschliche die professionellen Inquisitoren täuschen konnte, ist allerdings fraglich. Einige Passagen später wird daraus unverschlüsselt die persönliche Konsequenz gezogen: «Man bringt mich dazu, die wahrscheinlichen Dinge zu hassen, wenn man sie mir als unfehlbar vorschreibt.»[97] Das konnte sich nur gegen den Glaubenszwang der Kirche richten. Gegen diesen Dogmatismus stimmt Montaigne das Lob der relativierenden Formulierung à la «Es scheint mir» an: «Ich liebe die Wörter, die die Kühnheit unserer Aussagen abschwächen und aufweichen, wie: durch Zufall, ein wenig, etwas, man sagt, ich glaube und ähnliche.»[98] Das war ein Spiel, das der Leser selbst durchschauen musste: Wahres Wissen und Wahrhaftigkeit bestehen nicht darin, unbeweisbare Aussagen als Glaubenssätze festzuschreiben, sondern in deren Relativierung und Bezweiflung. Für die Theologen aller Richtungen war das eine Provokation. Gemäß dem Jesuswort in Matthäus 5,37 «Eure Rede aber sei: Ja, ja; nein, nein. Was darüber ist, das ist vom Bösen» war für sie jeder Zwischenton des Teufels.

Wer sich keiner der Parteien, die es ganz genau zu wissen behaupten, anschließen will, hat kein leichtes Leben: «Es ist schwer, seine Urteilskraft gegen die verbreiteten Meinungen zu behaupten.»[99] Dieser Satz steht emblematisch für ein Zeitalter, das Selbstdenker systematisch verketzert. So kühn diese Aussagen für sich genommen bereits sind, so bilden sie doch nur die Überleitung zum Auftritt des Hauptthemas. Auch dieses wird behutsam eingeführt. Zunächst folgt die Geschichte des falschen (oder echten?) Martin Guerre, aber dann ist es endlich so weit: «Die Hexen in meiner Nachbarschaft (*les sorcières de mon voisinage*) geraten in Lebensgefahr, wenn ein neuer Autor mit seiner Einschätzung ihren Träumereien (*songes*) Substanz zuschreibt.»[100] Damit spricht Montaigne eine Absage an sein Zeitalter aus, die mit ihrer ironischen Gelassenheit einzig dasteht. Die ersten fünf Wörter des Satzes genügen, um die felsenfeste Überzeugung von Jahrhunderten der Lächerlichkeit preiszugeben. Der Kontrast zwischen dem Schreckenswort «Hexen» und dem behaglichen Begriff «Nachbarschaft» ist so groß wie die daraus entspringende Komik und die damit verbundene Beweiskraft: Der Glaube an zaubermächtige böse Frauen ist eine groteske Wahnvorstellung, über die jeder Mensch bei ruhiger Betrachtung lachen müsste. Doch das Gegenteil ist der Fall: Hexerei ist nicht nur für die professionellen Hexenjäger, sondern für fast alle Menschen der damaligen Zeit eine unumstößlich belegte Realität. Der Stoßseufzer, wie schwierig es derjenige hat, der sich den Meinungen der anderen entgegenzustellen wagt, gewinnt vor diesem Hintergrund seine volle Bedeutung: Montaigne gegen den Rest der Welt. Und gegen die Gelehrten seiner Zeit. Erst 1580 hatte Jean Bodin, der prominenteste Politiktheoretiker Frankreichs und einer der wichtigsten Vordenker der «politiques», in seinem Buch *De la Démonomanie des sorciers* (etwa: Von den Teufelsbünden der Zauberer), dem Glauben an eine Verschwörung der Hexen das Gütesiegel der Wissenschaft aufgedrückt. Im Vorwort seiner Abhandlung, die auf die Rechtsgrundlagen und damit auf die Rechtmäßigkeit der Hexenverfolgung abzielt, erzählt der hochgebildete Gelehrte, wie ihn die Begegnung mit einer Frau, die sich ohne Folter selbst der Hexerei bezichtigte, ein für alle Mal von der Stichhaltigkeit solcher Anklagen überzeugt habe. In dasselbe Horn stießen die Theologen aller Kirchen, besonders wortgewaltig und wirkmächtig der Jesuit Petrus Canisius, den die Kirche später heiligsprach und zum Kirchenlehrer erhob. Die Hexe und ihr verderbliches Wirken waren nicht nur für die Gottesgelehrten, sondern auch für Juristen und Mediziner, die Mächtigen und das Volk eine über jeden Zweifel erhabene Wahrheit: Sie schloss aus freiem Willen einen Pakt mit dem Teufel, der zu diesem Zweck in Mensch- oder Tiergestalt erschien, nahm sexuelle Beziehungen zu diesem auf, erhielt als Belohnung für ihre Willfährigkeit von ihm die Fähigkeit, mit übernatürlichen Mitteln Unheil anzurichten und auf dem Besen zu fliegen, und feierte mit ihm orgiastische Feste. Teufelsbündnis, Teufelsbuhlschaft, Schadenszauber, Hexenflug und Hexensabbat waren die fünf Kernelemente des Hexenglaubens, der ein Jahrhundert zuvor im *Hexenhammer* von dem Dominikaner Heinrich Kramer (Institoris), einem fanatischen Frauenhasser, handbuchartig zum Zweck der Verfolgung zusammengefasst worden war. Dazu steuerten die Rechtsgelehrten das Ihre bei: Sie definierten Hexerei als ein Ausnahmeverbrechen (*crimen exceptum*), dessen Ziel die Vernichtung der Schöpfung war. Um diese Verschwörung erfolgreich zu bekämpfen, mussten die Regeln der Justiz außer Kraft gesetzt werden; so durfte jetzt so lange gefoltert werden, bis die Angeklagten gestanden und «Komplizinnen» benannten.

Eine erste Welle der zu Montaignes Lebzeiten heftig einsetzenden Hexenverfolgung türmte sich am Ende der 1580er-Jahre auf, wozu die kriegerischen Ereignisse, die immer häufigeren Hungerkrisen, die rapide voranschreitende Verschlechterung des Klimas und die dadurch verursachten Naturkatastrophen wesentlich beitrugen. Alle diese Unglücksfälle ließen sich durch das Komplott der bösen Frauen mit Satan scheinbar schlüssig interpretieren. Ob Kinder bei oder unmittelbar nach der Geburt starben, das Vieh plötzlich verendete, der Hagel dem einen Bauern die Ernte zerstörte und dem anderen nicht – stets bot der vermeintliche Schadenszauber der Hexen eine naheliegende Deutung für das anders nicht Erklärbare.

Wer sich dieser scheinbar gesicherten Wahrheit und der Phalanx der Experten, die sie vertrat, entgegenzustellen wagte, musste großen Mut und einflussreiche Protektion besitzen. Montaigne war nicht der Einzige, der diesen Widerstand wagte. Schon vor ihm hatten einige wenige Geistliche und Mediziner Einspruch gegen den Wahnsinn der Hexenverfolgung erhoben. Zu diesem Zweck beriefen sie sich auf die Allmacht Gottes, der in seiner Güte dem irdischen Wirken des Teufels enge Grenzen zog, oder sie argumentierten umgekehrt, dass Satan die Hexen mit seiner übernatürlichen Macht in seine Gefolgschaft zwinge, diese daher nicht aus freiem Willen handelten und deshalb auch nicht für ihre Handlungen verantwortlich gemacht werden könnten. Auch die These, dass das gefürchtete Hexenwerk nur auf der Einbildung der vermeintlichen Hexen und angeblich Verhexten beruhe, wurde in diesem Zusammenhang vorgebracht. Die souveräne Ironie, mit der Montaigne dieses brisante Thema angeht, fällt jedoch völlig aus dem Rahmen. Seine Begründung für seinen Unglauben gegenüber dem, was alle glauben, folgt dem Argumentationsschema, mit dem er die «Religionskriege» als Kriege ohne Religion demaskiert hatte: «Um die Beispiele, die uns das Gotteswort für solche Dinge bietet, und das sind sehr sichere und unwiderlegliche Beispiele, auf unsere gegenwärtigen Ereignisse anzuwenden, bedarf es eines anderen Instruments als des unsrigen, denn wir sehen davon weder die Ursachen noch die Mittel.»[101] Montaigne gesteht hier zu, dass die Bibelstellen, die als Beweise für die Existenz von Hexen angeführt werden, «unwiderleglich» sind. In Kapitel 22 des zweiten Buchs Mose steht geschrieben, dass man Zauberinnen nicht leben lassen soll, und im achten Buch der Apostelgeschichte wird ausführlich von den Zaubereien des Simon Magus berichtet. Wer in Anbetracht dieser Schriftstellen

Montaigne lebte in Frieden mit den «Hexen in seiner Nachbarschaft». Die Verfolgung der angeblichen Teufelsbündnerinnen, die ab 1580 in großen Teilen Europas einen ersten Höhepunkt erreichte, war für ihn das Resultat von Ignoranz, Fanatismus, Hass, Neid und Habgier. Die Hexenverbrennung auf der Kanalinsel Guernsey im Jahr 1556 aus dem Book of Martyrs *von John Fox, 1563*

kategorisch bestritt, dass es Hexen und Hexer gab, stellte sich außerhalb einer gesamtchristlichen Konsensgemeinschaft und machte sich in höchstem Maße angreifbar. Aber Montaigne bezweifelt, dass man von den biblischen «Belegen» auf die Gegenwart schließen darf.

Dabei konnte er auf bewährte Vorgaben zurückgreifen. Erneut geht Montaigne davon aus, dass die göttlichen Wahrheiten auf dem Weg vom Himmel auf die Erde einem fatalen Verunreinigungsprozess ausgesetzt sind. Was hoch oben lautere Wahrheit ist, kommt hienieden als Vorwand für Hass und Grausamkeit an. Auf diese Weise wird die biblische Botschaft, dass es Schadenszauber gibt, mangels Anwendbarkeit plötzlich gegenstandslos: «Es bleibt so allein diesem sehr mächtigen Zeugnis vorbehalten zu sagen: Dieser oder diese ist eine davon, dieser oder diese andere hingegen nicht. Gott muss man es glauben, das steht wahrlich fest, aber keinem von uns, der sich über seine eigene Erzählung wundert.»[102] Das war trotz aller Verneigungen in Richtung der Theologen ein starker Einspruch, der wütende Proteste und Gegenreaktionen zur Folge haben musste, die es von vornherein zu entkräften galt: «Ich sehe wohl, dass man sich erzürnen wird und mir verbieten will, daran zu zweifeln. Was für eine schöne neue Art, Überzeugungsarbeit zu leisten!»[103]

Gegen Denkverbote war Angriff die beste Verteidigung: «Wer seine Argumentation auf Aufschneiderei und herrisches Gehabe aufbaut, zeigt, dass er nur schwache Gründe für sich hat.»[104] In einer rein akademischen Debatte – so die Schlussfolgerung – mochten die Meinungen darüber, wer eine Hexe ist, geteilt ausfallen. Doch in einer Frage, die über Leben und Tod entscheidet, bedarf es einer Gewissheit, die keine Wissenschaft der Welt liefern kann: «Um Menschen zu töten, muss man eine leuchtende und reine Klarheit besitzen; und unser Leben ist zu wirklich und wesentlich, um durch solche übernatürlichen und phantastischen Zufälle gefährdet zu werden.»[105] Das kam mehr denn je einem Plädoyer gegen die Todesstrafe an sich gleich, denn diese «leuchtende Klarheit» gibt es nie, selbst wenn die juristischen Sachverhalte eindeutig zu sein scheinen.

Damit überschritt Montaigne ein weiteres Mal die Grenze zum damals Unsagbaren, was sofortigen verbalen Flankenschutz erforderlich machte. «Was Drogen und Gifte betrifft, so haben sie nichts mit diesem Thema zu tun – das ist Mord, und zwar von der schlimmsten Art.»[106] Doch auch hier folgt die Einschränkung auf dem Fuße: «Allerdings sagt man auch in solchen Fällen, dass man nicht einmal bei den Geständnissen solcher Leute stehenbleiben darf, denn man hat sie manchmal den Mord an Personen gestehen sehen, die man lebendig und bei bester Gesundheit vorfand.»[107] Stellte man dazu das Pseudowissen und die Scharlatanerie der Ärzte in Rechnung, lief es darauf hinaus, dass auch ein Giftmord nie sicher bewiesen werden kann.

Dann zieht Montaigne aus der Erörterung von Wunderglauben und Hexenwahn eine Schlussfolgerung von umfassender Tragweite: «Was außerhalb des menschlichen Fassungsvermögens und von übernatürlicher Wirkung ist, darf nur geglaubt werden, wenn es durch eine übernatürliche Bestätigung beglaubigt wird.»[108] Solche Zeugnisse nahmen die Juristen und Theologen, die sich als Hexenjäger betätigten, für die von ihnen verhängten Todesurteile in Anspruch. Als Belege dafür führten sie angebliche «Hexenmale» auf der Haut der Angeklagten und obskure «Gottesurteile» an, deren Ausgang zum Nachteil der Beschuldigten von vornherein feststand. So musste Montaigne jetzt darlegen, dass es eine «übernatürliche Bestätigung» zwar theoretisch geben kann, dieses höhere Wissen mit dem beschränkten Fassungsvermögen des Menschen aber niemals zu gewinnen ist. An dieser Stelle kommt der gesunde Menschenverstand ins Spiel, der für höhere Erkenntnisse zwar untauglich ist, bei der Abwägung zwischen plausiblen und abwegigen Urteilen im Alltag aber bestens funktioniert: «Um wie viel natürlicher und wahrscheinlicher finde ich es, dass zwei Menschen lügen, als dass ein Mensch wie der Wind in zwölf Stunden vom Orient ins Abendland fliegt? Wie viel natürlicher ist es, dass unsere Einsicht durch die Unbeständigkeit unseres verdorbenen Geistes aus dem Lot gebracht und verrückt wird, als dass einer von uns durch eine fremde Macht mit Fleisch und Blut auf einem Besenstiel durch seinen Kamin davonfliegt?»[109] Wer seine Wahnvorstellungen zurückdrängt und sich seiner nüchternen Ratio bedient, kann zu keinem anderen Ergebnis kommen – so lautet die Botschaft an den Leser, die zugleich eine Aufforderung ist, seine Einstellung und sein Verhalten zu ändern. Die Argumentation zeigt, dass sich Montaigne selbst in diesen düsteren Zeiten einen Restoptimismus bewahrte. War die Dunstglocke aus Angst, Hass und Aberglauben erst einmal durchstoßen, musste jeder Mensch über seine Phantasmagorien lachen und sich von ihnen abwenden können. So viel gesundes Urteilsvermögen sollte trotz aller Kriegsverrohung zumindest in Spurenelementen immer noch vorhanden sein.

Mit diesen Ausführungen waren die kirchlichen Autoritäten und die weltlichen Machthaber, die Hexerei als Ausnahmeverbrechen verfolgten, der Lächerlichkeit preisgegeben. Also musste zur Untermauerung dieses Standpunkts wiederum eine über jeden Zweifel erhabene Stimme zitiert werden: «Und ich bin der Meinung des heiligen Augustinus, dass es in Dingen, die schwierig zu beweisen sind und die einen gefährlichen Glauben nach sich ziehen, besser ist, zum Zweifel als zur Bestätigung zu neigen.»[110] Zusammen mit dem nüchternen Augenschein konnte die Vernunft im Fall angeblicher Hexerei durchaus zu hieb- und stichfesten Urteilen gelangen: «Vor einigen Jahren hielt ich mich im Land eines souveränen Fürsten auf, der mir, um mir eine Gunst zu erweisen und meine Ungläubigkeit zu bekämpfen, die Gnade zuteilwerden ließ, an einem ganz besonderen Ort zehn oder zwölf solcher Gefangenen vorzuführen.»[111] Darunter befand sich eine alte Frau, die nach dem Urteil der «Experten» das Hexenmal aufwies und ihre angeblichen Schandtaten auch mehrfach gestanden hatte. Nach eingehendem Gespräch mit dieser «überführten Hexe» – so Montaignes Bericht weiter – lautete sein Urteil: Alles nur Einbildung, verursacht durch seelische Krankheit und somit kein Fall für die Justiz. Damit zog er in derselben Situation wie Bodin den diametral entgegengesetzten Schluss – auch eine Entgegnung. Selbst wenn solche Traumphantasien, wie manche behaupten, Wirklichkeit werden können, sind die Träumerinnen dafür nicht zur Verantwortung zu ziehen, denn die Träume sind frei, selbst wenn sie sich wider Erwarten materialisieren sollten: «Alles in allem heißt es also, seine Vermutungen sehr hoch zu schätzen, wenn man einen Menschen dafür lebendig braten will.»[112]

Darauf folgen die üblichen Beteuerungen, ganz unmaßgeblich gedacht und geschrieben zu haben und keineswegs als Modell oder Ratgeber für die Mächtigen dienen zu wollen. Aber solche Schutzbehauptungen können weder den tiefen Ernst des *Essais* noch dessen Ziele verdecken: die Welt vom Wahn, vom Hass und von der Verfolgungswut zu kurieren. Danach war nur noch eine Ausleitung zu finden, die die brisanten Ausführungen mit einem Schmunzeln entschärft. Hier kamen endlich die Hinkenden ins Spiel, und zwar in der weiblichen Form: In Italien schreibe man hinkenden Frauen besondere sexuelle Gelüste zu, denn was die Beine an Kraft zu wenig hätten, werde den Genitalien im Übermaß zuteil. Auch er, so Montaigne weiter, habe das zeitweise geglaubt, seine sexuellen Eskapaden danach ausgerichtet und eine ernüchternde Erkenntnis gewonnen: «Es ist nichts so unsicher und irrtümlich wie unser Urteilsvermögen.»[113] Die wahren Hinkenden aber sind die Hexenjäger aller Fakultäten – der Titel des *Essais* steht also zu Recht im Maskulinum.

Die Essais von 1588 III: Die Methode der Selbsterkenntnis

Nach den Erfahrungen der letzten Jahre musste Montaigne immer mehr daran zweifeln, dass sein Appell an Menschlichkeit und gesunden Menschenverstand Erfolg haben würde. Zur Verwilderung der Gegenwart war spätestens mit den «Hinkenden» alles gesagt. Reisen war lebensgefährlich geworden und der Besuch von Bekannten riskant, weil man nie wusste, was sie im Schilde führten. Je mehr sich die äußere Welt verschloss, desto intensiver musste sich der Blick auf das eigene Ich richten, das schon in den früheren *Essais* sehr präsent war. Die vertiefte Selbstbetrachtung vor einer lesenden Öffentlichkeit bedurfte der Begründung: «Aber ist es überhaupt vernünftig, dass ich, ein Privatmann mit zurückgezogenem Leben, den Anspruch erhebe, mich öffentlich bekannt zu machen? Und ist es vernünftig, dass ich der Welt, in der Kunst und Verstellung so viel Ansehen genießen und geradezu obligatorisch sind, die Zeichen und Wirkungen einer rohen und einfachen Natur vorführe, die zudem eine ziemlich unmaßgebliche Natur ist?»[114] Ein weiteres Argument aus diesem *Essai* über die Reue spricht scheinbar dagegen: «Andere bilden den Menschen, ich erzähle ihn und präsentiere ein besonders schlecht gebildetes Exemplar, das ich wahrscheinlich ganz anders machen würde, als es ist, hätte ich nur die Gelegenheit dazu.»[115] Mit solchen Bekundungen, nicht besser zu sein als andere, will Montaigne wie schon in den beiden ersten Büchern der *Essais* Berührungsängste seiner Leser abbauen und dem Verdacht vorbeugen, sich aus Eitelkeit selbst zu bespiegeln.

Im dritten Buch werden noch mehr Gründe aufgeführt, die ein Selbstporträt auf den ersten Blick überflüssig oder sogar unmöglich erscheinen lassen, es jedoch in Wirklichkeit rechtfertigen: «Die Welt ist nichts anderes als ein andauerndes Schwanken ... Die Beständigkeit selbst ist nichts anderes als ein langsameres Schwanken. So kann ich meinen Gegenstand nicht fixieren, er bewegt sich unregelmäßig und wackelnd, und zwar durch natürliche Trunkenheit. So nehme ich ihn an dem Punkt, an dem er sich gerade befindet, wahr, in dem Augenblick, in dem ich mich mit ihm beschäftige. Ich male nicht das Sein, ich male den Übergang, nicht den Übergang von einer Lebensphase zur anderen, nicht, wie das Volk sagt, alle sieben Jahre, sondern von einem Tag zum anderen, von einer Minute zur anderen.»[116] Auch dieses «Alles fließt, und ich fließe mit dem Strom» ist als Motiv der *Essais* nicht neu, wird hier jedoch kunstvoll zugespitzt. Der Mensch ruht nicht in sich selbst und kann sich seiner selbst daher auch nicht sicher sein; stattdessen ist er stets aufs Neue eine Überraschung für sich selbst und muss sich deshalb permanent neu entdecken. Das war die definitive Absage an die stoische und epikureische Philosophie gleichermaßen: Beständigkeit, Gleichmut und gelassener Lebensgenuss waren schöne Ideale, doch leider oder vielleicht sogar glücklicherweise unerreichbar.

Die Aufgabe, sich bis in die letzten Verästelungen und Abgründe des eigenen Wesens zu erforschen, dauert ein Leben lang und kommt zu keinem Ende. Das heißt nicht, dass eine umfassende Selbstdarstellung unmöglich wäre, aber sie muss bis zum Schluss offenbleiben: «Ich zeige ein niedriges und glanzloses Leben, ganz aus einem Stück. Man kann die ganze Moralphilosophie ebenso gut an einem volkstümlichen und privaten Leben aufzeigen wie an einem viel reicher ausgestatteten Leben. Jeder Mensch trägt die ganze Bandbreite der menschlichen Lebensbedingungen in sich.»[117] Damit ist im Widerspruch zu allen Bescheidenheitsbeteuerungen der hohe Anspruch der späten *Essais* ausgedrückt: Es geht mehr denn je darum, am eigenen Beispiel die anderen das gute Leben zu lehren: «Wenn sich die Welt darüber beklagt, dass ich zu viel von mir spreche, dann beklage ich mich darüber, dass sie nicht allein an sich denkt.»[118] Diese trotzige Aufforderung an die anderen, über sich selbst nachzudenken und so ihr Handeln zu reflektieren, ist ein Zusatz letzter Hand nach 1588. Der letzte Ausweg aus den inneren und äußeren Verwüstungen der Zeit besteht darin, den Menschen durch gezielte Anleitung zur Selbstbetrachtung und damit zur Selbsthinterfragung ganz neu zu formen; der Vorwurf der eitlen Selbstbespiegelung ist damit nicht nur gegenstandslos, sondern lässt sich sogar ins Gegenteil umkehren: Wenn alle Menschen sich wie Montaigne gründlicher selbst erforschen würden, würden sie sich und die anderen nicht nur besser verstehen, sondern auch humaner miteinander umgehen.

An anderer Stelle hatte Montaigne die bestürzende Entdeckung festgehalten, dass in jedem Menschen nicht nur die Neigung zum Mitleid, sondern auch der Hang zur Grausamkeit angelegt ist. Dieses düstere Fazit lässt sich dann mit der Hoffnung auf Besserung durch Selbsterkenntnis vereinbaren, wenn daraus der Wille und die Fähigkeit hervorgehen, die zerstörerischen Triebe zu bekämpfen und zu unterdrücken. Die Hoffnung darauf wird deshalb ausdrücklich erneuert: «Das Laster lässt, so wie ein Geschwür im Fleisch, eine Reue in der Seele zurück, die sich immer an sich reibt und blutig kratzt ... So gibt es auf der anderen Seite keine Güte, die einer gut geborenen Natur nicht gefällt.»[119]

Den letzten, ausschlaggebenden Grund für die Legitimität einer minutiösen Selbstschilderung nennt Montaigne zum Schluss: «Immerhin kann ich mich nach den Regeln der Kunst darauf berufen, dass kein Mensch jemals einen Gegenstand behandelt hat, den er besser verstanden und gekannt hat als ich den meinen, dass niemand in seine Materie tiefer eingedrungen ist und niemand sämtliche Aspekte sauberer dargestellt hat als ich und dass niemand genauer und vollständiger das selbst gesteckte Ziel erreicht hat als ich.»[120] So stolz und seiner Sache sicher hatte sich Montaigne dem Leser bislang nicht präsentiert. Beim Versuch, den Menschen moralisch zu verbessern, waren die Philosophen falsch vorgegangen. Hochtrabende Unterweisungen und wohlklingende Lektionen fruchteten gar nichts, denn: «Die natürlichen Neigungen stützen und stärken sich durch den Unterricht; aber sie wandeln sich dadurch kaum und lassen sich erst recht nicht überwinden.»[121] Diese Kritik an der humanistischen Bildung ist ein Leitmotiv der *Essais*. Sie wird hier weiter gesteigert und fällt so noch vernichtender aus als in der *Apologie de Raymond Sebond*: «Man reißt die ursprünglichen Eigenschaften nicht aus, man überdeckt und verdeckt sie nur.»[122] Alle Bildung kann nicht verhindern, dass die wahre Natur wieder zum Vorschein kommt, so wie die ältesten Eindrücke die prägendsten sind: «Die lateinische Sprache ist mir gewissermaßen natürlich, ich beherrsche sie besser als die französische. Aber obwohl ich sie seit vierzig Jahren gar nicht mehr spreche oder schreibe, so habe ich doch in den zwei oder drei emotionalen Ausnahmesituationen meines Lebens aus dem tiefsten Inneren lateinische Wörter ausgestoßen.»[123] Den Menschen zur Humanität zu erziehen, heißt nicht, ihm permanent seine Schwächen vorzuhalten und alle Vergnügungen zu verbieten. Damit würde man nur das Gegenteil erreichen, denn der Mensch neigt von Natur aus dazu, seine kleineren Laster durch den daraus gezogenen Genuss zu rechtfertigen. Zu diesem harmlosen Selbstbetrug bekennt sich auch Montaigne – und gibt Entwarnung: Damit können alle, der Einzelne und die Gemeinschaft, leben und leben lassen.

Wie elastisch das Gewissen des Menschen ist und wie stark seine Neigung, sein Verhalten und damit sich selbst schönzureden, illustriert die mit Augenzwinkern erzählte Lebensgeschichte eines Lebenskünstlers, den alle nur «den Dieb» nennen. Dieser wurde als Bettler geboren und schwor sich früh, nicht länger von den Almosen der anderen zu leben. Stattdessen erntete er bei Nacht und Nebel das Getreide und die Früchte auf den Feldern und Weinbergen der Nachbarschaft, und das so reichlich, dass lange Zeit niemand auf die Idee kam, einen Einzelnen zu verdächtigen. Doch auch als er als Täter feststand, ließ man ihn weiter seinem dubiosen Gewerbe nachgehen, denn er verteilte seine Raubzüge so gleichmäßig, dass keiner der bestohlenen Grundbesitzer schwereren Schaden erlitt. Dass er damit gegen Recht und Gesetz verstieß, war «dem Dieb» durchaus bewusst, aber er sah das höhere Unrecht darin, Menschen wie ihn zu einem Leben in Armut und ohne Aussicht auf Emporkommen zu verdammen. Das leuchtete auch den Bestohlenen ein, und so kam der Robin Hood in eigener Sache schließlich zu einem gewissen Wohlstand, den ihm niemand neidete. Von diesem Überschuss gab er im höheren Alter sogar denjenigen, denen er vieles genommen hatte, einiges wieder zurück; da das zum vollen Schadensersatz nicht reichte, sollten seine Erben nach seinem Tod diese Wiedergutmachung fortsetzen. So bedauerte er zwar seine Taten ein wenig, doch wirkliche Reue war es nicht.

«Der Dieb» aus dem Armagnac ist für Montaigne der Typus des Menschen und des Menschlichen schlechthin. Laster dieser Art sind dem Menschen angeboren und lassen sich nicht austilgen. Das muss auch nicht sein: «Es gibt plötzlich aufbrechende, spontan begangene Sünden; lassen wir diese beiseite.»[124] Das Böse, das diesen Namen verdient, entsteht nicht aus dem Affekt, sondern ist vorbedacht und sorgfältig geplant. Mit diesem theoretischen Rüstzeug konnte der Leser den Weg ins eigene Innere beschreiten, vorausgesetzt, er hatte Montaigne auf dessen eigener Reise zuvor begleitet.

Die Essais von 1588 IV: Selbstbildnis als Biedermann

Montaignes Schilderungen der eigenen Person knüpfen direkt an das Verhalten und an die Eigenschaften «des Diebes» an. Wie dieser steht auch er voll und ganz zu dem, was er ist und was er tut: «Das, was ich tue, tue ich gemeinhin einheitlich, und so gehe ich stets meinen Weg weiter. Und ich kenne kaum eine Bewegung, die sich meinem Verstand verbirgt oder entzieht oder sich nicht im Großen und Ganzen mit der Zustimmung aller meiner Teile vollzieht, ohne Spaltung und ohne inneren Aufruhr. Dafür trägt mein Verstand die Schuld oder das Lob allein. Und wenn es einmal Schuld ist, dann ist es immer Schuld, denn dieser Verstand ist seit meiner Geburt quasi derselbe. Und was die übergeordneten Meinungen angeht, so habe ich mich ebenfalls seit meiner Geburt an dem Punkt eingenistet, an den ich mich zu halten hatte.»[125]

An anderer Stelle hat Montaigne ausführlich dargelegt, wie schnell und wie tiefgreifend er sich im Laufe seines Lebens gewandelt hatte und weiter wandelte, sogar von Minute zu Minute. Und jetzt dieses Bekenntnis zu eherner Konstanz – wie passt das zusammen? Wie so oft, ist der Leser zum Unterscheiden aufgefordert. Die These von der Beständigkeit bezieht sich auf das lebenslange Festhalten an der katholischen Religion. Gerade weil der Mensch ein so flatterhaftes Wesen ist, bedarf er des Halts durch Zugehörigkeit zu einer Glaubensgemeinschaft, so unüberprüfbar und unbewiesen deren Lehre auch ist. Diese Unbeirrbarkeit prägt nach Montaignes Worten alle seine Lebensphasen: «Wenn ich den Lebensstil meiner Jugend mit dem meines Alters vergleiche, so finde ich ihn insgesamt mit derselben Ordnung geführt, allerdings mit meiner Ordnung; das ist alles, was meine Beharrlichkeit auszurichten vermag.»[126]

Die Stetigkeit – so der anschließende Gedankengang – beruht auf Eigenständigkeit: «Ich habe meine Fehler fast ausschließlich mir selbst zuzuschreiben. Denn in der Tat nehme ich den Rat eines anderen selten an, es sei denn dem Schein nach, weil es sich so gehört, außer wenn ich eine wissenschaftliche Information oder Aufklärung über Tatsachen benötige. Aber bei Angelegenheiten, in denen es auf mein Urteil ankommt, kann fremder Ratschlag mich höchstens bestärken, nie aber vom Entschluss abbringen.»[127] Dieses Urteil in eigener Sache klingt arrogant und wird daher umgehend abgeschwächt: «Dabei schätze ich meine Meinungen gering, aber genauso wenig schätze ich die Meinung der anderen. Das Glück meint es insgesamt gut mit mir.»[128] Trotzdem mussten so viel Selbständigkeit und Beratungsresistenz den Leser irritieren. Was sollte er von einem Lebenslehrer halten, der sich so sehr selbst genügte?

Eine so ausgeprägte Selbstgenügsamkeit hat Folgen für das soziale Umfeld: «Um diesen Gedankengang fortzusetzen: Meine spröde Gemütsart (*complexion difficile*) macht mich wählerisch im Umgang mit Menschen – ich muss diese sehr sorgfältig sortieren – und macht mich ungeeignet für gemeinsames Handeln.»[129] Die Wahl der Gesprächspartner ist allerdings nicht immer frei; beiläufiges Geplauder, so Montaigne weiter, langweile ihn zu Tode, so dass er bei solchen Gelegenheiten entweder unhöflich werde oder, halb eingeschlafen, Dummheiten von sich gebe. Das habe ihm den Ruf eingetragen, ein verschrobener Kauz zu sein, wovon die fünf oder sechs über ihn im Umlauf befindlichen Anekdoten zeugten. Dieses Desinteresse an den meisten anderen Menschen hat die durchaus erwünschte Konsequenz, von diesen in Ruhe gelassen zu werden: «Meine sanften Sitten, die jeder Bitterkeit und Härte abgeneigt sind, haben mich wohl vor Neid und Feindschaften geschützt; ich sage nicht, dass ich geliebt werde, wohl aber, dass ich in keiner Weise gehasst werde, und zwar wie kaum ein anderer Mensch. Dafür hat mich die Kälte meiner Konversation zu Recht des Wohlwollens der vielen beraubt, die auf verzeihliche Art dieses Verhalten zu meinem Nachteil deuten.»[130] So abweisend er sich den meisten gegenüber verhalte, so hingebungsvoll sei er in der Freundschaft und so temperamentvoll und engagiert im ernsten Gespräch. Daraus folgt eine weitere überraschende Feststellung: «Es gibt Naturen, die ganz auf sich bezogen und zurückgezogen leben. Meine Wesensart hingegen ist ganz auf Kommunikation und auf den Umgang mit anderen ausgerichtet; ich bin ganz nach außen gewandt, für die Gesellschaft und die Freundschaft geboren.»[131] Die Freundschaft ist durch die symbiotische Beziehung mit Etienne de la Boétie zu Genüge bezeugt, die Selbstbeschreibung als extrovertiertes Gesellschaftstier aber kommt einigermaßen unerwartet – also doch keine angeborene Sprödigkeit im Umgang mit den anderen? Das zurückgezogene Leben, das er in letzter Zeit führe – so die nicht minder verblüffende Begründung –, sei allein auf den Zwang der widrigen Umstände zurückzuführen und diene nur dazu, Gedanken zu sammeln, um sie in der richtigen Gesellschaft vortragen und erproben zu können.

Am Schluss des *Essais* «Über drei Arten des Umgangs» (*De trois commerces*) erfolgt dann die nächste, nicht weniger atemberaubende Kehrtwendung. Von den drei Umgangsarten ist die Freundschaft am seltensten und am mühsamsten zu pflegen; die Liebe erlischt mit dem Alter. Was bleibt, ist der Verkehr mit den Büchern, der umso genussvoller wird, je länger und intensiver er gepflegt wird: «Das Leben mit den Büchern ist das sicherste und uns angemessenste. Es hat Nachteile gegenüber den beiden anderen, aber dafür spricht die Dauerhaftigkeit und Leichtigkeit des Umgangs. Es begleitet meinen ganzen Weg und steht mir überall bei. Es tröstet mich im Alter und in der Einsamkeit. Es verhindert eine langweilige Untätigkeit und hilft jederzeit gegen ärgerliche Gesellschaft. Es mildert den Schmerz, vorausgesetzt, dieser ist nicht extrem und alles beherrschend. Um mich vor lästigen Einbildungen zu schützen, gibt es nichts Besseres, als zu den Büchern zu greifen.»[132] An anderen Stellen hat sich Montaigne als nachlässiger Schnellleser und zerstreuter Seitendurchblätterer präsentiert. Das Lob des Lesens überrascht daher nicht weniger als die Hymne auf die Geselligkeit, zumal in der *Apologie de Raymond Sebond* Philosophie und Wissenschaft als eitles Geschwätz und die intellektuellen Aktivitäten des Menschen insgesamt als ein Symptom der Entfremdung von der Natur abgetan werden. Bei genauerem Hinsehen stellt sich die Verherrlichung des stummen «dritten Umgangs» allerdings doppeldeutig dar: Das Lesen hält nicht nur lästige Gäste fern, sondern erleichtert darüber hinaus das Verdrängen einer bedrückenden Wirklichkeit. Bücher sind Drogen, um sich aus Zeit und Raum hinauszuträumen.

Spätestens nach diesem dritten *Essai* des dritten Buchs fragt sich der Leser, wohin ihn die Reise ins Ich des Autors führt und was dieser mit ihm vorhat. Um die Widersprüche auszuräumen, die sich bereits nach drei Etappen dieses Weges auftürmen, bieten sich drei verschiedene Erklärungen an: Entweder kennt Montaigne sich selbst nicht so gut, wie er zuvor behauptet hat, ist sich der Unvereinbarkeit seiner Darlegungen also nicht bewusst. Oder er verfolgt mit seinen argumentativen Pirouetten einen didaktischen Zweck. Dieser kann in Anbetracht seiner skeptischen Grundhaltung nur darin bestehen, die Schwierigkeit der Selbsterkenntnis am eigenen Beispiel zu illustrieren und den Leser dadurch heilsam zu verunsichern. Die dritte Deutung besagt, dass der Mensch – entgegen allen Beteuerungen der Beständigkeit – eben doch ein flüchtiges, wetterwendisches, wandelbares und letztlich nur in Momentaufnahmen fassbares Wesen ist. Die trotzdem in Anspruch genommene Konstanz würde dann gerade im Fehlen jeder Gesetzmäßigkeit im Einzelnen bestehen.

In seiner Kartographie des Menschen und des Menschlichen hat Montaigne zahlreiche Abgründe lokalisiert. In seiner letzten persönlichen Bestandsaufnahme aber sind solche Schründe und Kluften mehr denn je ausgespart. Stattdessen läuft die immer ausführlichere Selbstbeschreibung in den letzten zehn *Essais* des letzten Buches konsequent auf das anheimelnde Bild eines heiter bis resignativ gestimmten Weltweisen hinaus, der in sich nur Menschlich-Allzumenschliches erkennt, mit milder Melancholie das Absterben vitaler Instinkte bei gleichzeitigem Aufflackern letzter Lebensglut diagnostiziert, aber von allen Kardinalübeln der Zeit wie Lüge, Verstellung, Gewalt, Habgier und Machtgelüsten frei ist: «Die Rache ist eine süße Leidenschaft mit starker und natürlicher Wirkungskraft; das sehe ich wohl, obgleich ich damit keinerlei Erfahrung habe. Als ich neulich einen jungen Fürsten davon abbringen wollte, ermahnte ich ihn nicht, dass er aus Nächstenliebe dem, der ihn auf die eine Wange geschlagen hatte, auch noch die andere hinhalten solle, und ich hielt ihm auch nicht die tragischen Verwicklungen vor Augen, die die Dichtkunst dieser Leidenschaft zuschreibt. Stattdessen schilderte ich ihm die Schönheit des gegenteiligen Bildes: die Ehre, die Gunst, das Wohlwollen, das er durch Milde und Güte gewinnen würde. Und so gelang es mir, ihn von der Rache abzubringen. So muss man also dabei vorgehen.»[133] War das wirklich so einfach? Der «junge Fürst» war König Heinrich von Navarra, bei Erscheinen der neuen *Essais* vierunddreißig Jahre alt, nach den Maßstäben der Zeit kein junger Mann mehr und erst recht nicht der Mann, sich von seinem Kammeredelmann moralisch unterweisen zu lassen. Zudem gehörte er nach Einschätzung der meisten Zeitgenossen zu der raren Spezies von Mächtigen, die aus Neigung und Kalkül so oft wie möglich auf die Macht der Güte setzten.

Die dem künftigen König von Frankreich verordnete Therapie gegen den Hang zur Vendetta ist zugleich eine Anleitung zur Selbsthilfe: «Ich wurde einst von einer schrecklichen Trauer ergriffen, die so begründet wie mächtig war und mich zu überwältigen drohte, und ich wäre an ihr zugrunde gegangen, wenn ich nicht einfach meinen eigenen Kräften vertraut hätte. Da ich eine sehr starke Zerstreuung brauchte, um mich von der Trauer abzulenken, machte ich mich selbst mit Kunst und Absicht verliebt, wobei mir mein Alter half. Die Liebe heilte mich und rettete mich vor dem Übel, das durch den Verlust des Freundes verursacht worden war.»[134] Funktionierte das wirklich? Etienne de la Boétie stirbt, und eine neue Leidenschaft lässt flugs alles Leid vergessen? Montaignes lebenslang bekundeter Kummer spricht dagegen. Auch der darauf aufbauende Ratschlag, gegen die Übermacht einer Verliebtheit breit zu streuen, das heißt: als Gegenmittel weitere Liebeleien anzufangen und sich auf diese Weise gegen die Zerstörungsmacht der einen großen Passion zu immunisieren, fällt in die Kategorie Westentaschenpsychologie.

Ein Mensch nach dem Zuschnitt des hier präsentierten Montaigne hat nichts zu verbergen außer Schrullen: «Im Übrigen habe ich mir befohlen, dass ich alles zu sagen wage, was ich zu tun wage, und selbst Gedanken, die nicht kommunizierbar sind, missfallen mir zutiefst. Die schlimmste meiner Handlungen und Eigenschaften scheint mir nicht so hässlich, wie ich es hässlich und feige finde, nicht den Mut zu haben, diese einzugestehen. Alle sind zurückhaltend beim Eingestehen, beim Handeln müsste man es stattdessen sein.»[135] Offenheit gegenüber sich selbst und den anderen ist also ein weiteres Heilmittel gegen die Übel der Zeit: «Wer sich verpflichten würde, alles zu sagen, würde sich verpflichten, nichts zu tun, was man verschweigen müsste.»[136] Diese Transparenz wäre das Ende der Politik, wie sie bislang betrieben wurde, weil sie jede Form von Staatsräson verhindert, und auch alle Kriege hätten so ein Ende. So könnte die Zeit am Wesen Montaignes gesunden: «Wollte Gott, dass mein freies Reden unsere Menschen zur Freiheit hinführen würde, weit über die falschen und feigen Tugenden hinaus, die aus den verheerenden Zeitverhältnissen entspringen.»[137] Wenn alle sich rückhaltlos sagen würden, was sie denken, wünschen und planen, herrschte umfassende Harmonie – der gläserne Mensch als Lösung aller Probleme. Für Montaignes älteren Zeitgenossen Jean Calvin ist der Mensch ein Abgrund, so tief und düster, dass er den Blick in die eigene Finsternis nicht ertragen kann. Die Folge ist, dass sich alle Menschen schönredeten. Montaignes *Essai* hätte dem strengen Genfer Reformator als Beleg dafür dienen können.

Von eigenen Verschrobenheiten war in den *Essais* schon mehrfach die Rede. Auch die Eigenarten, die Montaigne in seinen letzten *Essais* schildert, sind an Harmlosigkeit kaum zu überbieten: «Und ich halte es für entschuldbar, wenn ich eher eine ungerade Zahl als eine gerade erhalten möchte, wenn ich den Donnerstag dem Freitag vorziehe und ich lieber der zwölfte oder vierzehnte statt der dreizehnte Genosse bei Tisch bin und auf Reisen einen Hasen lieber meinen Weg entlanglaufen als überqueren sehe und lieber den linken Schuh vor dem rechten anziehe.»[138] All das – so die Schlussfolgerung – ist selbstverständlich reiner Aberglaube, aber als menschliche Schwäche verzeihlich, bei den anderen wie bei sich selbst. Ansonsten ist in eigener Sache nur Lobenswertes zu konstatieren. Die Bereitschaft, abweichende Meinungen zu dulden, grenzt an die Neugier, die Montaigne im Wortsinn, als Gier nach Neuem, für sich in Anspruch nimmt und am reinsten in der Reiselust auslebt. Sie ist nah an einer weiteren positiven Eigenschaft gebaut, die er gleichfalls für sich reklamiert: «Ich lasse mich nur allzu gern von der Führung meines Haushalts ablenken. Es ist ein gewisses Vergnügen damit verbunden, anderen zu befehlen, und sei es nur in einer Scheune, und seine Anweisungen von seinen Leuten befolgt zu sehen, aber es ist ein zu eintöniges und ermüdendes Vergnügen. Und zudem ist es mit Sorgen und Unannehmlichkeiten verknüpft: Einmal bedrückt dich die Armut und die Unterdrückung deines Volkes, einmal der Streit zwischen deinen Nachbarn oder deren Versuch, sich dein Gut anzueignen.»[139] Dazu kommen die Unwägbarkeiten des Klimas und der Jahreszeiten, die den Ernteertrag auf den Feldern und in den Weinbergen unsicher und unberechenbar machen. Daher ist beim Wirtschaften Gelassenheit statt Gewinnmaximierung um jeden Preis angesagt – loslassen zu können, ist eine Tugend.

Daran schließt sich die Absage an die Habgier an: «Wenn ich danach trachtete, mich zu bereichern, würde mir dieser Weg (= die Bewirtschaftung der eigenen Güter) zu lang erscheinen; ich hätte den Königen gedient, denn das ist das einträglichste Geschäft überhaupt.»[140] Solche Beteuerungen kamen nicht von ungefähr. In seinen ersten Jahren als Schlossherr stand Montaigne bei seinen Standesgenossen und Nachbarn im Ruf, die kaufmännischen Traditionen seiner Familie allzu zielstrebig und profitorientiert fortzusetzen; auf diese Weise häufte er ein beträchtliches Barvermögen an. Solche Strategien galten in aristokratischen Kreisen als ausgesprochen unfein; adelige Wirtschaftsethik war vom Vorrang des stilvollen Ausgebens geprägt, knausern und Kapital akkumulieren hingegen war

Ausdruck schäbiger Krämer- und Wucherergesinnung. Diesem Ruf musste der wohlhabende Neuadelige Montaigne bis zum Schluss entgegenwirken; eine seiner letzten Ergänzungen, die er den *Essais* von 1588 hinzufügte, lautet: «Da ich nur bemüht bin, den Ruf zu erwerben, nichts erworben zu haben als Ansehen und auch nichts verschwendet zu haben, was auch für mein Leben insgesamt gilt, unfähig Gutes und Schlechtes zu tun, wie ich nun einmal bin, und da ich nur danach trachte, mein Leben hinzubringen, kann ich, Gott sei Dank, ohne große Aufmerksamkeit für diese Dinge leben.»[141]

Doch so einfach ließ sich die von den Vorfahren ererbte Haltung zum Geld nicht ablegen: «Wenn es aber ganz schlimm kommt, sollten wir die Armut durch Einschnitte bei den Ausgaben vermeiden. Darauf bin ich bedacht und stelle mich darauf ein, bevor ich dazu gezwungen werde. Und ich habe meine Seele darauf ausgerichtet, mit weniger auszukommen, als ich momentan habe.»[142] Ein Aristokrat von echtem Schrot und Korn hätte dieses Bekenntnis zu Sparsamkeit und Genügsamkeit nicht unterschrieben. Das Thema des richtigen Umgangs mit dem schnöden Mammon war damit nicht erledigt, sondern trieb Montaigne bis zum Schluss um; eine Beteuerung der Gelassenheit folgt auf die andere: «Wer auf Reisen auf meinen Geldbeutel aufpasst, hat die unumschränkte Kontrolle über diesen ... Die Kontrolle über meine Leute besteht darin, mich um nichts zu kümmern ... In den achtzehn Jahren, die ich meine Güter verwalte, habe ich es nicht über mich bringen können, einen Blick auf meine Besitztitel und meine wichtigsten Geschäfte zu werfen, die eigentlich meiner Obacht und Sorge anvertraut wären. Das tue ich nicht aus philosophischer Verachtung für die flüchtigen und irdischen Dinge, sondern weil mir der Geschmack daran abgeht, und ich schätze diese weniger, als sie wert sind.»[143] Wer sein Desinteresse an seinen Finanzen so auffällig betont, macht sich erst recht verdächtig. Das große Vermögen, das Montaigne bei seinem Tod hinterließ, bestätigt diesen Verdacht.

Die Absage an schnödes Gewinnstreben verbindet sich nahtlos mit der Geringschätzung des Ehrgeizes und diese wiederum mit der Verachtung der nützlichen Netzwerke. Beide Haltungen – so der *Essai* «Über die Unbequemlichkeit der Größe» – entspringen verschiedenen, aber letztlich zusammenfließenden Quellen: der philosophischen Einsicht in die Flüchtigkeit irdischen Ruhms, dem Widerwillen gegen das sinnlose und unmoralische Getriebe der Politik, der Neigung zum kontemplativen Leben und der Anlage zu Trägheit und Apathie: «Auf so etwas (= höchste Funktionen im Staat) habe ich nie geschielt, dazu liebe ich mich selbst zu sehr. Wenn ich wachsen will, dann auf niedrigem Niveau, gedrückt und feige, wie es mir angemessen ist, nämlich aus freiem Entschluss, mit Vorsicht, in Gesundheit, Schönheit und Wohlstand ... Ich bin für eine mittlere Etage geschaffen, durch mein Schicksal, aber auch durch meine Neigung.»[144]

Ganz so war es sicher nicht. Dagegen spricht die Entschiedenheit, mit der Montaigne seine Wiederwahl zum Bürgermeister von Bordeaux durchsetzte – dieses Amt lag über der «mittleren Etage». Auch seine diversen Vermittlungsversuche zwischen den streitenden Parteien sind als Beleg für hochfliegende Karrierehoffnungen herangezogen worden, die auch nach der Romreise nicht erloschen seien. Demnach wäre die Absage an höhere politische Aufgaben die Reaktion auf das Scheitern der übernommenen Missionen. Doch gegen solche Ambitionen sprechen Montaignes abgrundtiefe Einsichten in das Wesen der Politik und der Politiker und seine daraus entspringende schroffe Absage an die Regeln der Staatsräson und die Lüge als Grundgesetz der Diplomatie. Vermittlung und Versöhnung konnten nur durch eine innere Neuausrichtung der Menschen gelingen; die dafür notwendige Überzeugungsarbeit sollten seine *Essais* leisten. Das schloss ein vorübergehendes Engagement in den Wirrnissen der praktischen Politik nicht aus, doch waren diese Tätigkeiten für Montaigne fraglos zweitrangig. Die beiden Amtszeiten als Bürgermeister von Bordeaux sollten durch Ausgleich und Kompromiss dem Gemeinwohl zugutekommen und dadurch ein Zeichen setzen, aber ebenso der Sicherheit der eigenen Person, der eigenen Familie und des eigenen Dorfes dienen, die es vor dem Eigennutz des *parlement* und dem Fanatismus der Liga zu schützen galt. Weiterreichende Absichten lassen sich auch für die letzte Lebenszeit nicht belegen. Das Streben nach «Wachsen auf niedrigem Niveau» dürfte also im Großen und Ganzen den Tatsachen entsprechen.

Auch die Ablehnung persönlicher Abhängigkeiten, die sich als Leitmotiv durch sein Werk zieht, wird durch sein Leben bestätigt. Sie wird im *Essai* «Über die Eitelkeit» nach vielen vorangehenden Bekenntnissen dieser Art zu stolzer Selbstbehauptung gesteigert: «So bin ich nun der Meinung, dass man durch Recht und eigenes Ansehen, nicht durch Belohnung und Gnade leben soll.»[145] Der daraus abgeleiteten Devise, sich nicht von fremden Anweisungen leiten zu lassen, sondern sich selbst treu zu bleiben, sei er – ein weiterer Ruhmestitel der Lebensbilanz – stets bedingungslos gefolgt: «Ich würde lieber das Gefängnis einer Mauer und die Gesetze brechen als mein Wort.»[146] Diese Treue gegenüber sich selbst war Montaigne so wichtig, dass er sie nach 1588 durch einen Zusatz verstärkte: «Ich bin bis zum Aberglauben genau bei der Einhaltung meiner Versprechen.» Das kann nur gelingen, wenn man die eigene Ehre höher gewichtet als die Verpflichtungen gegenüber anderen: «Ich mache mich so gern von allen Verpflichtungen und Aufträgen frei, dass ich mir die Undankbarkeit, die Beleidigungen und Herabsetzungen derer, denen gegenüber ich durch Geburt oder Lebensumstände Pflichten der Freundschaft hatte, als Gewinn anrechne, denn durch dieses Verhalten mir gegenüber sehe ich alle meine Schulden als erloschen an.»[147] Wer so denkt und handelt, ist für das «Ich gebe, damit du gibst» der Klientelverhältnisse endgültig verloren. Dieser weiteren Absage an die Gepflogenheiten der Zeit steht entgegen, dass sich Montaigne einer politischen Gruppierung angeschlossen und Schutz und Fürsprache einflussreicher Persönlichkeiten gesucht hat. Doch diese Protektion war kaum mehr als eine elementare Absicherung gegen die Widrigkeiten und Gefahren der Zeit; weiter reichende Ambitionen lassen sich auch daraus nicht ableiten. So stellt sich das hochgemute Fazit, keine sozialen Schulden zu hinterlassen, erst recht nicht gegenüber den Mächtigen, biographisch glaubwürdig dar. Für den Montaigne der späten *Essais* ist das eigene Leben rückstandsfrei saldiert, kein Wort des tieferen Bedauerns, kein Eingeständnis der Schuld, kein Bekenntnis der Reue, keine Bitte um Erlösung. Eine weniger christliche Einstellung ist kaum denkbar.

Das letzte Wort in den letzten *Essais* des dritten und letzten Buches hat das Individuum mit seinen persönlichen Vorlieben und Ängsten: «Es erdrückt mich regelrecht. Tausendmal habe ich mich schlafen gelegt und mir dabei vorgestellt, dass man mich in dieser Nacht verraten und umbringen würde, und mir vom Schicksal (*fortune*) ausbedungen, dass es ohne Schrecken und ohne langes Leiden geschehen möge.»[148] So drängte sich hier ein letztes Mal die Frage auf, welche Heilmittel es gegen diese Beklemmungen gibt. Die Antwort lautet: «Wir härten uns mit der Gewohnheit ab und gewöhnen uns selbst an ein solches Elend. Die Gewöhnung ist ein sehr willkommenes Geschenk der Natur, die unser Leiden unter vielen Übeln betäubt.»[149] Dass diese Selbsttherapie durch Abhärtung ihre Grenzen hat, machen schon die nächsten Sätze deutlich: «Bürgerkriege sind dadurch schlimmer als alle anderen Kriege, dass sie jeden von uns in seinem eigenen Haus auf den Wachtposten zwingen. Es ist ein ungeheures Elend, in seinem eigenen Haushalt und in seiner häuslichen Ruhe permanent bedroht zu sein.»[150] Das hatte Montaigne bereits mehrfach gesagt, und Neues war dem auch nicht mehr hinzuzufügen. Trotzdem hallen Sätze wie dieser machtvoll nach und stellen die kunstvolle Stilisierung des angeblich unangreifbaren Ichs immer mehr infrage.

Im letzten *Essai* des dritten Buchs öffnen sich geradezu die Schleusen, und der Strom der eigenen seelischen und körperlichen Befindlichkeit ergießt sich auf Dutzenden von Seiten. Dabei war sich Montaigne bewusst, mehr von sich preiszugeben, als in einer Zeit des Misstrauens und der Verdächtigungen ratsam war. So zeigt er sich immer wieder bemüht, die hochgehenden Emotionen durch rationale Filterung einzudämmen: «Die Erfahrung hat mich noch dieses gelehrt, dass wir uns durch Ungeduld selbst zerstören. Denn auch die Übel haben ihr Leben und ihre Grenzen.»[151] In einer Randbemerkung nach 1588 fügte er hinzu: «und ihre Krankheiten und ihre Gesundung». Den richtigen Umgang mit der Krankheit lernt der Mensch von den Tieren, seinen Genossen in Freud und Leid; ihr Schicksal steht fest, ihre Tage sind knapp bemessen, aber sie lehnen sich nicht dagegen auf und sind dadurch Vorbild: «Lassen wir die Natur ein wenig machen: Sie versteht ihre Angelegenheiten besser als wir.»[152] Mit solchen Maximen aus stoischer und epikureischer Philosophie hatte sich Montaigne bereits in den Bädern von Lucca zu trösten versucht, als ihn die Unregelmäßigkeiten seines Stoffwechsels und möglicherweise die Symptome eines Schlaganfalls beunruhigten. Jahre danach ist derselbe Versuch nicht erfolgreicher: «Gicht, Nierensteine, Verdauungsstörungen sind Symptome eines langen Lebens, wie Hitze, Regen und Stürme von einer langen Reise zeugen.»[153] Einverständnis mit dem Schicksal will sich trotz dieser Einsichten nicht einstellen. Der Drang zu leben stirbt am Ende des Lebens nicht ab: «Das Leben muss haushälterisch genossen werden, und ich genieße es doppelt so sehr wie die anderen, denn das Maß des Genusses hängt von der Sorgfalt ab, die wir darauf verwenden. Vor allem zu dieser Stunde, in der ich die Kürze meines noch verbleibenden Daseins ermesse, will ich diesen Genuss steigern; ich will die Schnelligkeit seines Dahinfließens durch die Heftigkeit meines Zugriffs aufhalten und die Eile, mit der es vergeht, durch die Intensität seines

Genusses ausgleichen; je kürzer mir der Besitz des Lebens beschieden ist, desto tiefer und vollständiger will ich es mir zu eigen machen.»[154]

Doch der Devise «Pflücke den Tag!» steht am Abend des Lebens der qualvolle Verfall des Körpers unüberwindlich entgegen. Die Beschreibung dieses Niedergangs knüpft nahtlos an die angsterfüllten Passagen des Reisejournals an, mit dem Unterschied, dass sie hier nicht unmittelbar unter dem Eindruck der schmerzhaften Attacken, sondern aus der Distanz späterer Reflexion und Auswertung niedergeschrieben werden. Doch Trost bieten die abgeklärten Betrachtungen weiterhin nicht. Der zerrütteten Seelenlage entsprechend trieft die Darstellung nur so vor Sarkasmus: «Möchten Sie ein Beispiel dafür hören? Mein Geist sagt mir, dass ich das Steinleiden zu meinem Besten habe, dass Bauwerke meines Alters natürlich undichte Stellen haben.»[155] Der «Geist» reiht einen salbungsvollen Gemeinplatz an den anderen: Dass man dem Alter Tribut leisten muss, dass hochgestellte Persönlichkeiten unter derselben Krankheit leiden, diese also eine Auszeichnung ist, dass die Angst davor schlimmer als das Leiden selbst ist, dass es ein Vergnügen ist, sagen zu können: Ich habe es aus eigener Kraft überwunden. Doch was hilft das alles, wenn die Schmerzen wieder einsetzen: «Man sieht dich vor Qual schwitzen, erbleichen, rot werden, zittern, Blut speien, bizarre Verkrampfungen und Konvulsionen erdulden, große Tränen aus den Augen absondern, verdickten, schwarzen, widerlichen Urin abgeben. Oder man sieht, wie ein dorniger, spitzer Stein dich am Hals des Gliedes grausam sticht und schindet.»[156]

Mochte ein Seneca bei seinem erzwungenen Selbstmord mit geöffneten Adern hochtrabende Reden halten oder ein Petronius in derselben Lage Witze erzählen – ein Heilmittel gegen den Schmerz und die Angst bot keine Philosophie: «Durch solche Argumente, starke und schwache, versuche ich meine Einbildung einzuschläfern und die von ihr geschlagenen Wunden zu behandeln, so wie Cicero die Leiden des Alters.»[157] Cicero verfügte über das größte Rüstzeug an philosophischen Weisheitssentenzen und klagte trotzdem am lautesten. Sein Beispiel war also das untauglichste überhaupt. So muss der Leser, allen besänftigenden und versöhnlichen Beteuerungen der *Essais* zum Trotz, an deren Ende einen harten Schluss ziehen: Das Leben verlangt nach Ewigkeit, und es ist nicht natürlich zu sterben, obwohl das Sterben zur Natur gehört. So kommen die Abgründe des eigenen Wesens nach so viel Verstellung doch noch zu ihrem Recht.

Nicht wenige der zitierten Passagen zeigen, dass Montaigne zwischen skeptischer Zuversicht und völliger Verzweiflung über das Elend seiner Zeit und seiner körperlichen Verfassung schwankte. Die Menschen durch gute Beispiele zum Guten zu erziehen, ist der Grundsatz des humanistischen Menschenbildes und der humanistischen Pädagogik. Im Gegensatz dazu zeichnet Montaigne im Bild von sich keinen strahlenden Tugendhelden, sondern einen Menschen mit dem natürlichen Trieb zur Güte und mit ansonsten eher durchschnittlichen Neigungen und Fähigkeiten. Die große Kunst der *Essais* besteht darin, dieses Tableau so natürlich scheinen zu lassen, dass es zur Nachfolge auffordert. Wie viel es mit dem «echten» Montaigne zu tun hat, bleibt genauso offen wie die Frage, ob es die erhofften Breitenwirkungen erzielte. In einem sehr konkreten Fall lässt sich immerhin ein individueller Erfolg belegen.

SECHSTES KAPITEL

RUHE UND RESIGNATION – DIE LETZTEN JAHRE

1588–1592

Eine Tochter im Geiste und drei illustre Todesfälle

Nach seiner Freilassung aus der Bastille am Abend des 10. Juli 1588 verließ Montaigne fluchtartig Paris. Während seines gefährlichen Aufenthalts in der brodelnden Hauptstadt hatte er nicht nur Bekanntschaft mit gewalttätigen Fanatikern, sondern auch mit einer jungen Dame von Stand gemacht, die seine späten Lebensjahre aufhellen sollte: «Als es etwa achtzehn oder neunzehn Jahre alt war, las dieses Mädchen zufällig die *Essais*. Und obwohl sie neu und noch nicht so berühmt waren, dass ihr Ruf ihr Urteil beeinflussen konnte, vermochte sie diese nicht nur in ihrem wahren Wert zu erkennen, was für ihr Alter sehr bemerkenswert war, zumal man in einem solchen Jahrhundert solche Geistesfrüchte nicht erwarten durfte, sondern begehrte von jetzt an auch mehr als alles andere in der Welt, die Bekanntschaft ihres Autors zu machen.»[1] «Dieses Mädchen» ist Marie de Gournay, 1565 geborene Tochter aus einem vornehmen, aber nicht allzu wohlhabenden Haus der Picardie, die hier mit ihren eigenen Worten die Anfänge einer großen Faszination schildert – die restlichen siebenundfünfzig Jahre ihres langen Lebens sollte sie in hohem Maße dem Ruhm Montaignes und seines Werkes widmen; ihre autobiographischen Aufzeichnungen verfasste sie in der dritten Person, so wie Montaigne den ersten Teil seines Reisejournals.

Montaigne ließ sich die Bewunderung der jungen Adeligen gerne gefallen und hielt sich im Sommer und Herbst 1588 insgesamt dreimal auf dem erst kurz zuvor erworbenen Familiensitz der Gournay eine gute Tagesreise von Paris entfernt auf, wo er von der ganzen Familie mit offenen Armen empfangen wurde. Dass er bei dieser Gelegenheit seiner Bewunderin neue Randbemerkungen in die Druckausgabe der *Essais* von 1588 diktierte, ist durch deren Handschrift bezeugt. Viel mehr ist allerdings nicht bekannt. Umso heftiger schossen schon zu Lebzeiten Montaignes die Spekulationen ins Kraut, wer da wohl wem was beigebracht haben mochte – der alternde Philosoph, der trotz körperlichen Verfalls ein spätes Aufglimmen von Le-

Marie de Gournay auf einem Frontispiz von 1641. Von Porträtähnlichkeit ist eher nicht auszugehen.

bens- und Liebeslust nicht ableugnete, seiner jungen Elevin oder umgekehrt. Marie de Gournay schrieb von einem *coup de foudre* platonischer Art: Sie habe eine solche Gleichgestimmtheit der Seelen und der Sitten gefühlt, dass daraus eine *alliance*, ein unauflösliches Bündnis, entstanden sei. An anderer, nachträglich gestrichener Stelle fügte sie allerdings hinzu, dass Montaigne sie «sehr viel mehr als väterlich geliebt habe».[2]

Ähnliche Assoziationen weckt die berühmte Passage im siebzehnten *Essai* des zweiten Buches, die erst in der von Marie de Gournay betreuten postumen Ausgabe von 1595 erscheint: «Ich habe an verschiedenen Stellen mit großem Vergnügen bekannt gemacht, welch große Hoffnungen ich auf Marie Gournay de Jars setze, meine Tochter im Geiste (*fille d'alliance*), die ich gewiss sehr viel mehr als väterlich liebe und die sich in meine Zurückgezogenheit und Einsamkeit wie einer der besten Teile meines eigenen Ichs einfügt. Ich sehe nur noch sie auf der Welt.»[3] Auf diese Liebeserklärung folgt eine Lobeshymne auf die außerordentlichen Fähigkeiten der *fille d'alliance*: Von ihr seien große Dinge zu erwarten, sie werde «ihre sehr heilige Freundschaft» mit ihm bis zu einem Grade kultivieren, wie es noch keiner Frau gelungen sei, ihre Sitten seien von höchster Reinheit, ihre Urteile über die *Essais* von ganz ungewöhnlicher Schärfe, «und die berühmte Intensität, mit der sie mich liebte und begehrte auf Grundlage der reinen Wertschätzung, bevor sie mich überhaupt gesehen hatte – das alles ist ein Ereignis von allerhöchster Bedeutung».[4]

Diese Passage fällt gleich zweifach aus dem Zusammenhang der übrigen *Essais* heraus: zum einen durch die ungewöhnliche Emphase, mit der hier über eine lebende Person geurteilt wird, und vor allem durch die für zeitgenössische Maßstäbe peinliche Beweihräucherung der eigenen Person, die der vorherrschenden Selbstdarstellung Montaignes mit ihren bewusst zurückhaltenden Tönen vollkommen widerspricht. Vor allem die Beteuerung, dass von allen Menschen nur noch die geistige Ziehtochter für ihn zähle, erscheint in höchstem Maße suspekt, denn Superlative und Ausschließlichkeitsformeln waren sonst nicht Montaignes Sache, ganz abgesehen davon, dass dieser Satz für seine Frau und seine leibliche Tochter ein ungeheurer Affront sein musste. Ungewöhnlich ist ferner, dass dieser Absatz im Gegensatz zu allen späteren Ergänzungen nicht als handschriftliche Bemerkung im gedruckten Exemplar der *Essais* erscheint, sondern auf einen verloren gegangenen Zettel geschrieben worden sein muss. Das war ein Verfahren, das Montaigne nachweislich nicht schätzte und auch nicht praktizierte. So spricht alles dafür, dass die Lobrede auf Marie de Gournay und die Liebe des ungleichen Paars von der *fille d'alliance* selbst eingefügt wurde. Warum auch nicht? Montaigne hatte die Anfänge seiner literarischen Karriere auf das Renommee seines Freundes Etienne de la Boétie gegründet, die hoch begabte Schriftstellerin Marie de Gournay tat dasselbe mit ihm – so machten es alle, und so galt es als legitim. Hinzu kam, dass sie sich in der männlich dominierten Literaturszene nur mit dem Hinweis auf dieses große Vorbild behaupten konnte. 1594, zwei Jahre nach dem Tod ihres Idols, veröffentlichte sie einen bereits zehn Jahre zuvor verfassten Roman unter dem Titel *Proumenoir de Monsieur de Montaigne* (etwa: «Die Spazierwege des Herrn Montaigne»). Nach Montaignes Tod besorgte sie unermüdlich neue Ausgaben von dessen Werk, das sie mit Widmungen an die Mächtigen der Zeit versah, so 1635 an den Kardinalminister Richelieu.

Gedankt worden ist ihr dieses Engagement nicht, weder zu Lebzeiten noch danach. Für die führenden Literaten Frankreichs war Marie de Gournay eine Trittbrettfahrerin und ein lästiger Eindringling in eine männliche Domäne. Der Hauptgrund für die höhnische Ablehnung aber war, dass sie 1622 in einem Manifest die weitgehende Gleichberechtigung von Männern und Frauen in Bildung und öffentlichen Positionen forderte, was von Kirche und Hof gleichermaßen als unnatürliche Anmaßung verurteilt wurde. Die Annahme, dass Montaigne sein ursprünglich negativ eingefärbtes Bild der Frau unter ihrem Einfluss radikal wandelte, liegt deshalb verführerisch nahe, lässt sich aber nicht belegen. Tatsächlich beginnt die Umwertung bereits in den *Essais* von 1588 und wird durch die letzten Zusätze bis 1592 nur weiter verstärkt. So dürfte die Wirkung umgekehrt gewesen sein: Die völlig aus dem Rahmen des Zeitüblichen fallenden Reflexionen im dritten Buch der *Essais* über die Ebenbürtigkeit der Geschlechter dürften den Enthusiasmus der adeligen Autodidaktin und das Bewusstsein für die eigenen Talente geweckt und so die für beide Seiten zweifellos stimulierende Begegnung in die Wege geleitet haben.

Nach dem für Montaigne aufreibenden und anregenden Sommer 1588 überstürzten sich die Ereignisse in Frankreich an allen Fronten. Im September dieses Jahres musste Heinrich III. sein erpresstes Versprechen wahr machen und die Generalstände (*Etats-Généraux*) zur Besiegelung seiner aggressiver denn je gegen die hugenottischen Ketzer gerichteten Religionspolitik nach Blois einberufen. Die Beratungen von Geistlichkeit, Adel und reichen Stadtbürgern wurden, wie von der Liga gewollt, zu einer weiteren Demütigung des Monarchen. So musste dieser aus seiner Rede zum feierlichen Abschluss der *Etats-Généraux* kritische Bemerkungen über Heinrich von Guise herausstreichen. Das war eine Kränkung zu viel. Zwei Monate nach dem Ende der Beratungen, am 23. Dezember 1588, wurde der Chef der Ultra-Katholiken zu einer Beratung ins Schloss von Blois geladen, leistete dieser Aufforderung Folge und wurde von den Schergen des Königs in dessen Auftrag erdolcht. Genauso hatte es Cesare Borgia am Neujahrstag 1503 mit seinen unzuverlässigen Generälen gemacht: Feinde erst in Sicherheit wiegen und dann gezielt eliminieren. Niccolò Machiavelli hatte diesen «Tag von Senigallia» in einer phantasievoll ausgestalteten Darstellung zum Musterbeispiel kluger Staatsräson erhoben, und diese Lektion dürfte dem König durch seine Mutter, eine passionierte Leserin ihres großen Landsmanns, vermittelt worden sein. Der Widerhall der Mordtat bei Freund und Feind war enorm. Selbst einem so unabhängigen Beobachter wie Montaigne war das sensationelle Ereignis einen Eintrag in seinem «Hausbuch» wert: «23. Dezember 1588. Heinrich Herzog von Guise, wahrhaftig einer der ersten Männer seines Zeitalters, wurde im Zimmer des Königs getötet.»[5] Das war eine klare Schuldzuweisung an den Auftraggeber der Tat; Montaigne hasste die Gewalt und die Staatsräson, die hier ein weiteres Mal ihr hässliches Gesicht zeigte.

Dreizehn Tage nach diesem verzweifelten Versuch eines Befreiungsschlags ereignete sich der nächste Aufsehen erregende Todesfall: Am 5. Januar 1589 starb Catherine de Médicis in ihrem siebzigsten Lebensjahr eines natürlichen Todes. Die Nichte eines Papstes war als Königin von Frankreich, Witwe, Vormund und graue Eminenz knapp drei Jahrzehnte lang die bestimmende Persönlichkeit des Hofes gewesen. Für Heinrich III. war das ein Verlust und zugleich eine zweite Befreiung. Seine übermächtige Mutter war die treibende Kraft hinter den diversen Friedensverträgen gewesen, die mit den Hugenotten geschlossen und wieder gebrochen worden waren, und stand an ihrem Ende als Verantwortliche für diese gescheiterte Politik untauglicher Kompromisse und halbherziger Kriegsführung da. Das bot ihrem Sohn die Chance, nach sechzehn Jahren weitgehend unselbständiger Regierung aus diesem Schatten herauszutreten und endlich ein eigenständiges Profil zu gewinnen. Diese Option nahm der «Mörderkönig», wie ihn die Anhänger der Liga jetzt titulierten, entschlossen wahr: Er verbündete sich mit seinem Schwager Heinrich von Navarra, dessen überlegene Tatkraft er anerkannte, so dass jetzt die beiden Heinriche gemeinsam das von der Liga gehaltene Paris belagerten. Diese hatte nicht nur starke Bataillone und treffsichere Kanonen, sondern auch fanatische Anhänger, die glaubten, sich durch Attentate im Namen der einzig wahren Religion das Himmelreich zu verdienen. So wurde Heinrich III., der letzte König aus dem Hause Valois, am 1. August 1589 durch die Messerstiche des Dominikanermönchs Jacques Clément so schwer verletzt, dass er tags darauf starb – nicht ohne auf dem Sterbebett Heinrich von Navarra formell als seinen legitimen Nachfolger anzuerkennen.

Clément, der kurz darauf als Königsmörder gevierteilt wurde, und seine Auftraggeber hatten damit ihr Ziel erreicht und eine weitere Polarisierung herbeigeführt. Nach dem für die Erbfolge maßgeblichen Salischen

Gesetz hatte Frankreich jetzt einen Hugenotten-König; das stand im Widerspruch zum «Grundgesetz» der Monarchie, welches die Katholizität des Throninhabers vorschrieb. Die neue Lage hatte für viele Akteure aus Adel und gehobenem Bürgertum eine schwere Gewissensprobe zur Folge: Durften sie als Katholiken einen vom Papst gebannten Ketzer als ihren rechtmäßigen Herrn anerkennen? Waren sie bereit, über den konfessionellen Schatten zu springen, um Frankreich weiteres Blutvergießen zu ersparen? Über diese Fragen spaltete sich das Land erneut. Zwischen den Extremen, den Ligisten und den eingeschworenen Hugenotten, die unter einem reformierten Monarchen auf eine «Bekehrung» des ganzen Landes zu ihrem Glauben hofften, standen die katholischen «Loyalisten», die die Einheit des Landes über die Religion stellten und dem neuen König zwar die Treue hielten, aber auf dessen erneuten Übertritt zur katholischen Mehrheitskirche drängten; einige von ihnen machten diese Gefolgschaft sogar vom Versprechen einer baldigen Konversion abhängig.

Zu den gemäßigten Katholiken, die auf diesen ultimativen Akt der Versöhnung hofften, ohne darauf zu bestehen, gehörte der Marschall Matignon, mit dem Montaigne während seiner Zeit als Bürgermeister einvernehmlich und vertrauensvoll zusammengearbeitet hatte. Matignon hatte als Statthalter Heinrichs IV. in der Provinz Guyenne zwischen dem Winter 1589 und dem Frühjahr 1590 die Opposition des *parlement* von Bordeaux zu bändigen, dessen Mitglieder schon vor der Ermordung Heinrichs III. kein Hehl aus ihrer Sympathie für die Liga gemacht hatten und für diese weiterhin heftig agitierten. Bei der Überwindung dieses Widerstands zeigte der neue König das zweite seiner bemerkenswerten Talente neben seiner überragenden Befähigung als Heerführer: Wenn sich die Gegner mit militärischen Mitteln allein nicht ausschalten lassen, müssen sie eben bestochen werden – so lautete seine Anweisung an Matignon, die schließlich zum Erfolg führte. Den Präsidenten und Räten des obersten Gerichts von Bordeaux wurden ihre Bezüge aufgestockt und ihre Privilegien bestätigt, worauf sie nach endlosem Hin und Her am 31. März 1590 feierlich ihre Ergebenheit gegenüber dem neuen Monarchen erklärten.

Bei aller Ablehnung der Staatsräson hatte Montaigne in einem seiner kompromissbereiteren Momente schweren Herzens zugestanden, dass in besonderen Notlagen des Staates moralisch zweifelhafte Maßnahmen angebracht sein mochten. Korruption mit dem Ziel, blutige Konflikte zu verhindern, gehörte fraglos in diese Kategorie. Selbst war er jedoch nicht an diesen groß angelegten Bestechungs-Aktionen beteiligt. In Bordeaux verzichtete Matignon aus nachvollziehbaren Gründen auf seine Dienste: Für seine ehemaligen Amtsgenossen im *parlement* war Montaigne weiterhin unannehmbar, für die eingeschworenen Hugenotten war er als Mann ohne klares Bekenntnis suspekt. In den *Essais* von 1588 hatte er seiner Hoffnung Ausdruck verliehen, den Rest seines Lebens in der Zurückgezogenheit seines Schlosses dem Landleben und den Studien in seiner Bibliothek zu widmen, was dem Abschied von jeder politischen Tätigkeit gleichkam. Dieser Wunsch hatte seiner prekären Position zwischen den Parteien und Fronten entsprochen.

Beides, die militärische und politische Großwetterlage und die persönliche Situation Montaignes, veränderten sich 1589 einschneidend. Im September errang Heinrich IV. bei Arques in der Normandie mit englischer Truppenunterstützung einen großen Sieg über das zahlenmäßig weit überlegene Heer der Liga. Ein halbes Jahr später, im März 1590, folgte bei Ivry ein noch glänzenderer Triumph, wiederum in Unterzahl und in scheinbar aussichtsloser Lage, der über den rein militärischen Effekt hinaus das Kräfteverhältnis in Frankreich entscheidend verschob. Der König hatte sich im dichtesten Kampfgetümmel mehrfach in höchster Bedrängnis befunden, schien Schlacht und Leben bereits verloren zu haben, um dann mit einer persönlich angeführten letzten Attacke das Schicksal zu wenden. Diese Heldentaten verkündeten nicht nur die Wortführer der Hugenotten, sondern auch die geschlagenen Gegner. Schlachten galten im aufgeheizten Klima der Bürgerkriege mehr denn je als Gottesurteil. Die unvermeidliche Schlussfolgerung nach Coutras, Arques und Ivry lautete, dass der Segen des Himmels nicht auf der Liga und Spanien, sondern auf dem «Béarnais» lag – die Ratschlüsse Gottes waren unerforschlich, aber eindeutig. Das hatte zur Folge, dass immer mehr einflussreiche Katholiken die Seiten wechselten, zugleich aber auch der Druck auf den Sieger zunahm, sich endgültig zur Religion der Mehrheit seiner Untertanen zu bekennen. Selbst Papst Sixtus V. in Rom, der bislang ganz auf den Erfolg der Liga gesetzt hatte, kam jetzt ins Grübeln, rückte bis zu seinem Tod im August 1590 jedoch nicht von seiner unnachgiebigen Haltung ab. Trotzdem mehrten sich auch an der Kurie die Stimmen, die für eine Wiederaufnahme des scheinbar unbesiegbaren Ketzers in den Schoß der alleinseligmachenden Kirche votierten.

Briefe an Heinrich IV.

Der Weg Heinrichs IV. zur allgemeinen Anerkennung war noch weit, und seine Hauptstadt Paris blieb ihm verschlossen, doch die lockere Gruppierung der *politiques*, die den Vorrang der nationalen Einheit und des Friedens vor den Querelen der Theologen und religiösen Fanatiker vertrat, hatte jetzt Aufwind. Vermittler wie Montaigne waren jetzt mehr denn je gefragt, um die immer noch tiefe Kluft zwischen dem reformierten König und seinem katholischen Volk zu schließen oder zumindest zu überbrücken. Daher war es nur konsequent, dass der Kammeredelmann mit seinem Monarchen in direkten Kontakt trat. So dankte Montaigne Heinrich IV. in seinem Schreiben vom 18. Januar 1590 dafür, «dass Eure Majestät geruht hat, meine Briefe in Betracht zu ziehen und eine Antwort darauf anzuordnen».[6]

Was in dem ersten Briefwechsel erörtert wurde, ist nicht bekannt, lässt sich aber in Grundzügen aus Montaignes Antwortschreiben erschließen. Thema der Korrespondenz war, wie der neue König seine Untertanen für sich gewinnen konnte; das inspirierte Montaigne zur Abfassung eines kurzen, aber prägnanten Fürstenspiegels. Das Leitmotiv dieser Anleitung zur guten Regierung klingt schon in dem unmittelbar auf die Danksagung folgenden Satz an: «Ich liebe die Pflicht zum Wohlwollen in Eurer Seele mehr als die zur Härte.»[7] Feinde bezwingt man mit den Waffen, die Herzen der Untertanen aber gewinnt man mit Güte, und durch Verzeihung macht man aus Gegnern Anhänger: So musste laut Montaigne das Programm des neuen Königs lauten. Doch bevor er es wagen durfte, diesem nachdrücklich ins Gewissen zu reden, musste er seine ganz persönliche Rolle in den Bürgerkriegen und damit seine Haltung gegenüber dem Führer der Hugenotten definieren, der jetzt König von Frankreich und Navarra war: «Ich habe zu jeder Zeit das Glück, in dem Ihr Euch jetzt befindet, bewundert und darf Euch daran erinnern, dass ich auch zu der Zeit, in der ich meinem Dorfpfarrer (*curé*) zu beichten hatte, niemals davon abwich, Eure Erfolge mit Sympathie (*de bon euil*) zu betrachten, die ich jetzt mit noch mehr Grund und Freiheit voller Freude begrüße.»[8] Das mochte für einen Außenstehenden nach opportunistischer Anbiederung an den Sieger aussehen, entsprach aber, interpretiert man das «zu jeder Zeit» großzügig, den Tatsachen, denn ab Mitte der 1580er-Jahre war Montaigne an der Schaukelpolitik Heinrichs III. und seiner Mutter irre geworden und hatte auf die Annäherung der beiden Könige gesetzt.

Die eigentliche Arbeit aber – so die Kernaussage des Briefs – bleibt noch zu leisten: «Ich wäre froh, wenn die großen Erfolge Eurer Soldaten und die Notwendigkeit, sie zufriedenzustellen, in Eurer Hauptstadt nicht den Ruhm verdunkeln würden, dass Ihr nach dem Sieg Eure rebellischen Untertanen milder behandelt habt als deren Auftraggeber.»[9] Paris ist, so lautet die praktische Nutzanwendung dieser Ermahnung zu Güte und Nachsicht, nicht mit Gewalt, sondern nur durch Entgegenkommen einzunehmen. Das hieß, durchsichtig verklausuliert, dass Paris und die Krone auch eine Messe wert sein sollten. Die Zugehörigkeit zu einer Kirche und Konfession war für Montaigne eine reine Konvention und konnte deshalb je nach Notwendigkeit oder auch nur Zweckmäßigkeit gewechselt werden. Das soll die ironische Bemerkung unterstreichen, dass er lange Jahre seinem Dorfpfarrer gebeichtet habe. So möge es auch der König halten und sich vom Papst ein weiteres Mal in den Schoß von dessen Kirche aufnehmen lassen.

Religion ist reine Politik, das konnte man unter Eingeweihten offen sagen. Aber Fanatikern und dem unwissenden Volk musste man mit anderen Methoden entgegentreten: «Um die Probleme, die sich Euch jetzt stellen, zu lösen, muss man ungewöhnliche Wege gehen.»[10] Welche Wege das waren, konnte Montaigne ebenfalls nur hinter vorgehaltener Hand aussprechen: «So hat man immer gesehen, dass große und schwierige Eroberungen nur mit Waffen und Gewalt gemacht werden konnten, aber auch, dass diese Eroberungen nur durch Milde und Großzügigkeit (*magnificence*) vollendet werden konnten, das heißt: mit exzellenten Ködern, die die Menschen zur gerechten und legitimen Partei locken.»[11] Das Wort *magnificence* ist von schillernder Mehrdeutigkeit; es bedeutet Großartigkeit im Auftreten, Großherzigkeit der Gesinnung, aber auch und speziell hier Freigebigkeit, also Bestechung.

Montaigne erteilte seinem König damit ausdrücklich die moralische Lizenz zur segensreichen Korruption. Was zählt, so die Schlusswendung des Schreibens, ist der Friede, der damit erreicht wird, auch wenn sich die engherzigen Moralisten darüber ereifern. Wollte Montaigne – den Bekenntnissen der *Essais* treu – mit diesem Schreiben weiterhin persönlichen Abstand zu den Praktiken halten, die er in der Theorie bei großzügiger Betrachtung gerade noch billigen konnte? Oder war der Brief eine verklausulierte Bewerbung? Nach dem Hinweis auf seine langjährige Sympathie für den König bringt Montaigne sich selbst nur noch beiläufig kurz ins Spiel. An das hohe Lob der guten Dienste, die der Marschall Matignon der Sache des neuen Monarchen leistet, knüpft er die Bemerkung, dass dieser treue Paladin seine Erfolgsberichte nicht abliefere, «ohne Sie an meine Versprechen und Hoffnungen (*assurances et esperances*) zu erinnern».[12] Das war eine vage Umschreibung für Unterstützung und Dienstbereitschaft. Um beides hatte Heinrich IV., wie aus dem Schreiben weiter hervorgeht, bereits in einem Brief vom 1. November, also kurz nach der Schlacht von Arques, gebeten, in dem er Montaigne zu einem Treffen in die Stadt Tours berief. Doch dazu war es nicht gekommen, weil die Post aufgrund der kriegerischen Entwicklungen erst mit monatelanger Verspätung ausgeliefert worden war. Trotzdem – so das geschickte Ausweichmanöver Montaignes – werde er nicht zögern, bei einer erneuten Gelegenheit einem Appell Folge zu leisten, am besten natürlich im noch zu erobernden Paris.

Den Pflichten eines Kammeredelmanns und langjährigen Sympathisanten war damit Genüge geleistet, mehr nicht. Montaignes Brief an den König ist von vorsichtiger Genugtuung darüber erfüllt, dass sich am Horizont ein glücklicher Ausgang der Bürgerkriege und eine gewisse Entspannung der Lage in der Gegend von Bordeaux abzuzeichnen begannen, und zugleich von einer tiefen Müdigkeit diktiert. Bei aller Betonung der Dienstbereitschaft ist er eine durchsichtig verklausulierte Bitte um Freistellung von Hofdienst und diplomatischen Missionen. Mehr denn je sah Montaigne seine Aufgabe darin, den Frieden herbeizuschreiben; die dazu nötigen Aufträge und die damit verbundenen Ehren überließ er gerne den anderen.

Der König verstand Montaignes Schreiben allerdings nicht als definitive Absage, sondern unternahm im Juli 1590 einen weiteren Versuch, ihn in seine Umgebung zu ziehen. Das geht aus Montaignes Antwort vom 2. September hervor. Offenbar hatte ihm Heinrich IV. für künftige Dienste reichen Lohn in Aussicht gestellt. Das bot dem Umworbenen nochmals die Gelegenheit, seine lebenslange Unabhängigkeit von der Gunst der Mächtigen und damit seine Überparteilichkeit und Unbestechlichkeit feierlich zu betonen: «Sire, Eure Majestät wird mir die größte Gnade erweisen, wenn sie mir glaubt, dass ich keine Ausgaben für die Aufgaben scheuen werde, für die ich mein Leben opfern würde. Ich habe von der Freigebigkeit der Könige niemals auch nur das Geringste erhalten oder erbeten und auch keine Zahlungen für die Schritte bekommen, die ich in deren Diensten unternommen habe, wovon Eure Majestät zumindest teilweise Kenntnis hat. Und alle diese Dienste werde ich für Eure Majestät noch sehr viel lieber tun. Ich bin so reich, wie ich es mir wünsche. Wenn ich meine Geldbörse bei Eurer Majestät in Paris geleert haben werde, werde ich nicht zögern, es ihr zu sagen. Und wenn sie geruht, mich länger in ihrer Umgebung zu beschäftigen, wird sie in mir den kostengünstigsten ihrer Diener finden.»[13] Einem König wie Heinrich IV., der rückhaltlose Offenheit und eine deftige Sprache zu schätzen wusste, konnte man so unverblümt schreiben; schon ein Menschenalter später wäre das Majestätsbeleidigung gewesen.

Wunschlosigkeit macht frei, so der Tenor des Briefes. Montaigne würde dem König sogar auf eigene Kosten dienen, wenn es nur ginge. Aber es soll nicht sein, denn es geht nicht, so die endgültige Botschaft: «Sire, ich fasse es als sehr große Ehre auf, von Euch Befehle zu empfangen, und habe es auch nicht versäumt, dem Herrn Marschall Matignon dreimal ausdrücklich zu schreiben, dass ich mich verpflichtet fühle und bereit bin, ihn zu treffen – selbst den Weg, den ich nehmen wollte, um ihn in aller Sicherheit zu treffen, wenn er es für gut befinden würde, habe ich genau angegeben. Allerdings erhielt ich keine Antwort, ich glaube, aus Rücksicht darauf, dass die Wege zu lang und gefährlich sind.»[14] Mit dieser Annahme dürfte der Briefschreiber richtig gelegen haben. Matignon wusste besser als der König, dass Montaigne seine Zurückgezogenheit nicht mehr aufgeben wollte; das Fieber, das am Anfang des Schreibens als weiterer Hinderungsgrund angeführt wird, ist nur ein notdürftiger Vorwand. Die abermalige Anspielung auf ein mögliches Treffen mit dem König in Paris, wo weiterhin die Liga das Sagen hatte, macht deutlich, dass Montaigne der weiteren politischen Entwicklung mit gedämpftem Optimismus entgegensah.

Stille Tage auf Schloss Montaigne

Montaigne durfte sich schmeicheln, zu der günstigen politischen Entwicklung beigetragen zu haben: Die *Essais* von 1588 strahlten weit aus, auch über Frankreich hinaus. Ein untrügliches Zeichen für Montaignes wachsende Berühmtheit ist die – leider nicht erhaltene – Korrespondenz mit dem gefeierten Philologen und Philosophen Justus Lipsius (1547–1606), der ihn den «französischen Thales» nannte, den Briefkontakt mit ihm suchte und ihm eines seiner Werke verehrte. Als Hauptvertreter des Neo-Stoizismus vertrat der gefeierte Tacitus-Herausgeber philosophische Positionen, die Montaigne in seinen frühen *Essais* übernommen hatte, dann jedoch hinterfragte und schließlich hinter sich ließ, nicht zuletzt aufgrund leidvoller Krankheitserfahrung, denn gegen die Angst vor dem Sterben half keine noch so trutzige intellektuelle Gegenwehr. Auch Lipsius' religionspolitische Positionen wichen nach dessen Aussöhnung mit der katholischen Kirche von denen Montaignes ab. Für den Hofhistoriographen Philipps II. von Spanien konnte es in einem Staat nur eine Kirche geben.

In der Guyenne wurde das Schloss Montaigne zu einem Pilgerort von Gelehrten und Literaten, und im Norden des Königreichs mehrte die unermüdliche Marie de Gournay seinen Ruhm. Jetzt war es an der Zeit, wichtige familiäre Angelegenheiten zu regeln. Am 27. Mai 1590 heiratete Montaignes neunzehnjährige Tochter Léonore den zwölf Jahre älteren François de la Tour aus altansässigem und angesehenem Provinzadel. Der soziale Aufstieg der Familie Eyquem war damit besiegelt und nach zeitgenössischen Maßstäben in Ermangelung eines männlichen Erben zugleich verloren. Umso mehr war Montaigne darauf bedacht, seinen Namen in den Nachkommen seiner Tochter am Leben zu halten. Ihr Heiratsvertrag legte fest, dass sein Name und sein Wappen auch in den nächsten Generationen weitergeführt werden sollten; bei Zuwiderhandlung drohte der Verlust des Erbes und dessen Übergang auf ein zur Fortführung dieser Tradition bereites Familienmitglied. Montaignes Schwiegersohn war gut beraten, diese Klausel zu beherzigen, denn die Mitgift seiner Braut war mit 20 000 livres üppig bemessen; sie ist ein sicherer Indikator dafür, dass Montaigne in den gut zwei Jahrzehnten nach dem Tod seines Vaters mit großer Geschäftstüchtigkeit operiert und auch die diversen Krisen einschließlich der Flucht vor der Pest ohne wirtschaftlichen Schaden überstanden hatte. Die stolze Behauptung, so reich zu sein, wie er wollte, entsprach also voll und ganz den Tatsachen. Parallel dazu verfasste Montaigne sein Testament; die Eheleute setzten sich gegenseitig zu Erben ein, nach dem Tod des überlebenden Teils sollte alles an Léonore und ihre Nachkommen fallen. François de la Tour hatte wahrhaftig eine gute Partie gemacht.

Léonore de la Tour, geborene Montaigne, findet in den *Essais* ihres Vaters kaum Erwähnung. In auffallendem Gegensatz dazu war Montaigne der Auszug seiner leiblichen Tochter aus seinem Schloss eine zweifache, nahezu identische Eintragung in seinem «Hausbuch» wert: «23. Juni 1590, ein Samstag. Bei Anbruch des Tages und bereits extremer Hitze brach Madame de la Tour, meine Tochter, von hier auf, um in ihren neuen Hausstand geführt zu werden.»[15] In der zweiten Notiz vom selben Tag nennt er seine Tochter «Léonor de Montaigne dame de la Tour». Ob er sie durch die Reihenfolge der Namen für sich und seine Familie reklamieren wollte und dadurch innere Bewegung ausdrückt, muss offenbleiben. Auf jeden Fall wurde der Haushalt auf Schloss Montaigne damit noch kleiner und noch stiller. Neun Monate und acht Tage später erfolgte die letzte Eintragung überhaupt: «31. März 1591. Heute gebar Madame de la Tour, meine Tochter, ihr erstes Kind, eine Tochter, die von Herrn Michel, dem Onkel ihres Gatten, und von meiner Frau getauft wurde und von ihr den Namen Françoise erhielt.»[16] Der kurze Text zeugt von tiefer Resignation. Eine eigene Beteiligung geschweige denn Anwesenheit bei diesem feierlichen Akt wird nicht erwähnt; nicht Montaigne, sondern seine Frau gibt der Enkelin den Namen, bezeichnenderweise ihren eigenen. In der kleinen Françoise de la Tour lebt nichts von ihm selbst fort.

Dieses Nachleben garantierten allein die *Essais*, deren Ergänzung und Erweiterung sich Montaigne mit umso größerer Hingabe widmete. Von zahlreichen Randbemerkungen, die in die postume Ausgabe von 1595 übernommen wurden, war bereits die Rede. Sie spitzen an vielen Stellen die in der Edition von 1588 ohnehin schon pointierten Texte weiter zu und zeigen insgesamt einen Montaigne auf der Höhe seiner Ausdrucks- und Gestaltungskraft, fügen aber keine neuen Abhandlungen und auch keine neuen Themen mehr hinzu. Dagegen sticht die Gelassenheit in Sachen Nachlass und Nachleben hervor: «Insgesamt scheint mir die gesundeste Aufteilung unserer Güter nach unserem Tode diejenige zu sein, die der Brauch des Landes vorschreibt. Die Gesetze haben besser gedacht als wir; und es ist besser, sie bei ihrer Auswahl irren zu lassen, als dass wir selber irren. Unsere Güter gehören uns ja nicht wirklich selbst, denn nach dem bürgerlichen Gesetzbuch, dem wir nichts hinzuzufügen haben, gehören sie unseren Nachfolgern.»[17] Wer sein Testament als Druckmittel gegen seine Kinder verwendet, macht sich lächerlich: «Das sind Leute, die mit ihrem Testament wie mit Zuckerbrot und Peitsche spielen (wörtlich: mit Apfel und Rute).»[18] Milder Spott wird jetzt auch über das Bemühen ausgegossen, das Nachleben des eigenen Namens zu sichern: «Wir nehmen uns die männliche Erbfolge etwas zu sehr zu Herzen. Und wir schreiben unseren Namen eine lächerliche Ewigkeit zu.»[19]

Wer wie Montaigne sein Nachleben nicht auf Wesen aus Fleisch und Blut, sondern auf ein monumentales literarisches Werk gegründet hatte, konnte es sich leisten, in Sachen leiblicher Nachkommenschaft loszulassen. Loslassen konnte er – glaubt man den letzten Randbemerkungen – jetzt auch gegenüber den Zeitläufen und dem eigenen Schicksal: «Ich, der ich jetzt weggehe, überlasse liebend gerne einem, der kommt, was ich über Klugheit im Umgang mit der Welt gelernt habe – Senf nach dem Essen … Es ist eine Ungerechtigkeit des blinden Glücks (*fortune*), uns Geschenke zu machen, die uns mit gerechtem Ärger erfüllen, weil sie zur falschen Jahreszeit kommen. Führt mich nicht mehr, ich kann nicht mehr gehen.»[20] Das war eine direkte Anspielung auf die Angebote Heinrichs IV. Die endgültige Antwort darauf und auf das Leben insgesamt lautete: «Jedes Geschäft findet sein Ende in sich selbst. Meine Welt ist untergegangen (*failly*), mein Dasein entleert. Ich gehöre ganz der Vergangenheit an und bin gehalten, diese zu bestätigen und ihr meinen Ausgang anzupassen.»[21] Zu den Pflichten dieser Vergangenheit, der sich Montaigne als Relikt einer Welt von Gestern zugehörig fühlte, gehörte es, der Nachwelt ein Vermächtnis aufzutragen. Es besteht in der eindringlichen Warnung vor unbedachten Neuerungen, die schon in den vorangehenden *Essais* immer wieder angeklungen war. Diese Mahnung wird in den Notizen letzter Hand weiter zugespitzt: «Meine Zeitgenossen, die Franzosen, wissen sehr gut, was sie davon zu halten haben: Alle großen Veränderungen erschüttern den Staat und stürzen ihn in Unordnung.»[22]

Seit mehr als einem Jahrzehnt hatte Montaigne seinen Tod als Folge

Montaigne, wie ihn das 19. Jahrhundert sah: als «großer Sohn» von Bordeaux im städtischen Zentrum, der Place des Quinconces, im Amtsgewand des Bürgermeisters und mit einem Band der Essais *in der Hand. Statue von Dominique F. Maggesi, 1858 aufgestellt*

seiner Nierensteinerkrankung vorausgesehen, vorausgeplant und vorausgedacht, um ihm dadurch die Bitternis zu nehmen. Das Schicksal spielte ihm jedoch einen letzten Streich. Laut einem dreizehn Jahre nach seinem Tod entstandenen, aber durch die Genauigkeit seiner Beschreibung wohl glaubwürdigen Bericht, den eine Fachärztekonferenz 1996 einer gemeinsamen Diagnose zugrunde legte, erlitt Montaigne am 10. September 1592 einen Schlaganfall, der ihn der Sprache beraubte, so dass er seine letzten Gedanken und Wünsche auf Zettel schreiben musste – Schriftsteller bis zuletzt. Ein zweiter Schlaganfall drei Tage später führte den Tod herbei.

Montaignes zweites Ich, die *Essais*, lebte, wie von ihm erhofft, fort. Mit dem Übertritt Heinrichs IV. zur katholischen Religion im Juli 1593, seinem Einzug in Paris im Jahr darauf und seinem Toleranzedikt von 1598, das die

Minderheitsreligion des Calvinismus und deren Anhänger legalisierte, gewann Montaignes Werk gewissermaßen staatstragenden Charakter. Als dieses Experiment der religiösen Duldsamkeit im Laufe des 17. Jahrhunderts scheiterte und den Hugenotten im Oktober 1685 durch das Edikt Ludwigs XIV., des Enkels Heinrichs IV., jegliche Rechtsgrundlage entzogen wurde, gerieten auch die *Essais* in Misskredit. Schon neun Jahre zuvor waren sie in den päpstlichen Index der verbotenen Bücher aufgenommen worden. Im Jahrhundert darauf zollten führende Aufklärer wie Voltaire Montaigne als Vordenker der Toleranz und der Vernunft zwar ihren Respekt, quittierten sein Plädoyer für den Status quo und seine Skepsis gegenüber den Wissenschaften und ihrem Fortschritt jedoch mit amüsiertem Kopfschütteln und bemängelten seine angeblich chaotische Art zu argumentieren und zu schreiben. Der Anziehungskraft der *Essais* im 19. und 20. Jahrhundert tat das keinen Abbruch. Für Friedrich Nietzsche war Montaigne der Lebenslehrer par excellence und das Vergnügen, auf dieser Welt zu leben, durch die *Essais* erhöht worden.

Für das 21. Jahrhundert mit seinem Hang zu unduldsamer Korrektheit und Ausblendung unliebsamer Meinungen ist Montaigne von höchster Aktualität: «Wenn man mir widerspricht, weckt man meine Aufmerksamkeit, nicht meinen Zorn. Ich gehe auf denjenigen zu, der anderer Meinung ist als ich, denn er bereichert mich.»[23]

Anhang

Frankreich zur Zeit der Glaubenskriege 1562–1598
Sicherheitsplätze der Hugenotten (nach 1598)
Provinzen der Liga (Guise)
Provinzen der Hugenotten
neutrale Provinzen
Reichsgrenze
York
Nordsee
Leicester
NORFOLK
Fotheringhay
Stratford
WALES
ENGLAND
London
Canterbury
CORNWALL
(1568–1648)
NIEDERLANDE
Calais
Boulogne
SPANISCHE NIEDERLANDE
Maas
Rhein
Ärmelkanal
Cateau-Cambrésis
Mosel
Arques
Amiens
HZM. GUISE
Vervins
Kanalinseln
Rouen
CHAMPAGNE
NORMANDIE
Seine
St. Denis
Ivry
Paris
Marne
Dreux
St. Germain
Troyes
Vassy
BRETAGNE
MAINE
Joinville
Orléans
BOURGOGNE
ANJOU
Blois
Loire
Seine
(1598)
Amboise
Vézelay
Nantes
BURGUND
Beaulieu
POITOU
Poitiers
Atlantischer Ozean
BOURBON
Rochelle
Genf
MARCHE
Jarnac
Issoire
PERIGORD
Rhône
Coutras
Dordogne
Fleix
AUVERGNE
Grenoble
Bordeaux
Bergerac
Château de Montaigne
DAUPHINÉ
GUYENNE
Cahors
Nérac
Garonne
Avignon
Berlats
GASCOGNE
Toulouse
PROVENCE
Pau
LANGUEDOC
KGR. NAVARRA
Mittelmeer
SPANIEN
Saragossa
Barcelona
0 50 100 150 km

Zeittafel

1477 Montaignes Großvater Raymon Eyquem, ein reicher Großhändler in Bordeaux, erwirbt das adelige Gut Montaigne mit den dazugehörigen feudalen Rechten.

1533, 28. Febr. Michel de Montaigne wird als ältester Sohn von Pierre Eyquem und Antoinette de Louppes auf Schloss Montaigne geboren; seine Mutter entstammt einer reichen Kaufmannsfamilie aus Toulouse. Bis zu seinem sechsten Lebensjahr wird er nach eigenen Angaben von einem deutschen Hauslehrer unterrichtet, der nur Lateinisch mit ihm spricht.

1539–1548 Montaigne besucht bis 1546 das Collège de Guyenne, an dem der berühmte schottische Literat George Buchanan, ein bekennender Freidenker, unterrichtet; zweijährige Vorbereitungskurse für ein – nie absolviertes – Hochschulstudium schließen sich an.

1548–1556 In Bordeaux brechen blutige Unruhen wegen neuer Steuern aus, die von der Krone militärisch niedergeschlagen werden. Für die nachfolgenden acht Jahre, die Montaigne überwiegend auf dem väterlichen Schloss verbringt, liegen kaum Quellen vor. Wahrscheinlich übersetzt er in dieser Zeit auf Wunsch des Vaters die *Theologia naturalis* des 1436 verstorbenen Theologen Raimundus Sabundus aus dem Lateinischen ins Französische.

1553–1555 Montaignes Vater Pierre Eyquem amtiert als Bürgermeister von Bordeaux. 1554 kauft er für seinen Sohn das Amt eines Rats am Steuergerichtshof (*Cour des Aides*) von Périgueux, das dieser 1556 antritt.

1557 Die *Cour des Aides* wird dem *parlement* von Bordeaux, dem obersten Gerichtshof Südwestfrankreichs, eingegliedert. Im nachfolgenden Jahrzehnt bleibt Montaigne an diesem Tribunal in untergeordneten Funktionen tätig, was viel mit seiner Kritik an Vetternwirtschaft und Korruption der ungeliebten Institution zu tun hat. Im *parlement* schließt Montaigne eine enge Freundschaft mit dem Karrierejuristen und politischen Schriftsteller Etienne de la Boétie.

1559, 10. Juli	König Heinrich II. von Frankreich kommt bei einem Turnierunfall ums Leben. In den nachfolgenden Jahrzehnten ist der Einfluss seiner Witwe Catherine de Médicis auf ihre drei Söhne Franz II., Karl IX. und Heinrich III. bestimmend.
1560	Montaigne verfolgt den Sensationsprozess um den (angeblich) falschen Martin Guerre.
1562	Nach vergeblichen Religionsgesprächen im Vorjahr beginnt im Sommer der Bürgerkrieg zwischen den politisch-konfessionellen Parteien der Reformierten (Hugenotten) und der Katholiken.
1563, Aug.	Etienne de la Boétie stirbt. Montaigne beschreibt die letzten Tage des Freundes und dessen Reden in einem längeren Brief, seinem ersten überlieferten literarischen Text.
1565, 22. Sept.	Montaigne heiratet Françoise de la Chassaigne, deren Vater Rat im *parlement* von Bordeaux ist. Aus der Ehe gehen sechs Kinder hervor, von denen nur die 1571 geborene Léonore das Erwachsenenalter erreicht.
1568, 18. Juni	Montaignes Vater Pierre Eyquem stirbt im Alter von 73 Jahren. Montaigne erbt als Erstgeborener dessen wichtigste Titel und Güter.
1569	Montaigne veröffentlicht seine Sabundus-Übersetzung.
1570, April	Montaigne verkauft sein Amt im *parlement* von Bordeaux, lebt danach, von wenigen Unterbrechungen abgesehen, auf Schloss Montaigne und widmet sich seinen literarischen Ambitionen.
1571	Montaigne veröffentlicht literarische und politische Texte seines verstorbenen Freundes Etienne de la Boétie, denen er seinen Bericht über dessen Tod beifügt. Er widmet diese Edition Persönlichkeiten von Rang, darunter dem in der Guyenne einflussreichen Marquis de Trans, und bemüht sich um deren Protektion. Am 18. Oktober wird Montaigne durch die Fürsprache des Marquis in den *Ordre de Saint-Michel*, den Adeligen vorbehaltenen königlichen Ritterorden, aufgenommen. Mit der Ernennung ist der Rang als königlicher Kammeredelmann verbunden. Sein aristokratischer Status ist damit gesichert.
1572, Aug.	Mit der gezielten Ausschaltung der Hugenottenführer in Paris durch Catherine de Médicis und den anschließenden Massakern an der reformierten Minderheit in Paris und in der Provinz eskalieren die Bürgerkriege. Montaigne gehört in diesem Dauerkonflikt der Gruppierung gemäßigter Katholiken an, die einen Ausgleich zwischen den Konfessionen anstreben. Das Gebiet von Bordeaux liegt im Zentrum der Kämpfe. Im Zeichen unmittelbarer Bedrohung beginnt Montaigne mit der Abfassung der *Essais*.

1574–1575	Montaigne ist als Vermittler zwischen den Bürgerkriegsparteien in Südwestfrankreich tätig.
1577	Montaigne wird Kammeredelmann des reformierten Königs von Navarra, der 1589 als Heinrich IV. König von Frankreich wird.
1580, Mai	Montaignes *Essais* erscheinen in einer ersten zweibändigen Ausgabe bei dem Verleger Simon Millanges in Bordeaux. Am 22. Juni überreicht er sein Werk König Heinrich III. und bricht danach zu seiner Rom-Reise auf. Diese hat er in einem Manuskript beschrieben, das erst 1770 entdeckt wird und bald darauf verloren geht.
1580, 30. Nov.	Nach zahlreichen Umwegen und Aufenthalten in der Schweiz, Österreich, Nord- und Mittelitalien kommt Montaigne in der Ewigen Stadt an, wo er der – für die Liste der verbotenen Bücher zuständigen – Indexkongregation seine *Essais* zur Prüfung übergibt.
1581, Jan. bis April	In Rom widmet sich Montaigne ausgiebigen Feldstudien zu den religiösen Sitten und Gebräuchen von Juden und Christen. Er wird in einer kurzen Gruppenaudienz von Papst Gregor XIII. empfangen und erhält seine *Essais* mit relativ geringfügigen Auflagen zurück.
1581, Mai bis Sept.	Nach einer Pilgerreise nach Loreto hält sich Montaigne vergeblich zu Kurzwecken in den Bädern von Lucca auf; die qualvollen Krisen seines Nierensteinleidens werden im Reisejournal minutiös registriert.
1581, Okt.	Montaigne erhält in Rom die Nachricht, dass er zum Bürgermeister von Bordeaux gewählt wurde. Trotz dringlicher Ermahnungen zu schneller Rückkehr zögert er diese bewusst hinaus und trifft erst am 30. November wieder in Montaigne ein.
1582–1583	Als Bürgermeister von Bordeaux tritt Montaigne den Bestrebungen des ultrakatholischen *parlement* entgegen und für die Interessen der Kaufmannschaft ein. 1582 erscheint in Bordeaux eine Neuauflage der *Essais*, die um einige Eindrücke der Italienreise ergänzt wurden.
1583–1585	Nach hartem Wahlkampf gegen einen Kandidaten der radikal katholischen Liga, den er geschickt ausmanövriert, wird Montaigne für eine zweite Amtszeit gewählt. In diesem Biennium arbeitet er eng mit dem königlichen Militärstatthalter Matignon zusammen und bemüht sich intensiv um Ausgleich zwischen den Bürgerkriegsparteien.
1586–1587	In unmittelbarer Nähe zu Schloss Montaigne entbrennen heftige militärische Auseinandersetzungen. Als deren Folge verbreitet sich die Pest, vor der Montaigne mit Familie und Dienerschaft ein halbes Jahr lang fliehen muss. Bei seiner Rückkehr findet er seinen Wohnsitz unversehrt vor. Nach dem Sieg Heinrichs von Navarra über das Heer der Krone bei Coutras im Oktober 1587 verschiebt sich die politische Lage zugunsten des Hugenottenführers.

1588, Jan. bis Mai	Montaigne übernimmt im Auftrag Heinrichs von Navarra eine Vermittlungsmission zu Heinrich III. und wird unterwegs von einer Räuberbande überfallen. Die Verhandlungen bleiben ergebnislos. Im Mai wird Heinrich III. von der Liga aus Paris vertrieben, Montaigne schließt sich ihm an.
1588, 12. Juni	Der Pariser Verleger Abel L'Angelier bringt eine Neuausgabe der *Essais* heraus, die durch ein drittes Buch und viele Ergänzungen zur älteren Ausgabe wesentlich erweitert wurden.
1588, 10. Juli	Montaigne wird von Anhängern der Liga gefangen gesetzt und muss um sein Leben fürchten, wird aber schon am Abend wieder freigelassen. Er tritt in Kontakt zu der jungen adeligen Literatin Marie de Gournay, die er im Anschluss an seinen Parisaufenthalt auf dem Schloss ihrer Familie besucht. Ihr diktiert er Zusätze und Erweiterungen seiner *Essais*, die diese «Tochter im Geiste» 1595, drei Jahre nach seinem Tod, entsprechend ergänzt publiziert.
1589	Im Januar stirbt Catherine de Médicis, im August ihr letzter überlebender Sohn Heinrich III., der dem Attentat eines fanatischen Katholiken zum Opfer fällt. Im September erringt Heinrich von Navarra, jetzt Heinrich IV. von Frankreich, einen weiteren großen Sieg bei Arques in der Normandie. Er tritt in brieflichen Kontakt mit Montaigne, um diesen an seinen Hof zu ziehen.
1590–1591	Montaigne lehnt das Angebot Heinrichs IV. mit dem Hinweis auf Alter und Krankheit ab. In seinem Schreiben an den König vom 18. Januar drängt er diesen zu einer Politik der Versöhnung und, indirekt, zum Übertritt zur katholischen Mehrheitskonfession. Im Mai heiratet seine Tochter Léonore einen lokalen Adeligen, im März 1591 wird seine Enkelin Françoise geboren.
1592, 13. Sept.	Montaigne stirbt in seinem Schloss an einem Schlaganfall.
1676	Die katholische Kirche setzt Montaignes *Essais* auf den Index der verbotenen Bücher.
1774	Montaignes *Journal de voyage* wird erstmals publiziert.

Anmerkungen

EINLEITUNG
SCHREIBEN GEGEN DIE GEWALT

1 E III 12, 1039
2 E III 12, 1040
3 E III 12, 1040
4 E II 15, 600
5 E III 12, 1037 f.
6 E III 12, 1039
7 E III 12, 1039

ERSTES KAPITEL
HERKUNFT UND JUGEND

1 E II 17, 632 f.
2 E I 9
3 E I 9
4 E I 9
5 E II 17, 634
6 E I 9
7 E I 9
8 E I 9
9 E I 46, 268 f.
10 E I 46, 269
11 E I 35, 220
12 E I 35, 221
13 E III 10, 983
14 E III 10, 989
15 Oeuvres 1405
16 Oeuvres 1414
17 E I 26, 172
18 E I 26, 172
19 E I 26, 172
20 E I 26, 172
21 E I 26, 172
22 E I 26, 172 f.
23 E I 26, 173
24 E I 26, 173
25 E I 26, 173
26 E I 26, 173
27 E I 26, 175
28 E I 26, 174
29 E I 26, 171
30 E III 8, 900
31 E III 8, 900 f.
32 E II 12, 521
33 E II 12, 521
34 E II 12, 521
35 E II 12, 519
36 E II 12, 555
37 E II 12, 555

ZWEITES KAPITEL

KARRIEREHOFFNUNGEN, KARRIEREBRÜCHE

1 E I 26, 162
2 E I 26, 162
3 E I 26, 163
4 E I 26, 163
5 E I 26, 164
6 E I 26, 164
7 E I 26, 164
8 E II 12, 415
9 E II 12, 415
10 E II 12, 416
11 E II 12, 416
12 E II 12, 416
13 E II 12, 417
14 E II 12, 417
15 Bonnefon 83
16 Payen 20
17 Payen 20
18 E I 28, 182
19 E I 28, 184
20 E I 28, 184
21 E I 28, 186 f.
22 E I 28, 185
23 E I 28, 187
24 E I 28, 187
25 E I 28, 187
26 E I 28, 187
27 E I 28, 182
28 E I 28, 182
29 E I 28, 182
30 Oeuvres 1350
31 Oeuvres 1353
32 Oeuvres 1353
33 Oeuvres 1347
34 Oeuvres 1358
35 Oeuvres 1358 f.
36 Oeuvres 1359
37 Oeuvres 1359 f.
38 Oeuvres 1356
39 Oeuvres 1356
40 Oeuvres 1356
41 Oeuvres 1357
42 E I 28, 185
43 E I 28, 184
44 E I 28, 185
45 E I 28, 185
46 E I 28, 185
47 E III 5, 827
48 E III 5, 829
49 E III 5, 829
50 E III 5, 829
51 E III 5, 830
52 E III 5, 830
53 E III 5, 831
54 E III 5, 832
55 E III 5, 875
56 Hauchecorne 164
57 Zitiert nach Desan 183
58 E I 31, 200
59 E I 31, 203
60 E I 31, 204
61 E I 31, 203
62 E I 31, 211
63 E I 31, 211
64 E I 31, 211
65 E I 31, 211
66 E I 31, 211
67 E I 31, 207
68 E I 31, 212
69 E I 31, 212 f.
70 So der Eintrag im «Hausbuch»; Oeuvres 1406
71 E II 6, 352 f.
72 E II 6, 354
73 E II 6, 354
74 E II 6, 350
75 E II 6, 351

76 Desan 205
77 E II 17, 628
78 E II 16, 614
79 E III 10, 1000
80 E III 10, 1000
81 E III 13, 1046
82 E III 13, 1049
83 E III 11, 1008
84 E III 11, 1008

DRITTES KAPITEL
DER EDELMANN ALS SCHRIFTSTELLER

1 E III 3, 806
2 E III 3, 807
3 E III 3, 807
4 Oeuvres 1420–1424
5 Oeuvres 1425
6 Oeuvres 1415
7 Oeuvres 1430
8 E II 5, 346
9 E II 15, 600
10 E III 12, 1037
11 Oeuvres 1366
12 Oeuvres 1366
13 Oeuvres 1366
14 Oeuvres 1366 f.
15 Oeuvres 1361
16 Oeuvres 1362
17 Oeuvres 1362
18 Oeuvres 1367
19 Oeuvres 1369
20 Oeuvres 1369
21 Oeuvres 1369
22 Oeuvres 1363
23 Oeuvres 1363
24 Oeuvres 1363
25 Oeuvres 1364
26 Oeuvres 1364
27 Oeuvres 1364
28 Oeuvres 1365
29 Oeuvres 1365
30 Oeuvres 1365
31 Payen 1850, 46
32 E II 7, 361
33 E II 7, 361
34 E II 7, 361
35 E II 7, 361
36 Brantôme 6, 456
37 E I 23, 116
38 E I 23, 116
39 E I 26, 147
40 E I 26, 154
41 E II 12, 419 f.
42 E II 12, 421
43 E II 12, 421
44 Oeuvres 1408
45 Desan 248
46 Oeuvres 1408
47 Compain 1989, 42
48 E II 12, 480
49 E II 12, 481
50 E II 12, 481
51 E II 12, 482
52 E II 12, 482
53 E II 12, 482
54 E II 12, 483
55 E II 12, 483
56 E II 12, 485
57 E II 12, 427
58 E II 12, 427
59 E II 12, 427
60 EII 12, 429
61 E II 12, 429
62 E II 12, 429
63 E II 12, 430
64 E II 12, 430

65 E II 12, 430
66 E II 12, 430
67 E II 12, 430
68 E II 12, 430
69 E II 12, 430
70 E II 12, 434
71 E II 12, 435
72 E II 12, 468
73 E II 12, 468
74 E II 12, 467
75 E II 12, 468
76 E II 12, 553
77 E II 12, 553
78 E II 12, 514
79 E II 12, 564
80 E II 12, 564 f.
81 E I 20, 85
82 E II 12, 550
83 E I 9, 34
84 E I 9, 35
85 E I 9, 37
86 E I 9, 35
87 E I 9, 35
88 E I 9, 35
89 E I 26, 147
90 E I 26, 144
91 E I 50, 289
92 E I 8, 34
93 E I 37, 227
94 E I 37, 225
95 E I 39, 238
96 E I 41, 400
97 E II 11, 408
98 E II 11, 408
99 E II 11, 408
100 E II 11, 408
101 E II 17, 630
102 E II 17, 629
103 Desan 307

VIERTES KAPITEL
DIE REISE NACH ROM

1 Oeuvres 1342
2 Oeuvres 1324
3 Bonnefon 1898 II, 45 f.
4 Oeuvres 1219
5 Oeuvres 1272
6 Oeuvres 1209
7 Oeuvres 1210
8 Oeuvres 1211
9 Oeuvres 1118
10 Oeuvres 1121
11 Oeuvres 1125
12 Oeuvres 1125
13 Oeuvres 1128
14 Oeuvres 1128
15 Oeuvres 1128
16 Oeuvres 1127
17 Oeuvres 1128
18 Oeuvres 1129
19 Oeuvres 1132
20 Oeuvres 1137
21 Oeuvres 1136
22 Oeuvres 1136
23 Oeuvres 1156
24 Oeuvres 1156
25 Oeuvres 1156
26 Oeuvres 1176
27 Oeuvres 1176
28 Oeuvres 1177
29 Oeuvres 1177
30 Oeuvres 1181
31 Oeuvres 1183
32 Oeuvres 1183
33 Oeuvres 1195
34 Oeuvres 1183

35 Oeuvres 1193
36 Oeuvres 1197
37 Oeuvres 1204
38 Oeuvres 1204
39 Oeuvres 1204
40 Oeuvres 1204
41 Oeuvres 1204 f.
42 Oeuvres 1205
43 Oeuvres 1205
44 Oeuvres 1205
45 Oeuvres 1222
46 Oeuvres 1205
47 Oeuvres 1210
48 Oeuvres 1206
49 Oeuvres 1206
50 Oeuvres 1231
51 Oeuvres 1231
52 Oeuvres 1206
53 Oeuvres 1207
54 Oeuvres 1207
55 Oeuvres 1208
56 Oeuvres 1208
57 Oeuvres 1219
58 Oeuvres 1219
59 Oeuvres 1219
60 Oeuvres 1214
61 Oeuvres 1214
62 Oeuvres 1214
63 Oeuvres 1215
64 Oeuvres 1215
65 Oeuvres 1216
66 Oeuvres 1231
67 Oeuvres 1232
68 Oeuvres 1232
69 Oeuvres 1231
70 Oeuvres 1232
71 Oeuvres 1232 f.
72 Oeuvres 1233
73 Oeuvres 1233
74 Oeuvres 1228 f.
75 Oeuvres 1229
76 Oeuvres 1229
77 Oeuvres 1229
78 Die Passagen der Zensoren bei Godman 339 ff.
79 Oeuvres 1240
80 Oeuvres 1240
81 Oeuvres 1240
82 Oeuvres 1251
83 Oeuvres 1249
84 Oeuvres 1248
85 Oeuvres 1248
86 Oeuvres 1250
87 Oeuvres 1250, so auch das nächste Zitat
88 Oeuvres 1248
89 Oeuvres 1259
90 Oeuvres 1265
91 Oeuvres 1266
92 Oeuvres 1267
93 Oeuvres 1267
94 Oeuvres 1267
95 E II 12, 418 f.
96 E II 12, 419
97 E II 12, 419
98 Oeuvres 1270
99 Oeuvres 1270
100 Oeuvres 1271
101 Oeuvres 1285
102 Oeuvres 1285
103 Oeuvres 1308
104 Oeuvres 1311
105 Oeuvres 1315
106 Oeuvres 1315
107 Oeuvres 1319
108 Oeuvres 1306
109 E II 12, 420 f.
110 E II 12, 422
111 E II 12, 422
112 E II 12, 421

FÜNFTES KAPITEL
Bürgermeister von Bordeaux und ehrlicher Makler

1 E III 10, 982
2 E III 10, 982
3 E III 10, 983
4 E III 10, 983
5 E III 10, 983
6 E III 10, 983
7 E III 10, 983
8 E III 10, 980
9 Oeuvres 1372
10 Oeuvres 1372
11 Oeuvres 1373
12 De Thou 415 (Desan 656)
13 E III 1, 768
14 E III 1, 768
15 E III 1, 768
16 E III 10, 988
17 E III 10, 998
18 E III 10, 999
19 Das Dokument nach Grün 258–260
20 E III 10, 989
21 E III 10, 999
22 E III 10, 999
23 E III 10, 999
24 Oeuvres 1374
25 Oeuvres 1377
26 Oeuvres 1377
27 Oeuvres 1409
28 E III 1, 769
29 E III 1, 769
30 Oeuvres 1380
31 Daussy 2006, 178
32 E III 2, 791
33 E III 2, 792
34 E III 2, 784
35 E III 2, 784
36 E III 2, 794
37 E III 2, 794
38 E III 2, 794
39 E III 12, 1040
40 E III 12, 1040
41 E III 1, 770
42 E III 1, 780
43 E III 1, 781
44 E III 1, 781
45 E III 1, 781
46 E III 1, 781
47 E III 1, 781
48 E III 9, 949
49 E III 9, 978
50 E III 9, 978
51 E III 9, 979
52 E III 12, 1018
53 E III 12, 1018
54 E III 12, 1018
55 E III 12, 1018
56 E III 12, 1024
57 E III 12, 1025
58 E III 12, 1025
59 E III 12, 1025
60 E III 12, 1016
61 E III 12, 1026
62 Lettres IX, 132
63 Oeuvres 1410
64 Zitiert nach Desan 479
65 Zitiert nach Desan 480
66 Oeuvres 1396
67 Zitiert nach Desan 482
68 Zitiert nach Desan 482
69 Zitiert nach Desan 483
70 Oeuvres 1410
71 Oeuvres 1411
72 E III 12, 1021
73 E III 12, 1020
74 E III 8, 907
75 E III 8, 906
76 E III 8, 906

77 E III 8, 907
78 E III 8, 907
79 E III 8, 901
80 E III 8, 904
81 E III 8, 904
82 E III 1, 767
83 E III 1, 767
84 E III 1, 768
85 E III 11, 1002 f.
86 E III 11, 1003
87 E III 11, 1003
88 E III 11, 1003
89 E III 11, 1003
90 E III 11, 1003
91 E III 11, 1004
92 E III 11, 1004
93 E III 11, 1004
94 E III 11, 1006
95 E III 11, 1006
96 E III 11, 1005
97 E III 11, 1007
98 E III 11, 1007
99 E III 11, 1005
100 E III 11, 1008
101 E III 11, 1008
102 E III 11, 1008
103 E III 11, 1008
104 E III 11, 1009
105 E III 11, 1009
106 E III 11, 1009
107 E III 11, 1009
108 E III 11, 1009
109 E III 11, 1009
110 E III 11, 1009
111 E III 11, 1010
112 E III 11, 1010
113 E III 11, 1012
114 E III 2, 783
115 E III 2, 782
116 E III 2, 782
117 E III 2, 782
118 E III 2, 782 f.
119 E III 2, 784
120 E III 2, 783
121 E III 2, 788
122 E III 2, 788
123 E III 2, 788
124 E III 2, 790
125 E III 2, 790
126 E III 2, 791
127 E III 2, 792
128 E III 2, 793
129 E III 3, 797
130 E III 3, 798
131 E III 3, 801
132 E III 3, 805
133 E III 4, 812
134 E III 4, 813
135 E III 5, 822
136 E III 5, 822
137 E III 5, 822
138 E III 8, 901
139 E III 9, 925
140 E III 9, 926
141 E III 9, 926
142 E III 9, 926
143 E III 9, 931
144 E III 7, 895
145 E III 9, 944
146 E III 9, 944
147 E III 9, 944, so auch das vorangehende Zitat
148 E III 9, 948
149 E III 9, 948
150 E III 9, 948
151 E III 13, 1066
152 E III 13, 1066
153 E III 13, 1067
154 E III 13, 1092
155 E III 13, 1068
156 E III 13, 1070
157 E III 13, 1073

SECHSTES KAPITEL
Ruhe und Resignation – die letzten Jahre

1 Gournay Fragments, 138
2 Desan 507
3 E II 17, 645
4 E II 17, 645 f.
5 Oeuvres 411
6 Oeuvres 1397
7 Oeuvres 1397
8 Oeuvres 1397
9 Oeuvres 1398
10 Oeuvres 1398
11 Oeuvres 1398
12 Oeuvres 1397
13 Oeuvres 1400
14 Oeuvres 1400
15 Oeuvres 1412
16 Oeuvres 1412
17 E II 8, 377
18 E II 8, 378
19 E II 8, 378
20 E III 10, 988
21 E III 10, 987 f.
22 E III 9, 956
23 E III 8, 902

Literatur

Quellen

Sämtliche Texte Montaignes liegen in einer leicht greifbaren und vorbildlichen einbändigen Edition vor: Oeuvres complètes, hg. von Albert Thibaudet und Maurice Rat, Einleitung und Anmerkungen von Maurice Rat, Paris 1962 (zahlreiche Neuauflagen). Die Essais sind darin mit den Buchstaben a, b und c für die Ausgaben von 1580, 1588 und 1595 unterschieden und werden hier mit «E», der römischen Ziffer für das jeweilige Buch, der arabischen Ziffer für den Essai und der Seitenzahl zitiert, die übrigen Texte mit «Oeuvres» und Seitenzahl.

Übersetzungen von Michel de Montaignes Werken:

Essais. Erste moderne Gesamtübersetzung von Hans Stilett, Berlin (Die Andere Bibliothek) 2016

Essais. Auswahl und Übertragung von Herbert Lüthy, Zürich (Manesse Bibliothek der Weltliteratur) 1953

Tagebuch der Reise nach Italien über die Schweiz und Deutschland. Herausgegeben, übersetzt und mit einem Essay versehen von Hans Stilett, Berlin (Die Andere Bibliothek) 2013

Tagebuch einer Badereise. Aus dem Französischen von Otto Flake. Durchgesehen und bearbeitet von Dr. Irma Bühler, Stuttgart (Steingrüben Verlag) 1963

Zeitgenössische Texte:

Pierre de Bourdeille, seigneur de Brantôme: Oeuvres complètes, Paris 1839 (zitiert: Brantôme)

Jacques-Auguste de Thou: La Vie de Jacques-Auguste de Thou (Hg. Anne Teissier-Ensminger), Paris 2007 (zitiert: De Thou)

–: Histoire universelle de 1543 jusqu'en 1607, Londres 1734 (digital BnF Gallica)

Etienne de la Boétie: Discours de la servitude volontaire (Hg. Raoul Vaneigem), Paris 2020

Jean Bodin: Le six livres de la république (Hg. Denis Crouzet), Paris 2013; von der Neuausgabe (Hg. Mario Turchetti) sind bis März 2022 drei Bände erschienen

–: De la démonomanie des sorciers, Paris 1580 (auch digital BnF Gallica)

Marie de Gournay: Fragments d'un discours féminin (Hg. Elyane Dezon-Jones), Paris 1988

Lettres de Catherine de Médicis (Hg. Baguenault de Puchesse), Bd. 9, Paris 1905

Ausgewählte wissenschaftliche Literatur

Bakewell, Sarah: Wie soll ich leben? oder Das Leben Montaignes in einer Frage und zwanzig Antworten, 4. Auflage München 2013

Balmas, Enea (Hg.): Montaigne e l'Italia, Genève 1991

Balmer, Hans-Peter: Neuzeitliche Sokratik. Michel de Montaignes essayistisches Philosophieren, Münster 2016

Balsamo, Jean: Des Essais pour comprendre les guerres civiles, in: Bibliothèque d'Humanisme et Renaissance 72 (2010), S. 521–540

Barnavi, Elie: Le Parti de Dieu. Etude sociale et politique de la Ligue parisienne, Louvain 1980

Bippus, Hans-Peter: In der Theologie nicht bewandert? Montaigne und die Theologie, Tübingen/Basel 2000

Bonnefon, Paul: L'Homme et l'œuvre, Bordeaux/Paris 1893

–: Montaigne et ses amis. La Boétie – Charron – Mlle de Gournay, 2 Bände, Paris 1898

Bourgeon, Jean-Louis: Montaigne et la Saint-Barthélémy, in: Bulletin de la Société des amis de Montaigne 37/38 (1994), S. 101–112

Bourquin, Laurent: La Noblesse dans la France moderne (XVIe – XVIIIe siècles), Paris/Berlin 2002

Bretschneider, Charlotte: Montaignes exemplarische Ethik. Auf dem Weg zur Konzeption des souveränen Ichs, Paderborn 2015

Cameron, Keith (Hg.): Montaigne and His Age, Exeter 1981

Champeaud, Grégory: Le Parlement de Bordeaux et les paix de religion (1563–1600), Bordeaux 2008

Compain, Jean-Marie: Montaigne et Henri IV avant Coutras, in: Avènement d'Henri IV. Quatrième Centenaire de la bataille de Coutras, Pau 1989, S. 39–48

Daussy, Hugues: Montaigne et Duplessis-Mornay: les mystères d'une correspondance, in: Montaigne Studies 18 (2006), S. 169–182

Desan, Philippe: Montaigne. Une biographie politique, Paris 2014 (grundlegend)

– (Hg.): Dieu à nostre commerce et société. Montaigne et la théologie, Genève 2008

– (Hg.): Dictionnaire de Michel de Montaigne, Paris 2007

– (Hg.): Montaigne politique, Paris 2006

Dubois, Claude-Gilbert (Hg.): Montaigne et Henri IV, Biarritz 1996

Eberl, Dominik: Michel de Montaigne und das Politische in den Essais, Würzburg 2009

Egel, Nikolaus: Montaigne – Bilder einer fließenden Welt. Zur Lebenswelt und den Essais Michel de Montaignes, Würzburg 2017

Fogel, Michel: Marie de Gournay. Itinéraire d'une femme savante, Paris 2004
Friedrich, Hugo: Montaigne, Bern 1949
Godman, Peter: The Saint as Censor. Robert Bellarmine between Inquisition and Index, Leiden/Boston/Köln 2000
Greengrass, Mark: Governing Passions. Peace and Reform in the French Kingdom, 1576–1585, Oxford 2007
Grün, Alphonse: La Vie publique de Michel Montaigne. Etude biographique, Paris 1855
Hauchecorne, Francis: Une intervention ignorée de Montaigne au parlement de Bordeaux, in: Bibliothèque d'Humanisme et Renaissance 9 (1947), S. 164–168
Jama, Sophie: L'Histoire juive de Montaigne, Paris 2001
Legros, Alain: Montaigne face à ses censeurs romains de 1581 (mise à jour), in: Bibliothèque d'Humanisme et Renaissance 81 (2009), S. 7–33
Lestringant, Frank: Le Brésil de Montaigne. Le Nouveau Mondes des «Essais» (1580–1592), Paris 2005
Marcettau-Paul, Agnès: Montaigne propriétaire foncier, Paris 1995
Moureau, François/Granderoute, Robert/Blum, Claude (Hg.): Montaigne et les Essais 1580–1980, Genève/Paris 1983
Moureau, François/Bernoulli, René (Hg.): Autour du Journal de voyage de Montaigne 1580–1980, Genève 1982
Nakam, Géralde: Le Dernier Montaigne, Paris 2002
Payen, Jean-François: Recherches sur Montaigne. Documents inédits, Paris 1856
–: Documents inédits ou peu connus sur Montaigne, Paris 1850
Pot, Olivier: L'Inquiétante Étrangeté. Montaigne – la pierre, le cannibale, la mélancolie, Paris 1993
Quantin, Jean-Louis: Les Censures de Montaigne à l'index romain. Précisions et corrections, in: Montaigne Studies 26 (2014), S. 145–162
Rinaldi, Massimo/Rippa Bonati, Maurizio (Hg.): Montaigne e il termalismo, Firenze 2010
Roussel, François: Montaigne. Le magistrat sans juridiction, Paris 2006
Starobinski, Jean: Montaigne en mouvement, Paris 1982 (dt.: Denken und Existenz. Aus dem Französischen von Hans-Horst Henschen, München 1986)
Supple, James: Montaigne and the French Catholic League, in: Montaigne Studies 4 (1992), S. 111–126
Tetel, Marcel (Hg.): Etienne de la Boétie. Sage révolutionnaire et poète périgourdin, Paris 2014
Tournon, André: Montaigne. La glose et l'essai, Lille 1983
Zalloua, Zahi (Hg.): Montaigne after Theory, Theory after Montaigne, Seattle 2009
Zemon Davis, Natalie: The Return of Martin Guerre, Cambridge, Mass. 1983 (dt. Die wahrhaftige Geschichte von der Wiederkehr des Martin Guerre. Mit einem Nachwort von Carlo Ginzburg. Aus dem Amerikanischen von Ute und Wolf Heinrich Leube, Berlin 2004)

Bildnachweis

Seite 27: © Bridgeman Images | *Seite 30:* Wikimedia Commons | *Seite 64:* © NPL – De Agostini Picture Library/Bridgeman Images | *Seite 65:* © Bridgeman Images | *Seite 68:* © akg-images/Erich Lessing | *Seite 69:* © Bridgeman Images | *Seite 87:* © Musée Condé, Chantilly/Bridgeman Images | *Seite 88:* © Bridgeman Images | *Seite 107, 109:* © Frank Buffetrille. All rights reserved 2022/Bridgeman Images | *Seite 120:* © Photo Josse/Bridgeman Images | *Seite 127:* © G. Dagli Orti/NPL – De Agostini Picture Library/Bridgeman Images | *Seite 130:* © Bridgeman Images | *Seite 131:* © Fine Art Images/Bridgeman Images | *Seite 139:* Wikimedia Commons | *Seite 189–191:* Aus: Volker Reinhardt, Die Ausrottung der Ketzer, in: Volker Reinhardt/Hans-Joachim Schmidt/Michael Sommer, Stationen europäischer Geschichte, Was Kunstwerke erzählen, Darmstadt 2009, S. 95–102, S. 96–98 | *Seite 256, 257:* © alamy stock photo | *Seite 269, 291:* © Bridgeman Images | *Seite 304:* © Kim Young Tae. All rights reserved 2022/Bridgeman Images

Karten Seite 163, 309: © Peter Palm, Berlin

Personenregister

Aus dem Verlagsprogramm

BIOGRAPHIEN BEI C.H.BECK

EINE AUSWAHL

Sarah Bakewell
Wie soll ich leben?
oder Das Leben Montaignes in einer Frage und zwanzig Antworten
Aus dem Englischen von Rita Seuß
2. Auflage. 2019. 416 Seiten mit 14 Abbildungen und 2 Karten. Broschiert
C.H. Beck Paperback Band 6225

Johannes Willms
Louis XIV
Der Sonnenkönig und seine Zeit
2023. 608 Seiten mit 20 Abbildungen. Gebunden

Volker Reinhardt
Voltaire
Die Abenteuer der Freiheit
Eine Biographie
2022. 607 Seiten mit 52 Abbildungen, 1 farbigen Frontispiz und 2 Karten. Gebunden

Jan Philipp Reemtsma
Christoph Martin Wieland
Die Erfindung der modernen deutschen Literatur
2023. 608 Seiten. Gebunden

Friedrich Wilhelm Graf
Ernst Troeltsch
Theologe im Welthorizont
Eine Biographie
2022. 638 Seiten mit 37 Abbildungen. Gebunden

Michael A. Meyer
Leo Baeck
Rabbiner in bedrängter Zeit
Eine Biographie
Aus dem Englischen von Rita Seuß
2021. 365 Seiten mit 14 Abbildungen. Gebunden